高等学校信息管理学专业系列教材

武汉大学研究生规划教材

信息决策理论与方法

Information Decision Theory and Methods

曾子明　编著

WUHAN UNIVERSITY PRESS
武汉大学出版社

图书在版编目(CIP)数据

信息决策理论与方法 / 曾子明编著 . -- 武汉 : 武汉大学出版社,
2025.8. -- 高等学校信息管理学专业系列教材. -- ISBN 978-7-307-24513-6
Ⅰ. G203
中国国家版本馆 CIP 数据核字第 20246G2K13 号

责任编辑:詹 蜜　　责任校对:鄢春梅　　版式设计:马 佳

出版发行:**武汉大学出版社**　(430072　武昌　珞珈山)
(电子邮箱:cbs22@ whu.edu.cn 网址:www.wdp.com.cn)
印刷:武汉中远印务有限公司
开本:787×1092　1/16　印张:25.5　字数:459 千字　插页:1
版次:2025 年 8 月第 1 版　2025 年 8 月第 1 次印刷
ISBN 978-7-307-24513-6　定价:78.00 元

前　言

决策理论与方法是管理科学与工程的一个重要分支，在长期的社会活动与经济发展中，已形成独具特色的理论方法体系，指导科学管理实践。近年来，以互联网、云计算、大数据与人工智能为代表的新兴技术的进步与迅速发展已成为我国数字经济的重要引擎。我国“十四五”规划明确提出了“加快数字化发展，建设数字中国”的发展纲要，着重强调“数字化”与“智能化”，提出要激活数据要素潜能，充分发挥海量数据和丰富应用场景优势，通过“用数赋智”，推动数据赋能智慧企业乃至智慧产业。因此，融合数字化与智能化的“数智化”正在重新定义社会管理与国家战略决策、企业业务流程与管理决策、个人行为与决策的过程和方式。

数字经济时代，数据成为推动人类进步和社会发展的动力，使传统模型驱动的决策范式向数据驱动的决策范式转变。其中，数据的角色变得更加突出，并且对决策过程产生了更深远的影响。这种转变反映了科技进步和信息技术的快速发展，满足了准确、实时和基于信息的决策需求。在数据驱动的决策中，决策过程的重心转移到了数据的收集和加工处理上。决策者不再依赖于建立复杂的理论模型来指导决策，而是利用数据来发现模式、趋势和关联，并基于数据所提供的信息做出决策。通过数据支持决策，可以减少主观偏见和个人意见的影响，提高决策的客观性和准确性，降低决策的风险和不确定性。

为适应数据驱动的决策范式的转变，本书对信息决策理论与方法进行系统性梳理，强调信息对科学决策的价值和重要作用，明确以“信息”为逻辑主线，以大数据和人工智能为技术手段，在经典决策分析理论与方法的基础上，重点探索数据驱动以及数智驱动的信息决策理论与方法体系构建。同时，本书注重信息决策的理论方法与行业领域案例的紧密结合，以增强读者对信息决策理论知识的理解与掌握。全书共分为八个章节，章节之间环环相扣、层层递进，确保结构合理和逻辑清晰。根据信息决策的体系结构，本书较为深入和完整地阐述了信息决策的理论基础和主要类型、数据挖掘技术、信息博弈论、决策支持系统以及大数据环境下的信息决策。全书的整体结构共分为三个部分。

第一部分包括第 1 章到第 4 章，介绍信息决策理论基础、风险型信息决策、多属性信息决策以及动态决策分析。其中，第 1 章论述信息管理与科学决策的内在联系，阐述决策分析的基本要素、原则和方法，并围绕确定型决策和不确定性决策两种典型决策类型，介绍其内涵和特点；第 2 章围绕风险型信息决策概述其特点和基本要素，重点介绍其决策分析方法，包括决策树分析法和贝叶斯决策分析法；第 3 章介绍多属性决策，对其常用的确定权方法、评价法、TOPSIS 法和层次分析法进行阐述，并结合案例进行应用分析；第 4 章介绍动态决策的常见类型，包括多阶段决策、序贯决策、马尔可夫决策和群体决策。

第二部分包括第 5 章到第 7 章，介绍信息决策的核心——数据挖掘技术、信息博弈论和决策支持系统。其中，第 5 章围绕数据挖掘技术，详细介绍该技术在信息决策中的作用，并对面向决策过程的分类、聚类、关联规则和知识蒸馏技术进行阐述，重点介绍了预训练模型、强化学习、多任务学习以及零样本学习在信息决策中的应用；第 6 章从博弈论的视角，介绍不同信息博弈中的竞争型决策分析，包括完全信息静态博弈、完全信息动态博弈、不完全信息静态博弈和不完全信息动态博弈；第 7 章围绕决策支持系统，介绍其基本内涵和组成，在此基础上重点介绍了智能决策支持系统，包括基于深度学习的智能决策支持系统和基于区块链的智能决策支持系统，最后，强调群体在决策中的作用，阐述群体决策支持系统的功能结构及其典型应用。

第三部分为第 8 章，介绍大数据环境下的信息决策。第 8 章首先对大数据的概念和特点进行阐述，介绍面向信息决策的大数据智能化管理，构建大数据驱动的决策支持体系架构；在此基础上，围绕新一代人工智能发展的前沿，重点探索数智赋能的信息决策新模式，提出基于大模型的信息决策；最后，面向行业领域探索大数据驱动的信息决策模型和方法，以实现决策模型和方法在相关领域的推进和应用，从而为相关领域和行业用户提供决策支持和服务保障。

本书的出版得到了武汉大学研究生教材建设培育项目的资助。教材在编写过程中，吸收大量本人的最新科研成果，落实了“科研是为教学服务，为学生服务”的宗旨。本人负责教材编写体系的设计，主持全书的撰写和定稿工作。同时，本人指导的研究生参与了本书的部分章节编写工作，其中博士生李青青负责第 1 章、第 2 章、第 3 章的撰写，博士生孙守强负责第 7 章、第 8 章的撰写，李婷婷、李玥澎、成晨、刘御、张源、曾颖琪等研究生也参与本书的资料收集及部分章节的撰写工作。胡高爽女士在本书的撰写过程中，给予了相关的中肯建议和指导，对章节内容提供了大量素材和技术支持，在此表示感谢。另外，在撰写、成稿的过程中，作者参考了相关专著和论文，在此对这些专著和论文的作者表示衷心的感谢。

鉴于信息决策理论与方法不断更新且发展迅速，编者力求内容紧跟数字经济发展步伐，取材新颖丰富、案例经典实用；致力于打造一本内容深入浅出、结构合理清晰、可读性和实践性强的教材，以提高读者对信息决策理论与方法的深入理解和掌握。限于编者的学术水平，书中疏漏之处在所难免，不足之处敬请读者批评指正。

目录 CONTENTS

第 1 章　信息决策理论基础

决策是指为了解决问题或实现目标，根据一定的信息和经验，从多个方案中选择一个或多个最优方案的过程。自从地球上有了人类以后，决策也就随着人的活动而产生，并影响人的行为方式。无论是在日常的工作中还是生活中，我们都会面临各种决策问题。那么，究竟什么是决策？人们应该遵循哪些原则和按照什么步骤来进行决策呢？这是我们需要关注的重点问题。首先，本章从决策的基本知识出发，介绍了决策的概念、要素和基本原则；接着，本章从决策与信息、有效信息与科学决策、信息系统与科学决策三个方面论述了信息与决策的关系，并着重论述了大数据时代信息管理与科学决策的新思路。从本质上讲，决策是一个系统的过程，而不是“瞬间”的决定。在面对各种决策问题时，我们需要依靠科学的方法，经过多个阶段和步骤来进行科学决策。面向决策过程，本章接下来详细阐述了决策分析的分类、步骤以及定性和定量决策方法。最后，本章以两种典型的决策方式——确定型决策和不确定型决策为例，介绍了一些常用的决策准则。

1.1　决策基本知识

1.1.1　决策的概念

马克思指出：“社会生活在本质上是实践的。”实践是人们有目的、有意识地改造客观世界的活动，为了达到目的总要选择适当的方法，这就需要人们进行思考分析并做出决定。由于决策的基本含义就是“做决定”，是人类的一种有目的的思维活动，所以，决策存在于人类的一切实践活动中，存在于人类历史的全过程中。自古以来，人类就以它特有的决策能力，改变着其与自然及社会的关系，以求得生存与发展。

在我国及世界上许多国家的历史上，都曾涌现出许多杰出的政治家、思想家、军事家，他们有着许多著名的决策范例，并且也留下了许多涉及决策思想的著作。如“田忌赛马”“明修栈道，暗度陈仓”等决策事例，至今仍为人们所传颂；《孙子兵法》《资治通鉴》《史记》等以及古希腊许多哲学家的著作记载了人类在政治、经济、军事等领域的各种决策活动，其决策思想和决策方法至今对人们仍有一定的启发性和指导性。但由于早期人类社会活动的范围比较狭小，生产力水平低下，因而决策的影响在深度和广度上都有限。人们主要凭借日积月累的经验、智慧和个人才能进行决策，缺乏科学理论方法的指导，因而这种传统意义上的经验决策已很难适应现代化社会大生产和现代科学技术的飞速发展。

在近代，由于世界政治、经济、军事和科学技术等领域都发生了巨大变化，科学技术和生产的突飞猛进及社会的愈益复杂化、竞争的日趋激烈迫切要求决策向科学化的方向发展，正是这种客观的需求吸引了大批的管理学者和其他学科的科学家去探索决策活动的规律性、研究科学决策的理论与方法，使决策问题得到了充分重视和深入研究，促进了决策分析理论的形成与发展。其中较为突出的就是 20 世纪 60 年代美国著名的经济与管理学家西蒙(H. A. Simon)提出的现代决策理论，他指出“管理就是决策”，突出了决策在现代管理中占有的核心地位。

在现代管理科学中，对决策常有两种理解：一种是狭义的理解，认为决策就是做出决定，仅限于人们从不同的行动方案中做出最佳选择，即通常意义上我们所说的“拍板”；另一种是广义的理解，相当于决策分析，把决策看作一个过程，即人们为了实现某一特定目标，在占有一定信息和经验的基础上，根据主客观条件的可能性，提出各种可行方案，采用一定的科学方法和手段，进行比较、分析和评价，按照决策准则，从中筛选出最满意的方案，并根据方案实施的反馈情况对方案进行修整控制，直至目标实现的整个系统过程。

在本书中，我们把决策看作一个过程即决策分析。这是因为决策不是瞬间的行为，而是一个发现问题、提出问题、分析问题和解决问题的过程。人们对行动方案的确定，要经过诊断问题、确定目标、探索方案等一系列的准备活动，否则选择方案即“拍板”成了主观武断的行为，难免造成决策的失误。同样，如果不注意检查、监督“拍板”方案的实施活动，就无法了解方案执行后的情况，无法对出现的偏差予以纠正，更无法检验决策的是非优劣，难以保证决策目的与执行效果的统一，那么决策就失去了实际的意义。因此，我们认为将决策理解为决策分析应更确切些，即决策应为广义上的决策。

1.1.2　决策的要素

决策理论家萨凡奇(Sovage)举了一个做鸡蛋煎饼的无数据决策的例子来说明决策的内容和过程。在此我们沿用此例来说明决策分析的基本要素。

例 1-1　一名家庭主妇准备用 6 个鸡蛋和一碗面粉做鸡蛋煎饼。她的做法是先把鸡蛋打到碗里，然后再向碗里搅入面粉。当她已经向碗里打了 5 个鸡蛋(假设这 5 个鸡蛋的质量是好的)，准备打第 6 个鸡蛋时，由于不知道第 6 个鸡蛋的质量是好是坏，她将面对两种可能的状态：

状态 θ_1：第 6 个鸡蛋的质量是好的；

状态 θ_2：第 6 个鸡蛋的质量是坏的。

由于鸡蛋状态的不确定性，她将面临三种不同的可供选择的方案：

方案 a_1：将第 6 个鸡蛋直接打入已有 5 个鸡蛋的碗里；

方案 a_2：将第 6 个鸡蛋打入另外一个碗里以便检查其质量好坏；

方案 a_3：将第 6 个鸡蛋扔掉。

我们将上述每一种打蛋方案和鸡蛋质量状态列成表格来进一步分析每一种方案在每种状态下的结果，如表 1-1 所示。

表 1-1　各种打蛋方案的结果分析

状态 / 结果 / 方案	θ_1	θ_2
a_1	做成 6 个鸡蛋的煎饼	5 个鸡蛋受到污染，做无蛋煎饼
a_2	做成 6 个鸡蛋的煎饼，多洗一个碗	做成 5 个鸡蛋的煎饼，多洗一个碗
a_3	做成 5 个鸡蛋的煎饼，浪费一个好蛋	做成 5 个鸡蛋的煎饼

从表 1-1 可以看出，三种打蛋方案在鸡蛋的两种可能的质量状态下共有 6 种可能的结果。面对那么多可能的结果，该家庭主妇到底应该选择哪种方案呢？这还要取决于该家庭主妇的喜好和价值判断。

从例 1-1 可以看出，决策分析包括以下几个基本要素。

(1)决策者

决策者即决策主体，可以是个体，也可以是群体。决策者受社会、政治、经济、文化、心理等因素的影响。在例 1-1 中，该家庭主妇即为决策者。

(2)决策目标

决策者必须有一个希望达到的明确的目标，可以是单个目标，也可以是多个目标。在例 1-1 中，决策者的目标表现为希望做成的煎饼中含的鸡蛋越多越好，所付出的劳动越少、越方便越好。

(3)行动方案

行动方案是指实现决策目标所采取的具体措施和手段。行动方案有明确方案和不明确方案两种。前者是指有限个明确的方案，如例 1-1 中决策者有 3 种可供选择的方案。后者一般只是对产生方案可能的约束条件加以描述而方案本身可能是无限个，要找出合理或最优的方案可借助运筹学的线性规划等方法。

(4)自然状态

自然状态是指决策者无法控制但可以预见的决策环境中客观存在的各种状态。自然状态既可能是确定也可能是不确定的，其中不确定的又分为离散的和连续的两种情况。例 1-1 中的自然状态是鸡蛋的质量状态，它是不确定的和离散的，即好的和坏的两种。

(5)决策结果

决策结果即各种决策方案在不同的自然状态下所出现的结果。在例 1-1 中，3 种可能的方案在两种可能的自然状态下对应 6 种可能的结果。

(6)决策准则

决策准则是评价方案是否达到决策目标的价值标准，也是选择方案的依据。通常，决策准则依赖于决策者的价值取向或偏好。

1.1.3 决策遵循的原则

怎样才能正确地做出决策呢？这是每个人、每个组织都普遍关心的问题。一般来说，决策者要做出正确的决策，除了其自身具有的经验、智慧和才能外，还必须掌握决策分析的理论与方法，遵循正确的决策原则并根据问题的性质应用合理的决策程序。正确的决策必须遵循的基本原则如下。

(1)信息准全原则

准确、完备的信息是决策的基础。任何决策都要从收集、分析信息入手。决策者具有的有关决策对象规律性的知识和具体的情况、数据，是决策的前提和必要条件。决策者首先应具有与决策对象相关的科学知识，如从事商品销售的零售商只有懂得价值规律和供求规律，才知道应选择销售哪些供不应求的商品以及合理确定所售商品的销售价格。其次，决策者还应了解有关决策对象本身的信息及决策对象所处的外部环境的信息。零售商只有掌握了商品的市场销售情况、消费者偏好等外部因素才能在基本规律的指导下做出销售哪些商品的决策。同时，为了促进对其所销售的商品的宣传，他还应详细了解其所售商品的性能、规格、功用等特点。此外，他还应根据商品销售的反馈情况及时调整销售策略以应对不断变化的市场。可见，科学的决策需要大量的信息，决策者必须具备收集处理信息以及挑选重要信息的能力，并对决策环境保持高度的警惕性和敏感性，以及时地掌握充足而可靠的信息，为正确决策提供有力的保障。

(2)效益原则

这里的效益包括两层意思。其一是指决策所要取得的效益。决策的最终目的是合理地组织人、财、物等资源以取得最佳的效益，只有成本耗费少、经济效益高、社会效益好的方案，才是值得追求的方案。其二是指决策过程本身的效益。决策者在进行决策时，应尽量减少决策的时间，保证决策方案实施的及时性；同时，降低决策的费用，提高决策过程的经济性。

(3)系统原则

决策应坚持系统的原则，坚持局部效果服从整体效果、当前利益与长远利益相结合，谋求决策目标与内部条件及外部环境之间的动态平衡，使决策从整体上最优或令人满意。就决策系统内部而言，决策主体必须紧密配合，协调决策对象内部各个要素之间的关系及各决策环节之间的关系，统筹规划，以满足系统优化为目标，强调系统的完整与平衡。就决策系统与外部环境的关系而言，决策主体必须使自己的决策目标与其所从属的更大系统的要求、目标或规划相适应，以达到两者相互促进、共同发展的动态平衡。例如，企业的发展目标应符合社会的发展方向，有利于国家与社会的整体利益和公共利益。

(4)科学原则

决策应运用决策科学的理论，采用科学的决策方法和先进的决策手段。决策问题的日益复杂化使我们仅凭自己的经验、直觉和智慧做决策变得越来越困难。通过决策科学，我们可以掌握各种决策的一般原理、方法及基本规律以达到提高决策质量的目的。因此，决策者必须善于运用各学科的知识，尤其是运用运筹学、计算技术、概率统计等方面的知识做出定量决策，并善于采用来自数学和自然科学的技术与方法选择方案，如模拟、最优化、决策论、博弈论等，以提高决策的科学性。

(5)可行原则

决策方案必须是可行的，实施方案才能达到预期的效果。决策是可行的必须有客观条件作保证，而不是单凭主观愿望。为此，决策应充分考虑到人才、资金、设备、原料、技术等方面的限制。决策方案在技术、经济、社会等方面均应是可行的，这样的决策才有现实意义。

(6)选优原则

决策总是在一定的条件下寻求优化的目标及优化地达到目标的行动方案。决策者应根据一定的价值准则对决策目标与方案进行权衡和判断以选出最优决策方案。但由于环境的不断变化及客观世界的复杂性，许多决策问题只能以定性分析或定性分析与定量分析相结合的方法确定决策方案，这样的方案可能只是“满意”的方案而非经济上的“最优”方案。

(7)行动原则

在选定最优或满意方案之后，还必须通过制定策略、确定职能、配备人员、组织作业、安排日程等一系列具体的实施细则，把方案落实到具体的行动规划上，并付诸实施。落实不到行动上的决策是毫无价值的，只有把方案付诸实施才能检验决策的有效性及方案的可行性，必要时对原有方案做出适当的调整，才能实现决策目标。

(8)反馈原则

由于影响决策的诸因素是复杂多变的，而决策时又往往难以预料到一切可能的变化情况，在决策实施的过程中难免会出现一些意想不到的问题。为了不断地完善决策，始终保持决策目标的动态平衡，最终真正地解决决策问题，达到决策目标，就必须根据决策执行过程中反馈的信息对决策进行补充、修改和调整，甚至在必要时做出各种应变对策。所以，在决策执行时的信息反馈是非常必要的。如果决策已付诸实施，但对执行情况既不检查也不汇报，那么决策就难以达到预期的效果。

(9)民主原则

在当今社会，一项重大决策涉及的领域之广、所包含的不确定性因素之多、结构形态之复杂，使得传统的权威个人决策体制逐渐被淘汰，取而代之的是一个充分发挥集体智慧、重视智囊和信息作用的现代化的民主决策体制。

现代化的民主决策体制包括四个系统：①信息系统。它收集、储存、处理和传递信息，为智囊系统和决策系统提供综合的、及时可靠的信息，为正确决策奠定坚实的基础。②智囊系统。它是一种由不同专家组成的专门为决策服务的参谋咨询机构，以大量可靠的信息为依据，充分利用经验和科学知识，制定、分析、论证和评估方案。③决策系统。它对智囊系统提供的各种备选方案进行综合评价、对比择优、做出决断。④执行反馈系统。它协调方案的贯彻执行，并对方案的实施情况进行监督，将出现的问题及时反馈给以上各系统，再由各系统同心合力地对方案做出修正，不断地完善决策，并最终实现决策目标。这几个系统之间互不干涉但又密切配合的关系为及时做出正确的决策并顺利执行决策提供了可靠的保障。

在这种新型的民主决策体制下，所做出的决策是集体智慧的结晶，是科学的，因而也是符合实际的。因此，决策时应坚持民主原则，实行民主决策，充分调动各系统、各类人员的积极性、主动性和创造性，以求高效率、高效益地解决决策问题、实现决策目标。

1.2　信息管理与科学决策

"让有用的信息留下来"是经济全球化和信息社会条件下科学管理与决策的目标。信息作为客观世界的三大要素之一，正越来越多地受到人们的重视，尤其在社会经济、政治、文化日益信息化的趋势下，信息已然成为比物质和能源更为重要的资源。我国信息学专家乌家培先生就曾指出，信息革命将继续引发管理及管理科学的变革，使管理在功能、组织、方法和理念上产生根本性变化，信息与科学决策将呈现出新的发展趋势。在当今的数字化和智能化时代，对海量数据进行过滤、加工和处理，使之转化为有价值的智能信息，是信息科学管理的核心，同时也是提高科学决策能力的重要因素。本节将重点探讨决策与信息的关系、有效信息与科学决策以及数据驱动的科学管理决策三个方面的内容。

1.2.1 决策与信息的关系

信息在汉语中的最初含义是消息。随着科技的发展，信息已具有新的含义，在不同领域，人们对信息有不同的解释，目前仍未有统一的定义。信息论的奠基人香农将信息定义为“用来消除不确定性的东西”。而控制论的创始人维纳对信息的定义是“信息是人们在适应外部世界，并使这种适应反作用于外部世界的过程中，同外部世界进行相互交换的内容和名称”。信息是客观事物运动状态和存在方式的反映，信息是关于客观事实的可通信的知识。信息的产生源于事物运动变化过程中形成的差异，它是人类认识客观事物的前提和基础。

自信息的概念提出以来，信息与决策就密不可分。决策通过对信息的转换和传递来实现，信息是维持决策活动的依据。决策与信息的关系是一种互动关系，可以概括为：信息是决策的基础和依据，决策是对信息的判断和运用。决策程序的每个环节，都和信息紧密相关。第一，确定目标与信息获取活动。开展深入、全面的调查研究，系统、准确、及时地搜集、整理有关信息，预测未来事态发展趋势，这样才能有效地发现和提出问题，才能准确地确定决策目标。第二，拟订方案与信息设计活动。对搜集的信息进行充分的分析、比较、鉴别、筛选，提出正确的、符合客观实际的方案。第三，方案优选与信息决策活动。在掌握充分信息的基础上，对各种信息进行对比、鉴别和判断，优选出最佳方案。第四，普遍实施与信息评价活动。建立信息反馈与追踪系统，一旦发现决策目标偏差，立即进行修正。

决策过程就是在全面掌握准确信息的基础上，依据决策对象的发展规律及其内外条件，在变动的环境中，做出最有利于决策对象发展的决断，并有效地监督实施的过程。因此，就其本质而言，决策活动就是一个对大量相关信息进行收集、筛选、判断、分析，进而创造性地拟订、评价、选择和执行方案的过程。第一，信息是决策的前提和基础，只有在收集、掌握大量信息的前提下，决策者才能做出相对正确的决策。因此，搜集和利用信息是成功决策的重要步骤。第二，信息是确定决策目标的依据。决策目标的确定离不开预测、分析，而预测和分析也离不开信息。第三，信息是制定决策方案的基础。决策者只有根据所掌握的信息进行科学合理的预测，才能制定各种可能的行动方案。第四，信息是决策方案选择的依据。决策者要根据信息对各方案进行可行性、收益性、风险性分析，最终确定一个最佳行动方案。第五，信息是控制决策实施的条件。在决策实施的整个过程中，离不开信息的控制和协调，同时，信息也是检验决策效果的标准。

科学决策的过程，在一定意义上就是一个从信息输入、处理到输出的过程。决策能力就是对信息作出判断和加以运用的能力，信息在决策中占有举足轻重的地位，并起着十分重要的作用。

(1)信息是决策的基础

信息工作不管提供的是动态、经验、问题等信息，还是预测、建议、方案等高层次的信息，都是为领导了解情况，研究、分析问题，最终作出并实施决策服务的。因此，提高信息质量是领导进行科学决策的必要环节。随着信息网络的高速发展，决策者获取信息的途径越来越广泛，影响决策的首要问题已从信息短缺变成了获取信息的“质量差”“时间差”“占有差”。信息质量差是指信息系统被大量的假信息、无用信息、错误信息、杂乱信息、矛盾信息、遮断信息、干扰信息等充斥，使决策者在获取的信息质量上形成差距，造成决策的混乱。信息时间差是指受信息系统采集能力限制，或者因为工作人员信息素养较低，对实时信息不能及时捕捉，使决策者在获取信息的时间上形成差距，加大了决策的周期，从而降低了决策的时效。信息占有差是指信息系统遭受网络攻击，导致“信息流”发生偏移甚至被完全中断，使决策者在信息支配控制权及占有权上形成差距，使得决策者在面临决策问题时处于劣势地位。

因此，信息作为决策的基础必须满足以下要求。首先，信息应是发现问题、确定决策目标的媒介。一般而言，每一项政府决策都是从发现问题开始的，决策者通过各种渠道获取信息并从中发现问题。信息是认识事物的媒介。通过这个媒介，决策者才能明确问题、找出差距，进而确定切合实际的目标。其次，信息应是拟订和选择方案的依据。政府决策目标确定后，就要拟订若干可供选择的方案。现代决策理论认为，在拟订方案时，应对占有的信息进行科学分析，拟订多个可行方案以供比较和选择。只有一个方案而无其他选择余地的情况，被称为“霍布森选择”。没有选择，也就无所谓决策。因此，在拟订和选择方案时，必须系统地、有目的地搜集信息。没有足够的信息，拟订方案时就会一筹莫展；选择方案时，也会因无法评价优劣而导致决策失误。再次，要把决策转换成指令信息输出到执行单位，并通过指令信息控制决策实施的步骤和范围；实施后，要根据反馈信息，掌握决策实施的具体情况，检查决策的实施效果。在决策实施和控制过程的一系列环节中，离开信息是无法进行的。

(2)决策是信息反馈控制过程

决策实质上是涉及信息管理的动态反馈控制过程。首先是决策组织和人员从各种渠道搜集关于管理对象的信息，经过加工处理后，提炼出反映事物本质的信息，并对管理对象的状态、趋势和管理效果作出准确的判断。然后与管理目标相比较，找出差距，进而针对这种差距拟定决策方案。通过对方案的评价，选择满意的可行方案作为最终的决策方案，并以指令信息的形式经由传输系统传递给决策执行系统。执行系统根据指令信息的内容，组织资源对管理对象施加影响，以改变其运动状态和存在方式。

与此同时，管理信息系统随时观察管理对象的变化，搜集效果信息，并及时反馈给决策系统，帮助其决定是否修改原来的决策。如果要修正指令，它再把修正后的指令信息发送给执行系统。这样不断循环、不断修正，直到实现预期的决策管理目标。

(3)决策信息活动的三个环节

决策信息活动包括信息收集、信息选择和信息分析三大环节。信息收集是决策信息活动的首要环节。决策信息的收集应与领导决策的信息需求相吻合。领导决策的信息需求的特点表现为以下四点：①理论性和真实性特点。决策者只有掌握大量的理论信息，不断提高自身的政策理论水平，才能为正确决策奠定基础。同时决策信息又必须是真实可靠的，对各类问题的分析、建议要客观公正，各类数据必须真实可靠。②新颖性和宏观性特点。为领导决策提供的信息应该是新颖及时的；同时，各类信息又应该是宏观的，诸如各类具有参考价值的有影响的论点及其任务与背景情况、带有倾向性的理论动态和社会动态、对重大现实问题的分析和建议等。③选择性和针对性特点。要针对领导正在考虑的或实际生活中需要解决而领导又尚未察觉到的问题，有针对性地为领导提供大量可供选择的信息，包括与决策问题有关的背景材料、专指性很强的事实和数据，以及已有的相关性决策方案等。④综合性和系统性特点。任何一项决策都带有社会性，牵扯社会的方方面面，正确的决策总是来源于对社会各种情况的全面掌握。

信息选择是决策信息活动的第二个环节。信息泛滥、信息垃圾、信息失真、信息病毒等信息污染，不仅给决策机构接受决策信息提出了严峻挑战，并且严重干扰和制约着决策功能的发挥。因此，信息选择能力是决策机构是否具有创造性和应变能力的重要因素，也是衡量其现代化程度的主要标志之一。信息选择主要包括对信息完全度、精确度和可信度三个方面的判断：①信息完全度，即决策全部对象的信息，包括范围和种类两个方面。在做某项决策时，对所需信息包括哪些方面应有明确的认识。②信息精确度，即每一条信息所包含的信息量。衡量信息量的大小虽然以消除不确定性为标准，但消除哪方面的不确定性，又是以决策的需求为尺度的。每一项决策对信息的精确度都有一定的要求。③信息可信度，即信息的可信性或真实性。信息可信度包括两个方面：第一，信息人员收集到的原始信息是真实的和准确的；第二，信息人员为决策者所提供的经过加工的信息是真实的、准确的。

信息分析是决策信息活动的第三个环节，同时也是最重要的一个环节，是决策科学化的基础。综合性信息分析的要求和特点包括以下五个方面：①信息材料的系统性，包括：素材的搜集、加工积累需要系统性，综合性信息分析需要系统的材料，提供决策科学化所用的材料必须具有系统性。②信息综合的全面性，即决策信息活动需要广泛搜集国内外的有关信息，全面掌握各种素材，才能进行科学、中肯、透彻的分析，使整个信息分析工作论据充分、论证清楚，使之建立在扎实、可靠的信息基础之上。③信息分析的准确性，即情报的来源要准确，同时综合分析得出的结论要准确。④信息提供的及时性，即信息应具有新颖性，同时信息传递与提供保障服务应具有时效性。⑤信息保障的适用性，体现在信息的先进性和应具有实用价值两个方面。

1.2.2　有效信息与科学决策

科学决策是在对大量有效信息进行分析的基础上，运用科学的方法，对所要决策的问题提出多种方案来进行比较，从中选出最佳方案以付诸实施，并在实施过程中不断完善，达到预期目的的过程。科学决策是以有效信息为基础的，没有有效信息就没有科学的决策。决策的实质是信息的加工和新的决策信息的产生。所谓信息的加工，是指决策者对决策问题的各种信息进行分析、交换、比较、计算等操作；新的决策信息的产生实质上是决策者在加工信息的基础上，制定出处理问题的规则，产生或形成处理问题的指令，即决策信息。决策过程本质上是一个信息决策过程，就是把输入的信息转换为输出信息的过程。

科学决策本身是信息转换的过程，而信息的转换又严格依赖于环境和系统内的信息资源与能力。有效信息与科学决策之间的辩证关系表现在以下三个方面：①有效信息是决策过程的原料和灵魂。没有获得大量的有效信息，决策将成为无源之水。②获取有效信息是决策成功的保障。由于信息泛滥与有效信息不足的矛盾日益突出，决策者必须对大量信息进行认真分析，在此基础上形成有效合理的信息，并利用这些有效信息为决策提供重要依据。③信息使用不当是造成决策失误的一个重要因素。信息不全面、信息不真实、信息不及时、信息渠道不畅，以及信息筛选没有遵循一定的原则等，都会造成决策的重大失误。

有效信息是科学决策的灵魂，有效信息在科学决策中的作用主要体现在以下四个方面：①有效信息是领导决策活动的基础。要完成一项科学决策，决策活动的每个子系统都不同程度地渗透着信息工作。②科学决策的过程就是有效信息利用的过程，信息工作贯穿决策的始终。③有效信息是领导科学决策的桥梁。采用科学思维和科学计算方法，通过对大量前瞻性有效信息的占有和分析以辅助决策，是决策科学化的主要手段。④有效信息是领导决策成功的重要依据。谁对信息掌握得多、掌握得快、掌握得准，谁就能赢得工作的主动权。

要有效提高决策质量，就必须了解信息的不同特征及其对组织决策的影响，包括：①信息是长期性与短期性的统一。在强调信息时效性的同时，也应不断积累大量延续性信息（主要是知识、经验、阅历等）。②信息是主观与客观的有机统一。决策者应尽可能去掉所接收信息中的主观因素，实现科学合理的决策。③信息是共享性与非共享性的统一。信息共享性是信息质的规定性，但由于信息具有价值，对信息的垄断意味着一种优势，因此也应防止信息未经授权的扩散和流失。④信息的非真实性。为了避免虚假、错误信息的误导而造成决策失误，决策者对信息要进行必要的甄别、校验和分析。⑤信息泛滥与信息重复。信息泛滥常常让人分不清主次、辨不清真伪而无所适从，以至于干扰正常的决策。信息的多次重复一方面使得信息接收者对这一信息的刺激变得“充耳不闻”，另一方面对接收者所造成的潜在影响不断加深，从而影响接收者对信息的正常判断。⑥信息的成本与收益。搜集信息可提高决策质量，获得更大的收益，但如果搜集信息的费用超过了信息消除的不确定性所带来的收益，那么对于组织决策来说，显然就是不合算的。⑦信息具有可提供性。搜集到的信息即使真实性无可怀疑，完整性已经足够，人们在据此做出决策时仍需进行完备周详的推理、分析，把表象所蕴含的潜在实质挖掘出来。

1.2.3 数据驱动的科学管理决策

数据要素正在加速重构经济社会发展与治理模式的新形态，智能化既是新形态重构的实现方式和技术手段，也是发展方向和目标。数智化发展既体现经济社会发展与治理模式向新范式的根本转变，同时也使得科学管理决策范式发生革新与重构，衍生新型个体与组织信息决策的新型范式。目前，我国“十四五”规划明确了“加快数字化发展，建设数字中国”的发展纲要，着重强调“数字化”与“智能化”，提出要激活数据要素潜能，充分发挥海量数据和丰富应用场景优势。因此，在数字经济发展背景下，传统模型驱动的决策正逐渐向数据驱动的决策范式转变。特别是随着科学研究第四范式的提出，数据的重要性和对决策理论与方法的革新需求将愈发凸显。

数据或信息驱动的决策范式是由科技进步、数据获取能力的提高以及信息技术的快速发展所导致的，也是大数据时代发展的必然趋势。传统科学研究和决策制定往往依赖于建立复杂的模型来描述和解释现象，然后根据这些模型做出决策。然而，在科学研究第四范式驱动的新型决策中，数据和信息的生成和处理能力越来越强大，这种趋势正在改变决策制定的方式和方法。

数据驱动的决策范式强调从大量数据中提取信息，提高洞察力。通过收集、存储和分析大数据，决策者可以发现潜在的模式、趋势和关联，而无需预先建立复杂的理论模型。例如，在商业领域，公司可以通过大数据分析来了解客户行为，预测市场趋势，从而制定更为精准的营销策略和产品定位。信息驱动的决策范式强调及时性和实时性的决策制定，这是因为在数据涌现的信息时代中，人们可以获取更快速、更即时的数据和信息，使得决策制定过程更加灵活和动态，对决策因素的捕捉更加全面而深刻。例如，在金融领域，高频交易公司可以利用即时市场数据和算法来进行快速交易决策，以获得利润。

此外，数据和信息驱动的决策范式还强调基于证据和实证的决策特征。通过数据和信息来支持决策，决策者可以避免主观偏见和个人意见的影响，从而提高决策的客观性和准确性。这种基于数据和信息的决策制定方式也更容易被审计和评估，有助于提高决策的透明度和可信度。因此，在科学研究第四范式下，传统模型驱动的决策范式正逐渐被数据或信息驱动的决策范式所取代。这种转变不仅反映了科技和信息技术的进步，也反映了人们对于更为灵活、实时和基于证据的决策制定方式的迫切需求。

在科学研究第四范式下，数据的重要性变得尤为突出。数据是现代社会的基石，它们不仅是信息的载体，也是知识的来源和决策的基础。数据提供了丰富的信息资源，通过对数据的收集、存储和分析，人们可以获得对各种现象和问题的深入洞察。这种信息获取能力使得决策者能够更好地了解环境变化、市场趋势、客户需求等重要因素，从而做出更为准确和有效的决策。数据分析可以帮助人们发现模式和趋势，从而进行精准的预测。通过对历史数据的分析和建模，人们可以预测未来的趋势和事件，这对于规划和预防潜在风险具有重要意义。例如，基于天气数据的气象预测可以帮助人们做出应对自然灾害的准备和应急决策。数据驱动的决策可以使决策更加个性化和智能化。通过分析个体的数据和行为，企业可以为每个客户提供个性化的产品和服务，从而提高客户满意度和忠诚度。数据的即时性和实时性使得人们能够做出更快速的决策和响应。此外，在信息技术的支持下，大数据分析和实时数据处理技术可以帮助人们迅速识别和解决问题，从而提高组织的灵活性和竞争力。最后，数据提供了客观的事实依据，使得决策更加科学和可靠。基于数据的决策具有更高的可验证性和可审计性，有助于避免主观偏见和个人意见的影响，从而提高决策的客观性和准确性。

1.3 决策分析概述

1.3.1 决策分析的分类

决策的广泛应用及人类活动的复杂多样性，使得决策的种类繁多。为了便于研究和掌握决策的特点和规律性，以有助于人们正确地选择决策方法来开展决策分析，做到决策的科学化，就应该从不同的角度对决策进行分类。根据不同的分类角度，决策类型如图 1-1 所示。

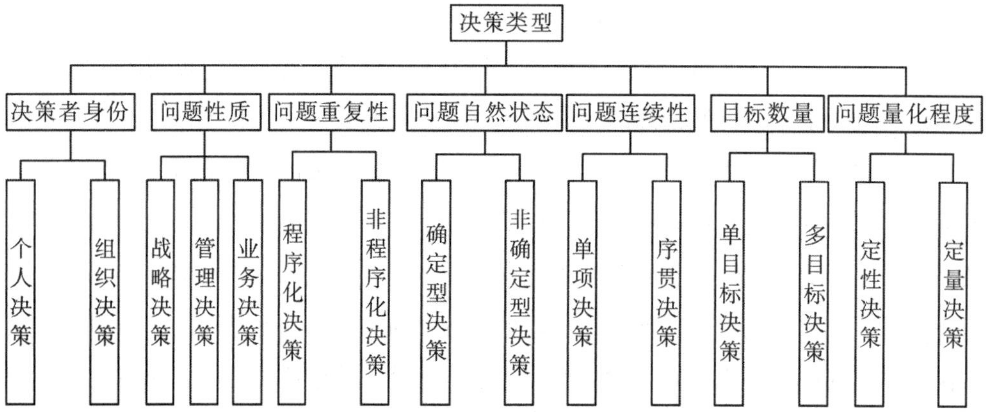

图 1-1　决策分析的类别

(1)个人决策和组织决策

根据决策者具有个人身份和组织身份这样两种身份，将决策分为个人决策和组织决策。个人决策是指决策者为满足其个人的目的或动机而以个人身份作出的决策。例如，个人职业选择、生活方式的选择等都是个人决策问题；组织决策是与某个组织或群体的目标直接相关的决策，它与个人的目的没有直接关系。

(2)战略决策、管理决策和业务决策

根据所要解决的问题性质，决策分为战略决策、管理决策和业务决策（安东尼模式）。战略决策是指组织机构为了使自身与变化的环境相适应和谋求发展的决策，这种决策是为了解决全局性、长远性和根本性的问题；管理决策是为了实现既定战略而进行的计划、组织、指挥与控制的决策；业务决策亦称战术决策，是具体业务部门为了提高工作质量及日常业务效率而进行的决策。

（3）程序化决策和非程序化决策

根据问题出现的重复性及决策程序的规范性可划分为程序化决策与非程序化决策（西蒙模式）。程序化决策（也称为结构化决策）是指那些常规的反复出现的决策，这类决策一般都有明确的决策目标和决策准则，而且可以按一定的程序进行，无论是领导者或办事员都可按此程序加以解决，这类决策在中层和基层居多；非程序化决策（也称非结构化决策）是指不经常出现的、复杂的、特殊的决策。

（4）确定型决策和非确定型决策

根据决策问题所处的自然状态不同来划分。其中，确定型决策是指存在一种自然状态的决策；非确定型决策是指存在两个或两个以上可能状态而哪种状态发生又不确定的决策。风险型决策和不确定型决策均属于非确定型决策。

（5）单项决策和序贯决策

根据决策过程是否连续来划分。单项决策（静态决策）是指解决的是某个时点或某段时间的决策；序贯决策（动态决策）是指一系列在时间上有先后顺序的决策，这些决策相互关联，前一项决策直接影响后一项决策。

（6）单目标决策和多目标决策

按决策所要求达到的目标数量，可以将决策划分为单目标决策和多目标决策。

（7）定性决策和定量决策

按决策问题的量化程度，可以将决策分为定性决策和定量决策。

1.3.2　决策分析的步骤与追踪决策

（1）决策分析的基本步骤

决策分析是一个动态系统的反馈过程，决策过程一般随着决策问题的性质、决策目标以及决策者偏好的不同而不同。科学的决策步骤又称为决策程序，它反映了决策分析过程的客观规律，使决策过程更加结构化、系统化和合理化，为进行科学决策提供了重要保证。科学的决策过程必须包括以下五个步骤：

①形成决策问题。

问题的存在是决策分析的前提，所有的决策分析都是为了解决特定的问题而进行的。通常情况下，形成决策问题有以下两种途径：第一，在被动情况下出现的问题，这是一种人们事先没有预料到而客观事物本身发展暴露出的迫使人们加以承认的问题；第二，人们对现实状态进行主动检查进而发现与期望状态之间存在的差距。

决策主体要主动地去寻找和发现问题，既要全力抓住并解决主要问题，又不能忽视次要问题。运用辩证逻辑思维灵活、全面地分析和把握问题，避免片面性。同时，在原因分析中切忌凭个人好恶来选择资料或事实，那样容易得出符合个人意愿但却不符合客观事实的结论。

②确定决策目标。

决策目标是在一定的环境和条件下，决策系统所期望达到的结果，是决策分析过程中拟订方案、评价方案和选择方案的基准，也是衡量问题是否得以解决的指示器。首先，只有先明确了目标，方案的拟定才有了依据；其次，目标决定着方案的选择。方案的评价标准，主要是看其能否达到目标。被选择的方案往往是能最大限度地实现目标的方案，方案被证实或证伪也是以目标是否得以实现为依据的。可见，目标贯穿于决策过程的各个环节，在决策分析中具有至关重要的作用。因此，目标的重要性也就决定了确定目标是决策过程的重要阶段。

③拟订各种可行的备选方案。

拟订方案是实现目标、解决问题的方法和途径。决策者应在客观环境及自身条件的允许下，根据决策目标及收集整理的相关信息，尽可能地拟订出多个可行的备选方案，这样可以降低决策的成本，减少决策的时间，提高决策的效率。决策者充分利用智囊系统及群体的力量，提出和采纳解决问题的新思路、新见解、新方法，拟订尽可能多的备选方案，增加选择最有价值方案的可能性。

拟订方案的过程大致可以分为以下几个步骤：

第一步，寻找方案：这个阶段应大胆创新，通过创造性思考和丰富的想象力去探求解决问题的各种可能的方法和途径；

第二步，设计方案：对寻找的方案进一步加工，填充实施细节，以形成具有实际价值的具体方案；

第三步，预测方案的结果：即预测各种方案在各种可能的自然状态下所产生的结果。

④选择方案。

选择方案是决策分析过程中最关键的一个步骤。选择方案是指根据决策目标和评价标准，对多个备选方案进行比较、分析和评价，得出备选方案的优劣顺序，从中选出几个较满意的方案供最后抉择。方案的选择在很大程度上取决于决策者自身的素质，如知识、心理、偏好等。对于同样的决策问题，不同的决策者会因其自身能力及风险偏好的不同而倾向于选择不同的决策方案，而不同方案的执行结果可能有天壤之别。因此，这一阶段要求决策者具备敏锐的洞察力、良好的分析判断能力，以确保方案最后选择成功。

⑤实施反馈。

确定决策方案后，决策分析过程还未结束，因为客观事物的发展变化特性及人对客观事物认识的局限性决定了理论与实践总是存在差距，理论的可行与否最终要经受实践的检验，决策方案也是如此。要保证方案最终可行，必须将方案付诸实施，在实践中检验方案的真伪。在实施方案的过程中，要对方案的实施进行追踪控制，根据方案实施过程中出现的新情况、新问题以及确定决策目标、拟定决策方案时未曾考虑到的因素，对决策方案进行反馈修正。当主客观条件发生了重大变化，必须对决策目标和方案作出根本性修正时，就要进行追踪决策。对方案进行追踪控制并适时修正的目的是使决策分析过程接近实际，提高决策分析结果的科学性，增强决策方案的实用价值，以更好地指导人们的行动，避免因错误决策造成不必要的混乱和经济上的重大损失。

决策分析五个基本步骤是各种决策都不可缺少的。如果不发现问题，分析问题就无从决策；如果不确定明确的决策目标，拟订方案就缺乏依据；只有通过拟订多个可行的备选方案，把决策建立在“多方案选择”的基础之上，通过不同方案的对比，才能选出满意的方案；只有把决策方案付诸实施，才能检验决策的执行结果，实现决策目标，这样的决策才有价值。

(2)追踪决策

追踪决策是决策者在初始决策的基础上对已从事的活动的方向、目标、方针及方案的重新调整。追踪决策不同于决策在执行过程中的补充及修正。后者是在决策执行过程中，由于决策本身的特点和决策环境的变化，决策者必须对决策执行情况不断检查，并根据反馈信息，找出偏差，实施相应的控制，不断修正完善决策。它尚不需要对决策计划或方案作较大改变。而追踪决策实质上是对原来面临的问题重新进行一次决策。由于主客观情况已经发生了变化，因此它并非正常决策的简单重复，也不是对原决策的根本否定，而是根据对原决策过程的再次分析，改正原决策中的错误，转向正确的一种决策，是对原决策的“扬弃”。追踪决策对于任何决策来说都是相当重要的环节，做好追踪决策要注意以下四个基本特征：

①回溯分析，是指对原决策的产生机制、内容、环境进行客观、冷静的思索，分析产生失误的原因、性质及程度，从而为制定有效的对策提供依据。回溯分析必须以充分的事实为依据，应注重原有决策事实，而不是去追究原有决策的个人责任。当然，回溯分析本身也包含寻找原有计划中的合理因素，为制定新的决策计划提供参考和依据。

②非零起点，是指追踪决策是在原决策实施的过程中发生的。由于原有决策的实施对人、财、物的消耗，实施结果对决策条件及决策环境的影响和客观环境本身在不断地发展变化，使得追踪决策产生的时点已不再是原有决策产生的那个时点。因此，追踪决策时应充分注意各种变化对决策过程的影响。

③双重优化，首先追踪决策不是对原决策的简单改变或重复，而是对原决策的“扬弃”，只有比原决策更加完善和圆满，才能体现其意义所在。其次，追踪决策也意味着要在多个替代方案中比较选优，必须是新的备选方案中的优化方案。在主客观情况发生变化的情形下，在诸多新的方案中选择出一个最优方案，从而获取最佳效益。在有些情形中，追踪决策只能从小损或大损中选择，尽可能获得更多的收益。

④心理效应，由于追踪决策要改变原决策，因而势必直接或间接地引起与原决策有关人员的心理反应，给追踪决策的实施带来各种不利的因素。一方面，改变原决策会引发相关人员的复杂感情，容易失去公正的客观尺度。有些原决策者因害怕承担责任，竭力为原决策辩护，或掩盖真相、消极抵抗，甚至直接阻挠追踪决策的进行；原决策的反对者也可能因此否定一切，甚至摒弃原决策中的合理因素，走向另一极端；还有一些旁观者，则可能幸灾乐祸，推波助澜。另一方面，因为原决策已经执行，则必然使决策对象的内部和外部人员处在既有利害关系之中。从内部而言，参加原决策执行的人员，不仅不可避免地对自己的劳动成果充满感情，而且会有命运相系的心理，在重新决策时容易发生不安的骚动，这一切会反过来影响追踪决策的顺利进行。就外部而言，任何决策都是一个系统，与外界有各种各样的联系，因此，还会引起一系列连锁的心理反应。所以在追踪决策完成之前，决策者应避免泄露有关决策失误及追踪决策的信息，以避免引起连锁的社会心理反应。

1.3.3 决策分析定性与定量方法

由于决策问题的量化程度不同，针对不同的决策问题需选用定性或定量方法进行分析，以便得出科学合理的决策方案。

(1)决策分析的定性方法

决策分析的定性方法是指决策者在占有一定的事实资料、实践经验、理论知识的基础上，利用其直观判断能力和逻辑推理能力对决策问题进行定性分析的方法。决策分析的定性方法主要有德尔菲法、头脑风暴法、案例分析法等。

定性方法利用决策者的丰富经验、专业知识及掌握的实际情况，综合考虑定性因素的影响，进行比较切合实际的分析和判断，比较简便易行，是一种不可缺少的灵活的决策分析方法。

定性方法的优点是决策需要的数据少，在无法考虑定量因素的情况下，可利用决策者的丰富经验、专业知识及掌握的实际情况，综合考虑定性因素的影响，进行比较切合实际的分析和判断，决策时间短、费用低。但是，定性方法的缺点是依据不充分、客观性差，决策的正确性主要依赖于决策者与专家的个人素质和经验。

(2)决策分析的定量方法

决策分析的定量方法是决策者在占有历史数据和统计资料的基础上，运用数学和其他分析技术建立其可以表现数量关系的数学模型，并利用它进行决策的方法。决策分析的定量方法包括贝叶斯决策法、马尔可夫决策法、决策树方法等。

定量方法以调查统计资料和信息为依据，建立数学模型，可以对决策问题进行科学的定量分析，能从数量关系上找出符合决策者目标的最优决策，是信息驱动的决策学研究的主要内容。定量方法的主要优点是决策的依据充分、客观性强，能够得出准确的优化结果；主要缺点是决策的时间长、费用高，当系统复杂、数据缺乏、非定量因素多时难以胜任。定量分析不能充分考虑定性因素的影响，而且要求外界环境和各种主要因素相对稳定，当外界环境和某种主要因素发生变化时，定量分析的结果有较大的误差。

(3)综合决策法

由于决策分析的定性和定量方法在使用上各有利弊，为了使决策结果比较切合实际，提高决策的质量，在实际工作中，应把这两种方法结合起来应用，形成综合决策法。

综合决策的必要性在于：①在复杂的社会、政治、经济、军事等领域的问题中，存在着大量的非数量性指标，如社会和谐程度、政治倾向、经济发展水平、军事力量等，这些指标很难量化，通常只能进行定性分析。②只有在对决策问题的内在规律性及其诸因素之间的因果关系进行大量的定性分析的基础上，才能建立起数学模型，进行定量分析。③现实的问题是复杂的，受多种因素的影响，通常我们所得到的模型只是一个理想化的模型，因此，按这个模型求得的最优解在实践中不一定是最优的，必须加上定性的分析和实践，才能使决策接近实际，取得良好的决策效果。

由此可见，定性分析是定量分析的基础，定量分析可以使定性分析更深入和具体化。两者相互补充，各取所长，以使决策分析过程逐步优化。综合决策法集中地体现了决策的科学性和艺术性的统一。

1.4 确定型决策

确定型决策是指只存在一种完全确定的自然状态的决策。构成一个确定型决策问题必须具备以下四个条件：

①存在一个明确的决策目标；

②存在一个明确的自然状态；

③存在可供决策者选择的多种行动方案；

④可求得各方案在确定状态下的损益值。

由于确定型决策的自然状态只有一种，决策环境完全确定，问题的未来发展只有一种确定的结果，决策者只要通过分析、比较各个方案的结果就能选出最优方案。例如，企业经过市场调查发现其生产的产品供不应求，并且预计在今后五年内需求量持续上升，则企业在这种确定的自然状态下，只要拟订多个可行的生产方案，然后通过分析、评价，从中选出生产量最大的那个决策方案并投产即可。再如，一个简单日常生活中关于“出门是否带伞”的问题：如果出门时正在下雨，则带伞；如果出门时天气晴朗，则不带伞。在这两种情况下，自然状态是明确的，均属于确定型决策。但是，如果天气变化无常，出门时不能确定下雨与否，这种情况下的决策则属于非确定型决策。

从上述的分析可知，确定型决策分析适用于方案实施中遇到的客观情况只有一种的场合，即在确定的环境下只有一种自然状态的场合。

为进一步理解确定型决策的概念，可以通过田忌赛马案例进行分析。由于参赛前田忌与齐王的赛马方案是确定的，即各方必须从自己的上、中、下马中各选一匹与对手进行逐一较量。因此，在赛马出场顺序确定的情况下，孙膑给田忌出主意，用下马对付齐王的上马，用上马对付齐王的中马，用中马对付齐王的下马。田忌采纳了这个建议，结果赢得了一千金。需要注意的是，这种决策方案需要建立在明确齐王赛马出场顺序的基础上才能实现。对于确定型决策来说，找到“孙膑的对策”是此类决策的重点，从而导致田忌稳赢的局面。

例 1-2　某企业根据市场需要，需添置一台数控机床，可采用的方式有三种：

甲方案：引进外国进口设备，固定成本 1000 万元，产品每件可变成本为 12 元；

乙方案：用较高级的国产设备，固定成本 800 万元，产品每件可变成本为 15 元；

丙方案：用一般国产设备，固定成本 600 万元，产品每件可变成本为 20 元；

试确定在不同生产规模情况下购置机床的最优方案。

分析：因为不同决策方案对应的固定成本和可变成本是确定的，且目标是收益最大化也是确定的，所以该问题为确定型决策。利用经济学知识，选取最优决策。最优决策也就是在不同生产规模 Q 条件下，选择总成本 TC 较低的方案。各方案的总成本，如图 1-2 所示。

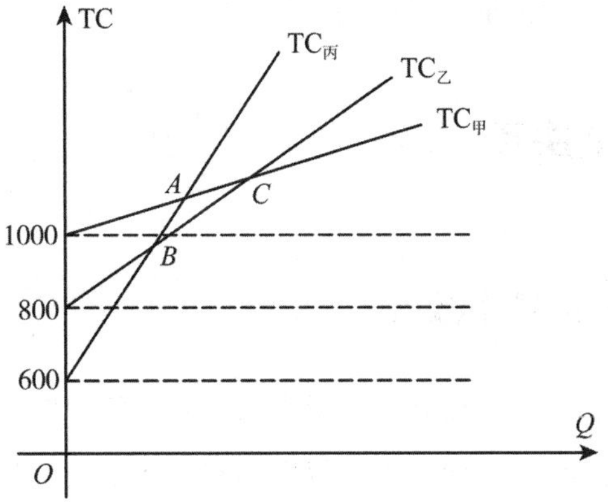

图 1-2　各方案的总成本图

其中，$TC_{甲} = 1000 + 12Q$；$TC_{乙} = 800 + 15Q$；$TC_{丙} = 600 + 20Q$ 。

图中出现了 A、B、C 三个交点，其中 A 点经济意义：在 A 点采用甲方案与丙方案成本相同 $TC_{甲} = 1000 + 12Q$，$TC_{丙} = 600 + 20Q$，当 $1000 + 12Q = 600 + 20Q$ 时，

$$Q_A = \frac{1000 - 600}{20 - 12} = 50(\text{万件}) \tag{1-1}$$

同理：B 点 $TC_{乙} = TC_{丙}$，$800 + 15Q = 600 + 20Q$

$$Q_B = \frac{800 - 600}{20 - 15} = 40(\text{万件}) \tag{1-2}$$

B 点经济意义为：当生产 40 万件时，采用乙方案和采用丙方案成本相同均为 1400

万元。

C 点：$TC_{甲}=TC_{乙}$，即，$1000+12Q=800+15Q$

$$Q_C=\frac{1000-800}{15-12}=\frac{200}{3}(\text{万件}) \tag{1-3}$$

C 点经济意义为：当生产规模为 200/3 万件时，采用甲、乙方案成本相同。

从图中可知：当生产规模 $Q \leqslant Q_B$ 时，采用丙方案；当 $Q_B <$ 生产规模 $Q \leqslant Q_C$ 时，采用乙方案；当生产规模 $Q > Q_C$时，采用甲方案。

得到生产规模最优方案为：当生产规模产量小于 40 万件时，采用丙方案；当生产规模产量大于 40 万件而小于 200/3 万件时，采用乙方案；当生产规模产量大于 200/3 万件时，采用甲方案。

综上可知，确定型决策的关键是收集确定信息，能够在决策前将决策的条件和目标进行信息收集，从而为最佳决策结果提供信息基础。

1.5 不确定型决策

1.5.1 不确定型决策的基本概念

在企业经营管理中，常常会遇到一些极少发生或应急的事件，此时往往无法明确指出事物未来将会出现何种状态，而只能了解事物有可能出现哪几种状态，并且对这几种自然状态出现的概率也无法估计，这就是不确定型决策问题。例如，某种新试制的产品是否应当投产？某种新设备是否应当购买？由于企业环境的复杂和企业内部人、财、物与时间的限制，有时不能进行起码的市场调查和预测，因此也就无法确定这些事件的哪一种自然状态将会发生以及各种自然状态发生的概率。可见，对这类事件的决策只能在自然状态信息不确定的情况下做出，即在知道可能出现的各种自然状态、但又无法确定各种自然状态发生概率的情况下做出，这类决策问题就是不确定型决策。

为了加深对不确定型决策的理解，我们举一个具体决策问题的例子。

例 1-3 某企业就生产线建设问题拟定了 a_1，a_2，a_3三个方案，其中 a_1 为新建两条生产线，a_2 为新建一条生产线，a_3为扩建原有生产线。在进行市场调研和预测的基础上，估算了各个方案在不同市场需求状态下的损益值，如表 1-2 所示，但不同市场需求状态出现的概率不能测定，试确定最佳方案。

表 1-2　某企业生产线建设问题决策损益表(净现值)　　　　单位：万元

方案 / 收益 / 状态	市场需求情况		
	高需求 θ_1	中需求 θ_2	低需求 θ_3
a_1	1000	600	−200
a_2	750	450	50
a_3	300	300	80

在该决策问题中企业无法明确未来的市场需求状态，并且三种需求状态出现的概率未知。可见，对这类问题的决策只能在不确定的情况下进行，这类决策问题就是不确定型决策。

由以上不确定型决策问题的例子，可以总结出不确定型决策应满足如下四个条件：

①存在着一个明确的决策目标，如收益最大或损失最小。在例 1-3 中，表现为确定最佳方案，实现最大收益。

②存在着两个或两个以上的可供选择的行动方案。在例 1-3 中，指拟定的 a_1，a_2，a_3 三个方案。

③存在两个或两个以上的自然状态。在例 1-3 中，指三种不同的市场需求状态。

④各行动方案在不同自然状态下的损益值可以计算或者能够定量地估计出来。在例 1-3 中，就是表 1-2 中的数据。

通常，把用来反映各个决策方案在不同自然状态下损益值的二维表称为不确定型决策问题的决策矩阵。一般情况下，设某不确定性问题有 m 个方案分别为 a_1，…，a_i，…，a_m，存在 n 个自然状态分别为 θ_1，…，θ_j，…，θ_n。其中，方案 a_i 在状态 θ_j 下的损益值为 a_{ij}，则不确定型决策问题的决策矩阵如表 1-3 所示。

在不确定型决策问题中，各个决策方案的结果都随自然状态的不同而有差异，而不同自然状态发生的概率又不为决策主体所知。因此，只有确定衡量决策优劣的准则，才可能较好地解决此类问题。在现实中，根据经验的积累，人们总结出了一些公认的决策准则，它们为解决一些极少发生或应急的事件决策问题提供了可行的思路和方法。尽管由这些准则出发也许不能产生特别令人满意的决策方案，即不能获得未来实际状态下真正的最优结果，但是舍此别无良策。毕竟，企图在不占有完备信息的前提下做出精确的决策分析，也是不可能的。

表 1-3　决 策 矩 阵

状态 \ 损益值 \ 方案	θ_1	…	θ_j	…	θ_n
a_1	a_{11}	…	a_{1j}	…	a_{1n}
⋮	⋮	⋮	⋮	⋮	⋮
a_i	a_{i1}	…	a_{ij}	…	a_{in}
⋮	⋮	⋮	⋮	⋮	⋮
a_m	a_{m1}	…	a_{mj}	…	a_{mn}

不确定型决策准则包括乐观决策准则、悲观决策准则、折中决策准则、后悔值决策准则和等概率决策准则等。决策过程中，对不同方案的取舍在很大程度上取决于决策主体的经验、偏好、对自然状态发生情况的判断、心理素质以及对风险的态度等因素，这就使决策的过程带有很强的主观性。对同一个决策问题，不同的决策者会采用不同的决策准则，而不同的决策准则又对应着各种不同的决策方法，从而带来不同的决策结果。由于没有统一的评价标准，进而无法判断各种决策方法的优劣。要提高对不确定型决策问题的处理能力，决策主体必须深入调查研究，努力提高自身素质，广泛积累决策经验。

1.5.2　乐观决策准则

乐观决策准则要求决策者在无法判断各方案可能出现的结果时，采取好中取好的乐观态度，选择最满意的决策方案。该准则的基本思想是要决策者对客观发生的自然状态总是抱乐观态度，以乐观冒险的精神寄希望于出现对自己最有利的状态。对于以收益最大化为目标的决策者而言，首先找出每个行动方案在各种自然状态下的最大收益值，然后选择这些最大收益值中最大者所对应的方案作为最优方案，所以此种情形的乐观决策准则又称为最大期望值决策准则。同理，对于以损失最小化为目标的决策者而言，则应从各方案的最小损失值中选择损失最小者所对应的方案作为最优方案，此种情形的乐观决策准则又称最小损失值决策准则。

(1)乐观决策准则的基本步骤

采用乐观决策准则的决策者富有冒险精神，虽然情况不明，但也绝不放弃任何一个获得最好结果的机会。其基本步骤如下：

①判断决策问题可能出现的各种自然状态(θ_1, θ_2, …, θ_n);

②拟定备选的各种决策方案(a_1, a_2, …, a_m);

③确定各个方案在不同自然状态下的收益值 a_{ij};

④选出各方案在不同自然状态下的最大收益值$\max_j\{a_{ij}\}$;

⑤比较各个方案在不同自然状态下的最大收益值，从中再选出最大收益值$\max_i\{\max_j\{a_{ij}\}\}$，即大中取大，该值所对应的方案即为采用乐观决策准则的决策者所选取的最优方案。

根据以上步骤，乐观决策准则对应的决策矩阵如表 1-4 所示。

表 1-4　乐观决策准则所对应的决策矩阵模型

方案 / 收益值 / 状态	θ_1	θ_2	…	θ_j	…	θ_n	最大收益值
a_1	a_{11}	a_{12}	…	a_{1j}	…	a_{1n}	$\max_j\{a_{ij}\}$
⋮	⋮	⋮	⋮	⋮	⋮	⋮	
a_i	a_{i1}	a_{i2}	…	a_{ij}	…	a_{in}	
⋮	⋮	⋮	⋮	⋮	⋮	⋮	
a_m	a_{m1}	a_{m2}	…	a_{mj}	…	a_{mn}	
决策	$\max_i\{\max_j\{a_{ij}\}\}$						

以下举例说明这一决策方法的具体应用。

例 1-4　以例 1-3 中的企业生产线建设问题为例。

分析：直接根据决策矩阵进行决策，如表 1-5 所示。

表 1-5　某企业生产线建设问题乐观决策准则决策矩阵模型　单位：万元

方案 / 收益值 / 状态	市场需求情况			$\max_j\{a_{ij}\}$
	高需求(θ_1)	中需求(θ_2)	低需求(θ_3)	
a_1	1000	600	－200	1000
a_2	750	450	50	750
a_3	300	300	80	300
决策	$\max_i\{\max_j\{a_{ij}\}\}$			1000

由表 1-5 可见，若选择方案 a_1，则在自然状态 θ_1 下可获得最大收益 1000 万元；若选择方案 a_2，则在自然状态 θ_1 时可获得最大收益 750 万元；若选择方案 a_3，则在自然状态 θ_1 或自然状态 θ_2 下可获得最大收益 300 万元。根据乐观决策准则，决策者希望获得最大收益，故选择第一种方案 a_1。虽然该方案在自然状态 θ_3 下的收益为负值，但采用乐观决策准则的决策者认为较有利于自己的状态 θ_1 更可能出现，从而带来最大的收益 1000 万元，所以他愿意为此冒险。

(2)乐观决策准则的评价

大中取大的乐观决策准则只看重最大收益，而忽略了其他有价值的信息，无论最坏状态下的损失有多大，都不能影响决策者对取得最大收益方案的选择。运用乐观决策准则的决策者有自信乐观的性格、进取精神和冒险偏好，认为不管自己采取哪种方案，将来总会发生对该方案有利的自然状态。但必须注意的是，这种决策方法本身具有很大的风险，如果实际发生的状态劣于决策者的主观预期，决策者可能蒙受巨大损失。

(3)乐观决策法的适用范围

乐观决策法即最大化最大期望值决策法适用于以下情况：

①高收益值诱导。决策者运用有可能实现的高期望值目标，激励、调动人们奋进的积极性。实际结果如何并不重要，关键是要重视决策目标的激励作用。

②绝处求生。企业处于绝境，运用其他较稳妥的决策方法难以摆脱困境，此时，与其等着破产，还不如采用最大期望值的方案，通过拼搏，以求获得最后一线生机。

③前景看好。决策者对企业的前景充满信心，应当采取积极进取的方案，否则就会贻误最佳时机。

④实力雄厚。企业实力强，如果过于稳妥、保守，往往会无所作为，甚至企业削弱力量及降低地位。因此，企业应凭借其强大的风险抵御力，积极发展。

1.5.3 悲观决策准则

悲观决策准则的思想与乐观决策准则相反，采用该准则的决策者对客观情况总持悲观态度。在企业生产经营活动中，决策信息不足很有可能导致决策失误，从而带来重大经济损失。因此，决策者在处理不确定型决策问题时，可能会小心谨慎，追求决策的万无一失。这时就必须从最坏处着眼，以求稳妥，在决策时首先考虑每一个备选方案对应的最坏结果，然后从这些最坏结果中选择最好的那个，它所对应的决策方案就是应该采取的方案。也就是说，当决策问题是以收益最大化为目标时，我们从各个行动方案的最小收益中选取收益值最大的方案为决策方案；当决策问题是以损失最小化为目标时，我们从各个行动方案的最大损失中选取损失值最小的方案为决策方案。

(1)悲观决策准则的基本步骤

采用悲观决策准则的决策者有悲观情绪，思维方式也较为消极保守，这种决策方法的基本步骤如下：

①判断决策问题可能出现的各种自然状态 θ_1，θ_2，…，θ_n；

②拟定决策问题的各种备选决策方案(a_1，a_2，…，a_m)；

③确定各个方案在不同自然状态下的收益值 a_{ij}；

④选出各个方案在不同自然状态下的最小收益值 $\min_j\{a_{ij}\}$；

⑤比较各个方案在不同自然状态下的最小收益值，从中再选出最大者 $\max_i\{\min_j\{a_{ij}\}\}$，即小中取大，该值所对应的方案就是采用悲观决策准则的决策者所选择的最佳方案。

根据以上步骤，悲观决策准则所对应的决策矩阵模型如表 1-6 所示。

表 1-6　悲观法决策矩阵模型

状态 \ 收益值 \ 方案	θ_1	θ_2	…	θ_j	…	θ_n	最小收益值
a_1	a_{11}	a_{12}	…	a_{1j}	…	a_{1n}	$\min_j\{a_{ij}\}$
⋮	⋮	⋮	⋮	⋮	⋮	⋮	
a_i	a_{i1}	a_{i2}	…	a_{ij}	…	a_{in}	
⋮	⋮	⋮	⋮	⋮	⋮	⋮	
a_m	a_{m1}	a_{m2}	…	a_{mj}	…	a_{mn}	
决策	$\max_i\{\min_j\{a_{ij}\}\}$						

现举例说明悲观决策准则在决策分析方法的应用。

例 1-5　以例 1-3 中的企业生产线建设问题为例。

解　直接根据决策矩阵进行决策，如表 1-7 所示。

由表 1-7 可见，若选择方案 a_1，则在自然状态 θ_3 下可获得最小收益为-200 万元(即亏损了 200 万元)；若选择方案 a_2，则在自然状态 θ_3 发生时可获得最小收益 50 万元；若

选择方案 a_3，则在自然状态 θ_3 下可获得最小收益 80 万元。根据悲观决策准则，决策者应选择方案 a_3 为最优方案。虽然选择其他方案可能带来更高的收益，但采用悲观决策准则的决策者认为它们带来的收益跨度较大，与方案 a_3 相比，更可能出现不利的结果，所以为了稳妥起见，决策者保守地选择方案 a_3。

表 1-7　某企业生产线建设问题悲观决策准则决策矩阵模型　　单位：万元

方案 收益值 状态	市场需求情况			$\min_j\{a_{ij}\}$
	高需求（θ_1）	中需求（θ_2）	低需求（θ_3）	
a_1	1000	600	－200	－200
a_2	750	450	50	50
a_3	300	300	80	80
决策	$\max_i\{\min_j\{a_{ij}\}\}$			80

（2）悲观准则的评价

悲观决策准则要求决策者在处理问题时从最不利的结果出发，凡事做最坏的打算，要多考虑自身是否能承受决策失误带来的打击。采用该准则的决策者处理问题时谨慎小心、追求稳妥，其思想较为保守消极；同时也反映了决策者对出现有利自然状态的信心不足，态度悲观。他们只看重最坏情况下的收益数据，而忽略了其他有价值的信息，认为不管自己采用哪种方案，将来总会出现对自己不利的自然状态。

（3）悲观决策法的适用范围

悲观决策法实际上是把最小收益的自然状态假定为必然出现的自然状态，即把不确定性问题转换为确定性问题来处理。虽然悲观决策法带有保守性质，但它却留有余地，稳妥可靠，是在“最不利”的情形中找出“最有利”的方案。因此，这种方法在一定场合下具有一定的适用性。例如，企业规模较小、资金薄弱，经不起大的经济冲击，或者决策者认为最坏状态发生的可能性很大，对好的状态缺乏信心，等等。另外，在某些突发事件中，人们已经遭受了重大的损失，如人员伤亡、天灾人祸，需要恢复元气，一般也采用这一较为稳妥的准则进行决策。

但是，这种决策方法往往使人们丧失进取心，不愿意冒风险。因此使用这一准则时一定要慎重，具体情况具体分析。对于那些把握性很小、损失很大的决策问题，悲观决策法是可取的。

1.5.4　折中决策准则

乐观决策准则和悲观决策准则分别是从最好和最坏的结果出发进行决策的，它们对自然状态的假设都过于极端，前者认为总会出现最有利的情况，而后者则认为总会出现最不利的情况。乐观决策准则过于冒进，悲观决策准则又过于保守，这两种决策准则的思想明显有些偏激。在实际决策过程中，决策者一般既不会认为未来将一帆风顺，也不会表现出极度的悲观情绪，而是往往采取折中的态度。折中决策准则就是基于这种思路产生的一种决策方法，即认为各行动方案既不会出现最好的条件结果值，也不会出现最坏的条件结果值，而是出现最好结果值与最坏结果值之间的某个折中值。决策者只需在各个行动方案的折中值里选出最大的那个，其对应的行动方案即为最优决策方案。

在这种情况下，L. 赫威茨(Hurwicz)提出了“乐观系数”的概念，用来计算折中收益值。他认为决策者应该根据对形势的判断确定一个在 0~1 的乐观系数，用 a 表示，即有 $0<a<1$。并且，a 越接近 1，就表示决策者对状态的估计越乐观；a 越接近 0，就表示决策者对状态的估计越悲观。特别是当 $a=1$ 时，决策的准则实际就是乐观决策准则；当 $a=0$ 时，决策的准则就是悲观决策准则。乐观系数确定后就可以用加权平均的办法来计算折中收益值，公式如下：

$$d_i = a \cdot \max_j\{a_{ij}\} + (1-a) \cdot \min_j\{a_{ij}\} \tag{1-4}$$

式(1-4)中，a 为乐观系数；$\max_j\{a_{ij}\}$ 为第 i 个方案的最大收益值；$\min_j\{a_{ij}\}$ 第 i 个方案的最小收益值。因此，选择 d_i 为第 i 个方案的折中收益值，对应的那个方案作为最优方案，这个决策过程中所依据的决策准则就是折中决策准则。

(1)折中决策准则的基本步骤

采用折中决策准则进行决策分析就是通过一个适当的乐观系数将极端乐观和极端悲观的收益加权平均，求出一个折中的收益值，进而确定决策方案的决策方法。其决策过程是：

①判断决策问题可能出现的各种自然状态 θ_1，θ_2，…，θ_n；

②拟定决策问题的各种备选决策方案 a_1，a_2，…，a_m；

③确定各个方案在不同自然状态下的收益值 a_{ij}；

④结合决策时的各种情形，确定一个恰当的乐观系数 $a(0<a<1)$，用以反映决策者的乐观程度。决策者对状态的估计越乐观，乐观系数 a 越接近于1；越是悲观，乐观系

数 a 就越接近于 0。

⑤根据公式(1-4)计算折中收益值，选择折中收益值最大的方案为最优决策方案。

折中决策准则的决策矩阵模型如表 1-8 所示。

表 1-8　折中法决策矩阵模型

方案 收益值 状态	θ_1	θ_2	…	θ_j	…	θ_n	$a \cdot \max_j\{a_{ij}\} + (1-a) \cdot \min_j\{a_{ij}\}$
a_1	a_{11}	a_{12}	…	a_{1j}	…	a_{1n}	
⋮	⋮	⋮	⋮	⋮	⋮	⋮	
a_i	a_{i1}	a_{i2}	…	a_{ij}	…	a_{in}	
⋮	⋮	⋮	⋮	⋮	⋮	⋮	
a_m	a_{m1}	a_{m2}	…	a_{mj}	…	a_{mn}	
决策	$\max_i\{a \cdot \max_j\{a_{ij}\} + (1-a) \cdot \min_j\{a_{ij}\}\}$						

下面举例说明其具体决策过程。

例 1-6　以例 1-3 中的企业生产线建设问题为例，乐观系数分别取 0.3 和 0.5 时，用折中决策准则进行决策。

分析：直接根据决策矩阵进行决策，如表 1-9 所示。

表 1-9　某企业生产线建设问题折中决策准则决策矩阵模型　　单位：万元

方案 收益值 状态	市场需求情况			$a \cdot \max_j\{a_{ij}\} + (1-a) \cdot \min_j\{a_{ij}\}$	
	高需求(θ_1)	中需求(θ_2)	低需求(θ_3)	$a = 0.3$	$a = 0.5$
a_1	1000	600	−200	160	400
a_2	750	450	50	260	400
a_3	300	300	80	146	190
决策	$\max_i\{a \cdot \max_j\{a_{ij}\} + (1-a) \cdot \min_j\{a_{ij}\}\}$			260	400

由表 1-9 的计算过程可知，当取乐观系数 $a = 0.3$，即决策者感觉情况不太乐观时，根据折中决策准则，选择方案 a_2 为最优方案；当取 $a = 0.5$ 时，即认为最坏情况和最好

的情况出现的概率相等时，最优方案为 a_1 或 a_2。

(2) 折中决策法的评价

折中决策法，实际上是一种指数平均法。它的评选标准介于最小收益值和最大收益值之间，乐观系数在其中起了一个天平的作用，若乐观系数 α 取值偏向 1，则偏向乐观法；若乐观系数 α 取值偏向 0，则偏向悲观法。总之，折中决策法属于一种既稳妥又积极的决策方法。

但是，折中决策法存在两个严重的缺陷：

①乐观系数不易确定。运用此种方法，乐观系数测定不同，其决策方案必然有异。由于乐观系数的这种不确定性，反映了不确定型决策的本质。它增强了决策者的灵活性，如决策者认为形势看好，可将乐观系数定得高些；若形势不好，可将乐观系数定得低些，决策者可灵活掌握。由此，决策的客观性降低，主观性增强，可靠性也就成问题了。

②折中决策法虽然克服了乐观决策法和悲观决策法的两种极端倾向，但也只注意到最好和最坏这两种形态，在决策分析中，只用到了 $\max\{a_{ij}\}$ 和 $\min\{a_{ij}\}$，而没有用到 a_{ij} 的其他各值。这说明，折中决策法没有充分利用收益函数所提供的全部信息。这一缺陷，自然要影响决策效果。

例如，考虑表 1-10 中所示的决策矩阵模型。可知，无论乐观系数 α 取什么样的值，根据折中决策准则，备选行动方案 a_1 和 a_2 都被认为是无差异的。这种判断显然是很难让人接受的，实际决策过程中决策者一般更加偏好方案 a_2。原因是尽管两个备选方案的最大收益值和最小收益值完全相同，但两个方案对应最大收益值出现的次数不同。方案 a_1 只有在状态 θ_1 下才得到最大收益，其余四个状态下均为最小收益；而方案 a_2 则相反，只在状态 θ_1 下得到最小收益，在其余四个状态下均获得最大收益。显然，决策者会认为方案 a_2 获最大收益的概率较大，从而放弃方案 a_1。这就表明折中决策准则并没有充分利用有关收益值的信息，这一缺陷在某些情况下自然会影响决策效果。

表 1-10　决策矩阵模型

方案 收益值 状态	θ_1	θ_2	θ_3	θ_4	θ_5	$a\cdot\max_j\{a_{ij}\}+(1-a)\cdot\min_j\{a_{ij}\}$
a_1	1	0	0	0	0	a
a_2	0	1	1	1	1	a
决策	$\max_i\{a\cdot\max_j\{a_{ij}\}+(1-a)\cdot\min_j\{a_{ij}\}\}$					a

1.5.5 后悔值决策准则

理想情况下，决策者进行决策时选择收益最大或损失最小的方案作为最优方案。然而实际情况却往往不是这样，在不确定型决策问题中，由于未来自然状态不确定性的影响，决策者在最初可能并未采取理想情况下的最优方案，而是采取了其他方案。一旦决策者后来发现自己当初舍优取劣，错失获得最大收益的机会，就会感到后悔。基于避免现在的选择造成未来太大遗憾的思想，L. J. 萨凡奇(Savage)提出了后悔值决策准则，将"后悔"这一主观感觉数量化，并以该值的大小作为决策的根据。

后悔值就是在一定自然状态下没有选择最好的方案而带来的机会损失。具体而言，每个方案的后悔值都按以下方式确定。假设决策者选择了方案 a_i，在自然状态 θ_j 下得到收益值 a_{ij}，则方案 a_i 在状态 θ_j 下的后悔值 r_{ij}(或称为收益值 a_{ij} 的后悔值)为：

$$r_{ij} = \max_i\{a_{ij}\} - a_{ij} \tag{1-5}$$

其中，$\max_i\{a_{ij}\}$ 为自然状态 θ_j 下，各方案对应收益值中最大者，a_{ij} 为方案 a_i 在自然状态 θ_j 下得到的收益值。

由这种定义后悔值的方式可知，在未来一定自然状态下，实际所选方案的收益值与最优方案的收益值之差越大，后悔值就越大。后悔值决策准则的基本思想是，假设各方案总是出现后悔值最大的情况，从各方案的最大后悔值中选择后悔值最小的方案作为最优方案。具体来说，就是首先求出各方案在各自然状态下的后悔值，然后找出各方案的最大后悔值，再从这些最大后悔值中选出最小后悔值，该最小后悔值对应的方案就是要寻找的最优方案。

(1)后悔值决策准则的决策基本步骤

运用后悔值决策准则解决不确定型决策问题的一般步骤为：

①判断决策问题可能出现的各种自然状态 θ_1，θ_2，…，θ_n；

②拟定决策问题的各种备选决策方案 a_1，a_2，…，a_m；

③确定各个方案在不同自然状态下的收益值 a_{ij}；

④计算出在各种自然状态下每个方案的后悔值 r_{ij}；

⑤找出各方案的最大后悔值，即$\max_j\{r_{ij}\}$；

⑥比较各方案的最大后悔值，选取其中最小值，即$\min_i\{\max_j\{r_{ij}\}\}$，该值所对应的方案即为最优方案。

以上步骤对应的决策矩阵模型如表 1-11 所示。

表 1-11　后悔值决策准则所对应的决策矩阵模型

方案 后悔值 状态	θ_1	…	θ_j	…	θ_n	$\max_j\{r_{ij}\}$
a_1	r_{11}	…	r_{1j}	…	r_{1n}	
⋮	⋮	⋮	⋮	⋮	⋮	
a_i	r_{i1}	…	r_{ij}	…	r_{in}	
⋮	⋮	⋮	⋮	⋮	⋮	
a_m	r_{m1}	…	r_{mj}	…	r_{mn}	
决策	$\min_i\{\max_j\{r_{ij}\}\}$					

下面举例说明后悔值决策准则及其决策过程。

例 1-7　以例 1-3 中的企业生产线建设问题为例，用后悔值决策准则进行决策。

分析：首先计算后悔值：

方案 a_1：$r_{11}=1000-1000=0$；$r_{12}=600-600=0$；$r_{13}=80-(-200)=280$

方案 a_2：$r_{21}=1000-750=250$；$r_{22}=600-450=150$；$r_{23}=80-50=30$

方案 a_3：$r_{31}=1000-300=700$；$r_{32}=600-300=300$；$r_{33}=80-80=0$

构造后悔值决策矩阵模型，如表 1-12 所示。

表 1-12　某企业生产线建设问题后悔值决策矩阵模型　　　单位：万元

方案 后悔值 状态	市场需求情况			$\max_j\{r_{ij}\}$
	高需求(θ_1)	中需求(θ_2)	低需求(θ_3)	
a_1	0	0	280	280
a_2	250	150	30	250
a_3	700	300	0	700
决策	$\min_i\{\max_j\{r_{ij}\}\}$			250

由表 1-12 数据比较可知，各方案最大后悔值中的最小值为 250，所以根据后悔值决策准则，应选的最优方案为 a_2。

(2)后悔值决策准则的评价

从前文的分析可以看出，后悔值决策准则的基本出发点是尽量避免较大的决策失误。采用该准则的决策者对未来出现“最有利状态”信息不足，但又不愿失去机会，所以在追求最优结果的同时，努力减小决策失误的机会成本。后悔值决策准则体现了决策者不求收益最高但求遗憾最小的保守性格。从避免较大决策失误的角度进行决策，这是一个比较稳妥的决策方法，并且从某种意义上讲，要比只从最坏结果考虑的悲观决策准则方法更合乎实际情况。

(3)后悔值决策准则的适用范围

最小最大后悔值决策法一般适用于有一定基础的中小企业。因为这类企业一方面能承担一定风险，因而可以不必太保守，在经营策略上不必过于稳妥；另一方面，这类企业又不能承受大的风险，因而又不能像乐观决策方法那样过于冒进。对于这类企业而言，采用后悔值决策准则的决策属于一种稳中求发展的决策类型。

另外，竞争实力相当的企业在竞争决策中也可采用此法。因为竞争者之间已有一定实力，必须以此为基础进一步开拓，不可丧失机会；但又不宜过激，否则欲速则不达，危及基础。因此，在势均力敌的竞争中，采用此法既可以稳固已有的地位，又可以使市场开拓机会的丧失降到最低限度。

1.5.6 等概率决策准则

在无法获得有关未来自然状态出现的任何信息时，以上几节内容介绍的决策准则均从不同角度出发做出大胆假设，简化了不确定型决策问题的求解。从各自的出发点来看，它们均有一定的合理之处，但是其固有的缺点和局限性也是显而易见的。悲观决策准则把获得最小收益的自然状态假定为必然出现的自然状态，而视其他自然状态出现的概率为零。乐观决策准则的思想与之恰恰相反。折中决策准则引进乐观系数的概念，克服了极端思想，但也只是考虑了最好和最坏两种自然状态下的收益，而仍假定其他中间状态发生的概率为零。它们共有的缺点就是都没有充分利用收益函数所包含的全部信息，这在很大程度上会影响决策的准确性。19 世纪，著名的数学家拉普拉斯提出了等概率决策准则，克服了以上决策准则信息利用不充分的缺点。该准则认为，在各自然状态发生的概率不清楚的时候，只能认为各状态发生的概率相等。按相等的概率求出各方案的条件收益期望值，最大期望收益值对应的方案即为最优决策方案。

(1)等概率决策准则的决策基本步骤

等概率决策准则赋予每个自然状态以相等的发生概率，然后以每个决策方案的期望收益值为依据进行决策，运用等概率决策准则解决不确定型决策问题的一般步骤为：

①判断决策问题可能出现的各种自然状态 θ_1，θ_2，…，θ_n；

②拟定决策问题的各种备选决策方案 a_1，a_2，…，a_m；

③确定各个方案在不同自然状态下的收益值 a_{ij}；

④计算各方案在每种自然状态下的期望收益值$E_i(a_{ij})$和等概率收益值 $\sum_{j=1}^{n} E_i(a_{ij})$；

⑤比较各方案的等概率收益值 $\sum_{j=1}^{n} E_i(a_{ij})$ 的大小，选择$\max_i\left\{\sum_{j=1}^{n} E_i(a_{ij})\right\}$ 所对应的方案即为决策的最佳方案。

以上步骤对应的等概率决策矩阵模型如表 1-13 所示。

表 1-13　等概率决策矩阵模型

方案 / 期望收益值 / 状态	θ_1	…	θ_j	…	θ_n	$\sum_{j=1}^{n} E_i(a_{ij})$
	$\frac{1}{n}$	…	$\frac{1}{n}$	…	$\frac{1}{n}$	
a_1	$E_1(a_{11})$	…	$E_1(a_{1j})$	…	$E_1(a_{1n})$	
⋮	⋮	⋮	⋮	⋮	⋮	
a_i	$E_i(a_{i1})$	…	$E_i(a_{ij})$	…	$E_i(a_{in})$	
⋮	⋮	⋮	⋮	⋮	⋮	
a_m	$E_m(a_{m1})$	…	$E_m(a_{m2})$	…	$E_m(a_{mn})$	
决策	$\max_i\left\{\sum_{j=1}^{n} E_i(a_{ij})\right\}$					

下面举例说明等概率决策法的应用。

例 1-8　以例 1-3 中的企业生产线建设问题为例，用等概率决策准则进行决策。

解析：首先计算各方案在每种自然状态下的期望收益值：

$E_1(a_{11})=(1/3)\times1000=333.3$

$E_1(a_{12})=(1/3)\times600=200$

$E_1(a_{13})=(1/3)\times(-200)=-66.7$

$E_2(a_{21})=(1/3)\times750=250$

$E_2(a_{22})=(1/3)\times450=150$

$E_2(a_{23})=(1/3)\times 50=16.7$

$E_3(a_{31})=(1/3)\times 300=100$

$E_3(a_{32})=(1/3)\times 300=100$

$E_3(a_{33})=(1/3)\times 80\approx 26.7$

构造等概率决策准则的决策矩阵模型如表 1-14 所示。

表 1-14　某企业生产线建设问题等概率决策准则的决策矩阵模型　单位：万元

方案 / 期望收益值 / 状态	θ_1	θ_j	θ_n	$\sum_{j=1}^{n} E_i(a_{ij})$
	$\frac{1}{3}$	$\frac{1}{3}$	$\frac{1}{3}$	
a_1	333.3	200	-66.7	466.7
a_2	250	150	16.7	416.7
a_3	100	100	26.7	226.7
决策	$\max_i\left\{\sum_{j=1}^{n} E_i(a_{ij})\right\}$			466.7

根据表 1-14 的计算结果，并由等概率决策准则可知，应选的最优方案为 a_1。

(2)等概率决策法的评价

等概率决策准则假设各自然状态出现的概率相等，从而把不确定型决策问题转化为风险型决策问题来处理。该准则全面考虑了收益函数所包含的全部信息，克服了悲观决策准则等决策方法信息利用不充分的缺点，是一种相对合理的决策准则。该准则的假设看似出自主观臆断，其实不然，这是有充分根据的。事实上这是采用了一种反证求解的思维方法，当某一种状态呈现明显的优势和劣势时，这种状态存在的可能性是容易确定的；而不确定型决策从本质上说是在决策者对即将发生结果之概率一无所知的条件下所进行的决策，也就是说全部自然状态中没有明显的优势或劣势状态，即各种自然状态发生的可能性是相差不大或近似相等的。因此，有理由在此基础上做出等概率假设。

等概率决策准则适用于决策者对未来的自然状态没有一点感觉，以至连事物发展的趋势都不能把握的情况。采用该准则的决策者一般没有过分乐观和悲观的性格偏好。在这样的情况下，运用等概率决策准则往往有较好的效果。但这种决策准则也有其局限性，客观上，各种自然状态发生概率相等这种情况出现的可能性极小，难与实际相符。

此外，各种自然状态对行动的影响程度是不同的，按相等权重计算出的等概率收益值并不能准确反映行动方案的实际期望收益值，由此得到的决策方案不甚可靠。要克服等概率决策准则的缺点，只有明确状态参数的概率分布，把不确定型决策问题切合实际地转化为相应的风险型决策问题。

本章小结

本章首先阐述了决策的基本知识，包括决策的概念，要素和遵循的原则；接着，探讨了信息管理与科学决策的关系，详细论述了大数据时代下科学管理决策范式的转变；接着，本章论述了决策分析的概念、基本要素、基本原则和步骤，阐述了两种决策分析方法——定性与定量；最后，本章介绍了确定性决策及不确定性决策的概念，对不确定性决策的 5 种常用准则，即乐观决策准则、悲观决策准则、折中决策准则、后悔值决策准则和等概率决策准则的计算过程和适用范围进行了阐述。

本章习题

1. 请探讨为什么决策不追求最优化原则，而只满足于满意。

2. 大数据驱动的科学管理决策范式转变集中在哪些方面？

3. 请阐述决策分析的步骤。

4. 某地方书店希望订购最新出版的图书。根据以往经验，新书的销售量可能为 50、100、150 或 200 本。假定每本新书的订购价是 5 元，销售价是 8 元，剩书的处理价是 2 元。要求：①建立收益矩阵；②分别用乐观法、悲观法和等概率决策法决定该书店应订购的新书数量；③建立后悔矩阵，并用后悔值决策法决定书店该订购的新书数量。

5. 某钟表公司计划通过它的销售网推销一种低价钟表，计划零售价为每块 25 元。对这种钟表有三种设计方案：方案 1，需一次投资 10 万元，投产后每块成本 15 元；方案 2，需一次投资 16 万元，投产后每块成本 12 元；方案 3，需一次投资 25 万元，投产后每块成本 8 元。该种钟表需求量不确切，但估计有三种可能：30000、120000、200000。要求：①建立收益矩阵；②分别用乐观法、悲观法及等概率决策法决定公司该采用哪一个设计方案；③建立后悔矩阵，用后悔值决策法决定采用哪一个设计方案。

第 2 章　风险型信息决策

风险型决策也称随机决策，是决策者根据几种不同的自然状态可能发生的概率所进行的决策。在风险型决策中，决策者所采取的任何一种行动方案都会遇到至少两个自然状态而引起不同的结果，这些结果出现的机会是用相应的自然状态出现的概率来表示的。决策者虽然知道每种自然状态出现的概率，但仍然不知道哪种自然状态肯定会出现。因此，决策者无论选择何种方案，由于自然状态无法事先确定，都要承担一定的决策风险。但是，风险型决策中由于增加了不同自然状态发生的概率信息，相较于不确定性决策，决策过程会变得相对容易和精准。本章主要讨论风险型决策问题的几种解决方法。

2.1　风险型决策概述

风险型决策也称为“随机决策”，指面临至少两个发生概率为已知的随机自然状态，至少有两个可供选择的行动方案，且已知损益矩阵的决策。也就是说，决策方案未来的自然状态不能预先肯定，可能有几种状态，但每种自然状态发生的概率是可以作出客观估计的，因此无论选择哪个决策方案都是有风险的。

风险型决策分析是在状态概率已知的条件下进行的，一旦各自然状态的概率经过预测或估算被确定下来，在此基础上的决策分析所得到的最满意方案就具有一定的稳定性。只要自然状态概率的预估切合实际，风险型决策就是一种比较可靠的决策方案。

2.1.1　风险型决策的特点

风险型决策一般具有以下几个特点：

①具有决策者期望达到的明确目标：决策目标一般是经济性的，可以用货币来计量；而且这一决策目标是明确的，即利润最大化或损失最小化等。

②存在着不以决策者的意志为转移的两种或两种以上的自然状态：未来环境可能出现两个或两个以上的不以决策者主观意志为转移的自然状态，决策者不能肯定未来将出现哪种状态，但能确定每种自然状态出现的概率，即自然状态出现的概率是已知的。

③具有两个或两个以上可供决策者选择的可行方案。

④不同可行方案在不同自然状态下的损益值可以计算出来。

⑤决策后果的效用因人而异，即决策结果的效用特性，决策者要承担自己选择方案的后果。比如生活中出门是否带伞的决策问题，如果不带，下雨则会使人淋湿感冒；如果带了，不下雨则会嫌麻烦。由于决策者的承受能力不同，决策后果会因人而异，决策效果也不相同。

2.1.2　风险型决策问题的基本要素

风险型决策问题由五个基本要素构成，这些基本要素使得决策问题清晰化、系统化。决策者可以完整全面地了解所要决策的问题，更好地做出决策。

风险型决策问题的基本要素主要包括：

①决策主体，即决策者。决策者可以是自然人，也可以是法人，还可以是个人，或者是某个集体。

②决策目标，即决策者所想达到的理想状态或最优结果。

③备选方案集，即若干个行动方案。这些行动方案构成了一个集合，即决策空间。我们用 A 表示随机性决策问题，θ_1，θ_2，…，θ_m 表示 m 个行动方案，则决策空间可以表示为 $A=\{\theta_1, \theta_2, \cdots, \theta_m\}$。

④有若干个自然状态且自然状态发生的概率可以事先估计出来或根据以往统计数据计算出来。我们把能够引起决策问题的不确定性因素，称作自然状态。

⑤每个行动方案的后果都有对应的损益值或者效用值，即每个决策方案在各种自然状态下可能产生的结果都能够进行量化处理。这些正是各种行动方案比较的依据。

2.2 风险型决策分析的方法

风险型决策是一种基于概率的决策方法，决策结果在不同决策者之间存在差异，每个决策者都有自己的主观判断和偏好，但是如果各自然状态的概率经过预测或估计被确定下来，那么在此基础上产生的决策分析所得到的最满意方案就可以根据概率进行计算和分析，从而具有一定的可靠性。

常用的风险型决策分析方法包括最大可能准则、期望值准则和决策树分析方法等。

2.2.1 最大可能准则

根据概率论知识，一个事件的概率越大，则该事件发生的可能性就越大。基于这种思想，最大可能准则就是在风险型决策问题中选出一个概率最大的自然状态进行决策，其他的自然状态可以不考虑，此时风险型决策问题就变成确定型决策问题，并按照确定型决策问题的模型方法进行处理。

为了加深对最大可能准则决策的理解，举例说明最大可能准则的计算过程。

例 2-1 某化工厂为扩大生产能力，拟订了三种扩建方案以供决策：

①大型扩建，遇产品销路好，可获利 200 万元，销路差则亏损 60 万元；

②中型扩建，遇产品销路好，可获利 150 万元，销路差可获利 20 万元；

③小型扩建，遇产品销路好，可获利 100 万元，销路差可获利 60 万元。

根据历史资料，未来产品销路好的概率为 0. 7，销路差的概率为 0. 3，其决策表如表 2-1 所示，试利用最大可能准则做出最佳扩建方案决策。

表 2-1 某化工厂扩建问题决策 单位：万元

行动方案 d / 状态概率 p / 自然状态 θ	销路好 θ_1	销路差 θ_2
	$p_1 = 0.7$	$p_2 = 0.3$
大型扩建 d_1	$200(d_{11})$	$-60(d_{12})$
中型扩建 d_2	$150(d_{21})$	$20(d_{22})$
小型扩建 d_3	$100(d_{31})$	$60(d_{32})$

分析：根据最大可能准则，

$$p_1=\max_j\{p(\theta_j)\}=0.7 \tag{2-1}$$

$$d^*=\max_i\{d_{i1}\}=d_{11}=200 \tag{2-2}$$

由公式(2-1)和公式(2-2)可知，根据最大可能准则，应选择的最佳方案为 d_1。

最大可能准则的适用范围有限，该方法适用于有一个自然状态的概率明显大于其他自然状态的概率，且收益矩阵中的元素相差不大的情况。在例2-1中，如果销路好 θ_1 和销路差 θ_2 的概率相差不大时，则不宜使用该方法。

最大可能准则的优点是可以减小风险，适用于决策者希望获取最大利益，且某一个方案成功的概率最大，风险也最小的情形，计算简单，过程明确。缺点是忽略了还有其他方案和其他状态的可能性，有一定的风险性，当遇到问题比较复杂时，该方法就有一定的局限性。

2.2.2　期望值准则

期望值准则是一种风险型决策分析的主要方法，通过计算各种方案的期望值来进行决策，期望值准则包括最大期望收益值标准和最小期望损失值标准，前者适用于追求最大利益的情况，后者适用于损失最小的情况。

使用期望值准则进行决策的基本步骤如下：

①在确定决策目标的基础上，设计各种可行的备选方案。

②分析判断各种可能的备选方案实施后可能遇到的决策者无法控制的自然状态，并预测各种自然状态可能出现的概率。

③预测各种方案在各种不同的自然状态下可能取得的收益值或损失值，并在此基础上写出损益矩阵。

④以损益矩阵为依据，分别计算各种行动方案的损益期望值 E_i，并根据期望值的大小，选择相应的最佳行动方案。

损益期望值的计算公式如下：

$$E_i=\sum_{j=1}^{n}p(\theta_j)\,r_{ij},\ i=1,\ 2,\ \cdots,\ m(\text{收益期望值}) \tag{2-3}$$

$$E_i=\sum_{j=1}^{n}p(\theta_j)\,T_{ij},\ i=1,\ 2,\ \cdots,\ m(\text{损失期望值}) \tag{2-4}$$

公式(2-3)和公式(2-4)中，n 和 m 分别是自然状态和方案的个数，$p(\theta_j)$是自然状态θ_j发生的概率；r_{ij}是行动方案A_i在自然状态θ_j下的收益值；T_{ij}是行动方案A_i在自然状态θ_j下的损失值；E_i是行动方案损益期望值。

期望值决策准则，即每个决策方案的期望值求出来加以比较选优的方法，其可分为最大期望收益准则和最小期望损失准则。

(1)最大期望收益准则

最大期望收益准则，即期望收益最大值所对应的方案为最优方案。其数学描述为：

$$\text{ER}(A_i) = \sum_{j=1}^{n} p(\theta_j)\, r_{ij},\ i = 1,\ 2,\ \cdots,\ m \tag{2-5}$$

$$\text{ER}(A_k) = \max_i \{\text{ER}(A_i)\} \tag{2-6}$$

则方案A_k为最优方案。

为了加深对最大期望收益决策准则的理解，现举例说明这一方法的应用过程。

例 2-2 针对例 2-1 中化工厂扩建问题，试用期望收益决策准则进行决策分析。

分析：①计算每个方案的期望收益值：

大型扩建：$E(d_1) = 0.7\times200+0.3\times(-60) = 122$(万元)

中性扩建：$E(d_2) = 0.7\times150+0.3\times20 = 111$(万元)

小型扩建：$E(d_3) = 0.7\times100+0.3\times60 = 88$(万元)

②选择决策方案：

根据计算结果，大型扩建方案获利期望值是 122 万元，中型扩建方案获利期望值是 111 万元，小型扩建方案获利期望值是 88 万元，因此，选择大型扩建方案是最优方案。

(2)最小期望损失准则

最小期望损失准则，即先计算各方案的期望损失值，然后加以比较，期望损失最小值所对应的方案为最优方案。其数学描述为：

$$\text{EL}(A_i) = \sum_{j=1}^{n} p(\theta_j)\, T_{ij},\ i = 1,\ 2,\ \cdots,\ m \tag{2-7}$$

$$\text{EL}(A_k) = \min_i \{\text{ER}(A_i)\} \tag{2-8}$$

则方案A_k为最优方案。其中，T_{ij}是行动方案A_i在自然状态θ_j下的损失值。

为了加深对最小期望损失决策准则的理解，现举例说明这一方法的应用过程。

例 2-3 某食品店牛奶的月需求量为 25~28 箱，每箱牛奶的进价为 16 元，售价为 22 元。若牛奶当月未售完，则因过期而每箱损失 16 元。通过统计分析和市场预测，食品店确认每月牛奶的需求情况如表 2-2 所示。试用最小期望损失准则为食品店制订每月牛奶的订购箱数。

表 2-2　牛奶月需求情况概率表

月需求量(箱)	25	26	27	28
概率	0.1	0.3	0.5	0.1

分析：①根据牛奶月需求情况，计算不同行动方案在各种自然状态下发生的损失表。食品店的损失分两种情况。第一种情况是订货大于需求时，牛奶因过期而损失，损失价值为损失的箱数乘以每箱进价；第二种情况是当需求大于订货量时，因失去获取利润机会而损失，其损失值为需求超过订货的箱数乘以每箱利润。食品店在各种决策下的损失如表 2-3 所示。

表 2-3　食品店在各种决策下的损失表　　单位：元

行动方案 / 损益值 / 自然状态	25 箱(θ_1)	26 箱(θ_2)	27 箱(θ_3)	28 箱(θ_4)
	$p(\theta_1)=0.1$	$p(\theta_2)=0.3$	$p(\theta_3)=0.5$	$p(\theta_4)=0.1$
25 箱(A_1)	0	6	12	18
26 箱(A_2)	16	0	6	12
27 箱(A_3)	32	16	0	6
28 箱(A_4)	48	32	16	0

②计算各方案的期望损失值：

$\mathrm{EL}(A_1)=0.1\times0+0.3\times6+0.5\times12+0.1\times18=9.6$(元)

$\mathrm{EL}(A_2)=0.1\times16+0.3\times0+0.5\times6+0.1\times12=5.8$(元)

$\mathrm{EL}(A_3)=0.1\times32+0.3\times16+0.5\times0+0.1\times6=8.6$(元)

$\mathrm{EL}(A_4)=0.1\times48+0.3\times32+0.5\times16+0.1\times0=22.4$(元)

③选择决策方案：

$$\mathrm{EL}(A_2)=\min_i\{\mathrm{EL}(A_i)\}=5.8\text{(元)}$$

故方案 A_2 为最优方案。

与最大可能准则类似，期望值准则也是一种基于概率的决策方法，适用于已知概率分布的情况。

2.3 决策树分析法

决策树是对决策局面的一种图解，也是风险型决策中常用的方法。用决策树可以使决策问题形象化，它把各种备选方案、可能出现的自然状态及各种损益值简明地绘制在一张图表上，便于决策者审度决策局面，分析决策过程。尤其是对于缺乏数学知识从而不能胜任运算的决策者来说，这会使他们感到特别方便。

利用决策树形图进行决策分析的方法称为决策树分析法。当决策涉及多方案选择时，借助由若干节点和分支构成的树状图形，可形象地将各种可供选择的方案、可能出现的状态及其概率，以及各方案在不同状态下的条件结果值简明地绘制在一张图上，以便讨论研究。决策树形图的优点在于系统地、连贯地考虑各方案之间的联系，整个决策分析过程直观易懂、清晰明了。

决策树形图可分为单阶段决策树和多阶段决策树。单阶段决策树是指决策问题只需进行一次决策活动，便可以选出理想的方案。单阶段决策树一般只有一个决策节点。如果所需决策的问题比较复杂，通过一次决策不能解决，而是要通过一系列相互联系的决策才能选出最满意方案，这种决策就称为多阶段决策。多阶段决策的目标是使各次决策的整体效果达到最优。

决策树分析法是进行风险型决策分析的重要方法之一。该方法将决策分析过程以图解方式表达整个决策的层次、阶段及其相应决策依据，具有层次清晰、计算方便等特点，因而在决策活动中被广泛运用。

2.3.1 决策树基本分析法

决策树又称决策图，是将方案中的一连串因素，按照它们之间的相互关系，用树枝结构图表示出来。单阶段决策树如图 2-1 所示：

①决策点：用符号“□”表示。一般决策点位于决策树的最左端，即决策树的起始位置，但如果所作决策属于多阶段决策，则决策树图形的中间可以有多个决策点方框，以决策树“根”部的决策点为最终决策方案。

②方案枝：从决策点上引出的自左而右画出的分枝为方案枝，每条直线表示一个可供选择的行动方案(策略)，分枝数的多少反映的是可供选择的行动方案数。

③状态节点：一般用符号“○”表示，在每个方案枝的末端画上一个节点并注上代

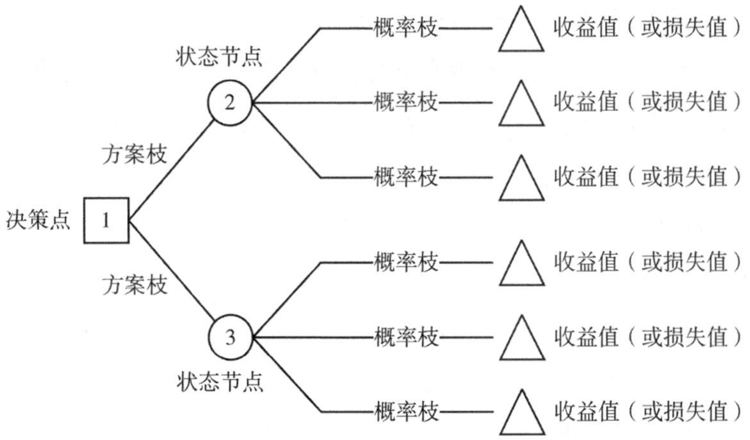

图 2-1　单阶段决策树

号。状态节点是决策分支的终点，也是表示一个备选方案可能遇到的自然状态的起点。其上方数字表示该方案的期望损益值。

④概率枝：从状态节点上引出的分枝称为概率枝(状态枝)，每一条分枝表示在某种概率下可能发生的某种自然状态(每条分枝上面都注明自然状态及其概率)。

⑤结果点：它是画在概率枝的末端的一个三角节点“△”。在结果点处列出不同的方案在不同的自然状态及概率条件下的收益值或损失值。

2.3.2　基于决策树的决策分析步骤

决策树形图是人们对某个决策问题未来可能发生的状态与方案的可能结果所做出的在图纸上的预测分析。因此画决策树形图的过程就是拟订各种可行方案的过程，也是进行状态分析和估算方案结果值的过程。画决策树形图时，应按照图的结构规范由左向右逐步绘制、逐步分析。其步骤如下：

①画出决策树图形。根据实际决策问题，以初始决策点为树根出发，从左至右分别选择决策点、方案枝、状态节点、概率枝等画出决策树。

②计算各状态点的期望值。按照期望值的计算方法，从右至左逐步计算各个状态节点的期望收益值(或期望损失值)标于各节点上方。

③修枝选优方案。根据不同方案期望值的大小，在决策点将各状态节点上的期望值加以比较，选取期望收益值最大的方案，从右向左(逆推法)进行修枝选优。对落选的方案要进行“剪枝”，即在效益差的方案枝上画上“//”符号。最后留下一条效益最好的

方案。在较复杂的决策问题中，此步骤与第二步交叉进行。

例 2-4 假设有一工程项目，管理人员要根据天气状况决定开工方案。如果开工后天气好，可以创收 30000 元；如果开工后天气差，将带来损失 10000 元；如果不开工，将带来损失 1000 元。已知开工后天气好的概率是 0.6，开工后天气差的概率是 0.4。请用决策树方案进行决策。

①计算期望收益并标注在决策树上：

- 开工方案下，预期收益值＝30000×0.6+（－10000）×0.4＝14000。
- 不开工方案下，预期损失值＝－1000。

②比较两个方案并剪去期望收益较小的方案枝，如图 2-2 所示。

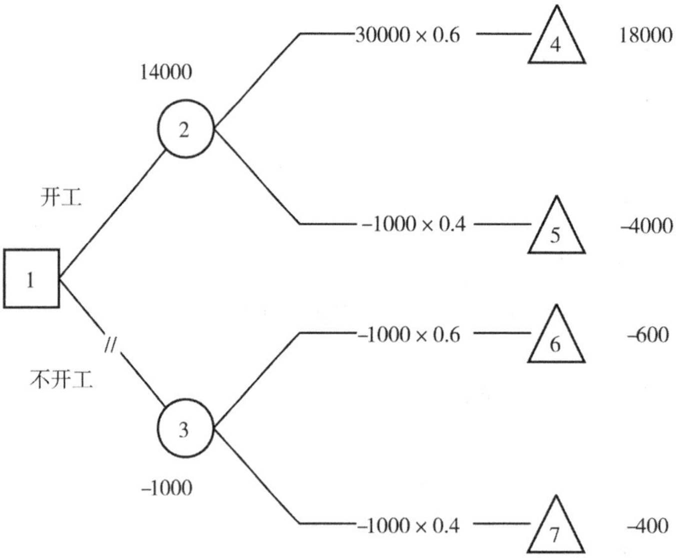

图 2-2　决策树

2.3.3　基于决策树的多阶段决策分析

多阶决策是指在一个决策问题中包含着两个或两个以上层次的决策，即在一个决策问题的决策方案中又包含着另一个或几个决策问题。只有当低一层次的决策方案确定之后，高一层次的决策方案才能确定。因此，处理多阶决策问题必须通过依次的计算、分析和比较，直到整个问题的决策方案确定为止。多阶段决策树结构如图 2-3 所示。

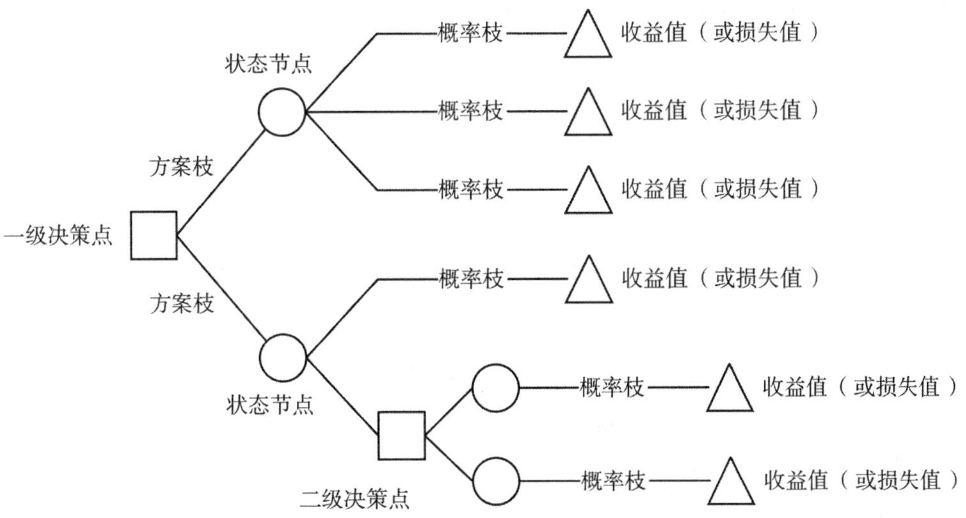

图 2-3　多阶段决策树

例 2-5　某工厂为生产一种新产品，制定三个基建方案：一是新建车间生产；二是改建原有车间进行生产；三是先改建，生产 3 年后当产品销路好时再进行扩建。新建和改建车间所需投资分别是 300 万元和 140 万元，若要在改建的基础上扩建车间，还需要追加投资 140 万元，产品生产期定为 10 年。根据以往同类产品统计资料及市场预测，10 年中的前 3 年产品销路好的概率为 0.7，如果前三年销路好，则后 7 年产品销路好的概率可以提高到 0.9；若前 3 年销路差，则后 7 年产品销路肯定也差。通过计算，不同状态下各方案的每年损益值见表 2-4。请运用决策树方法，分析采用哪种方案使该工厂在回收基建投资后能获得最大的期望收益值。

表 2-4　不同状态下各方案的每年损益值　　　单位：万元

损益值/万元 状态及概率	方案	
	销路好 0.7	销路一般 0.3
新建车间 A1	100	−30
改建车间 A2	40	10
改建后扩建 A3	100	−30

解：①画出多级决策树，如图 2-4 所示。

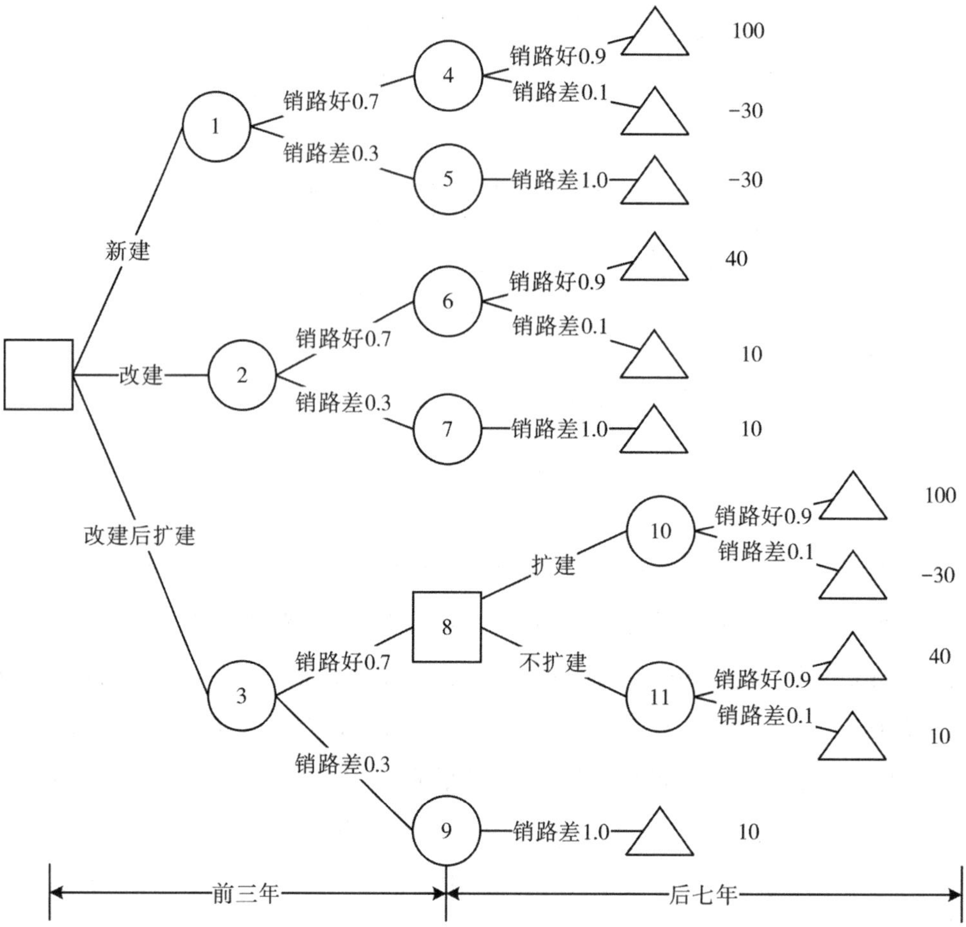

图 2-4　多级决策树

②计算各节点的期望收益。

新建-前三年的期望收入 $=0.7\times100\times3+0.3\times(-30)\times3=183$

$E(4)=0.9\times100\times7+0.1\times(-30)\times7=609$

$E(5)=1.0\times(-30)\times7=-210$

$E(1)=183+0.7\times609+0.3\times(-210)-300=246.3$

改建-前三年的期望收入 $=0.7\times40\times3+0.3\times10\times3=93$

$E(6)=0.9\times40\times7+0.1\times10\times7=259$

$E(7)=1.0\times10\times7=70$

$E(2)=93+0.7\times259+0.3\times70-140=155.3$

扩建-前三年的期望收入 $=0.7\times40\times3+0.3\times10\times3=93$

$E(10)=0.9\times100\times7+0.1\times(-30)\times7-140=469$

$E(11)=40\times0.9\times7+10\times0.1\times7=259$

因为，$E(10)>E(11)$

所以，选择 $E(10)$，$E(8)=E(10)$

$E(8)=0.9\times100\times7+0.1\times(-30)\times7-140=469$

$E(9)=1.0\times10\times7=70$

$E(3)=93+0.7\times460+0.3\times70-140=302.3$

③通过比较各期望收益，选择方案

$E(3)=302.3>E(1)=246.3>E(2)=155.3$

因此，选择方案 3。

2.4 贝叶斯决策分析

风险型决策的基本方法是将状态变量看成随机变量，用先验分布表示状态变量的概率分布，用期望值准则计算方案的满意程度。但是在实际生活中，先验分布往往与实际情况存在误差，为了提高决策质量，需要通过市场调查，来收集有关状态变量的补充信息，对先验分布进行修正，然后用后验分布来决策，这就是贝叶斯决策。

2.4.1 贝叶斯决策的概念

贝叶斯决策理论(Bayesian Decision Theory)，是主观贝叶斯派归纳理论的重要组成部分。贝叶斯决策就是在不完全情报下，对部分未知的状态用主观概率估计，然后用贝叶斯公式对发生概率进行修正，最后再利用期望值和修正概率作出最优决策。

贝叶斯学派的基本观点是：任一未知参数都可以看作随机变量，可以用一个概率分布方法去描述，这个分布称为先验分布，也就是说可以把任一未知参数看作随机变量，并且通过利用主观的判断和直觉，提供先验信息。

(1)贝叶斯基本原理

贝叶斯基本原理，又称贝叶斯定理(Bayes Theorem)，是贝叶斯决策理论的根基。贝叶斯基本原理是概率论中的一个结果，它跟随机变量的条件概率以及边际概率分布有关。在有些关于概率的解说中，贝叶斯定理能够告诉我们如何利用新证据修改已有的看法。作为一个规范的原理，贝叶斯定理对于所有概率的解释是有效的。通常事件 A 在事件 B(发生)的条件下的概率，与事件 B 在事件 A 的条件下的概率是不一样的，然而这两者却有确定的关系，贝叶斯定理就是这种关系的陈述。

两个事件 A_1、B 同时发生的概率应遵循如下的乘法法则：

$$P(A_1B)=P(A_1)P(B\mid A_1) \tag{2-9}$$

如果事件 A_1 和 A_2 是完全互斥的，则有边际概率：

$$P(B)=P(A_1)P(B\mid A_1)+P(A_2)P(B\mid A_2) \tag{2-10}$$

如果事件 A_1 和 A_2 是完全互斥的，其中某个事件的发生是事件 B 发生的必要条件，则两事件的发生遵循如下的贝叶斯定理公式：

$$P(A_1\mid B)=\frac{P(A_1)P(B\mid A_1)}{P(A_1)P(B\mid A_1)+P(A_2)P(B\mid A_2)} \tag{2-11}$$

同理可知，如果事件 A_1，A_2，…，A_n是完全互斥的，其中某个事件的发生是事件 B 发生的必要条件，那么 n 个事件的贝叶斯定理公式就为：

$$P(A_i\mid B)=\frac{P(A_i)P(B\mid A_i)}{P(A_1)P(B\mid A_1)+P(A_2)P(B\mid A_2)+\cdots+P(A_n)P(B\mid A_n)} \tag{2-12}$$

(2)贝叶斯决策的基本内容

贝叶斯决策理论方法是统计模型决策中的一个基本方法，其基本思想是：

①已知类条件概率密度参数表达式和先验概率。

②利用贝叶斯公式转换成后验概率。

③根据后验概率大小进行决策分类。

贝叶斯决策判据，既考虑了各类参考总体出现的概率大小，又考虑了因误判造成的损失大小，判别能力强，因此贝叶斯方法更适用于下列场合：

①样本(子样)的数量(容量)不充分大，因而大子样统计理论不适宜的场合。

②试验具有继承性，反映在统计学上，就是要具有在试验之前，已有先验信息的场合。用这种方法进行分类时要求两点：

第一，要确保决策分类的参考总体的类别数是一定的。例如两类参考总体(正常状态 D_1 和异常状态 D_2)，或 L 类参考总体 D_1，D_2，…，D_L(如良好、满意、可以、不满意、不允许、……)。

第二，各类参考总体的概率分布是已知的，即每一类参考总体出现的先验概率

$P(D_i)$以及各类概率密度函数$P(x/D_i)$是已知的。

显然，$0 \leqslant P(D_i) \leqslant 1$，($i=1$，2，…，$L$)，$\sum P(D_i)=1$。对于两类故障诊断问题，就相当于在识别前已知正常状态D_1的概率$P(D_1)$和异常状态D_2的概率$P(D_2)$，它们是由先验知识确定的状态先验概率。如果不做进一步的仔细观测，仅依靠先验概率去作决策，那么就应给出下列的决策规则：若$P(D_1)>P(D_2)$，则做出状态属于D_1类的决策；反之，则做出状态属于D_2类的决策。例如，某设备在365天中，有故障是少见的，无故障是经常的，有故障的概率远小于无故障的概率，因此若无特别明显的异常状况，就应判断为无故障。显然，这样做对某一实际的待检状态，根本达不到诊断的目的，这是由于只利用先验概率提供的分类信息太少了。为此，我们还要对系统状态进行状态检测，分析所观测到的信息。

(3)贝叶斯决策的意义

利用贝叶斯定理，我们可以进行贝叶斯决策，从而更科学、理性地判断决策后果的可行性。通常情况下，根据各种事件发生的先验概率进行决策一般具有较大的风险。减少这种风险的办法是通过科学实验、调查、统计分析等方法获得较为准确的情报信息，以修正先验概率。在这里，我们通过贝叶斯定理来统计分析所获得较为准确的情报信息，然后求得后验概率，由此进行决策的方法，称为贝叶斯决策方法。

使用贝叶斯决策方法可以拥有一般决策方法所不具有的优势。首先，一般的决策方法大多使用的是不完备的信息或主观概率，而贝叶斯决策能对信息的价值或是否需要采集新的信息做出科学的判断。它能对调查结果的可能性加以数量化的评价，而不是像一般的决策方法那样，对调查结果或者是完全相信，或者是完全不相信。其次，如果说任何调查结果都不可能完全准确，先验知识或主观概率也不是完全可以相信的，那么贝叶斯决策则巧妙地将这两种信息有机地结合起来了。它可以在决策过程中根据具体情况不断地使用，使决策逐步完善，更加科学。

2.4.2 贝叶斯决策的步骤与方法

(1)贝叶斯决策的基本步骤

贝叶斯决策的基本步骤是：

①验前分析。

依据市场历年的统计数据和资料，决策分析人员按照自身的经验和判断，应用状态分析方法测算和估计状态变量的先验分布，并计算各可行方案在不同自然状态下的条件结果值，利用这些信息，根据某种决策准则，对各可行方案进行评价和选择，找出最满意的方案，称为验前分析。由于依据先验分布进行决策，故称为验前分析。如果受客观条件限制，例如时间、人力、物力和财力等条件限制，不可能更充分地进行市场调查收集信息，决策分析人员仅能完成验前分析这一步骤。

②预验分析。

如果决策问题十分重要，而且时间、人力、财力、物力允许，应该考虑是否进行市场调查和补充收集新信息，决策分析人员要对补充信息可能给企业带来的效益和补充信息所花费的成本进行权衡分析，如果信息的价值高于信息的成本，则补充信息给企业带来正效益，应该补充信息；反之，如果信息的价值低于信息的成本，则补充信息会给企业带来负效益，补充信息大可不必。这种比较分析补充信息的价值和成本的过程，称为预验分析。如果获取补充信息的费用很小，甚至可以忽略不计，本步骤可以省略，直接进行调查和收集信息，并依据所获得的补充信息转入下一步骤。

③验后分析。

经过预验分析，决策分析人员做出补充信息的决定，并通过市场调查和分析补充信息，为验后分析做准备。验后分析的关键是利用补充信息修正先验分布，得到更加符合市场实际的后验分布。然后，利用后验分布进行决策分析，选出最满意的可行方案，并对信息的价值和成本做对比分析，对决策分析的经济效益情况做出合理的说明。验后分析和预验分析一样，都是通过贝叶斯公式修正先验分布。两者不同之处在于，预验分析是依据可能的调查结果，侧重于判断是否补充信息；验后分析是根据实际调查结果，侧重于选出最满意方案。在实际操作中，这两个步骤有时难于严格区分，同时进行，仅侧重点有所不同。

④序贯分析。

社会经济实际中的决策问题，情况都比较复杂，可适当地将决策分析全过程划分为若干阶段，每一个阶段都包括先验分析、预验分析和验后分析等步骤。这样多阶段互相连接，前阶段决策结果是后阶段决策的条件，形成决策分析的全过程，称为序贯决策。序贯决策属于多阶段决策。

(2) 贝叶斯决策的方法

①抽样贝叶斯决策方法。

贝叶斯决策的关键是利用补充信息修正先验分布，使后验分布更加符合市场实际，从而提高决策质量。在管理决策中，最常用的获取补充信息的方法是抽样。用抽样方法修正先验分布的决策，称为抽样贝叶斯决策。

设(ε_1，ε_2，…，ε_N)为来自决策总体 ε 的随机样本，为了描述总体 ε 的性质，选择一个适当的统计量 X，称为决策统计量。在状态变量 θ 固定的条件下，决策统计量 X 的条件分布 $P(X=\chi \mid \theta)$ 称为抽样分布，决策统计量 X 的取值称为抽样信息值。利用抽样信息值作为补充信息值，去修正状态变量的先验分布，得到后验分布。再依据后验分布进行贝叶斯决策，这个过程就是抽样贝叶斯决策。

抽样贝叶斯决策的步骤与一般贝叶斯决策的基本方法相同，即按照验前分析、预验分析、验后分析和序贯分析四步骤进行。在多数情况下，抽样分布可以应用数理统计中的二项分布计算，根据不同条件，也可以应用泊松分布、正态分布等其他分布计算。

例 2-6　恒星公司的一条生产线成批生产与电表一起使用的某种零件，每批为 800 件。现将零件组装成电表仪器，根据过去的统计资料分析，零件的次品率及其相应的概率见表 2-3。

表 2-3　零件次品率概率表

状态 θ_j	$\theta_1=0.02$	$\theta_2=0.05$	$\theta_3=0.10$	$\theta_4=0.15$	$\theta_5=0.20$
次品率 概率 $P(\theta_j)$	0.40	0.30	0.15	0.10	0.05

若组装成电表仪器调试时发现次品零件则需要更换，每件更换的改装费为 15 元。若采取某种技术措施，可使每批零件的次品率降到最低为 0.02，但每批要花费技术改造费 500 元。进行技术改造之后，采取抽样检验，抽取 20 个零件，发现一个次品。试对恒星公司是否应该采取技术改造措施做出决策分析。

分析：先进行验前分析。设 a_1，a_2 分别表示不采取和采取技术措施。先验状态变量的概率矩阵为：

$$P=(0.40,\ 0.30,\ 0.15,\ 0.10,\ 0.05)^{\mathrm{T}} \tag{2-13}$$

由题设给出的条件，方案 a_1 在各状态下的收益值为：

$$Q(a_1,\ \theta_j)=q_{1j}=-15\times 800\theta_j,\ j=1,\ 2,\ \cdots,\ 5 \tag{2-14}$$

方案 a_2 在各状态下的收益值为：

$$Q(a_2, \theta_j)=q_{2j}=-15\times800\times0.02-500=-740, \ j=1, 2, \cdots, 5 \tag{2-15}$$

于是，收益矩阵为：

$$Q = (q_{ij})2\times5=\begin{pmatrix}-240 & -600 & -1200 & -1800 & -2400\\ -740 & -740 & -740 & -740 & -740\end{pmatrix} \tag{2-16}$$

相应的损失矩阵为：

$$R=(r_{ij})2\times5=\begin{pmatrix}0 & 0 & 460 & 1060 & 1660\\ 500 & 140 & 0 & 0 & 0\end{pmatrix} \tag{2-17}$$

方案 a_1、a_2 的期望损失值：

$$E[R(a_1, \theta)] = \sum_{j=1}^{5} r_{1j}P(\theta_j)=258 \tag{2-18}$$

$$E[R(a_2, \theta)] = \sum_{j=1}^{5} r_{2j}P(\theta_j)=242 \tag{2-19}$$

因此，验前最满意行动方案 $a^* = a_2$，即采取技术措施。

再进行预验分析。

利用二项分布计算抽样分布，设统计量 X 表示抽取 20 个零件中发现次品的个数，"$X=1$"表示抽取 20 个零件中发现一个次品。由数理统计知识计算条件概率。例如，当 $P(\theta_2)=0.05$ 时，条件概率为：

$$P(X=1 \mid \theta_2)=C_{20}^{1}0.05\times0.95^{19}=0.3773 \tag{2-20}$$

同样，可求出其余状态下的条件概率，

$$P(X=1 \mid \theta_j), \ j=1, 3, 4, 5 \tag{2-21}$$

将上述结果置入后验概率计算表，再分别计算各状态下的概率乘积，

$$P(\theta_j)P(X=1 \mid \theta_j), \ j=1, 3, 4, 5 \tag{2-22}$$

由全概率公式，得：

$$P(X=1)= \sum_{j=1}^{5} P(\theta_j)P(X=1 \mid \theta_j)=0.27927 \tag{2-23}$$

后验概率，

$$P(\theta_j \mid X=1)=\frac{P(\theta_j)P(X=1 \mid \theta_j)}{P(X=1)}, \ j=1, 2, \cdots, 5 \tag{2-24}$$

因此，方案 a_1 和 a_2 的期望损失值为：

$$E\theta \mid X = 1[R(a_1, \theta)] = \sum_{j=1}^{5} r_{1j}P(\theta_j \mid X = 1) = 135.79 \tag{2-25}$$

$$E\theta \mid X=1[R(a_2, \theta)]=\sum_{j=1}^{5} r_{2j}P(\theta_j \mid X=1)=251.89 \tag{2-26}$$

由此可知，验后最满意方案为 $a(X=1)=a_1$，即不采取技术措施，其结论与验前分析相反。

表 2-4　零件次品率概率表

(1) 次品率 θ_j	(2) 验前概率 $P(\theta_j)$	(3) 条件概率 $P(X=1 \mid \theta_j)$	(4) 概率乘积 $P(\theta_j)P(X=1 \mid \theta_j)$	(5) 后验概率 $P(\theta_j \mid X=1)$
0.02	0.40	0.2725	0.109900	0.39030
0.05	0.30	0.3773	0.11319	0.40531
0.10	0.15	0.2701	0.04052	0.14509
0.15	0.10	0.1368	0.01368	0.04899
0.20	0.05	0.0577	0.00288	0.01031
Σ	1.00		$P(X=1)=0.27927$	1.00000

②贝叶斯决策的其他方法。

第一，经验贝叶斯(Empirical Bayes，EB)决策。经验贝叶斯决策的主要工具是经验贝叶斯方法，起源于冯·米塞斯(Von Mises)，后来被美国统计学家罗宾斯(H. Robbins)推广后广泛发展，其基本思想是：在已知状态参数向量 $\theta=(\theta_1, \theta_2, \cdots, \theta_p)$，及各分量之间结构关系的前提下，使用当前抽样数据和有关历史数据对先验分布的一些数字特征进行统计推断；当此方法得到的结果其精度能够接近已知实际先验分布时，则由贝叶斯方法所得的统计可以推断。它在未知 θ 是不等同的(高维的)还是等同的(低维的)时，处理问题特别有效。在许多统计问题中，需要对相关分析指标的组方差进行估计，做出是否使用一个共用方差来估计模型的决断，即决定各方差是高维的还是低维的。经验贝叶斯方法很好地解决了这个问题。

这种方法一般又分为两种：一种是假设 θ 的先验分布属于某一含有未知超参数的分布组，通过利用观测数据来估计其中的未知参数，这种方法称为参数经验贝叶斯方法，简称 PEB 方法。另一种方法是典型地假设各 $\theta_i(i=1, 2, 3, \cdots, p)$ 是相互独立的，直接利用有关数据来估计有关分布，这种方法称为非参数经验贝叶斯方法，简称 NPEB 方法。这两类 PEB 方法的不同在于：NPEB 完全不指明先验分布，利用数据来估计有关分布；而 PEB 则指明先验分布组，但是由于每一级先验分布都有参数要确定，PEB 利用观测数据来估计某一级的参数。

第二，两阶段贝叶斯决策。两阶段贝叶斯决策是建立在先验两阶段确定理论基础上的。在第一阶段，记 $\pi_1(\theta \mid \lambda)$ 为参数的未知先验分布，其中 λ 为一个超参数，这里我们不直接对参数 λ 作估计，而是代之以 λ 有第二阶段的先验分布 $\pi_2(\lambda)$，它可以是一个合适的正常先验，但常常是选择一个合适的无信息先验。当然我们还可以有三阶段、四阶段等多阶段的贝叶斯决策，但实际上多于两阶段的多阶段贝叶斯决策很少用。这可能是一方面阶段数多了，其误差可能反而会增大；另一方面阶段数越多，计算量越大，处理起来越不方便，会增大成本。

第三，序贯贝叶斯决策。序贯决策又称多级决策，是一种多级决策的方法，如果涉及实际时间的又称动态决策。该理论除了使用关于未知参数 θ 的先验信息外，决策过程是序贯进行的，类似于序贯概率比检验。它是在每次试验(或抽样观测)之后，进行一次统计推断，看能否决定采取某种行动。若能，则作出决策；如果尚不足作出决策，则再进行一次试验。因此，序贯决策的目的是在试验次数随机的情况下，希望尽可能在较小的样本容量下进行统计推断。序贯贝叶斯决策根据不同情况又分为三种：最佳固定容量的序贯贝叶斯决策、序贯贝叶斯因子检验法、决策树法。

2.4.3 贝叶斯决策分析的信息价值

正确的决策来源可靠的信息和情报，信息资料越可靠，对未来事件发生的概率估计越准确，据此做出的决策必定也就越合理。从理论上分析，可以利用补充信息来修正先验概率，使决策的准确度提高，从而提高决策的科学性和效益性。由此可见，信息本身是有价值的。然而，在现实生活中，为了获得情报信息，决策者需要花费一定的时间和资金进行必要的调查研究工作，或者直接购买有价值的情报或者信息，无论是实验还是抽样检查都需要花费一定的资金和时间，即花费一定的代价。如果追加情报信息后得到的收益大于获得信息的成本，那么才有必要去获取情报信息；如果收益抵不上成本，显然没有必要去获取情报信息。因此，通常把信息本身能带来的新的收益称为信息的价值。

例如，某公司在决定是否要引进先进的生产线以生产新产品投放市场的时候，首先要考虑社会对产品的需求，而这个需求是未知的。为了了解市场需求，可以进行市场调查，但是调查行为要花费一定的时间和资金，使产品投放市场的时间推迟，而且这段时间内，别的公司也有可能抢先生产同样的产品投放市场，使该厂的市场缩小。这样就有一个是否应该对市场进行调查来取得信息的问题。

贝叶斯决策可以通过随机试验获得观察值，去改进决策者设定的自然状态的先验概率，从而减少期望损失。但是进行随机试验是需要费用的，所以进行试验与否还需要考虑经济上的合理性。如果通过试验收集到的新信息所降低的损失还不足以支付试验费用，那么这个试验就不值得进行。因此需要计算这些信息究竟能使期望损失降低多少，即计算试验所获得的信息的实际价值，以此来决定是否进行试验。在抽样调查中也有同样的问题，通常调查的样本越多，获得的情报也越多，但是花费也更多，因此有一个是否应该进行调查和抽样多少次更为合适的问题。

所以下面将分析如何在进行试验或抽样前估计情报价值的问题。

(1)完全信息价值(EVPI)及其计算

通常，将能够提供状态变量真实情况的补充信息称为完全信息，即在获得补充情报后就完全消除了风险情况，这种情报称为完全情报。掌握了完全情报，风险决策就转化为确定型决策。

①完全信息价值的意义。

设 H_i 为补充信息值，若存在状态值 θ_0，使得条件概率 $P(\theta_0 \mid H_i)=1$，或者当状态值 $\theta \neq \theta_0$ 时，总有：

$$P(\theta \mid H_i)=0 \tag{2-27}$$

则称信息值 H_i 为完全信息值。

设决策问题的收益函数为 $Q=Q(a,\ \theta)$，其中 a 为行动方案，θ 为状态变量，H_i 为完全信息值，掌握了 H_i 的最满意行动方案为 $a(H_i)$，其收益值为 $Q(a(H_i),\ \theta)=\max\limits_{a}(a,\ \theta)$，验前最满意行动方案 a_{opt} 的收益值为 $Q(a_{opt},\ \theta)$，掌握了完全信息值 H_i 前后收益值的增加量 $\max\limits_{a}(a,\ \theta)-Q(a_{opt},\ \theta)$ 称为在状态变量为 θ 时的完全信息值 H_i 的价值。

如果补充信息值 H_i 对每一个状态值 θ 都是完全信息值，则完全信息值 H_i 对状态 θ 的期望收益值称为完全信息价值的期望值(Expected Value of Perfect Information)，简称完全信息价值，可表示为 EVPI。

②完全信息价值的计算。

根据完全信息价值的意义，如果信息值 H 对每一个状态 θ 都是完全信息价值，则信息值 H 的完全信息价值 EVPI，可以通过公式(2-28)对 θ 求属性期望得到。即：

$$\text{EVPI}=E[\max_a(a,\ \theta)-Q(a_{\text{opt}},\ \theta)]=E(\max_a(a,\ \theta))-E(Q(a_{\text{opt}},\ \theta)) \tag{2-28}$$

从公式(2-28)可以看出，完全信息价值 EVPI，实际上是掌握完全信息与未掌握完全信息时，决策者期望收益值的增加量。

(2)补充信息价值(EVAI)及其计算

①补充信息价值的意义。

设 H_i 为补充信息值，决策者掌握了补充信息 H_i 前后期望收益值的增加量，或掌握了补充信息值 H_i 前后期望损失值的减少量，称为补充信息值 H_i 的价值。全部补充信息值 H_i 价值的期望值，称为补充信息价值的期望值，简称补充信息价值(Expected Value of Additional Information)，可表示为 EVAI。

② 补充信息价值的计算。

第一，按定义计算。

$$\text{EVAI}=E_\tau\{E_{\theta|\tau}[Q(a(\tau),\ \theta)-Q(a_{\text{opt}},\ \theta)]\} \tag{2-29}$$

其中，$a(\tau)$ 表示在信息值 τ 下的最满意方案，$E_{\theta|\tau}$ 表示在信息值 τ 的条件下对状态值 θ 求期望收益值。

此公式可以分为两种情况，在离散情况下，则为：

$$\text{EVAI}=\sum_i\left\{\sum_j[Q(a(H_i),\ \theta_j)-Q(a_{\text{opt}},\ \theta_j)]P(\theta_j\mid H_i)\right\}P(H_i) \tag{2-30}$$

在连续的情况下，则为：

$$\text{EVAI}=\int_{-\infty}^{\infty}\left\{\int_{-\infty}^{\infty}[Q(a(\tau),\ \theta)-Q(a_{\text{opt}},\ \theta_j)]k(\theta\mid\tau)\mathrm{d}\theta\right\}h(\tau)\mathrm{d}\tau \tag{2-31}$$

公式中，$k(\theta\mid\tau)$ 表示在信息值 τ 的条件下 θ 的条件密度函数，$h(\tau)$ 表示信息值 τ 的密度函数。

第二，按期望收益值的增加值计算。

$$\text{EVAI}=E_\tau\{E_{\theta|\tau}[Q(a(\tau),\ \theta)]\}-E(a_{\text{opt}},\ \theta) \tag{2-32}$$

此公式表示，补充信息价值等于掌握补充信息前后，最满意行动方案期望收益值的增加量。

第三，按期望损失值的减少量计算。

$$\text{EVAI}=E[R(a_{\text{opt}},\ \theta)]-E_\tau\{E_{\theta|\tau}[R(a(\tau),\ \theta)]\} \tag{2-33}$$

此公式以损失函数形式给出，表示补充信息价值等于掌握补充信息前后，最满意行动方案期望损失值的减少量。

由于在生活中许多自然现象和生产问题是难以完全准确预测的，因此决策者在采取相应的决策时总会带有一定的风险。贝叶斯决策法就是将各因素发生某种变动引起结果变动的概率凭统计资料或凭经验主观地假设，然后进一步对期望值分析。由于此概率并不能证实其客观性，故往往是主观的和人为的概率，本身带有一定的风险性和不确定性。

虽然用期望的大小进行判断有一定的风险，但仍可以认为贝叶斯决策是一种兼具科学性和实效性于一体的比较完善的用于解决风险型决策问题的方法，在实际中能够广泛应用于组织系统改革、企业效益、市场开发、证券投资等诸多领域。使用时根据决策者的侧重点，结合变异系数，综合使用货币因素的贝叶斯决策法或效用函数的贝叶斯决策法，都会得到自己想要的结果。

2.4.4　贝叶斯决策的应用

例 2-7　给定反映天气状况的训练样本集如下，请用贝叶斯决策方法判别给定的天气属性对象“Rain，Hot，High，Strong”的类别。训练样本集如表 2-5 所示。

表 2-5　训练样本集

Day	Outlook	Temperature	Humidity	Wind	Play Tennies
D1	Sunny	Hot	High	Weak	No
D2	Sunny	Hot	High	Strong	No
D3	Overcast	Hot	High	Weak	Yes
D4	Rain	Mild	High	Weak	Yes
D5	Rain	Cool	Normal	Weak	Yes
D6	Rain	Cool	Normal	Strong	No
D7	Overcast	Cool	Normal	Strong	Yes
D8	Sunny	Mild	High	Weak	No
D9	Sunny	Cool	Normal	Weak	Yes
D10	Rain	Mild	Normal	Weak	Yes
D11	Sunny	Mild	Normal	Strong	Yes
D12	Overcast	Mild	High	Strong	Yes
D13	Overcast	Hot	Normal	Weak	Yes
D14	Rain	Mild	High	Strong	No

分类属性 PlayTennis 有两个类，Play=yes(C_1)和其 Play=no(C_2)，样本数统计如表 2-6 所示。

表 2-6　样本数据统计

样本集 T	Play=yes(C_1)	Play=no(C_2)
样本数	9	5

于是 $P(C_1)=9/14=0.643$，$P(C_2)=5/14=0.357$。

对于 Outlook 属性，数据汇总如表 2-7 所示。

表 2-7　数据汇总表

Outlook	$C_1(Y)$	$C_2(N)$
Sunny	2	3
Overcast	4	0
Rain	3	2
Total	9	5

于是各条件概率为，$P(\text{Sunny}\mid\text{Yes})=\frac{2}{9}=0.222$，$P(\text{Sunny}\mid\text{No})=\frac{3}{5}=0.6$，$P(\text{Overcast}\mid\text{Yes})=\frac{4}{9}=0.444$，$P(\text{Overcast}\mid\text{No})=0$，$P(\text{Rain}\mid\text{Yes})=\frac{3}{9}=0.333$，以及 $P(\text{Rain}\mid\text{No})=\frac{2}{5}=0.4$。

同理对于 Temperature 属性，它也有 3 个属性值，把样本集 T 分成 3 个子集，每个子集的类别统计如表 2-8 所示。

表 2-8　类别统计表

Temperature	Play=yes	Play=no
hot	2	2
mild	4	2

续表

Temperature	Play = yes	Play = no
cool	3	1
total	9	5

于是各条件概率为，$P(\text{Hot}\mid\text{Yes}) = 0.222$，$P(\text{Hot}\mid\text{No}) = 0.4$，$P(\text{Mild}\mid\text{Yes}) = 0.444$，$P(\text{Mild}\mid\text{No}) = 0.4$，$P(\text{Cool}\mid\text{Yes}) = 0.333$，以及 $P(\text{Cool}\mid\text{No}) = 0.2$。

对于 Humidity 属性和 Windy 属性，统计如表 2-9 和表 2-10 所示。

表 2-9　属性统计表

Humidity	Play = yes	Play = no
Normal	6	1
high	3	4
total	9	5

于是各条件概率为，$P(\text{Normal}\mid\text{Yes}) = \frac{6}{9} = 0.667$，$P(\text{Normal}\mid\text{No}) = \frac{1}{5} = 0.2$，$P(\text{High}\mid\text{Yes}) = \frac{3}{9} = 0.333$，以及 $P(\text{High}\mid\text{No}) = \frac{4}{5} = 0.8$。

表 2-10　属性统计表

Windy	Play = yes	Play = no
Strong	3	3
Weak	6	2
total	9	5

于是各条件概率为，$P(\text{Strong}\mid\text{Yes}) = \frac{3}{9} = 0.333$，$P(\text{Strong}\mid\text{No}) = \frac{3}{5} = 0.6$，$P(\text{Weak}\mid\text{Yes}) = \frac{6}{9} = 0.667$，以及 $P(\text{Weak}\mid\text{No}) = \frac{2}{5} = 0.4$。

对于待分类样本：$X = \{\text{Rain, Hot, High, Strong}\}$

分别计算以下两个概率：

$$P1 = P(\text{"Rain, Hot, High, Strong"} \mid Yes) \times P(Yes)$$
$$= P(Rain \mid Yes) \times P(Hot \mid Yes) \times P(High \mid Yes) \times P(Strong \mid Yes) \times P(Yes)$$
$$= 0.333 \times 0.222 \times 0.333 \times 0.333 \times 0.643 = 0.0053 \tag{2-34}$$

$$P2 = P(\text{"Rain, Hot, High, Strong"} \mid No) \times P(No)$$
$$= P(Rain \mid No) \times P(Hot \mid No) \times P(High \mid No) \times P(Strong \mid No) \times P(No)$$
$$= 0.4 \times 0.4 \times 0.8 \times 0.6 \times 0.357 = 0.0274 \tag{2-35}$$

$P1<P2$，因此 $X=\{Rain, Hot, High, Strong\}$，划分到第二类，即该天气不适合打球。

2.5 风险决策的灵敏度分析

灵敏度分析是对决策的最后检验步骤。在通常的决策模型中自然状态的概率和损益值往往是通过预测或估计得到的，一般不会十分准确，在计算期望值的时候，常常不可避免地有误差，这样会影响决策所选取方案的可信程度。因此，在实际工作中，决策者可把模型中的主要参数在可能的范围内做几次变动，仔细分析研究这些参数变动后给决策方案带来的影响。如果参数微小的变化不影响决策方案，说明决策方案是稳定的、有把握的，或者说把握性比较大。如果参数有微小的变化就要改变决策方案的话，这种情况下的决策方案是不稳定的。这时候决策方案的选取要特别小心，决策者在最后决策之前应重新对模型中的参数进行认真的估计，这样的整个分析过程就叫作灵敏度分析。

下面主要讨论状态概率的变动对最优方案的影响。

例 2-8 某工厂打算在甲和乙两种产品中选择一种进行生产，根据以往的经验，如果在市场不发生变化的情况下，生产甲产品，可获得利润 50 万元；生产乙产品，要亏损 15 万元。如果在市场条件发生变化的情况下，生产甲产品，会亏损 20 万元；而生产乙产品，可获得利润 100 万元。根据以往的资料，预测市场不发生变化的概率是 0.7，发生变化的概率是 0.3。问应该如何决定生产哪种产品？

分析：先列出状态概率和损益值，如表 2-11 所示。

计算各方案的期望收益：

生产甲产品：$50\times0.7+(-20)\times0.3=29$ 万元

生产乙产品：$(-15)\times0.7+100\times0.3=19.5$ 万元

表 2-11　状态概率与损益值

生产方案 / 损益值 / 状态概率	市场不发生变化	市场发生变化
	0. 7	0. 3
生产产品甲	50	−20
生产产品乙	−15	100

显然，生产甲产品为最优方案。

假设市场不发生变化的概率从 0. 7 变到 0. 8，这时两方案的期望利润如下：

生产甲产品：$50\times0.8+(-20)\times0.2=36$ 万元

生产乙产品：$(-15)\times0.8+100\times0.2=8$ 万元

显然，生产甲产品仍为最优方案。

再假设市场不发生变化的概率由 0. 7 变到 0. 6。这时两方案的期望利润为：

生产甲产品：$50\times0.6+(-20)\times0.4=22$ 万元

生产乙产品：$(-15)\times0.6+100\times0.4=31$ 万元

这时，生产乙产品为最优方案。

由上例分析出，一个方案从最优方案转化为非最优方案，在这个转变过程中有一个概率值点。这个概率值点称为转折概率，最优方案的转化都有转折概率。

设 P 代表市场不发生变化的概率，$(1-P)$ 则表示市场发生变化的概率，令这两个方案的期望收益值相等，可得到 $P=0.65$。

0. 65 就是转折概率，当 $P>0.65$ 时，生产甲产品为最优方案；当 $P<0.65$ 时，生产产品乙为最优方案。

在实际工作中，需要把概率值和损益值等因素在可能发生的范围内作几次不同的变动计算，比较所得到的期望损益值的差值，得出影响最优方案的选择。如果数据稍加变动，最优方案不变，则这个方案是比较稳定的，即灵敏度不高，决策可靠性大。反之，如果数据稍加变动，最优方案就从原来的变到另外一个，则这个方案是不稳定的，即灵敏度高，决策可靠性小，需进一步分析和改进措施。

2. 6　效用理论

前面所述的统计决策方法，大多是以期望损益值作为决策标准的。这样做有时既不合理，也不符合实际。如果完全以期望值的大小作为决策标准，就会把决策过程变成机械地计算期望损益值的过程，而没有把决策人的主观作用考虑进去，这当然不够合理。事实上，任何决策都是由决策人作出的，决策人自己的经验、才智、胆识和判断能力等主观因素，必然会对决策方案的选择产生影响。决策人对风险的态度也是至关重要的，同一个决策问题，保守型决策人与冒险型决策人所作出的选择会很不一致，而且同样的货币量对不同的经济主体往往具有不同的“价值”。上万元的风险损失，在大企业的经理看来是小事一桩，而小企业的经理则会看成是与企业兴衰攸关的大事。即使是对同一经济主体，在不同时刻、不同环境下，同样的货币量也可能具有不同的“价值”。这种货币量对决策人产生的价值含义就称为货币量的效用值。这种决策人对于期望损益值的独特兴趣、感受和取舍反应，就叫做效用。效用能够反映人们的价值观念在决策活动中的具体表现，代表着决策人对于风险的态度。那么如何在决策时反映决策人的这种偏好呢？这就是本节所要介绍的效用理论问题。其主要内容包括效用的概念、效用曲线与效用函数、风险与效用以及效用值在风险决策中的应用。

2.6.1 效用的概念

在经济学中，效用(utility)是指商品和劳务满足人的欲望或需要的能力。一种商品或劳务是否具有效用、具有多大的效用，取决于它能否满足和在多大程度上满足人的欲望和需要。效用因人、因时、因地而不同，同一种商品或劳务对于不同的消费者，在不同的时间和不同的地点，其效用是不相同的。由此可知，经济学中的效用是描述商品或劳务满足消费者需要程度的一个概念，主要用于消费者行为的理论分析。同样，在决策理论中需要讨论和描述可行方案的各种结果值是满足决策者愿望、实现决策者偏好程度的问题。因此需要引入效用的概念，并进一步讨论如何测度结果值的效用。

设决策问题的各可行方案有多种可能的结果值 o，依据决策者的主观愿望和价值倾向，每个结果值对决策者均有不同的价值和作用。反映结果值 o 对决策者价值和作用大小的变量称为效用，记作：

$$u=u(o) \tag{2-36}$$

这里需要指出，在决策理论中，效用既是概念，反映决策方案的结果值满足和实现决策者愿望和倾向的程度；效用也是量值，可以用具体的方法测定，并作为决策分析的依据。

下面介绍一种效用的测定方法，这种方法称为标准效用测定法，是由冯·诺依曼

(Von Neumann)与莫根斯坦(Morgenstern)提出来的，故又简称为 V-M 方法。

设有决策系统，其结果值集合 $O=\{o_1, o_2, \cdots, o_n\}$，则：

$$o^* > \max\{o_1, o_2, \cdots, o_n\} \tag{2-37}$$

$$o^0 < \min\{o_1, o_2, \cdots, o_n\} \tag{2-38}$$

用 V-M 方法测定值 $o_j(j=1, 2, 3, \cdots, n)$的效用值 $u(o_j)$，其步骤如下：

①设 $u(o^*)=1$，$u(o^0)=0$。

②建立简单事态体$(x, o^*; 1-x, o^0)$，其中 x 称为可调概率。

③通过反复提问，不断改变可调概率值，让决策者权衡比较，当 $x=p_j$，时，得到无差异关系：

$$o_j \sim (p_j, o^*; 1-p_j, o^0) \tag{2-39}$$

④测得结果值的效用：

$$u(o_j)= p_j u(o^*)+(1-p_j)u(o^0) \tag{2-40}$$

由 V-M 方法的步骤可以看出，这种方法的基本思路是在结果值集合的基础上，用最优值和最劣值建立简单事态体，通过反复提问，直到得到决策者认可的无差异关系，用无差异概率值来测度结果值的效用。

2.6.2　效用曲线与效用函数

我们给出了效用的概念以及效用的测定方法，在此基础上，进一步讨论定义在结果值集合上的效用函数。

设决策问题的结果值集 $O=\{o_1, o_2, \cdots, o_n\}$，且 $o^*>\max\{o_1, o_2, \cdots, o_n\}$，$o^0<\min\{o_1, o_2, \cdots, o_n\}$。定义在 O 上的实值函数应满足条件：

①$u(o^*)=1$，$u(o^0)=0$，且任意 $o\in O$，$u(o)$满足无差异关系 $o_j\sim(p_j, o^*; 1-p_j, o^0)$。

②任意 o_1，$o_2\in O$，如果 $o_1>o_2$，当且仅当 $u(o_1)>u(o_2)$。

③任意 o_1，$o_2\in O$，且 $0\leqslant\lambda\leqslant1$，则 $u(\lambda o_1+(1-\lambda)o_2)= \lambda u(o_1)+(1-\lambda)u(o_2)$。

称 $u(o)$为结果值集合 O 上的效用函数，并记为 $u=u(o)$。

需要注意的是，定义在集合上的效用函数其取值为 $0\leqslant u(o)\leqslant1$，效用值与结果值满足优劣关系一致性要求。并且，结果值的凸线性组合满足线性关系。

由于效用函数视决策者对风险态度的不同而不同，因而效用函数也有不同的类型，如图 2-5 所示。

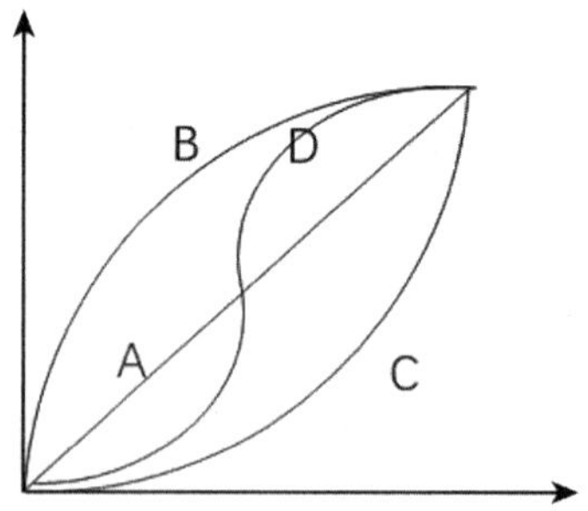

图 2-5　不同类型下效用函数曲线

(1) 中立型效用函数

中立型效用函数与决策的货币效果成线性关系，决策者对决策风险持中立态度，属中间型决策者。决策者只需要根据期望损益值作为选择方案的标准，而不需要利用效用函数。其所对应的曲线如图中 A 线所示。

(2) 保守型效用函数

保守型效用函数表示随着货币额的增多而效用递增，但其递增的速度越来越慢。决策者对利益的反应比较迟缓，而对损失的反应则很敏感，不求大利，但要规避风险，这是一种谨慎小心的保守型决策者。这类函数所对应的曲线为保守型效用曲线，如图 2-5 中的 B 线所示。曲线中间部分呈上凸形状，表示决策者厌恶风险，上凸得越厉害，表示厌恶风险的程度越高。

(3) 冒险型效用函数

冒险型效用函数表示随着货币额的增多而效用也递增，但递增的速度越来越快，决策者想获得大利而不关心亏损，也即决策者对于亏损反应迟缓，而对利益却很敏感，是一种想谋大利、不怕冒险的进取型的决策者。这类函数所对应的曲线为冒险型效用曲线，如图 2-5 中的 C 线所示。曲线中间的部分呈上凹形状，表示决策者喜欢冒险敢于做大胆的尝试。效用曲线上凹得越厉害，表示决策者冒险性越大。

(4) 渴望型效用函数

渴望型效用函数表示在货币额不大时，决策者具有一定的冒险胆略，一旦货币额增至相当数量时，他就转为稳妥策略。这类函数所对应的曲线为渴望型效用曲线，如图 2-5 中的 D 线所示，在曲线上有个拐点，左段呈上凹，右段呈上凸。这种决策者的特点是以曲线上的拐点为分界点，当效用值小于拐点值时，该决策者喜欢采取冒险行动；而当效用值大于拐点值时，该决策者又调整为稳妥策略。

2.6.3　风险与效用

在市场经济的条件下许多决策问题包含有随机的或不确定的因素。决策者选择方案几乎都要承担一定的风险，而不同的决策者对风险的态度是有区别的。效用函数表示了决策者对决策方案各结果值的偏好程度，也可以用不同类型的效用函数表征决策者对风险的不同态度。根据决策者对风险的不同态度，下面将对中立型、保守型和冒险型效用函数在不同风险情况中进行讨论。

(1) 中立型效用函数

设有效用函数 $u=u(x)$，若 $x_1<x_2$，有：

$$\frac{u(x_1)+u(x_2)}{2}=u\left(\frac{x_1+x_2}{2}\right) \tag{2-41}$$

则称为中立型效用函数，对应的效用曲线是一条直线。

例 2-9　某厂商试制某种新产品要承担的一定风险，即有 0.5 的概率获利 $x_1=3$(万元)，有 0.5 的概率亏损 $x_2=-1$(万元)，该风险方案可以表示为简单事态体

$$T=(0.5,\ x_1;\ 0.5,\ x_2) \tag{2-42}$$

此风险方案的期望收益值为$\frac{x_1+x_2}{2}=1$ 万元。假设该厂商认为此风险方案的效应与另一项不冒险可稳获利 $x_3=1$ 万元的方案是等价的，即无差异关系

$$T=(0.5,\ x_1;\ 0.5,\ x_2)\sim x_3 \tag{2-43}$$

成立。于是，确定当量 x_3 与事态体 T 的效用值相等，即：

$$u(x_3)=0.5u(x_1)+0.5u(x_2) \tag{2-44}$$

而，

$$x_3=\frac{x_1+x_2}{2} \tag{2-45}$$

则有：

$$u\left(\frac{x_1+x_2}{2}\right)=\frac{u(x_1+x_2)}{2} \tag{2-46}$$

因此，该厂商对风险持中立态度，其效用曲线是一条直线。应该注意中立型效用函数的图形是一条直线，表示效用值与结果值成正比例关系。当结果值增加时，效用值按相同比例增加，决策者效用值增加的速度稳定，表明对风险的态度平和，既不对有利结

果特别追求，也不对不利结果谨慎从事。由于效用值和结果值成正比例，通常可以用结果值直接决定评选方案。

(2)保守型效用函数

设有效用函数 $u=u(x)$，若 $x_1<x_2$ 有：

$$\frac{u(x_1)+u(x_2)}{2}<u\left(\frac{x_1+x_2}{2}\right) \tag{2-47}$$

则称为保守型效用函数，对应的效用曲线是一条上凸曲线。

例 2-10 与中立型效用函数所举实例相同，假设该厂商对风险持谨慎态度，认为此风险方案仅与另一项不冒风险可稳获利 $x_3=0.5$(万元)的方案等价，即认为风险方案的可能获利值低于其期望收益值。于是，无差异关系

$$T=(0.5,\ x_1;\ 0.5,\ x_2)\sim x_3 \tag{2-48}$$

成立，确定当量 x_3 与事态体 T 的效用值相等，即：

$$u(x_3)=\frac{u(x_1)+u(x_2)}{2} \tag{2-49}$$

而，

$$x_3<\frac{x_1+x_2}{2} \tag{2-50}$$

故有：

$$u(x_3)<u\left(\frac{x_1+x_2}{2}\right) \tag{2-51}$$

因此，

$$\frac{u(x_1)+u(x_2)}{2}<u\left(\frac{x_1+x_2}{2}\right) \tag{2-52}$$

该厂商对风险持谨慎态度，其效用函数属于保守型效用函数，对应一条上凸曲线。应该注意，保守型效用函数的图形是一条上凸线，表示效用值随结果值的增加而增加，但增加的速度逐渐由快至慢，反映了决策者随结果值增加越来越谨慎，对风险持厌恶态度。效用函数上凸得越厉害，表示决策者对风险保守的程度，越突出。

(3)冒险型效用函数

设有效用函数 $u=u(x)$，若 $x_1<x_2$，有：

$$\frac{u(x_1)+u(x_2)}{2}>u\left(\frac{x_1+x_2}{2}\right) \tag{2-53}$$

则称为冒险型效用函数，对应的效用曲线是一条下凸曲线。

例 2-11 在前例中，假设该厂商对风险持追求态度，认为该风险方案与另一项不冒风险可稳获利 $x_3=1.5$(万元)的方案等价，即认为风险方案的可能获利值高于其期望利

润值。于是，无差异关系

$$T=(0.5,\ x_1;\ 0.5,\ x_2)\sim x_3 \tag{2-54}$$

成立，确定当量 x_3 与事态体 T 的效用值相等，即：

$$u(x_3)=\frac{u(x_1)+u(x_2)}{2} \tag{2-55}$$

而，

$$x_3>\frac{x_1+x_2}{2} \tag{2-56}$$

故有：

$$u(x_3)>u\left(\frac{x_1+x_2}{2}\right) \tag{2-57}$$

从而，

$$\frac{u(x_1)+u(x_2)}{2}>u\left(\frac{x_1+x_2}{2}\right) \tag{2-58}$$

该厂商对风险持追求态度，其效用函数属于冒险型效用函数，对应一条下凸曲线，简要指出，冒险型效用函数的图形是一条下凸曲线，表示效用值随结果值增加而增加，但增加的速度逐渐加快，反映了决策者喜欢冒险乐于大胆尝试的个性，随着结果值增加，对市场变化充满信心，敢于冒风险追求高额利润，效用曲线下凸得越厉害，表示决策者越富于冒险性。

以上三种效用函数是最基本的效用函数。

在实际情况中，为了更加准确地反映决策者对风险的态度，可以用三种基本效用函数构造混合型效用函数来表示。例如根据实际分析，确定结果值 $x_0\in[0,\ 1]$，当 $x<x_0$ 时，即结果值不大时，决策者具有一定冒险精神，用下凸效用曲线表示；当 $x>x_0$ 时，即结果值较大时，决策者对风险转而持谨慎态度，可用上凸效用曲线表示。这样构成混合型效用曲线，由下凸曲线和上凸曲线两部分组成，点 $[x_0,\ u(x_0)]$ 是曲线的拐点。

2.6.4　效用值的应用

例 2-12　某公司准备引进某新设备进行生产，这种新设备具有一定的先进性，但该公司尚未试用过，预测应用时成功的概率为 0.8，失败的概率为 0.2，现有三种方案可供选择：方案 1，应用老设备，可稳获 4 万元收益；方案 2，先在某一车间试用新设备，如果成功，可获 7 万元收益，如果失败则将亏损 2 万元；方案 3，全面推广使用新设备，如果成功，可获 12 万元收益，如果失败则亏损 10 万元，试问该公司应采取哪种方案？

分析：①如果采用货币期望值标准，可画出决策树如图 2-6 所示。

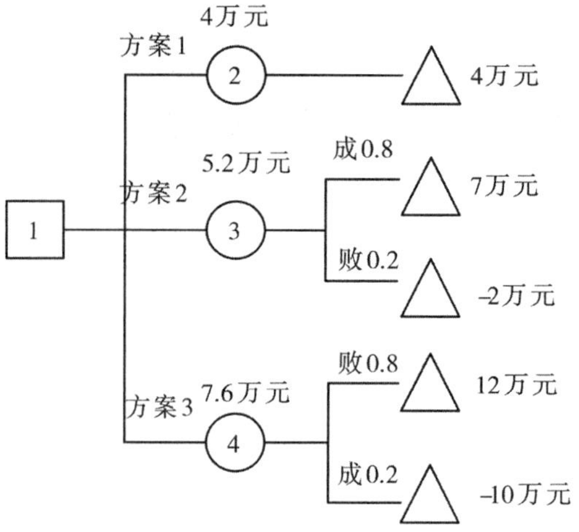

图 2-6　决策树图

方案 1 损益值为：4(万元)

方案 2 的损益值为：$7\times0.8+(-2)\times0.2=5.2$(万元)

方案 3 的损益值为：$12\times0.8+(-10)\times0.2=7.6$(万元)

由决策树可知，该公司应取方案 3 为最优方案，因为取方案 3 收益期望值为最大(7.6 万元)。但是，可以看到，若采取方案 3，必须冒亏损 10 万元的风险，虽然亏损的概率较小，但仍有可能发生。如果该公司资金较少，亏损 10 万元就意味着因资金无法周转而停产甚至倒闭，那么公司领导一般不会采取方案 3，而采取收益期望值较低的方案 1 或方案 2。如果公司资金力量雄厚，经受得起亏损 10 万元的打击，公司领导又是富有进取心的，那么他可能会采取方案 3。鉴于以上各类情况，有时以效用作为标准进行决策比以损益期望值进行决策更加切合实际。

②求决策者的效用曲线。规定最大收益(12 万元)时，效用值为 1，亏损最大(−10 万元)时，效用值为 0，用标准测定法向决策者提出一系列问题，找出对应于损益值的效用值，即可绘制出该决策者对此决策的效用曲线，如图 2-7 所示。

在所得曲线上可找到对应于各损益值的效用值：

4 万元的效用值为 0.94；

7 万元的效用值为 0.98；

12 万元的效用值为 1；

−2 万元的效用值为 0.70；

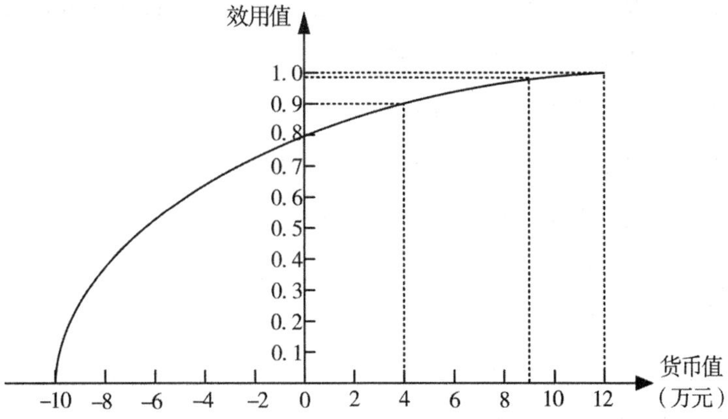

图 2-7　效用曲线图

-10 万元的效用值为 0.00。

现用效用值进行决策：

方案 1 的效用期望值为：0.94

方案 2 的效用期望值为：0.98 ×0.8+0.7 ×0.2＝0.924

方案 3 的效用期望值为：1.0 ×0.8+0 ×0.2＝0.8

于是可以得到如下决策树，如图 2-8 所示。

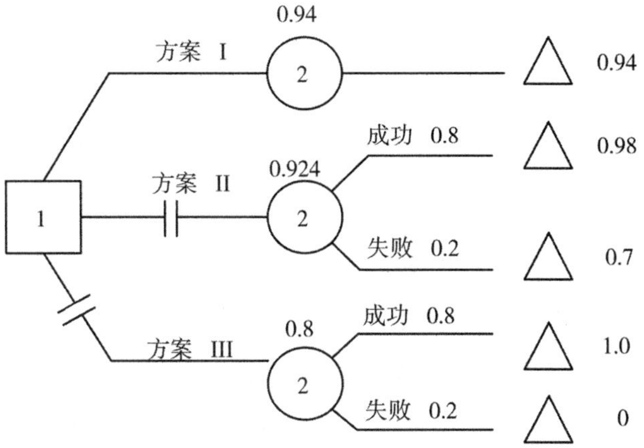

图 2-8　决策树

由此可见，以效用值作为决策标准，应选择方案 1。这与损益期望值法的结论不一致，原因在于决策者对风险持慎重态度，是保守型决策者。

用效用值作为决策的标准有其方便之处，它可以把决策者对风险的态度反映进去，从而使其所作出的选择更能符合决策者的需要。但它也有不足之处，即它不能准确地测定。因为用标准测定法对决策者做心理测验时，决策者往往感到难以回答，尤其需要反复提问之后才能绘出效用函数曲线。因此，往往需要同时采用多种方法，再把所选结果进行综合判断，才能最后做出抉择。

本章小结

本章着重介绍了风险型信息决策的常用方法。风险型决策是在状态概率已知的条件下进行的，一旦各自然状态的概率经过预测或估算被确定下来，在此基础上的决策分析所得到的最满意方案就具有一定的可靠性。

在决策方法方面，风险型决策的基础是期望值准则，决策树和贝叶斯决策方法都是在此基础之上进行决策的。决策树理论是将树形决策图和期望值准则相结合进行决策的。通过市场调查，收集有关状态变量的补充信息，对先验分布进行修正，用后验概率计算方案的满意程度，是贝叶斯决策的特点。为了避免靠机械地计算期望损益值来进行决策，而把决策人的主观作用考虑进去，可以用效用值来考察决策人对于风险的态度。效用理论将决策人分为保守型与冒险型决策人，分析出两种不同决策人面对相同问题做出不同决策的原因。

本章习题

1. 简述风险型决策的特点。

2. 简述风险型决策的三种分析准则的分析原理，即最大可能准则、期望值准则和效用值准则。

3. 某开发公司拟为一企业承包新产品的研发业务，但为得到合同必须参加投标。已知投标的准备费用为 40000 元，中标的可能性是 40%。如果不中标，准备费用得不到补偿。如果中标，可采用两种方法进行研发：方法 1 成功的可能性为 80%，费用为 260000 元；方法 2 成功的可能性为 50%，费用为 160000 元。如果研发成功，该公司可得到 600000 元，如果合同中标，但未研发成功，则开发公司需赔偿 100000 元。请用多步决策树法确定该公司是否应该参加投标；如果中标了，应该采用哪种方法研发？

4. 简述灵敏度分析的过程。

5. 简述效用函数的类型与区别。

6. 某厂考虑两种生产方案产品A可以0.3的概率获利5万元，以0.2的概率获利8万元，以0.5的概率获利9万元；产品B肯定可以获利8万元。决策人甲的效用函数为线性，即 $U_1(x)=x$；决策人乙的效用函数，当 $0\leqslant x\leqslant 5$ 时，$U_2(x)=x^2/5$，当 $5\leqslant x\leqslant 10$ 时，$U_2(x)=4x-10-x^2/5$。

求：(1)画出两个决策人的效用曲线。

(2)甲乙两个决策人分别作何选择？

(3)若生产A和B两种产品均需另加5万元的固定成本，甲乙两个决策人又该作何选择？

第 3 章　多属性信息决策

多属性决策是近年来才发展起来的一个交叉学科，在经济管理等各个领域有着广泛的实际背景。对于具有单个属性的决策问题，待排序的备选方案之间是有完全的顺序的。然而，当属性多于一个时，由于各属性之间存在着相关关系或冲突，备选方案之间就不是完全有序的了。因此，多属性决策问题与其他经典的决策方法的本质区别就在于它需要决策者的偏好信息作为决策依据。偏好信息取决于主观与客观因素，主观因素如决策者个人经验、知识水平、喜好等，客观因素则受到决策目标、技术条件、实验条件等的限制。多属性决策重点研究关于离散的、有限个备选方案的决策问题，其实质是利用已有的决策信息通过一定的方式对备选方案进行排序并择优。本章首先阐释了多属性决策的若干重要概念，包括多属性决策的特点、分类、评价过程等。接着，论述了三种常用的确定权方法，包括相对比较法、连环比较法和信息熵法，并讨论了多属性决策的常用评价方法。最后，重点论述了两种常用的多属性决策方法，即 TOPSIS 和层次分析法。

3.1　多属性决策概念

现实中的问题往往具有多个属性，各属性间有时存在着复杂的关系与冲突。多属性决策问题就是要从已有的、数目有限的、具有多个属性的备选方案中选出令决策者最满意的方案。

3.1.1 多属性决策特点

多属性决策(MADM)问题广泛地存在于社会、经济、管理等各个领域中，如投资决策、项目评估、质量评估、方案优选、企业选址、资源分配、科研成果评价、人员考评、经济效益综合排序、定标定级等。决策者要从具有多个属性的一组备选方案中进行选择，其目的是要从多个备选方案中选择一个相对最优的方案，使该方案的各个属性能最大限度地达到决策者满意。属性是指“目标”或“指标”，上述各个备选方案通常都具有多个属性，而各个属性一般具有不同的单位，各个属性之间还有可能存在冲突。多属性决策往往只含有有限个预先制订的方案。满意方案的最后抉择与产生最后决策的属性满足程度有关，最终方案的选择在属性内进行判断与比较完成。

我们先看一个例子：早上起来去上学，发现外面下雨了，这时候需要选择一种出行方式，并选一种雨具使自己不被雨淋。现在有雨衣、雨伞、斗笠三件雨具可供选择，如果骑自行车出门最好选用雨衣，如果开车或者坐车出门最好是选择雨伞，如果步行出门则可以选择斗笠。开车或者坐车可以最快速地到达目的地，骑自行车比较方便快捷，步行最经济。如果是女孩子出门可能还要考虑是否安全、美观、舒适。出行、不被雨淋湿就是我们的目标，显而易见我们的目标有两个；而出行有不同的雨具和交通工具可供选择，这两者我们称为方案；快速、方便快捷、经济等这些指标我们称为属性(或方案属性)；像安全、美观、舒适这些是评价目标的指标，我们可以称为目标的属性。

经典多属性决策问题可以描述为：给定一组可能的备选方案 $X=\{x_1, x_2, \cdots, x_m\}$，对于每个方案 x_i，都需要从若干个属性 $U=\{u_1, u_2, \cdots, u_n\}$（每个属性代表不同的评价准则)对其进行综合评价。决策的目的就是要从这一组备选方案中找到一个使决策者达到最满意的方案，或者对这一组备选方案进行综合评价排序，且排序结果能够反映决策者的意图。

例如：

①我国2008年9月25日发射神舟七号载人飞船，除了要准确控制发射时间和轨道运行路线以外，“神七”必须在神舟六号的基础上解决两个比较大的问题：第一是航天员有一个密封舱，在这个舱里要穿航天服，离开这个舱就没有了空气，所以航天服本身就必须能供给氧气；第二是没有温度控制时，航天服要能保证航天员正常的温度。

②某地区现有的医院现已无法完全容纳该地区的“甲流”患者，需要扩建其中一家的发热门诊。在扩建时，既要满足患者到医疗水平较好的医院的需求，又要使扩建费用

尽可能小。

③大学生毕业后，通常有几种考虑：考研究生、考公务员、就业。拿考研来说，通常又要考虑学校、城市、专业、研究方向、导师等因素，因此评价一个考研的问题也是典型的多属性决策问题。

④购物，比如买衣服，总希望物美(品牌、尺寸合适、款式新颖、颜色中意、面料结实、加工质量高等)价廉。

通过多属性决策的含义和上述例子，不难发现多属性决策问题有四个特点：

①决策问题的目标及目标属性不止一个。例如，一个企业在经营过程中不仅要考虑产量尽可能多，还要考虑成本、产品性能等多个目标及目标属性。

②多属性决策问题的目标间不可公度(Non-commensurable)，即各目标没有统一的计量单位或者衡量标准，因此难以进行比较。例如：本科生可以用学分或成绩来考核其在校期间的学习情况，发电厂可以用年发电量(亿度/年)或装机容量(万千瓦)来描述其发电能力，这两者是没有统一标准的，即不可公度。而某个集装箱的大小只能用容积(立方米)来表述，投资的多少则应该用货币(万元)表示，这两个是有统一标准的，即可公度。

③各目标间的矛盾性。如果在多属性决策问题中，存在一个备选方案能使所有目标都达到最优，也就是说存在最优解，那么各目标间的不可公度性就不成问题了，但是这种情况很少出现。换言之，大量存在的现象是各属性之间存在着某种矛盾，即存在着冲突——当采用一种方案改进某一个目标值的同时，很可能使另一个目标值不能够得到改善，甚至会使这个目标值变差。例如，某化工企业想拓展业务领域，意图收购某机械厂，但是在拓展领域的同时可能会给企业短期效益带来损害，而且如果收购后经营不善很可能导致企业的亏损甚至倒闭。

④决策者的偏好不同导致决策结果不同。不同的决策者对同一个决策问题会有不同的看法，决策的结果也就有所不同。所谓仁者见仁，智者见智。

3.1.2 多属性决策分类

(1)多准则决策

多准则决策是指在具有相互冲突、不可共度的有限(无限)方案集中进行选择的决策。它是分析决策理论的重要内容之一。无论是多属性决策问题还是多目标决策问题，都可通称为多准则决策问题(Multi-criterion Decision Making Problem)。

多准则决策问题也可以像单目标决策问题那样按自然状态(这里的自然状态是广义的)分类，一类是确定型多准则决策问题，另一类是非确定型多准则决策问题，由于求解手段的限制，现有的求解方法最多只涉及风险型多准则决策问题。

多准则决策问题还可以按所涉及的决策者人数来划分，只涉及单个决策人的是一般多准则决策问题，或称多目标决策问题，若涉及多个决策人，则称为群体决策问题。

最常用的多准则决策问题的分类法是按决策问题中备选方案的数量来划分：

①多属性决策问题(Multi-attribute Decision Making Problem)。多属性决策也称有限方案多目标决策，是指在考虑多个属性的情况下，选择最优备选方案或进行方案排序的决策问题，它是现代决策科学的一个重要组成部分。这一类决策问题中的决策变量是离散型的，其中的备选方案数量为有限个。这一类问题求解的核心是对各备选方案进行评价后排定各方案的优劣次序，再从中择优。它的理论和方法在工程、技术、经济、管理和军事等诸多领域中有广泛的应用。这一类问题也是本章研究的重点内容。

②多目标决策问题(Multi-objective Decision Making Problem)。多目标决策是指需要同时考虑两个或两个以上目标的决策。这一类决策问题中的决策变量是连续型的，即备选方案数有无限多个。因此，有些文献也称为无限方案多目标决策问题(Multi-objective Decision Making Problems with Infinite Alternative)。在实际的经济实践中，如某企业要在几种产品中选择一种产品生产，就既要考虑获利大小，又要考虑现有设备能否生产，以及原材料供应是否充足等因素来选择其中一种产品。只有使这些相互联系和相互制约的因素都能得到最佳的协调、配合和满足，才是最优的决策。

(2)多属性决策分类

对多属性决策进行分类，主要是针对近年来众多的国内外学者的研究成果进行分析，归纳出以下几个研究方向：

①属性权重完全未知且属性值以实数形式给出的多属性决策问题。

对于这类问题的研究，主要的传统方法有：悲观主义决策准则、乐观主义决策准则、等可能性、最小机会损失准则、折中主义准则、熵值法等。

②属性权重完全未知且属性值以区间数形式给出的多属性决策问题。

③属性权重及属性值均以实数形式给出的多属性决策问题。

④属性权重为实数且属性值以区间数形式给出的多属性决策问题。

⑤只有部分属性权重信息且属性值以实数形式给出的多属性决策问题。

⑥只有部分属性权重信息且属性值以区间数形式给出的多属性决策问题。

⑦属性值以模糊语言形式给出的多属性决策问题。

3.1.3 多属性决策评价的过程

用规范化的方法评价一个多属性决策问题的全过程如图 3-1 所示。

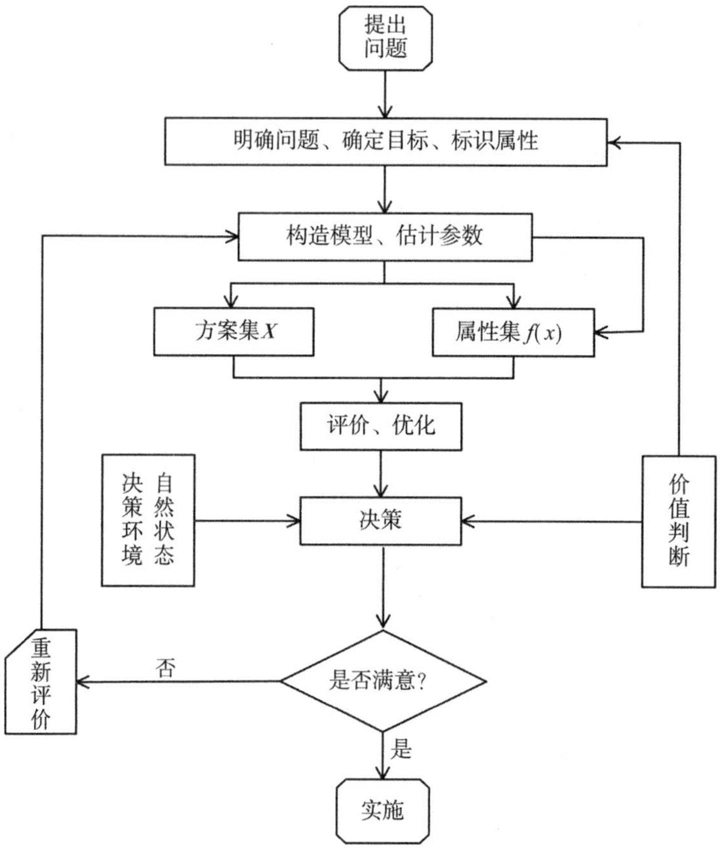

图 3-1 典型的多属性决策评价过程

①提出问题。这时对所要面临的问题的认识是主观而含糊的，所提出的目标也是高度概括的。

②明确问题。这时要使目标具体化，要确定衡量各目标达到程度的标准即属性和属性值的可获得性，并且要清楚地说明问题的边界与环境。

③构造模型。要选择决策模型的形式，确定关键变量以及这些变量之间的逻辑关系，估计各种参数，并在上述工作的基础上产生各种备选方案。

④评价、优化。要利用模型并根据主观判断，采集或标定各备选方案的各属性值，

并根据决策规则进行排序或优化。

⑤根据上述评价结果，择优付诸实施。

以上各步骤的顺序进行只是一种理想的多准则决策流程，从第三步开始，就有可能需要返回前面的一步进行必要的调整，甚至从头开始。决策问题越复杂，反复的可能性就越大，重复的次数也越多。

3.1.4　信息驱动的多属性决策模型构建

信息驱动的多属性决策模型包括决策问题的描述、相关信息的采集(即形成决策矩阵)、决策数据的预处理和方案的初选。

(1)决策矩阵

多属性决策问题(Multi-attribute Decision Making Problem，MADM)，可供选择的方案集为 $X=\{x_1, \cdots, x_m\}$；用$Y_t=(y_{i1}, \cdots, y_{in})$表示方案 x_i的 n 个属性值，其中，y_{ij}是第 i 个方案的第 j 个属性的值；当目标函数为f_j时，$y_{ij}=f_j(x_i)$（$i=1, \cdots, m$；$j=1, \cdots, n$）。各方案的属性值可列成决策矩阵，或称为属性矩阵、属性值表，如表 3-1 所示。该表提供了分析决策问题所需的基本信息，各种数据的预处理和求解方法都以它为基础。

表 3-1　决 策 矩 阵

	y_1	…	y_j	…	y_n
x_1	y_{11}	…	y_{1j}	…	y_{1n}
⋮	⋮		⋮		⋮
x_i	y_{i1}	…	y_{ij}	…	y_{in}
⋮	⋮		⋮		⋮
x_m	y_{m1}	…	y_{mj}	…	y_{mn}

(2)数据预处理

数据预处理又称为属性值的规范化。在多属性决策问题中，决策指标根据指标变化方向，大致可以分为两类，即效益型指标(正向)和成本型指标(逆向)。效益型指标具有越大越优的性质，成本型指标具有越小越优的性质。这两类属性放在同一个表中不便于直接从数值大小判断方案的优劣，因此需要对决策矩阵中的数据进行预处理，使表中任一属性下的性能越好的方案经过变换后属性值越大。

多属性决策与评估的困难之一是目标间的不可公度性，即在属性值表中每一列数的单位(量纲)都不相同。即使对同一属性，只要采用不同的单位计量，表中的数值就会不同。在用多属性决策方法分析评价时，需要排除量纲的选用对决策或评估结果的影响，这就是非量纲化，或者说设法消去量纲，即仅用数值的大小来反映属性值的优劣。

此外，属性表中不同属性的属性值的数值大小差别很大。例如，有的指标数量级达到成百上千，有的指标的数量级是个位数或小数。为了直观，更为了便于采用各种多属性决策方法进行评价，需要把属性值表中的数值进行归一化，即把表中数值变换成0~1的区间上。

在大部分情况下，数据预处理的本质是要给出某个属性的属性值在决策人评价方案优劣时的实际价值。下面，我们介绍几种常用的数据预处理方法。

①向量归一化。

在决策矩阵 $X=(x_{ij})_{m\times n}$ 中，令：

$$y_{ij}=\frac{x_{ij}}{\sqrt{\sum_{i=1}^{m}x_{ij}^2}}\quad(1\leqslant i\leqslant m,\ 1\leqslant j\leqslant n)\tag{3-1}$$

则矩阵 $Y=(y_{ij})_{m\times n}$ 称为向量归一标准化矩阵。显然，矩阵 Y 的列向量的模等于1，即 $\sum_{i=1}^{m}y_{ij}^2=1$。

应该注意，经过向量归一化处理后，其指标值均满足 $0\leqslant y_{ij}\leqslant 1$，并且正、逆向指标的方向没有发生变化，即正向指标归一化变换后，仍是正向指标；逆向指标归一化变换后，也仍是逆向指标。

②线性比例变化法。

在决策矩阵 $X=(x_{ij})_{m\times n}$ 中，对于正向指标 f_j，取 $x_j^*=\max\limits_{1\leqslant i\leqslant m}x_{ij}\neq 0$，则：

$$y_{ij}=\frac{x_{ij}}{x_j^*}\quad(1\leqslant i\leqslant m,\ 1\leqslant j\leqslant n)\tag{3-2}$$

对于逆向指标 f_j，取 $x_j^*=\min\limits_{1\leqslant i\leqslant m}x_{ij}\neq 0$，则：

$$y_{ij}=\frac{x_j^*}{x_{ij}}\quad(1\leqslant i\leqslant m,\ 1\leqslant j\leqslant n)\tag{3-3}$$

矩阵 $Y=(y_{ij})_{m\times n}$ 称为线性比例标准化矩阵。

应该注意，经过线性比例变换之后，标准化指标满足 $0\leqslant y_{ij}\leqslant 1$，并且正、逆向指标均化为正向指标，最优值为1，最劣值为0。

③极差变换法。

在决策矩阵 $X=(x_{ij})_{m\times n}$ 中，对于正向指标 f_j，取 $x_j^*=\max\limits_{1\leqslant i\leqslant m} x_{ij}$，$x_j^0=\min\limits_{1\leqslant i\leqslant m} x_{ij}$，则：

$$y_{ij}=\frac{x_{ij}-x_j^0}{x_j^*-x_j^0}\quad (1\leqslant i\leqslant m,\ 1\leqslant j\leqslant n) \tag{3-4}$$

对于逆向指标 f_j，取 $x_j^*=\max\limits_{1\leqslant i\leqslant m} x_{ij}$，$x_j^0=\max\limits_{1\leqslant i\leqslant m} x_{ij}$，则：

$$y_{ij}=\frac{x_j^0-x_{ij}}{x_j^0-x_j^*}\quad (1\leqslant i\leqslant m,\ 1\leqslant j\leqslant n) \tag{3-5}$$

矩阵 $Y=(y_{ij})_{m\times n}$ 称为极差变换标准化矩阵。

应该注意，经过极差变换之后，均有 $0\leqslant y_{ij}\leqslant 1$，并且正、逆向指标均化为正向指标，最优值为1，最劣值为0。

④标准样本变换法。

在决策矩阵 $X=(x_{ij})_{m\times n}$ 中，令：

$$y_{ij}=\frac{x_{ij}-\bar{x}_j}{S_j}\quad (1\leqslant i\leqslant m,\ 1\leqslant j\leqslant n) \tag{3-6}$$

其中，样本均值 $\bar{x}_j=\dfrac{1}{m}\sum\limits_{i=1}^{m} x_{ij}$，样本均方差 $S_j=\sqrt{\dfrac{1}{m-1}\sum\limits_{i=1}^{m}(x_{ij}-\bar{x}_j)^2}$。

矩阵 $Y=(y_{ij})_{m\times n}$ 称为标准样本变换矩阵。

应该指出，经过标准样本变换之后，标准化矩阵的样本均值为0，方差为1。

⑤定性指标量化处理方法。

在多属性决策指标体系中，有些指标是定性指标，只能作定性描述，例如“可靠性”“灵敏度”“员工素质”等。对定性指标作量化处理，常用的方法是将这些指标依问题性质划分为若干级别，分别赋以不同的量值。一般可以划分为5个级别，最优值10分，最劣值0分，其余级别赋以适当分值。也可以划分为其他级别和赋以其他的分值，方法类似，视具体情况而定。具体分值见表3-2。

表3-2　定性指标量化处理方法

	很低	低	一般	高	很高
正向指标	1	3	5	7	9
逆向指标	9	7	5	3	1

例 3-1 某航空公司在国际市场上购买飞机，按 6 个决策指标对 4 种不同型号的飞机进行综合评价，这 6 个指标是：最大速度(f_1)、最大范围(f_2)、最大负载(f_3)、价格(f_4)、可靠性(f_5)、灵敏度(f_6)。现有 4 种型号的飞机可供选择，具体指标值如表 3-3 所示。写出决策矩阵，并进行标准化处理。

表 3-3　4 种飞机型号的指标值

	最大速度（马赫）	最大范围（千米）	最大负载（千克）	费用（百万美元）	可靠性	灵敏度
a_1	2.0	1500	20000	5.5	一般	很高
a_2	2.5	2700	18000	6.5	低	一般
a_3	1.8	2000	21000	4.5	高	高
a_4	2.2	1800	20000	5.0	一般	一般

解：在决策指标中，f_1、f_2、f_3是正向指标，f_4是逆向指标，f_5、f_6是定性指标。按照表 3-2 的分级量化值，将f_5、f_6作量化处理，得到决策矩阵

$$X=(x_{ij})_{4\times 6}=\begin{bmatrix} 2.0 & 1500 & 20000 & 5.5 & 5 & 9 \\ 2.5 & 2700 & 18000 & 6.5 & 3 & 5 \\ 1.8 & 2000 & 21000 & 4.5 & 7 & 7 \\ 2.2 & 1800 & 20000 & 5.0 & 5 & 5 \end{bmatrix} \tag{3-7}$$

根据不同的方法作标准化处理。

第一种，向量归一化法。

标准化矩阵为：

$$Y=(y_{ij})_{4\times 6}=\begin{bmatrix} 0.4671 & 0.3662 & 0.5056 & 0.5063 & 0.4811 & 0.6708 \\ 0.5839 & 0.6591 & 0.4550 & 0.5983 & 0.2887 & 0.3127 \\ 0.4204 & 0.4882 & 0.5308 & 0.4143 & 0.6736 & 0.5217 \\ 0.5139 & 0.4392 & 0.5056 & 0.4603 & 0.4811 & 0.3727 \end{bmatrix} \tag{3-8}$$

第二种，极差变换法。

$$Y=(y_{ij})_{4\times6}=\begin{bmatrix}0.28 & 0 & 0.67 & 0.50 & 0.51 & 1.00\\ 1.00 & 1.00 & 0 & 0 & 0 & 0\\ 0 & 0.42 & 1.00 & 1.00 & 1.00 & 0.50\\ 0.57 & 0.52 & 0.67 & 0.25 & 0.50 & 0\end{bmatrix} \tag{3-9}$$

第三种，线性比例变换法。

$$Y=(y_{ij})_{4\times6}=\begin{bmatrix}0.80 & 0.56 & 0.95 & 0.82 & 0.71 & 1.00\\ 1.00 & 1.00 & 0.86 & 0.69 & 0.43 & 0.56\\ 0.72 & 0.74 & 1.00 & 1.00 & 1.00 & 0.78\\ 0.88 & 0.67 & 0.95 & 0.90 & 0.71 & 0.56\end{bmatrix} \tag{3-10}$$

(3)方案筛选

当方案集 X 中方案的数量太多时，在使用多属性决策或评价方法进行正式评价之前就应当尽可能筛除一些性能较差的方案，以减少评价的工作量。常用的方案预筛选方法有如下三种：

①选优法(Dominance)。选优法又称优势法，是利用非劣解的概念(也称优势原则)去淘汰一批劣解：若方案集 X 中方案 x_i 与方案 x_k 相比时，方案 x_i 至少有一个属性值严格优于方案 x_k，而且方案 x_i 的其余所有属性值均不劣于方案 x_k，则称方案 x_i 比方案 x_k 占优势，或称方案 x_k 与方案 x_i 相比处于劣势；处于劣势的方案 x_k 可以从方案集 X 中删除。在从大批方案中选取少量方案时，可以先用选优法淘汰掉全部劣解。

用 $x_i>_{(j)}x_k$ 表示根据属性 Y_J 方案 x_i 严格优于方案 x_k，$x_i\geqslant_{(j)}x_k$ 表示根据属性 Y_J 方案 x_i 不劣于 x_k；$J=\{1, 2, \cdots, n\}$ 为属性序号集。选优法可以用符号表述为 x_i，$x_k\in X$，若 $x_i\geqslant_{(j)}x_k$，$\forall j\in J$，有 $x_i>_{(j)}x_k$，则可删除 x_k。

在使用选优法淘汰劣解时，不必在各属性之间进行权衡，无需对各方案的属性值进行预处理，也不必考虑各属性的权重。

②满意值法(Conjunctive)。满意值法又称逻辑乘法。不失一般性，设各属性均为效益型。这种方法对每个属性都提供一个能够被接受的最低值，称为切除值，记作 y_j^0($j=1, \cdots, n$，只有当方案 x_i 的各属性值 y_{ij} 均不低于相应的切除值时，即 $y_{ij}\geqslant y_j^0$ ($j=1, 2, \cdots, n$)，n 均满足时，方案 x_i 才被保留；只要有一个属性值 $y_{ij}<y_j^0$，方案 x_i 就被删除。

这种方案筛选方法的用途很广，例如一些大型企业到高校招聘时，第一个要求就是“本科及以上学历”，如果应聘者是一个专科生，其他条件再好也不予考虑，在预选时即将他排除在外。又如研究生录取时国家划定总分和各学科分数线(另有 34 所学校自主划线)，任何一项达不到录取分数线的考生都将在初试时被淘汰。这一点和我们平时常听到的“硬性指标不达标”很相似。

使用该法的关键在于确定切除值。切除值定得太高，可能被淘汰的方案太多；切除值定得太低，又会剩余太多的方案。这种方法的主要缺点是属性之间完全不能补偿，比如一个方案的某个属性值只要稍稍低于切除值，其他属性值再高，该方案也会被淘汰。

③逻辑和法(Disjunctive)。这种方法与满意值法的思路正好相反，它为每个属性规定一个阈值y_j^*($j=1, \cdots, n$)，方案x_i只要有某一个属性的值y_{ij}优于阈值y_j^*，即$y_{ij} \geqslant y_j^*$，$j=1, 2, \cdots$或n时，方案x_i就被保留。显然这种方法不利于各属性都不错但没有特长的方案，但是可以用来保留某个方面特别出色的方案。逻辑和法往往是作为满意值法的补充，两者结合使用。例如先用满意值法删除一批方案，再用逻辑和法在被删除的方案中挑选出若干方案参加综合评价。

上面介绍的这些方法只可以用于初始方案的预选，都不能用于方案排序，因为它们都无法量化方案的优先程度。

3.2 确定权的常用方法

在决策指标体系中，每个指标对实现系统目标和功能的重要程度各不相同。权重表示各指标的相对重要程度，或表示一种效益替换另一种效益的比例系统。合理确定和适当调整指标权重，体现了在决策指标体系中，各评价因素轻重有度、主次有别，更能增加决策指标的可比性。确定指标权重的方法通常有两种，即主观赋权法和客观赋权法。根据主观经验和判断，用某种特定法则确定指标权重的方法，称为主观赋权法。主观赋权法依赖经验和判断，难免带有一定的主观性。虽然客观赋权法依据客观指标信息，但指标信息数据采集有时难免受到随机干扰，在一定程度上影响其真实可靠性。因此，两种赋权方法各有利弊，实际应用中应该有机结合。下面介绍几种确定指标权重的常用方法。

3.2.1 相对比较法

相对比较法是一种主观赋权法，将所有指标分别按行和列，构成一个正方形的表。根据三级比例标度，指标两两比较进行评价，并记入表中相应位置，再将各指标评价分值按行求和，得到各指标评分总和，最后进行归一化处理，求得各指标的权重系数。

设有 n 个决策指标 f_1，f_2，…，f_n，按三级比例标度两两进行比较评分，其分值设为 a_{ij}。三级比例标度的含义为：

$$a_{ij}=\begin{cases}1 & \text{当} f_i \text{ 比} f_j \text{ 重要时} \\ 0.5 & \text{当} f_i \text{ 与} f_j \text{ 同样重要时} \\ 0 & \text{当} f_i \text{ 不如} f_j \text{ 重要时}\end{cases} \tag{3-11}$$

评价构成矩阵 $A=(a_{ij})_{m\times n}$。显然，$a_{ii}=0.5$，$a_{ij}+a_{ji}=1$，指标 f_i 的权重系数为：

$$w_i=\frac{\sum_{j=1}^{n}a_{ij}}{\sum_{i=1}^{n}\sum_{j=1}^{n}a_{ij}}\quad(i=1,\ 2,\ \cdots,\ n) \tag{3-12}$$

应该注意的是，使用相对比较法时，任意两个指标间相对重要程度要有可比性。这种可比性在主观判断评分时，应满足比较的传递性，即若 f_1 比 f_2 重要，f_2 比 f_3 重要，则 f_1 比 f_3 重要。如果主观评分中发现某些指标不满足传递性，要及时对评分值进行适当的调整。

例 3-2　请用相对比较法确定例 3-1 中的 6 个决策指标的权重。

解：列出表 3-4，按三级比例标度，两两比较给出评分值，并根据公式(3-12)，计算各指标的权重 w_i($i=1$，2，…，6)，结果列于表 3-4 的最后一列。

表 3-4　指 标 权 重

	f_1	f_2	f_3	f_4	f_5	f_6	评价总值	权重 w_i
f_1	0.5	1	1	1	0.5	0	4	0.22
f_2	0	0.5	0.5	0.5	0	0	1.5	0.08
f_3	0	0.5	0.5	0.5	0	0	1.5	0.08
f_4	0	0.5	0.5	0.5	0	0	1.5	0.08
f_5	0.5	1	1	1	0.5	0	4	0.22
f_6	1	1	1	1	0.5	0.5	5.5	0.31

3.2.2　连环比较法

连环比较法也是一种主观赋权法。这种方法以任意顺序排列指标，按此顺序从前到后，相邻两指标比较其相对重要性，依次赋以比率值，并赋以最后一个指标的得分值为

1；自后到前，按比率值依次求出各指标的修正评分值，最后，归一化处理得到各指标的权重。

设有 n 个决策指标 $f_j(1\leqslant j\leqslant n)$，连环比率法的步骤是：

①将 n 个指标以任意顺序排列，不妨设为 f_1，f_2，…，f_n。

②从前到后，依次赋以相邻两指标相对重要程度的比率值。指标 f_i 与 f_{i+1} 比较，赋以指标 f_i 比率值 $r_i(i=1, 2, \cdots, n-1)$。比率值 r_i 以三级标度赋值，即：

$$r_i=\begin{cases}3(\text{或 }1/3), & \text{当} f_i \text{比} f_{i+1} \text{重要(或相反)}\\ 2(\text{或 }1/2), & \text{当} f_i \text{比} f_{i+1} \text{较为重要(或相反)}\\ 1, & \text{当} f_i \text{与} f_{i+1} \text{同样重要}\end{cases} \tag{3-13}$$

③计算各决策指标的修正评分值。赋以 f_n 的修正评分值 $k_n=1$，根据比率值 r_i 计算各指标的修正评分值

$$k_i=r_i k_{i+1} \quad (i=1, 2, \cdots, n-1) \tag{3-14}$$

④归一化处理。求出各决策指标的权重系数值，即：

$$w_i=\frac{k_i}{\sum_{i=1}^{n} k_i} \quad (i=1, 2, \cdots, n) \tag{3-15}$$

例 3-3 用连环比率法计算例 3-1 中 6 个决策指标的权重。

解：按照连环比率法的 4 个步骤，依次列表计算。在表 3-5 中，第 2、3、4 列分别表示比率值 r_i、修正评分值 k_i、指标权重值 w_i。

表 3-5 连环比率法计算结果

指标 f_i	比率值 r_i	修正评分值 k_i	指标权重值 w_i
f_1	3	1/2	0.20
f_2	1	1/6	0.07
f_3	1	1/6	0.07
f_4	1/3	1/6	0.02
f_5	1/2	1/2	0.20
f_6	1	1	0.40
$\sum$		2.5	1.01

计算结果与例 3-1 接近。计算过程表明，连环比率法相对比较简便。由于赋权结果依赖于相邻指标的比率值，而比率值的主观判断误差在逐步计算过程中会产生误差传递，以致影响指标权重的准确性。

3.2.3　信息熵法

熵值法是一种客观赋权法，依据各指标值所包含的信息量的大小，确定指标权重。设有 m 个方案，n 个指标，指标值为 $x_{ij}(1 \leqslant i \leqslant m,\ 1 \leqslant j \leqslant n)$。熵是信息论中测度一个系统不确定性的量。信息量越大，不确定性就越小，熵就越小。反之，信息量越小，不确定性越大，熵也越大。熵值法是利用指标熵值来确定权重，其计算步骤是：

① 对决策矩阵 $X = (x_{ij})_{m \times n}$ 用线性比例变换法作标准化处理，得出标准化矩阵 $Y = (y_{ij})_{m \times n}$，并进行归一化处理，得：

$$p_{ij} = \frac{y_{ij}}{\sum_{i=1}^{m} y_{ij}} \quad (1 \leqslant i \leqslant m,\ 1 \leqslant j \leqslant n) \tag{3-16}$$

② 计算第 j 个指标的熵值：

$$e_j = -k \sum_{i=1}^{m} p_{ij} ln\, p_{ij} \quad (1 \leqslant j \leqslant n) \tag{3-17}$$

其中，$k > 0$，$e_j \geqslant 0$。

③计算第 j 个指标的差异系数。对于第 j 个指标，指标值的差异越大，对方案评价的作用越大，熵值就越小。反之，差异越小，对方案评价的作用越小，熵值就越大。因此，定义差异系数：

$$g_j = 1 - e_j \quad (1 \leqslant j \leqslant n) \tag{3-18}$$

④ 确定指标权重。第 j 个指标权重为：

$$w_j = \frac{g_j}{\sum_{j=1}^{n} g_j} \quad (1 \leqslant j \leqslant n) \tag{3-19}$$

熵值法是客观赋权法，根据原始数据之间的关系确定指标权重，在一定程度上避免了主观随意性。

3.3　多属性决策常用评价方法

3.3.1　线性加权综合法

简单线性加权法是一种常用的多属性决策方法，这种方法根据实际情况，先确定各决策指标的权重，再对决策矩阵进行标准化处理，求出各方案的线性加权指标平均值，并以此作为各可行方案排序的判据。应该注意，简单线性加权法对决策矩阵的标准化处理，应当使所有的指标正向化。简单线性加权法的基本步骤如下。

① 用适当的方法确定各决策指标的权重，设权重向量为：

$$W = (w_1, w_2, \cdots, w_n)^{\mathrm{T}} \tag{3-20}$$

其中，$\sum_{j=1}^{n} w_j = 1$。

② 对决策矩阵 $X = (x_{ij})_{m \times n}$ 作标准化处理，标准化矩阵为 $Y = (y_{ij})_{m \times n}$，并且标准化之后的指标均为正向指标。

③ 求出各方案的线性加权指标值：

$$u_i = \sum_{j=1}^{n} w_j y_{ij} \quad (1 \leqslant i \leqslant m) \tag{3-21}$$

④ 以线性加权指标值 u_i 为判据，选择线性加权指标值最大者为最满意方案，即：

$$u(a^*) = \max_{1 \leqslant i \leqslant m} u_i = \max_{1 \leqslant i \leqslant m} \sum_{j=1}^{n} w_j y_{ij} \quad (1 \leqslant i \leqslant m) \tag{3-22}$$

3.3.2 字典序法

字典序法是在 $w_1 >> w_2 >> w_3 >> \cdots >> w_n$（符号>>表示远远大于）时的加权方法，即某个目标特别重要，它与重要性处于第二位的目标相比重要得多；类似地，重要性处于第二位的目标又比重要性处于第三位的目标重要得多，以此类推。

从本质上字典序法是单目标（属性）决策。对于一些决策情形下，甚至在最重要的属性上就可以进行决策。在最重要属性上，如果某个方案对于其他方案有较高的属性值，该方案就被选择，决策结束；如果在最重要的属性上不能区分优劣，就以第二重要的属性来进行比较；这个过程可以进行，直到一个方案被选中或所有的属性都被考虑过。例如，高校招生按高考成绩排序，同样成绩者，优秀三好生优先；家庭主妇在选购家用电器时，按商品价格排序，同样价格区间，省电者优先。

3.3.3 案例分析

例 3-4 用简单线性加权法对例 3-1 的购机问题进行决策。

解：用适当方法确定购机问题 6 个决策指标的权重向量为

$$W = (0.2, 0.1, 0.1, 0.1, 0.2, 0.3)^{\mathrm{T}} \tag{3-23}$$

用线性比例变换法，将决策矩阵 $X=(x_{ij})_{4\times6}$ 标准化，由例3-1知，标准化矩阵为：

$$Y=(x_{ij})_{4\times6}=\begin{bmatrix}0.80 & 0.56 & 0.95 & 0.82 & 0.71 & 1.00\\1.00 & 1.00 & 0.86 & 0.69 & 0.43 & 0.56\\0.72 & 0.74 & 1.00 & 1.00 & 1.00 & 0.78\\0.88 & 0.67 & 0.95 & 0.90 & 0.71 & 0.56\end{bmatrix} \tag{3-24}$$

计算各方案的线性加权指标值$u_1=0.835$，$u_2=0.709$，$u_3=0.853$，且$u_4=0.738$。因此，最满意方案是：

$$u(a^*)=\max_{1\leqslant i\leqslant4}u_i=u_3=u(a_3) \tag{3-25}$$

即$a^*=a_3$，购机问题各方案的排序结果是$a_3>a_1>a_4>a_2$。

例3-5　假设标准化处理后的决策矩阵如下所示：

$$Z=(z_{ij})_{5\times4}=\begin{bmatrix}0.1357 & 1.0000 & 1.0000 & 0.0000\\0.0714 & 0.8333 & 0.8000 & 0.5319\\0.2143 & 0.3333 & 0.2520 & 0.3617\\0.1071 & 0.6666 & 0.6000 & 0.1702\\1.0000 & 0.0000 & 0.0568 & 0.7447\end{bmatrix} \tag{3-26}$$

设决策人设定的各属性权重分别为0.2，0.3，0.4，0.1，假设试用线性加权综合法进行求解。

解析：计算各方案的线性加权指标值

$$u_1=\sum_{j=1}^{n}w_j z_{ij}=0.7074 \tag{3-27}$$

$$u_2=\sum_{j=1}^{n}w_j z_{ij}=0.6375 \tag{3-28}$$

$$u_3=\sum_{j=1}^{n}w_j z_{ij}=0.2871 \tag{3-29}$$

$$u_4=\sum_{j=1}^{n}w_j z_{ij}=0.4784 \tag{3-30}$$

$$u_5=\sum_{j=1}^{n}w_j z_{ij}=0.2972 \tag{3-31}$$

因此，最满意方案是：

$$u(a^*)=\max_{1\leqslant i\leqslant5}u_i=u_1 \tag{3-32}$$

各方案的排序结果是$u_1>u_2>u_4>u_5>u_3$。

3.4 TOPSIS 多属性决策方法

TOPSIS（Technique for Order Preference by Similarity to an Ideal Solution）是 C. L. Hwang 和 K. Yoon 于 1981 年首次提出的，直译为“逼近理想解的排序方法”。TOPSIS 是一种有效的多属性决策方法，该方法通过构造多属性问题的理想解和负理想解，并以靠近理想解和远离负理想解两个基准作为评价可行方案的判据。因此，TOPSIS 又称为优劣解距离法或双基点法。

3.4.1 TOPSIS 概述

所谓理想解，是指设想各指标属性都达到最满意的解。所谓负理想解，是指设想各指标属性都达到最不满意的解。例如，在二指标 f_1、f_2 的决策问题中，不妨设二者指标均为效益型指标，指标值越大越优。该问题有 m 个可行方案 $a_i(i=1, 2, \cdots, m)$，各方案的二指标值记为 x_{i1}，x_{i2}。于是，每一个方案 a_i 都可以用平面 f_1、f_2 上的点 $A_i(x_{i1}, x_{i2})$ 表示。如果记 $x_1^* = \max\limits_{1\leqslant i\leqslant m}\{x_{i1}\}$，$x_2^* = \max\limits_{1\leqslant i\leqslant m}\{x_{i2}\}$，$x_1^- = \min\limits_{1\leqslant i\leqslant m}\{x_{i1}\}$，且 $x_2^- = \min\limits_{1\leqslant i\leqslant m}\{x_{i2}\}$，则此问题的理想解为 x_1^*，x_2^*，负理想解为 x_1^-，x_2^-。理想解和负理想解均可以表示为平面 f_1、f_2 上的点。$A^*(x_1^*, x_2^*)$、$A^-(x_1^-, x_2^-)$ 分别称为理想点和负理想点，如图 3-2 所示。

确定了理想解和负理想解，还需要确定一种测度方法，表示各自方案目标值靠近理想解和远离负理想解的程度。在图 3-2 中可以看到，点 A_1 距离理想点 A^* 比点 A_2 近，但是点 A_1 距离负理想解 A^- 并不比点 A_2 远。因此，按双基点判据，难于确定方案 a_1 与 a_2 优劣，这说明定义这种测度的必要性。

这种测度就是相对贴近度。设方案 a_i 对应的 A_i 到理想点 A^* 和负理想点 A^- 的距离分别为：

$$S_i^* = \sqrt{\sum_{j=1}^{2} (x_{ij} - x_j^*)^2} \tag{3-33}$$

$$S_i^- = \sqrt{\sum_{j=1}^{2} (x_{ij} - x_j^-)^2} \tag{3-34}$$

方案 a_i 与理想解、负理想解的相对贴近度定义为：

$$C_i^* = \frac{S_i^-}{S_i^- + S_i^*}, \quad (i=1, 2) \tag{3-35}$$

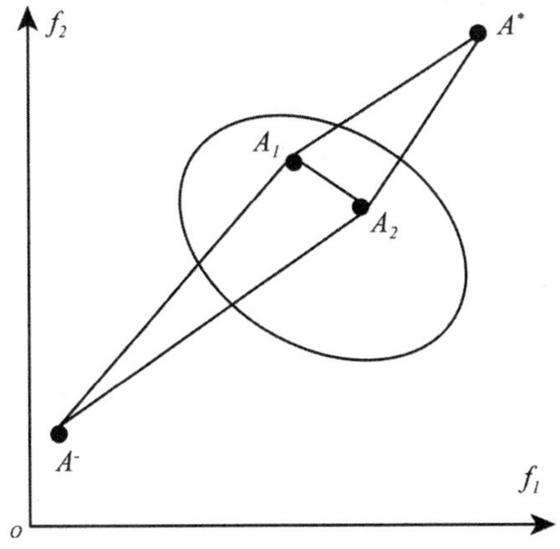

图 3-2　理想解和负理想解

容易看出，相对贴近度满足

$$0 \leqslant C_i^* \leqslant 1 \tag{3-36}$$

当 $a_i = a^*$ 时，即方案为理想解方案，则 $C_i^* = 1$；当 $a_i = a^-$ 时，即方案为负理想解 $C_i^* = 0$。当 $a_i \to a^*$ 时，即方案逼近理想解而远离负理想解时，则 $C_i^* \to 1$。因此，相对贴近度 C_i^*，是理想解法排序的判断依据。

应该注意，多指标属性在量纲和数量级上的差异，往往给决策分析带来诸多不便。一般来说，用理想解法进行决策，应先将指标值作标准化处理。

设决策矩阵为：

$$X = (x_{ij})_{m \times n} \tag{3-37}$$

指标权重向量为：

$$W = (w_1, w_2, \cdots, w_n)^{\mathrm{T}} \tag{3-38}$$

理想解法的基本操作步骤如下。

①用向量归一化法对决策矩阵作标准化处理，得到标准化矩阵

$$Y = (y_{ij})_{m \times n} \tag{3-39}$$

式中

$$y_{ij} = \frac{x_{ij}}{\sqrt{\sum_{i=1}^{m} x_{ij}^2}} \quad (i = 1, 2, \cdots, m; j = 1, 2, \cdots, n) \tag{3-40}$$

②计算加权标准化矩阵。

$$V=(v_{ij})_{m\times n}=(w_j y_{ij})_{m\times n} \tag{3-41}$$

③确定理想解V^*和负理想解V^-为：

$$V^*=\{(\max_{1\leq i\leq m} v_{ij}\mid j\in J^+),\ (\min_{1\leq i\leq m} v_{ij}\mid j\in J^-)\}=\{v_1^*,\ v_2^*,\ \cdots,\ v_n^*\} \tag{3-42}$$

$$V^-=\{(\min_{1\leq i\leq m} v_{ij}\mid j\in J^+),\ (\max_{1\leq i\leq m} v_{ij}\mid j\in J^-)\}=\{v_1^-,\ v_2^-,\ \cdots,\ v_n^-\} \tag{3-43}$$

式中：$J^+=\{$效益型指标集$\}$；$J^-=\{$成本型指标集$\}$。

④计算到理想解和负理想解的距离。到理想解的距离为：

$$S_i^*=\sqrt{\sum_{j=1}^{n}(v_{ij}-v_j^*)^2}\ (i=1,\ 2,\ \cdots,\ m) \tag{3-44}$$

到负理想解的距离为：

$$S_i^-=\sqrt{\sum_{j=1}^{n}(v_{ij}-v_j^-)^2}\ (i=1,\ 2,\ \cdots,\ m) \tag{3-45}$$

⑤计算各方案的相对贴近度。

$$C_i^*=\frac{S_i^-}{S_i^-+S_i^*}\quad (i=1,\ 2,\ \cdots,\ m) \tag{3-46}$$

⑥按相对贴近度的大小，对各方案进行排序。相对贴近度大者为优，相对贴近度小者为劣。

例 3-6 用 TOPSIS 对例 3-1 的购机问题进行决策。

$$Y=(y_{ij})_{4\times 6}=\begin{bmatrix} 0.4671 & 0.3662 & 0.5056 & 0.5063 & 0.4811 & 0.6708 \\ 0.5839 & 0.6591 & 0.4550 & 0.5983 & 0.2887 & 0.3127 \\ 0.4204 & 0.4882 & 0.5308 & 0.4143 & 0.6736 & 0.5217 \\ 0.5139 & 0.4392 & 0.5056 & 0.4603 & 0.4811 & 0.3727 \end{bmatrix} \tag{3-47}$$

指标权重向量为：

$$W=(0.2,\ 0.1,\ 0.1,\ 0.1,\ 0.2,\ 0.3)^{\mathrm{T}} \tag{3-48}$$

计算加权标准化矩阵，求得：

$$V=(v_{ij})_{4\times 6}=\begin{bmatrix} 0.0934 & 0.0366 & 0.0506 & 0.0506 & 0.0962 & 0.2012 \\ 0.1168 & 0.0659 & 0.0455 & 0.0598 & 0.0577 & 0.1118 \\ 0.0841 & 0.0488 & 0.0531 & 0.0414 & 0.1347 & 0.1565 \\ 0.1028 & 0.0439 & 0.0506 & 0.0460 & 0.0962 & 0.1118 \end{bmatrix} \tag{3-49}$$

分别确定理想解为$V^*=\{v_1^*,\ v_2^*,\ v_3^*,\ v_4^*,\ v_5^*,\ v_6^*\}=\{0.1168,\ 0.0659,\ 0.0531,\ 0.0414,\ 0.1347,\ 0.2012\}$，和负理想解$V^-=\{v_1^-,\ v_2^-,\ v_3^-,\ v_4^-,\ v_5^-,\ v_6^-\}=\{0.0841,$

0.0366，0.0455，0.0598，0.0577，0.1118}。

各方案到理想解和负理想解的距离分别是，$S_1^* = 0.0545$，$S_2^* = 0.1197$，$S_3^* = 0.0580$，$S_4^* = 0.1009$，$S_1^- = 0.0983$，$S_2^- = 0.0439$，$S_3^- = 0.0920$ 和$S_4^- = 0.0458$。

各方案的相对贴近度为：$C_1^* = 0.643$，$C_2^* = 0.268$，$C_3^* = 0.613$，$C_4^* = 0.312$。最后，用 TOPSIS 法各方案的排序结果是 $a_1 > a_3 > a_4 > a_2$。

3.4.2　改进的 TOPSIS 决策模型

简单线性加权法和理想解法都需要事先确定决策指标的权重系数，或者用主观赋权法，或者用客观赋权法。改进的 TOPSIS 法是一种新的多属性决策方法，这种方法利用决策矩阵的信息，客观地赋以各指标权重系数，并以各方案到理想点距离加权平方和作为综合评价的判据，因此显得更加简便实用。

设决策矩阵为 $X = (x_{ij})_{m\times n}$，标准化矩阵为 $Y = (y_{ij})_{m\times n}$，指标权重向量为 $W = (w_1, w_2, \cdots, w_n)^{\mathrm{T}}$，则加权标准化矩阵为：

$$V = (v_{ij})_{m\times n} = (w_j y_{ij})_{m\times n} \tag{3-50}$$

理想解

$$V^* = \{v_1^*, v_2^*, \cdots, v_n^*\} \tag{3-51}$$

其中，

$$y_j^* = \begin{cases} \max\limits_{1\leqslant i\leqslant m} y_{ij}, & \text{当 } j \in J^+ \\ \min\limits_{1\leqslant i\leqslant m} y_{ij}, & \text{当 } j \in J^- \end{cases} \quad (j = 1, 2, \cdots, n) \tag{3-52}$$

表示第 j 个指标的理想值。用各方案到理想解的距离平方和作为评价方案的准则，记为：

$$d_i = \sum_{j=1}^{n} (v_{ij} - v_j^*)^2 = \sum_{j=1}^{n} (y_{i_y} - y_j^*)^2 w_j^2 \tag{3-53}$$

显然，d_i 越小，方案越优。为了确定指标权重 w_j，构造最优化模型

$$\begin{cases} \min Z = \sum\limits_{i=1}^{m} d_i = \sum\limits_{i=1}^{m}\sum\limits_{j=1}^{n} (y_{ij} - y_j^*)^2 w_j^2 \\ \text{s.t.} \quad \sum\limits_{j=1}^{n} w_j = 1 \\ w_j > 0 \quad (y = 1, 2, \cdots, n) \end{cases} \tag{3-54}$$

求解此模型，作拉格朗日函数

$$L=\sum_{i=1}^{m}\sum_{j=1}^{n}(y_{ij}-y_j^*)^2w_j^2+\lambda\left(\sum_{j=1}^{n}w_j-1\right) \tag{3-55}$$

令 $x=\frac{\partial L}{\partial w_j}=0$，得：

$$2\sum_{i=1}^{m}(y_{ij}-y_j^*)^2w_j+\lambda=0\quad(j=1,2,\cdots,n) \tag{3-56}$$

从而解得：

$$w_j=\frac{1}{\left[\sum_{j=1}^{n}\frac{1}{\sum_{i=1}^{m}(y_{ij}-y_j^*)^2}\right]\left[\sum_{i=1}^{m}(y_{ij}-y_j^*)^2\right]} \tag{3-57}$$

$$\lambda=\frac{1}{2\sum_{j=1}^{n}\frac{1}{\sum_{i=1}^{m}(y_{ij}-y_j^*)^2}} \tag{3-58}$$

显然有 $w_j>0(j=1,2,\cdots,n)$，并且 w_j 是最优化模型目标函数的最小值点。公式(3-57)给出了确定指标权重的计算公式。

改进理想解法的基本步骤是：

①将决策矩阵 $X=(x_{ij})_{m\times n}$ 标准化，得到标准化矩阵 $Y=(y_{ij})_{m\times n}$。

②确定标准化矩阵的理想解：

$$Y^*=\{y_1^*,y_2^*,\cdots,y_n^*\} \tag{3-59}$$

其中，y_j^* 表示第 j 个指标的理想值，即：

$$y_j^*=\begin{cases}\max\limits_{1\leqslant i\leqslant m}y_{ij}, & \text{当 } j\in J^+\\ \min\limits_{1\leqslant i\leqslant m}y_{ij}, & \text{当 } j\in J^-\end{cases}\quad(j=1,2,\cdots,n) \tag{3-60}$$

③根据公式(3-57)，计算各指标的权重系数 $w_j(j=1,2,\cdots,n)$。

④计算各方案到理想解的距离平方。

$$d_i=\sum_{j=1}^{n}(y_{ij}-y_j^*)^2w_j^2\quad(i=1,2,\cdots,m) \tag{3-61}$$

⑤根据判据 d_i 值的大小，对各方案进行排序。d_i 越小，方案越优。

例 3-7　设多属性决策的标准化矩阵为：

$$Y=(y_{ij})_{5\times6}=\begin{bmatrix}0.5828 & 0.9637 & 1 & 0 & 0 & 1\\ 1 & 1 & 0.6097 & 0.2931 & 0.5170 & 0.7242\\ 0.9416 & 0.9609 & 0.6581 & 1 & 0.5509 & 0.6380\\ 0 & 0 & 0 & 0.1414 & 0.0918 & 0.5231\\ 0.8256 & 0.8388 & 0.5628 & 0.0376 & 1 & 0\end{bmatrix} \quad (3\text{-}62)$$

各指标均为效益型指标，试用改进理想解法进行决策。

解：标准化矩阵 Y 的理想解为 $Y^*=\{1,1,1,1,1,1\}$，根据公式(3-57)，计算各指标的权重系数向量 $W=(w_1, w_2, w_3, w_4, w_5, w_6)^T=(0.2102, 0.2464, 0.1739, 0.0801, 0.1123, 0.1770)^T$。接着，求出各方案到理想解的距离平方：$d_1=0.0268$，$d_2=0.0131$，$d_3=0.104$，$d_4=0.1573$，$d_5=0.0460$。因此，各方案的排序结果是 $a_3>a_2>a_1>a_5>a_4$。

3.4.3　案例分析

例 3-8　投资银行拟对某市 4 家企业 $x_i(i=1, 2, 3, 4)$进行投资，按 5 个决策指标对不同企业进行评价。这 5 个指标是产值(f_1)、投资成本(f_2)、销售额(f_3)、国家权益比重(f_4)、环境污染程度(f_5)。具体指标如表 3-6 所示。

表 3-6　4 家企业的指标值

企业 a_i 指标 f_j	产值（万元）	投资成本（万元）	销售额（万元）	国家权益比重	环境污染程度
a_1	8350	5300	6135	0.82	一般
a_2	7455	4952	6527	0.65	很低
a_3	11000	8001	9008	0.59	低
a_4	9624	5000	8892	0.74	高

用 TOPSIS 法对上述投资问题进行决策(投资银行选择哪个企业进行投资)。

解：在决策指标中，产值(f_1)、销售额(f_3)、国家权益比重(f_4)是正向指标，投资成本(f_2)和环境污染程度(f_5)是逆向指标，并且环境污染程度(f_5)是定性指标。按照表 3-2 的分级量化值，将环境污染程度(f_5)作量化处理，得到决策矩阵：

$$X=(x_{ij})_{4\times 6}=\begin{bmatrix} 8350 & 5300 & 6135 & 0.82 & 5 \\ 7455 & 4952 & 6527 & 0.65 & 9 \\ 11000 & 8001 & 9008 & 0.59 & 7 \\ 9624 & 5000 & 8892 & 0.74 & 3 \end{bmatrix} \tag{3-63}$$

使用向量归一化法，得到上述投资问题的标准矩阵为：

$$Y=(y_{ij})_{4\times 6}=\begin{bmatrix} 0.4536 & 0.4453 & 0.3956 & 0.5812 & 0.3904 \\ 0.4049 & 0.4161 & 0.4209 & 0.4607 & 0.7028 \\ 0.5975 & 0.6723 & 0.5809 & 0.4182 & 0.5466 \\ 0.5228 & 0.4201 & 0.5734 & 0.5245 & 0.2343 \end{bmatrix} \tag{3-64}$$

5 个决策指标的权重向量为：

$$W=(0.2,\ 0.1,\ 0.1,\ 0.2,\ 0.4)^{\mathrm{T}} \tag{3-65}$$

计算加权标准化矩阵得：

$$V=(v_{ij})_{4\times 6}=\begin{bmatrix} 0.0907 & 0.0445 & 0.0396 & 0.1162 & 0.1562 \\ 0.0810 & 0.0416 & 0.0421 & 0.0921 & 0.2811 \\ 0.1195 & 0.0672 & 0.0581 & 0.0836 & 0.2186 \\ 0.1046 & 0.0420 & 0.0573 & 0.1049 & 0.0937 \end{bmatrix} \tag{3-66}$$

分别确定理想解和负理想解为：

$$V^{*}=\{v_1^{*},\ v_2^{*},\ v_3^{*},\ v_4^{*},\ v_5^{*}\}=\{0.1195,\ 0.0416,\ 0.0581,\ 0.1162,\ 0.0937\} \tag{3-67}$$

$$V^{-}=\{v_1^{-},\ v_2^{-},\ v_3^{-},\ v_4^{-},\ v_5^{-}\}=\{0.0810,\ 0.0672,\ 0.0396,\ 0.0836,\ 0.2811\} \tag{3-68}$$

计算各方案到理想解和负理想解的距离分别为：$S_1^{*}=0.0713$，$S_2^{*}=0.1935$，$S_3^{*}=0.1316$，$S_4^{*}=0.0188$，$S_1^{-}=0.1315$，$S_2^{-}=0.0271$，$S_3^{-}=0.0757$，$S_4^{-}=0.1925$。

接着，各方案的相对贴近度为：$C_1^{*}=0.6483$，$C_2^{*}=0.1228$，$C_3^{*}=0.3650$，$C_4^{*}=0.9112$。最后，用 TOPSIS 法各方案得到排序结果为 $a_4>a_1>a_3>a_2$。

3.5 层次分析决策方法(AHP)

层次分析决策方法，又称 AHP(Analytic Hierarchy Process)方法，是 20 世纪 70 年代

初期由美国著名运筹学家、匹兹堡大学教授萨蒂(T. L. Saaty)首次提出来的。该方法是定量和定性分析相结合的多属性决策方法，常常被用于多目标、多准则、多要素及多层次的非结构化的复杂决策问题，特别是战略决策问题的研究，具有广泛的实用性。

3.5.1 AHP 概述

AHP 方法，是一种将决策者对复杂问题的决策思维过程模型化、数量化的过程。通过这种方法，可以将复杂问题分解为若干层次和若干因素，在各因素之间进行简单的比较和计算，就可以得出不同方案重要性程度的权重，从而为决策方案的选择提供依据。

AHP 方法，是解决复杂的非结构化的经济决策问题的重要方法，是计量经济学的主要方法之一。该方法通常包括递阶层次结构模型、构造判断矩阵、层次单排序及其一致性检验、层次总排序及其一致性检验等过程。

(1)递阶层次结构模型

应用 AHP 方法对社会、经济和管理领域的问题进行多属性决策，首先要把问题条理化、层次化，构造出能够反映系统本质属性和内在联系的递阶层次结构模型。在这种层次结构模型中，根据系统分析的结果，弄清系统与环境的关系、系统所包含的因素、因素之间的相互联系和隶属关系等，将具有共同属性的元素归并为一组，作为结构模型的一个层次。同一层次的元素既对下一层次元素起着制约作用，同时又受到上一层次元素的制约。这样，构造了递阶层次结构模型。AHP 的层次结构，既可以是序列型的，也可以是非序列型的。一般来说，可以将层次分为 3 种类型。

①最高层：只包含一个元素，表示决策分析的总目标，也称为总目标层。

②中间层：包含若干层元素，表示实现总目标所涉及的各子目标，包括各种准则、约束、策略等，也称为目标层。

③最低层：表示实现各决策目标的可行方案、措施等，也称为方案层。

在层次结构模型中，相邻两层次元素之间的关系用直线标明，称为作用线；元素之间不存在关系，就没有作用线。如果某一元素与相邻下一层次所有元素均有关系，则称此元素与下一层次存在完全层次关系。如果某元素仅与相邻下一层次部分元素存在关系，则称为不完全层次关系。在实际操作中，模型的层次数由系统的复杂程度和决策的实际需要而定，不宜过多。每一层次元素一般不要超过 9 个，过多的元素会给主观判断比较带来困难。构造一个合理而简洁的层次结构模型，是 AHP 方法的关键。下面，举例说明构建层次结构模型的方法。

例 3-9 构建科研课题决策的层次结构模型。对于科研课题的决策，往往涉及众多因素，其中主要涉及成果贡献、人才培养、可行性及发展前景等 4 个目标，与这 4 个目标相关的因素又有以下几个：

①实用价值：指科研课题的研究成果给社会带来的效益，包括经济效益和社会效益。实用价值与成果贡献、人才培养和发展前景等目标都有关系。

②科技水平：指课题在学术上的理论价值以及在同行中的领先水平。科技水平既直接关系到成果贡献，也关系到人才培养、发展前景。

③优势发挥：指课题发挥本单位学科及人才优势的程度，体现与同类课题比较的有利因素，与人才培养、课题可行性和发展前景均有关系。

④难易程度：指课题本身的难度以及课题组现有人才、设备条件所决定的成功可能性。这与课题可行性、发展前景相关联。

⑤研究周期：指课题研究预计所需时间，这与可行性直接相关。

⑥财政支持：指课题的经费、设备以及经费来源，还包括有关单位支持。这与课题可行性、发展前景直接相关。

科研课题决策，就是综合上述各种目标和因素，确定各个课题的相对优劣次序，以供优选课题和安排科研力量参考。为此，建立科研课题决策的层次结构模型(如图 3-3 所示)。模型从上到下分为四个层次，层次之间的关联情况均以作用线标明。

总目标层：综合评价科研课题(A)。

目标层：包括 4 个目标，即成果贡献(B_1)、人才培养(B_2)、可行性(B_3)、发展前景(B_4)。

子目标层：包括 6 个子目标，即实用价值(C_1)、科技水平(C_2)、优势发挥(C_3)、难易程度(C_4)、研究周期(C_5)、财政支持(C_6)。其中实用价值又分解为经济效益(C_{11})、社会效益(C_{12})两个子目标。

方案层：包括待决策的科研课题 $1 \sim N$。

(2)层次元素排序的特征向量法

构建了层次结构模型，决策就转化为待评可行方案，是关于具有层次结构的目标准则体系的排序问题，AHP 方法采用优先权重作为区分方案优劣程度的指标。优先权重是一种相对度量数，表示方案相对优劣的程度，其数值介于 $0 \sim 1$。在给定的决策准则之下，数值越大，方案越优，反之越劣。方案层各方案关于目标准则体系整体的优先

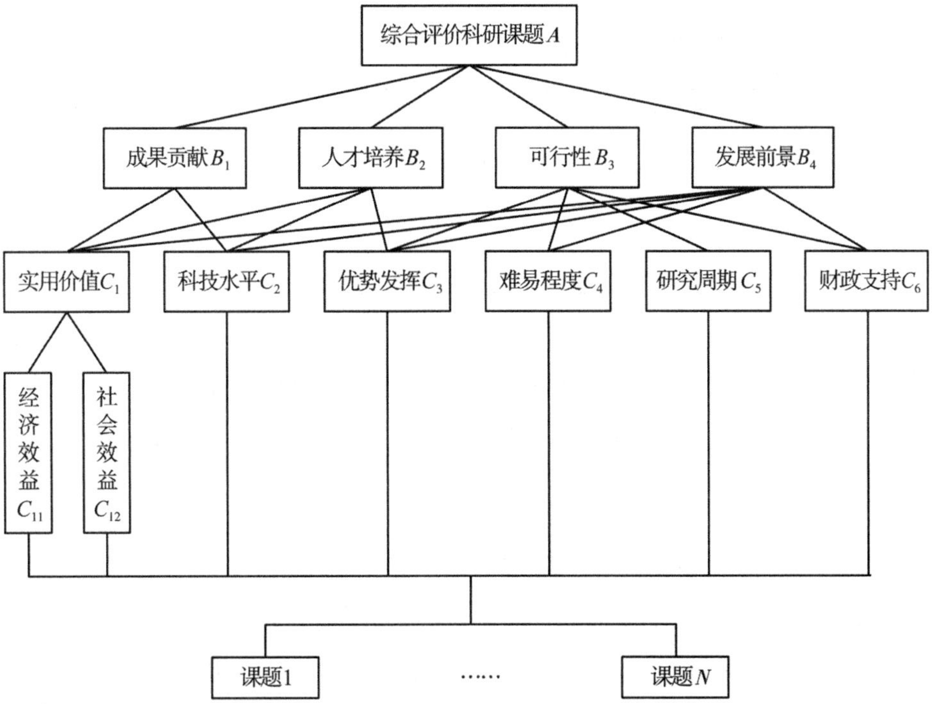

图 3-3　科研课题决策的层次结构模型

权重，是通过递阶层次从上到下逐层计算得到的。这个过程称为递阶层次权重解析过程。

递阶层次权重解析的基础，是测算每一层次各元素关于上一层次某元素的优先权重。这种测算是通过构造判断矩阵实现的，也就是以相邻上一层元素为准则，该层次元素两两比较判断，按照特定的比例标度将判断结果数量化，形成判断矩阵。然后，计算判断矩阵的最大特征值和对应的特征向量，特征向量各分量表示该层次元素相对相邻上一层某元素的优先权重，整个计算沿着递阶层次结构，从上到下逐层进行。最后，计算出方案层各方案关于整个目标准则体系的优先权重。完成了递阶层次权重解析过程，层次分析法也因此得名。

为了说明层次元素排序的特征向量法原理，先讨论一个与原理相似的物体测重问题。AHP 方法的基本原理可以用以下方法来说明。假设有个物体 A_1，A_2，…，A_n，它们的重量分别记为 W_1，W_2，…，W_n，现将每个物体的重量两两比较，如表 3-7 所示。

表 3-7　两两比较每个物体的重量

	A_1	A_2	…	A_n
A_1	W_1/W_1	W_1/W_2	…	W_1/W_n
A_2	W_2/W_1	W_2/W_2	…	W_2/W_n
⋮	⋮	⋮	⋮	⋮
A_n	W_n/W_1	W_n/W_2	…	W_n/W_n

若以矩阵来表示各物体相互之间的重量关系，A 称为判断矩阵为：

$$A=\begin{bmatrix} W_1/W_1 & W_1/W_2 & \cdots & W_1/W_n \\ W_2/W_1 & W_2/W_2 & \cdots & W_2/W_n \\ \vdots & \vdots & & \vdots \\ W_n/W_1 & W_n/W_2 & \cdots & W_n/W_n \end{bmatrix} \tag{3-69}$$

若取重量向量 $W=(W_1,\ W_2,\ \cdots,\ W_n)^{\mathrm{T}}$，则有 $AW=n\cdot W$，W 是判断矩阵 A 的特征向量，n 是特征值，W 是判断矩阵 A 的特征向量。

根据线性代数可以证明，n 是矩阵 A 中唯一非零的也是最大的特征值。上述事实告诉我们，如果有一组物体，需要知道它们的重量，而又没有衡量器，那么就可以通过两两比较它们相互的重量，得出每一对物体重量比的判断，从而构成判断矩阵。然后通过求解判断矩阵的最大特征值 $\lambda_{\max}$ 和它所对应的特征向量，就可以得出这一组物体的重量。

这一思路提醒我们，在复杂的问题决策中，只要引入合理的度量准度，通过构造判断矩阵就可以用这种方法来度量每个要素的相对重要性，从而为有关决策提供依据。

这一思想，实际上就是 AHP 决策分析方法的基本思想，AHP 决策分析的方法也由此而来。

物体测重问题启发我们，一组物体无法直接测出各物体的重量，可以通过两两比较判断，得到每对物体相对重量的判断值，构造判断矩阵。求解判断矩阵的最大特征值和对应的特征向量，就得到这组物体的相对重量。完全类似地，对于社会、经济和管理等领域中的决策问题，通过建立层次结构模型，在相邻两层次之间，构造两两元素比较的判断矩阵，用特征向量法求出层次单排序，最终完成递阶层次解析过程。

显然，判断矩阵 $A=(a_{ij})_{m\times m}$ 的元素的 $a_{ij}>0(i,\ j=1,\ 2,\ \cdots,\ m)$。

① $a_{ij}=1$，$(i=1, 2, \cdots, m)$；

② $a_{ij}=a_{ji}$，$(i, j=1, 2, \cdots, m)$；

③ $a_{ij}=a_{ik}/a_{jk}$，$(i, j, k=1, 2, \cdots, m)$。

满足条件 ① ~ ③ 的矩阵 A，称为互反的一致性正矩阵。

3.5.2　AHP 决策模型构建

(1)判断矩阵的构造

设 m 个元素(方案或目标)对某一准则存在相对重要性，根据特定的标度法则，第 i 个元素($i=1, 2, \cdots, m$)与其他元素两两比较判断，其相对重要程度为a_{ij}($j=1, 2, \cdots, m$)，这样构造的 m 阶矩阵用以求解各元素关于某准则的优先权重，称为权重解析判断矩阵，简称判断矩阵，记作 $A=(a_{ij})_{n\times m}$。构造判断矩阵的关键在于设计一种特定的比较判断两元素相对重要程度的标度法则，使得任意两元素相对重要程度有一定的数量标准。这种标度法则是 AHP 方法的重要特色，是将人的决策判断数量化的方法。T. L. Saaty 教授应用的 1~9 标度方法，其各级标度的含义如表 3-8 所示。

表 3-8　各级标度的含义

标度	定义	含　义
1	同样重要	两元素对某属性，一元素比另一元素同样重要
3	稍微重要	两元素对某属性，一元素比另一元素稍微重要
5	明显重要	两元素对某属性，一元素比另一元素明显重要
7	强烈重要	两元素对某属性，一元素比另一元素强烈重要
9	极端重要	两元素对某属性，一元素比另一元素极端重要
2、4、6、8	相邻标度中值	表示相邻两标度之间折中时的标度
上列标度倒数	反比较	元素 i 对元素 j 的标度为a_{ij}，反之为 $1/a_{ij}$

1~9 标度法则符合人的认识规律，具有一定的科学依据。从人的直觉判断能力来看，在区分事物数量差别时，总是习惯使用相同、较强、强、很强、极端强等判断语言。根据心理学实验表明，多数人对不同事物在相同属性上的差异，其分辨能力介于 5~9 级，1~9 标度反映了多数人的判断能力。T. L. Saaty 通过大量模拟实验表明，1~9 标度方法是可行的，与其他标度方法相比，它更能有效地将思维判断数量化。表3-8中

所列各级标度，在数值上给出两元素相对重要程度的等级。根据 1~9 标度，就可以构造出判断矩阵。

设有 m 个元素 A_1，A_2，…，A_m，现在构造关于准则 C_r 的判断矩阵。将 m 个元素自上而下排成一列，自左向右排成一行，左上角交叉处标明准则记号 C_r。将左边第一列任一元素 $A_i(i=1, 2, \cdots, m)$ 和上边第一行的任一元素 $A_j(j=1, 2, \cdots, m)$ 比较，对于准则 C_r 的重要程度作出判断，按照 1~9 标度给出相应的标度值的 a_{ij}。这样，就构造出元素 A_1，A_2，…，A_m，关于准则 C_r 的判断矩阵 $A=(a_{ij})_{m\times m}$。

例如，判断矩阵

$$A=\begin{bmatrix} 1 & 3 & \frac{1}{4} \\ \frac{1}{3} & 1 & 5 \\ 4 & \frac{1}{5} & 1 \end{bmatrix} \tag{3-70}$$

标度 $a_{12}=3$ 表示，关于准则 Cr，第一个元素比第二个元素稍微重要，标度 $a_{31}=4$ 表示，第三个元素比第一个元素介于稍微重要和明显重要之间，其余标度意义类似。

(2)判断矩阵的一致性检验

按照 1~9 标度的判断矩阵 $A=(a_{ij})_{m\times m}$，显然有 $a_{ij}>0$，矩阵 A 是正矩阵，并且满足条件 $a_{ii}=1$，$(i=1, 2, \cdots, m)$ 和 $a_{ij}=\frac{1}{a_{ji}}$ $(i, j=1, 2, \cdots, m)$。矩阵 A 是正互反矩阵，由于客观事物的复杂性和主观判断的多样性，难以将同一准则下不同元素的相对重要程度判断得十分准确。一般来说，不一定满足一致性条件

$$a_{ij}=a_{ik}/a_{jk}, \quad (i, j, k=1, 2, \cdots, m) \tag{3-71}$$

满足一致性条件的矩阵，称为具有完全的一致性。判断矩阵一般不具有完全的一致性。根据一致性正矩阵的性质，只有判断矩阵 A 具有完全的一致性时，才有唯一非零的最大特征值，其余特征值均为零，层次单排序才能归结为计算判断矩阵 A 的最大特征值 $\lambda_{\max}=m$ 及其特征向量 $W=(W_1, W_2, \cdots, W_n)^{\mathrm{T}}$，并有：

$$a_{ij}=w_i/w_j \quad (i, j=1, 2, \cdots, m) \tag{3-72}$$

由于判断矩阵不满足完全一致性条件，判断矩阵 A 仅仅是正互反矩阵，A 的最大特征值

$$\lambda_{\max}\geqslant m \tag{3-73}$$

其余特征值并非全为零，并且，判断值与计算值w_i/w_j并非一致。尽管判断矩阵不具有完全的一致性，但仍希望它的最大特征值λ_{max}略大于阶数 m，其余特征值接近于零，称为满意的一致性。这样，计算出的层次单排序结果才是合理的。因此，必须对判断矩阵的一致性进行检验，使之达到满意的一致性标准。

设判断矩阵 A 的全部特征值为：

$$\lambda_1=\lambda_{max},\ \lambda_2,\ \cdots,\ \lambda_m \tag{3-74}$$

由于 A 是正互反矩阵，$a_{ij}=1(i=1,\ 2,\ \cdots,\ m)$；判断矩阵 A 的迹

$$tr(A)=\sum_{i=1}^{m} a_{ij}=m \tag{3-75}$$

于是，A 的全部特征值之和

$$\lambda_{max}+\lambda_2+\cdots+\lambda_m=tr(A)=m \tag{3-76}$$

从而

$$\left|\sum_{i=2}^{m} \lambda_i\right|=\lambda_{max}-m \tag{3-77}$$

为了达到满意的一致性，使得除了λ_{max}之外，其余特征值尽量接近于零。取其余 $m-1$ 个特征值和的绝对值平均数作为检验判断矩阵一致性的指标，即：

$$\frac{\left|\sum_{i=2}^{m} \lambda_i\right|}{m-1}=\frac{\lambda_{max}-m}{m-1} \tag{3-78}$$

称为判断矩阵的一致性指标，记作：

$$C \cdot I=\frac{\lambda_{max}-m}{m-1} \tag{3-79}$$

其中，m 为判断矩阵的阶数，λ_{max}为判断矩阵的最大特征值。一般来说，$C \cdot I$ 越大，偏离一致性越大；反之，偏离一致性越小。另外，判断矩阵的阶数 m 越大，判断的主观因素造成的偏差越大，偏离一致性也就越大；反之，偏离一致性越小。当阶数 $m \leqslant 2$ 时，$C \cdot I=0$，判断矩阵具有完全的一致性。

因此，还必须引入平均随机一致性指标，记作 $R \cdot I$。$R \cdot I$ 指标随判断矩阵的阶数而变化，具体数值如表 3-9 所示。表 3-9 中列出的 1～15 阶判断矩阵的 $R \cdot I$ 指标值。这些 $R \cdot I$ 值是用随机方法构造判断矩阵，经过 500 次以上的重复计算，求出一致性指标，并加以平均而得到的。

表 3-9　R·I 指标

阶数	1	2	3	4	5	6	7	8
$R \cdot I$	0	0	0.52	0.89	1.12	1.26	1.36	1.41
阶数	9	10	11	12	13	14	15	
$R \cdot I$	1.46	1.49	1.52	1.54	1.56	1.58	1.59	

需要说明的是，平均随机一致性的计算缺陷是采用有限次随机试验，这就带来计算结果的不稳定性，所以不同教材和参考资料上的 $R \cdot I$ 数值会有所不同。实际上，对于较高阶的判断矩阵，有限次随机试验很难代表样本空间的状态，如 12 阶判断矩阵在理论上就有 1.62×10^{81} 个可能的结果。关于这一问题，还有待学者继续研究改进。

一致性指标 $C \cdot I$ 与同阶的平均随机一致性指标 $R \cdot I$ 的比值，称为一致性比率（consistency ratio），记作：

$$C \cdot R = \frac{C \cdot I}{R \cdot I} \tag{3-80}$$

用一致性比率 $C \cdot R$ 可以检验判断矩阵的一致性。$C \cdot R$ 越小，判断矩阵的一致性越好。一般认为，当 $C \cdot R \leqslant 0.1$ 时，判断矩阵符合满意的一致性标准，层次单排序的结果是可以接受的，否则，需要修正判断矩阵，直到检验通过。

综上所述，判断矩阵的一致性检验步骤是：

① 求出一致性指标 $C \cdot I = \dfrac{\lambda_{\max} - m}{m - 1}$；

② 查表得到平均随机一致性指标 $R \cdot I$；

③ 计算一致性比率 $C \cdot R = \dfrac{C \cdot I}{R \cdot I}$。当 $C \cdot R \leqslant 0.1$ 时，接受判断矩阵；否则，修改判断矩阵。

(3) 判断矩阵的求解方法

构造了判断矩阵，为求出层次单排序中各元素的优先权重，一是要解出判断矩阵的最大特征值及其对应的特征向量，二是要进行一致性检验。

判断矩阵是决策者主观判断的定量描述，求解判断矩阵并不要求过高的精度。这里，介绍两种近似计算方法，即根法及和法。

第一，根法。

设判断矩阵 $A=(a_{ij})_{m\times m}$，根法的基本步骤是：

① 计算 A 的每一行元素之积

$$M_i=\prod_{j=1}^{m}a_{ij}\quad(i=1,\ 2,\ \cdots,\ m)\tag{3-81}$$

② 计算M_i 的 m 次方根

$$a_i=\sqrt[m]{M_i}\quad(i=1,\ 2,\ \cdots,\ m)\tag{3-82}$$

③ 对向量 $a=(a_1,\ a_2,\ \cdots,\ a_m)^{\mathrm{T}}$ 作归一化处理，令$w_i=a_i/\sum_{k=1}^{m}a_k(i=1,\ 2,\ \cdots,\ m)$，得到最大特征值对应的特征向量

$$W=(w_1,\ w_2,\ \cdots,\ w_m)^{\mathrm{T}}\tag{3-83}$$

④ 求 A 的最大特征值$\lambda_{\max}$。由于 $AW=\lambda_{\max}$，而

$$AW=(\sum_{j=1}^{m}a_{1j}w_j,\ \sum_{j=1}^{m}a_{2j}w_j,\ \cdots,\ \sum_{j=1}^{m}a_{mj}w_j)^{\mathrm{T}}\tag{3-84}$$

故有：

$$\lambda_{\max}w_i=\sum_{j=1}^{m}a_{ij}w_j(i=1,\ 2,\ \cdots,\ m)\tag{3-85}$$

记$(AW)_i=\sum_{j=1}^{m}a_{ij}w_j$，表示向量 AW 的第 i 个分量。于是

$$\lambda_{\max}=\frac{(AW)_i}{w_i}\ (i=1,\ 2,\ \cdots,\ m)\tag{3-86}$$

取算术平均值，即：

$$\lambda_{\max}=\frac{1}{m}\sum_{i=1}^{m}\frac{(AW)_i}{w_i}\tag{3-87}$$

例 3-10　求解判断矩阵 A 的最大特征值及其对应的特征向量。

$$A=\begin{bmatrix}1&3&6\\1/3&1&4\\1/6&1/4&1\end{bmatrix}\tag{3-88}$$

解：用根法求解。

因为$M_1=18$，$M_2=4/3$，$M_3=1/24$，且$a_1=\sqrt[3]{M_1}=2.62074$，$a_2=\sqrt[3]{M_2}=1.10064$，$a_3=\sqrt[3]{M_3}=0.34668$

对向量 $a=(a_1,\ a_2,\ \cdots,\ a_m)^{\mathrm{T}}=(2.62074,\ 1.10064,\ 0.34668)^{\mathrm{T}}$作归一化处理，得到特征向量 $W=(w_1,\ w_2,\ \cdots,\ w_m)^{\mathrm{T}}=(0.6442,\ 0.2706,\ 0.0852)^{\mathrm{T}}$。

由于

$$AW=\begin{bmatrix}1 & 3 & 6\\ 1/3 & 1 & 4\\ 1/6 & 1/4 & 1\end{bmatrix}\begin{bmatrix}0.6442\\ 0.2706\\ 0.0852\end{bmatrix}=(1.9672,\ 0.8261,\ 9.2602)^{\mathrm{T}} \tag{3-89}$$

由公式(3-2)，得最大特征值为：

$$\lambda_{\max}=\frac{1}{m}\sum_{i=1}^{m}\frac{(AW)_i}{w_i}=\frac{1}{3}\left(\frac{1.9672}{0.6442}+\frac{0.8261}{0.2706}+\frac{0.2602}{0.0852}\right)=3.0535 \tag{3-90}$$

进行一致性检验，由于

$$C\cdot I=\frac{\lambda_{\max}-m}{m-1}=\frac{3.0535-3}{2}=0.0268 \tag{3-91}$$

$$C\cdot R=\frac{0.0268}{0.52}=0.0515<0.1 \tag{3-92}$$

所以，判断矩阵满足一致性检验。

第二，和法。

和法的基本步骤是：

①将判断矩阵 A 的元素按列作归一化处理，得到矩阵 $Q=(q_{ij})_{m\times m}$，其中，

$$q_{ij}=a_{ij}\Big/\sum_{k=1}^{m}a_{kj}\quad(i,\ j=1,\ 2,\ \cdots,\ m) \tag{3-93}$$

② 将矩阵 Q 的元素按行相加，得到向量 $a=(a_1,\ a_2,\ \cdots,\ a_m)^{\mathrm{T}}$。其中，

$$a_{ij}=\sum_{j=1}^{m}q_{ij}\quad(i=1,\ 2,\ \cdots,\ m) \tag{3-94}$$

③ 对向量 a 作归一化处理，即：

$$w_i=a_i\Big/\sum_{k=1}^{m}a_k\quad(i=1,\ 2,\ \cdots,\ m) \tag{3-95}$$

得特征向量 $W=(w_1,\ w_2,\ \cdots,\ w_m)^{\mathrm{T}}$。

④ 求出最大特征值

$$\lambda_{\max}=\frac{1}{m}\sum_{i=1}^{m}\frac{(AW)_i}{w_i} \tag{3-96}$$

例 3-11 用和法求解判断矩阵

$$A=\begin{bmatrix}1 & 3 & 6\\ 1/3 & 1 & 4\\ 1/6 & 1/4 & 1\end{bmatrix} \tag{3-97}$$

的最大特征值及其对应的特征向量。

解：将判断矩阵按列归一化处理，得到：

$$Q=\begin{bmatrix}2/3 & 12/17 & 6/11\\ 2/9 & 4/17 & 4/11\\ 1/9 & 1/17 & 1/11\end{bmatrix} \tag{3-98}$$

将 Q 的元素按行相加，得 $a=(1.918,\ 0.8212,\ 0.2608)^{\mathrm{T}}$，对向量 a 作归一化处理，所求特征向量为 $W=(0.6393,\ 0.2737,\ 0.0869)^{\mathrm{T}}$。

由于

$$AW=\begin{bmatrix}1 & 3 & 6\\ 1/3 & 1 & 4\\ 1/6 & 1/4 & 1\end{bmatrix}\begin{bmatrix}0.6393\\ 0.2737\\ 0.0869\end{bmatrix}=(1.9818,\ 0.8344,\ 0.2619)^{\mathrm{T}} \tag{3-99}$$

得最大特征值

$$\lambda_{\max}=\frac{1}{m}\sum_{i=1}^{m}\frac{(AW)_i}{w_i}=\frac{1}{3}\left(\frac{1.9818}{0.6393}+\frac{0.8344}{0.2737}+\frac{0.2619}{0.0869}\right)=3.0541 \tag{3-100}$$

进行一致性检验。由于

$$C\cdot I=\frac{\lambda_{\max}-m}{m-1}=\frac{3.0541-3}{2}=0.0271 \tag{3-101}$$

$$C\cdot R=\frac{0.0271}{0.52}=0.0521<0.1 \tag{3-102}$$

判断矩阵 A 满足一致性检验。可以看出，两种方法计算结果大致相同。

(4) 递阶层次结构权重解析过程

①递阶权重解析公式。

下面，讨论用 AHP 方法对一般非序列型目标准则体现问题进行决策，这种过程称为递阶层次结构权重解析过程。递阶层次结构模型如图 3-4 所示。图中，最上层为总目标 G。中间为 n 层子目标，第一层子目标记为 $g_1^{(1)}$，$g_2^{(1)}$，…，$g_{n1}^{(1)}$；第二层子目标记为 $g_1^{(2)}$，$g_2^{(2)}$，…，$g_{n2}^{(2)}$；第 n 层子目标记为 $g_1^{(n)}$，$g_2^{(n)}$，…，$g_{nn}^{(n)}$。倒数第二层为准则层，记为 c_1，c_2，…，c_s。最底一层是方案层，记为 a_1，a_2，…，a_m。相邻两层元素之间存在关系，表明有作用线，无作用线表示不存在关系。

在层次权重解析过程中，应该注意不完全层次关系。例如，关于准则 c_2，方案层中方案 a_1 与准则 c_2 不存在关系。构造判断矩阵应将 a_1 除外，得到 $m-1$ 阶矩阵，解得 $m-1$

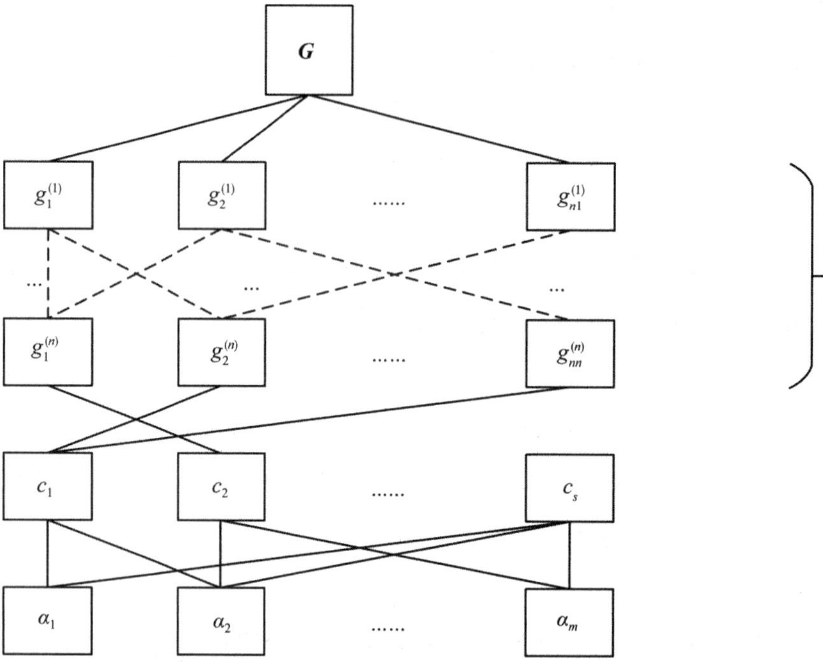

图 3-4　递阶层次结构模型

维特征向量。在权重解析过程中，方案a_1关于准则c_2的权重应为0。方案层关于准则c_2的优先权重向量，将方案a_1的权重补进去，仍为m维向量。对一般不完全层次关系，均应该作类似的处理。

AHP方法的目的，在于求出各方案对总目标G的优先权重。求解过程从上到下，在相邻层次之间逐层进行，故称为递阶权重解析。

首先，讨论相邻两层次间的权重解析。设已经计算出第$k-1$层子目标关于总目标G的优先权重向量为：

$$W^{(k-1)} = (w_1^{(k-1)}, w_2^{(k-1)}, \cdots, w_{n_{k-1}}^{(k-1)})^{\mathrm{T}} \tag{3-103}$$

第k层子目标的n_k个元素对以第$k-1$层子目标的第j个元素为准则的优先权重向量为：

$$P_j^{(k)} = (p_{1j}^{(k)}, w_{2j}^{(k)}, \cdots, w_{n_k}^{(k)})^{\mathrm{T}} \tag{3-104}$$

令：

$$P^{(k)} = (P_1^{(k)}, P_2^{(k)}, \cdots, P_{n_{k-1}}^{(k)})^{\mathrm{T}} \tag{3-105}$$

这是$n_k \times n_{k-1}$矩阵，表示第k层子目标n_k个元素关于第$k-1$层各元素的n_{k-1}个优先权重向量所构成的矩阵。于是，第 k 层子目标关于总目标 G 的组合优先权重向量为：

$$W^{(k)} = (w_1^{(k)}, w_2^{(k)}, \cdots, w_{n_k}^{(k)})^{\mathrm{T}} = P^{(k)} W^{(k-1)} \quad (k = 1, 2, \cdots, n) \tag{3-106}$$

或者表示为分量形式

$$w_i^{(k)} = \sum_{j=1}^{n_{k-1}} p_{ij}^{(k)} w_j^{(k-1)} \quad (i = 1, 2, \cdots, n_k) \tag{3-107}$$

其次，用公式将递阶权重解析过程表示出来，给出方案层关于总目标 G 的优先权重向量。为此，按照上图的递阶层次结构，以下记号：

$W^{(1)}$ 表示第1层子目标关于总目标 G 的优先权重向量；

$P_1^{(2)}$，$P_2^{(2)}$，…，$P_{n_1}^{(2)}$ 表示第2层 n_2 个子目标关于以第1层 n_1 个元素为准则的优先权重向量，$P_1^{(2)}$，$P_2^{(2)}$，…，$P_{n_1}^{(2)}$ 是 $n_2 \times n_1$ 矩阵；

$P_1^{(c)}$，$P_2^{(c)}$，…，$P_{n_n}^{(c)}$ 表示准则层 s 个准则关于以第 n 层 n_n 个元素为准则的优先权重向量，$P_1^{(c)}$，$P_2^{(c)}$，…，$P_{n_n}^{(c)}$ 是 $s \times n_n$ 矩阵；

$P_1^{(a)}$，$P_2^{(a)}$，…，$P_s^{(a)}$ 表示方案层 m 个方案关于准则层 s 个准则的优先权重向量，$P_1^{(a)}$，$P_2^{(a)}$，…，$P_s^{(a)}$ 是 $m \times s$ 矩阵；

最后，计算方案层各方案关于总目标 G 的优先权重。这个优先权重记为：

$$W^{(a)} = (w_1^{(a)}, w_2^{(a)}, \cdots, w_m^{(a)})^{\mathrm{T}} \tag{3-108}$$

于是，AHP 方法的递阶权重解析过程的计算公式为：

$$W^{(a)} = P^{(a)} P^{(c)} P^{(n)} \cdots P^{(2)} W^{(1)} \tag{3-109}$$

公式(3-108)仅是递阶权重解析过程的理论公式，实际计算是利用判断矩阵的表格形式，从上到下进行计算。

②AHP 方法的基本步骤

用 AHP 方法进行决策分析，大体可以分为4个基本步骤：

第一步，建立层次结构模型。对社会经济系统进行调查研究，将目标准则体现所包含的因素划分为不同层次，如目标层、准则层、方案层等，构建递阶层次结构模型。用不同形式的框图标明层次的递阶结构和元素的从属关系。应该突出重点，抓住关键因素，每一层次元素不宜过多。AHP 方法对于序列型和非序列型层次结构模型都是适用的。

第二步，构造判断矩阵。按照层次结构模型，从上到下逐层构造判断矩阵。每一层元素都以相邻上一层次各元素为准则，按1~9标度方法两两比较构造判断矩阵。也可以用其他改进的标度方法构造判断矩阵。

第三步，层次单排序及其一致性检验。根据实际情况，用不同方法求解判断矩阵最大特征值和对应的特征向量，经过归一化处理，即得层次单排序权重向量。层次单排序要进行一致性检验，检验不合格的要修正判断矩阵，直到符合满意的一致性标准。

第四步，层次总排序及其一致性检验。层次总排序是从上到下逐层进行的。在实际计算中，一般按表格形式计算较为简便。设相邻两层次中，层次 A 包含有 m 个元素 A_1，A_2，…，A_m，层次 B 包含 n 个元素 B_1，B_2，…，B_n。上一层次元素总排序权重分别为 w_1，w_2，…，w_m，下一层次元素关于上一层次元素 A_j 的层次单排序权重向量为$(b_{1j}$，b_{2j}，…，$b_{nj})^T$。层次 B 的总排序权重值计算方法由表 3-10 给出。

表 3-10　层次 B 的总排序权重值

层次 B ＼ 权重 ＼ 层次 A	A_1　A_2　…　A_m w_1　w_2　…　w_m	层次 B 总排序权值
B_1	b_{11}　b_{12}　…　b_{1m}	$\sum_{j=1}^{m} w_j b_{1j}$
B_2	b_{21}　b_{22}　…　b_{2m}	$\sum_{j=1}^{m} w_j b_{2j}$
…	…	…
B_n	b_{n1}　b_{n2}　…　b_{nn}	$\sum_{j=1}^{m} w_j b_{nj}$

同样地，层次总排序的一致性检验也是从上到下逐层进行的。设层次 B 关于层次 A 的元素 A_j 的单排序检验一致性指标为 $C \cdot I_j$，平均随机一致性指标为 $R \cdot I_j$，则层次总排序检验的一致性指标、平均随机一致性指标和一致性比率指标分别为：

$$C \cdot I = \sum_{j=1}^{m} w_j C \cdot I_j \tag{3-110}$$

$$R \cdot I = \sum_{j=1}^{m} w_j R \cdot I_j \tag{3-111}$$

$$C \cdot R = \frac{C \cdot I}{R \cdot I} = \frac{\sum_{j=1}^{m} w_j C \cdot I_j}{\sum_{j=1}^{m} w_j R \cdot I_j} \tag{3-112}$$

应该注意，在实际操作中，总排序一致性检验常常可以省略。这是因为层次单排序通过一致性检验，层次总排序按一致性检验公式(3-4)、公式(3-5)和公式(3-6)计算加权平均值，不会有太大的偏离。再者，实际构造判断矩阵时，难以兼顾整体排序的一致性。目前，大多数实际工作没有对整体一致性进行严格检验。

3.5.3　案例分析

例 3-12　某市中心有一座商场，由于街道狭窄，人员车辆流量过大，经常造成交通堵塞。市政府决定解决这个问题，制订出 3 个可行方案：

a_1：在商场附近修建一座环形天桥；

a_2：在商场附近修建地下人行通道；

a_3：搬迁商场。

决策的总目标是改善市中心交通环境。根据当地的具体条件和有关情况，专家组拟订了 5 个目标作为对可行方案的评价准则：

c_1：通车能力；

c_2：方便群众；

c_3：基建费用不宜过高；

c_4：交通安全；

c_5：市容美观。

试对该市改善市中心交通环境问题做出决策分析。

解：用 AHP 方法对此问题做出决策分析。

(1) 构建层次结构模型

根据专家咨询意见，建立层次结构模型(如图 3-5 所示)。其目标准则体现属于非序列型多层次结构，共分 3 个层次，3 个层次元素之间均为完全层次关系。

(2) 层次单排序及其一致性检验

对于总目标 G，准则层各准则两两比较构造判断矩阵 $B^{(c)}$，求解最大特征值 $\lambda_{\max}^{(c)}$ 及其对应的特征向量 $W^{(c)}$，并进行一致性检验。即：

	G	c_1	c_2	c_3	c_4	c_5
$B^{(c)}$	c_1	1	3	5	3	5
	c_2	1/3	1	3	1	3
	c_3	1/5	1/3	1	1/3	3
	c_4	1/3	1	3	1	3
	c_5	1/5	1/3	1/3	1/3	1

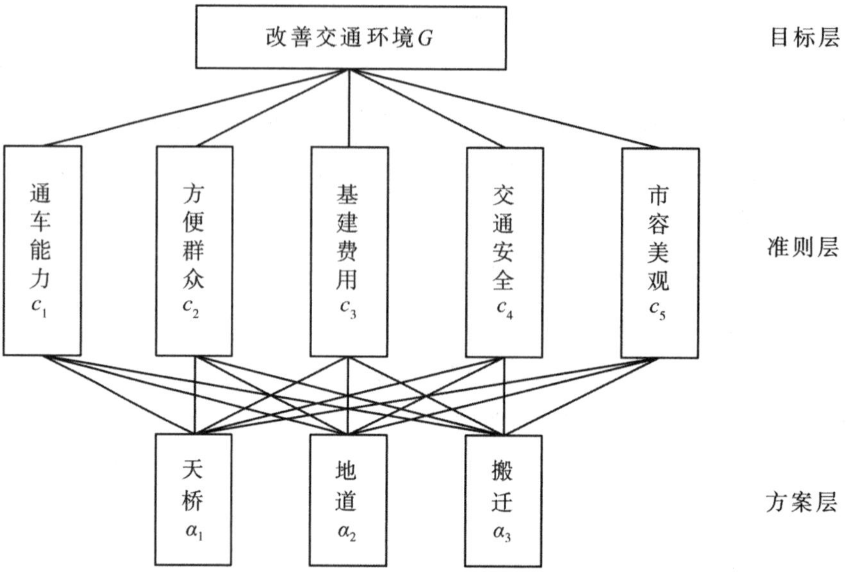

图 3-5　层次结构模型

$$W^{(c)} = (0.461,\ 0.195,\ 0.091,\ 0.195,\ 0.059)^{\mathrm{T}} \tag{3-113}$$

$$\lambda_{\max}^{(0)} = 5.206,\ C.R = 0.046 < 0.1 \tag{3-114}$$

对于各准则，构造方案层各方案的判断矩阵$B_j^{(a)}(j = 1,\ 2,\ 3,\ 4,\ 5)$，求出优先权重向量$P_j^{(a)}(j = 1,\ 2,\ 3,\ 4,\ 5)$，并进行一致性检验。

对于准则 c_1(通车能力)，判断矩阵及其求解结果为：

	c_1	a_1	a_2	a_3
$B_1^{(a)}$	a_1	1	1	5
	a_2	1	1	5
	a_3	1/5	1/5	1

$$P_1^{(a)} = (0.455,\ 0.455,\ 0.091)^{\mathrm{T}} \tag{3-115}$$

$$\lambda_{\max}^{(1)} = 3,\ C.R = 0 < 0.1 \tag{3-116}$$

对于准则 c_2(方便群众)，判断矩阵及其求解结果为：

$B_2^{(a)}$	c_2	a_1	a_2	a_3
	a_1	1	3	5
	a_2	1/3	1	2
	a_3	1/5	1/2	1

$$P_2^{(a)} = (0.648, 0.230, 0.122)^{T} \tag{3-117}$$

$$\lambda_{max}^{(2)} = 3.005, \ C.R = 0.004 < 0.1 \tag{3-118}$$

对于准则 c_3(基建费用)，判断矩阵及其求解结果为：

$B_3^{(a)}$	c_3	a_1	a_2	a_3
	a_1	1	4	7
	a_2	1/4	1	4
	a_3	1/7	1/4	1

$$P_3^{(a)} = (0.695, 0.229, 0.075)^{T} \tag{3-119}$$

$$\lambda_{max}^{(3)} = 3.079, \ C.R = 0.068 < 0.1 \tag{3-120}$$

对于准则 c_4(交通安全)，判断矩阵及其求解结果为：

$B_4^{(a)}$	c_4	a_1	a_2	a_3
	a_1	1	1/2	1/3
	a_2	2	1	1
	a_3	3	1	1

$$P_4^{(a)} = (0.169, 0.387, 0.443)^{T} \tag{3-121}$$

$$\lambda_{max}^{(4)} = 3.018, \ C.R = 0.016 < 0.1 \tag{3-122}$$

对于准则 c_5(市容美观)，判断矩阵及其求解结果为：

$B_5^{(a)}$	c_5	a_1	a_2	a_3
	a_1	1	1/2	1/3
	a_2	2	1	1
	a_3	3	1	1

$$P_5^{(a)} = (0.169, 0.387, 0.443)^T \tag{3-123}$$

$$\lambda_{max}^{(5)} = 3.018, C \cdot R = 0.016 < 0.1 \tag{3-124}$$

(3) 层次总排序及其一致性检验

方案层3个可行方案对准则层各准则的优先权重向量$P_j^{(a)}$($j = 1, 2, 3, 4, 5$) 所构成的3×5矩阵为$P^{(a)} = (P_1^{(a)}, P_2^{(a)}, P_3^{(a)}, P_4^{(a)}, P_5^{(a)})$。因此，方案层各方案关于总目标的权重$W^{(a)} = P^{(a)} W^{(c)} = (0.442, 0.374, 0.185)$，即$W_1 = 0.442$，$W_2 = 0.374$，$W_3 = 0.185$。这说明三个可行方案的排序结果是：$a_1 > a_2 > a_3$。即修建天桥为最满意方案，其次是修建地下人行通道，最差是搬迁商场。然而，AHP方法计算量较大，因此可以利用计算机软件，例如AHP软件、管理决策分析软件包上机计算。

本章小结

多属性决策是选择评价性决策，它不限于方案选优，可以是按多重价值准则优选战略目标，也可以是按多个属性优选战术行动方案，还可以是按多重价值要求对同类事物进行评价比较，从中选优或按优劣排序。因此，这类决策问题在技术、经济、政治、军事、文化乃至个人生活各个领域十分普遍。如重点产业的选定、工业基地选点或厂址选择、资源择优投放、银行择优贷款、产品质量评比、人才选聘、承包招标、科研项目评审、优秀论文或教材评选、教学或科研评估、各类文体比赛评比、个人选购商品、择偶、选择职业等。随着改革和建设的深入发展、政府职能的转变、企业向经营型转轨，这类决策问题会越来越多。实践要求人们重视对这类决策问题的方法论研究。

求解多属性决策问题，一般要经过明确问题，确定决策目标(总目标、子目标)，确定评价指标，处理指标权重，选定指标值的量化方法，确定综合评价时综合各指标值的数学方法，设计或列举并综合评价各备选方案或被评价对象，输出选优或排序结果等步骤。随着科学的发展和技术的进步，求解多属性决策的方法越来越多，还有一些我们没有提到的比如边际替代法、级别优先关系法等。相信在这些方面的研究成果将会对多属性决策实践起重大的指导作用，将会对决策科学化产生积极影响。

本章习题

1. 多属性决策具有哪些特点，它的评价过程是什么？
2. 什么是多属性决策，什么是多目标决策，它们的区别是什么？
3. 请分别介绍一种主观赋权法和客观赋权法的计算过程。

4. 某市有一个面粉厂，该厂至少要供给三个面食加工厂所需的面粉才能维持其基本的经营生产。而该市有六个面食加工厂，这六个工厂与该面粉厂的距离和利润见表 3-11 所示，请用加权和法为该厂作出最优决策。权重系数：0.4，0.6。

表 3-11　面粉厂到各加工厂的距离和利润

面食加工厂	距离/km	利润/千元
1	1.2	12
2	1.6	18
3	2.1	15
4	1.4	13
5	0.6	10
6	1.0	9

5. 某人拟在六种品牌型号的洗衣机中选购一台。各种洗衣机的性能指标如表 3-12 所示。各属性的重要性相同，试用适当的方法求解。

表 3-12　各种洗衣机的性能　　（洗 5kg 衣物的消耗）

序号	价格/元	耗时/min	耗电 kW · h	用水/L
1	2018	74	0.8	342
2	1850	80	0.75	330
3	1892	72	0.8	405
4	2128	63	0.8	354
5	2094	53	0.9	420
6	2190	50	0.9	405

第4章 动态决策分析

动态决策分析是一种复杂环境下的决策方法，它突破了传统单次决策的局限，通过考虑时间的影响以及信息随时间变化的特性，使决策者能够在多个连续的时间点上做出一系列相互关联的决策。这种决策模式常见于金融、资源管理、医疗等领域，其核心特征在于多阶段决策，即每个决策点都会受到之前决策的影响，同时也会对后续的决策产生影响。为了在动态环境中做出最优决策，序贯决策成为一种关键的实践手段，强调了当前决策时必须考虑未来可能发生的情况，以制定一系列的决策策略，每个策略都对应着在不同未来情景下的应对方式。在这个过程中，马尔可夫决策过程的应用也显得尤为重要，它能够帮助决策者建立起在不同状态之间转移的概率模型，同时考虑到在每个状态下选择不同行动所带来的效益。此外，群体决策也是动态决策分析中的一个关键环节，考虑到多个决策者共同参与的情况，需要在各方利益间找到一个平衡，以实现整体效益的最大化。综合而言，动态决策分析通过多阶段决策、序贯决策、马尔可夫决策和群体决策等手段，为决策者在动态环境中做出最优决策提供了科学的方法和理论支持，对于处理现实世界中的复杂决策问题具有极为重要的意义。

4.1　多阶段决策

在经济活动中，常常遇到这样的决策问题。由于经济活动的特殊性，需要将过程分为若干个相互联系的阶段。在经济活动的每一个阶段都需要做出决策，从而使整个过程达到最好的活动效果。当各个阶段决策确定后，就组成了一个决策序列，因而也就决定了整个过程的一条活动路线。这种把一个问题看作一个前后关联的具有链状结构的多阶段过程就称为多阶段决策过程。多阶段决策有以下三个特点：第一，决策者需要做出时间上有先后之别的多次决策；第二，前一次决策的选择将直接影响到后一次决策，后一次决策的状态取决于前一次决策的结果；第三，决策者关心的是多次决策的总结果，而不是各次决策的即时后果。

多阶段决策是指决策者在整个决策过程中做出时间上先后有别的多项决策。它通常比只需做出一项决策的单阶段决策要复杂，它或是要决策者一次确定各阶段应选择的一串最优策略，或是找出表示一个过程内连续变化的一条控制变量曲线，或是确定适合不同状态的灵活策略。

在生产经营活动中，某些问题决策过程可以划分为若干相互联系的阶段，每个阶段都需要做出决策，从而使整个过程取得最优。由于各个阶段不是孤立的，而是有机联系的，也就是说，本阶段的决策将影响下一阶段的发展，从而影响整个过程效果，所以决策者在进行决策时不能够仅考虑选择的决策方案使本阶段最优，还应该考虑本阶段决策对最终目标产生的影响，从而做出对全局最优的决策。

多阶段决策中有一类十分常见的决策，即序贯决策。此类决策除具有多阶段决策的一般特点外，还有下列两个特点：前一项决策的选择会直接影响后一项决策，因为后一项决策所面临的状态取决于前一项决策的后果；决策者关心的是这一串决策的总后果，而不是各项决策的即时后果。

多阶段决策是一种决策过程，它将一个复杂问题分解成多个相对独立的阶段，每个阶段都需要做出一个决策。每个阶段的决策都会影响到后续阶段的选择，从而形成一个决策序列，使得整个决策过程更加灵活和适应复杂环境。下面将详细介绍多阶段决策的特点和具体内容。其特点如下：

①时序性：多阶段决策的核心特征是时间顺序，每个阶段都有其特定的时刻和顺序，决策者需要在特定的时间点上做出相应的选择。

②相互影响：每个阶段的决策都会对后续阶段的选择产生影响，形成一种决策序列。这意味着决策者需要考虑到未来的可能情况，制定合适的策略。

③信息获取：随着时间的推移，决策者可能会获得新的信息，这些信息可以影响后续决策。因此，多阶段决策需要考虑信息的动态获取和利用。

④适应性：多阶段决策具有较强的适应性，可以灵活地应对环境变化和不确定性，使决策过程更具弹性。

多阶段决策的具体内容如下：

①阶段划分：多阶段决策首先需要将整个决策过程分解成若干个相对独立的阶段。每个阶段应当具有明确的决策对象和决策目标。例如，在金融投资中，可以将决策过程划分为风险评估阶段、投资组合构建阶段和持续监测阶段等。

②决策制定：在每个阶段，决策者都需要根据当前的信息和情况制定相应的决策策略。这可能包括了确定性决策和概率性决策两种情况。决策者需要考虑到可能发生的各种情景，以及每种情景下的预期效益和风险。

③信息动态更新：随着时间的推移，决策者可能会获得新的信息，这些信息可能会改变当前的决策情境。因此，决策者需要及时更新和调整之前制定的决策策略，以确保其仍然适应当前的情况。

④评估与反馈：在每个阶段结束时，决策者需要对之前的决策进行评估，看其是否达到了预期的效果。同时，也需要根据实际结果对之后的决策进行调整和优化。

⑤序列化决策：通过多个阶段的决策形成一个决策序列，使整个决策过程具有连贯性和一致性。每个阶段的决策都是整个序列的一部分，影响着后续阶段的发展。

总的来说，多阶段决策是一种对复杂环境下的决策问题进行有效拆解和应对的方法。通过合理划分阶段、动态更新信息、灵活调整策略，决策者能够在不断变化的环境中做出最优的决策选择。

4.1.1 多阶段决策方法

解决多阶段决策问题的主要方法是决策树方法和动态规划方法，这里主要介绍决策树方法。决策树由节点和分枝组成，每一条由树根通往树梢的路线都表示一种决策方案及可能遇到的一种情况。在分枝上，除注明其本身的意义外，在状态分枝上也要标出该状态发生的概率。每一条路线的末端都标出行动结果，行动结果可以用收益表示，也可以用损失表示。用收益表示行动结果，经决策分析后得到最优行动的收益期望值；用损失表示行动结果，可得到最优行动的最小期望损失。

进行决策分析时，要由树梢往树根依次计算。遇到状态节点，取各分枝所表示行动结果的期望值；遇到行动节点，要取各分枝行动结果的最优值，同时将不是最优行动的各分枝截断。这种从后到前进行决策分析的方法叫做逆序归纳法。

多阶段决策分析的步骤如下：

①根据具体问题适当划分阶段。

②确定各阶段的状态变量，寻找各阶段之间的联系。

③由后到前用逆序归纳法进行决策分析。

4.1.2　多阶段决策案例

例 4-1　离散情况决策分析。某企业考虑是否花费 4000 元钱从某科研机关购买某项技术，然后产销新产品。如果买技术，可以进行大批生产（a_1）、中批生产(a_2)、小批生产(a_3)，可能出现的市场销售情况也分为畅销(θ_1)、一般(θ_2) 和滞销(θ_3) 三种。其收益(利润，元)矩阵如表 4-1 所示。

表 4-1　某公司产销新产品的收益矩阵

θ	$P(\theta)$	a_1	a_2	a_3
θ_1	0.4	40000	30000	10000
θ_2	0.3	20000	30000	10000
θ_3	0.3	－30000	－20000	10000

为了更准确地了解市场情况，正式投产前可先生产少量产品并试销。由于要增添少量生产设备等原因，试销费需要 600 元。由于试销前未做广告，顾客对产品不太了解，加之试销量较小，试销结果不是很准确。假设试销结果分为产品受欢迎（H_1）、一般（H_2）和不受欢迎(H_3）三种，其准确度(似然分布矩阵)如表 4-2 所示。

表 4-2　试销结果的准确度

θ	$P(H)$	$P(H_1 \mid \theta)$	$P(H_2 \mid \theta)$	$P(H_3 \mid \theta)$
θ_1	0.4	0.4	0.3	0.3

续表

θ	$P(H)$	$P(H_1 \mid \theta)$	$P(H_2 \mid \theta)$	$P(H_3 \mid \theta)$
θ_2	0. 3	0. 2	0. 4	0. 4
θ_3	0. 3	0. 4	0. 5	0. 1

如不买此项技术，把这笔费用用在其他方面，在同样的时期可获利 8000 元。那么，该公司应该如何决策？

①是否购买技术？

②如果购买技术，是否采取试销办法？

③如果不试销，应大批生产、中批生产还是小批生产？如果试销，又应该如何根据试销结果决定其行动？

解： 这是一个三阶决策问题。首先画出决策树的基本形式，此决策过程可以分为 3 个阶段。按照逆序归纳法，从后到前、依次分阶段进行。

先计算购买技术并且试销时各试销结果的概率及在一定的试销结果下各状态的后验概率：

$$P(H_1) = \sum_{j=1}^{3} P(H_1 \mid \theta_j)P(\theta_j) = 0.4 \times 0.4 + 0.3 \times 0.2 + 0.3 \times 0.4 = 0.34 \quad (4\text{-}1)$$

$$P(\theta_1 \mid H_1) = \frac{P(H_1 \mid \theta_1)P(\theta_1)}{P(H_1)} = \frac{0.4 \times 0.4}{0.34} = 0.471 \quad (4\text{-}2)$$

$$P(\theta_2 \mid H_1) = \frac{P(H_1 \mid \theta_2)P(\theta_2)}{P(H_1)} = \frac{0.2 \times 0.3}{0.34} = 0.177 \quad (4\text{-}3)$$

$$P(\theta_3 \mid H_1) = \frac{P(H_1 \mid \theta_3)P(\theta_3)}{P(H_1)} = \frac{0.4 \times 0.3}{0.34} = 0.352 \quad (4\text{-}4)$$

同理可得，$P(H_2) = 0.39$，$P(\theta_1 \mid H_2) = 0.308$，$P(\theta_1 \mid H_2) = 0.308$，$P(\theta_3 \mid H_2) = 0.384$，$P(H_3) = 0.27$，$P(\theta_1 \mid H_3) = 0.445$，$P(\theta_2 \mid H_3) = 0.445$，$P(\theta_3 \mid H_3) = 0.110$。

从而得到矩阵如表 4-3 所示。

表 4-3　试销结果下的后验概率

H	$P(H)$	$P(\theta_1 \mid H)$	$P(\theta_2 \mid H)$	$P(\theta_3 \mid H)$
H_1	0. 34	0. 471	0. 177	0. 352

续表

H	$P(H)$	$P(\theta_1 \mid H)$	$P(\theta_2 \mid H)$	$P(\theta_3 \mid H)$
H_2	0.39	0.308	0.308	0.384
H_3	0.27	0.445	0.445	0.110

将以上各概率标记在决策树的分枝上，然后就可以进行决策分析了。计算 S_2 上各状态节点的收益期望值：

$4000 \times 0.471 + 2000 \times 0.177 - 30000 \times 0.352 = 11820$

$30000 \times 0.471 + 30000 \times 0.177 - 20000 \times 0.352 = 12400$

$4000 \times 0.308 + 2000 \times 0.308 - 30000 \times 0.384 = 6960$

$30000 \times 0.308 + 3000 \times 0.308 - 20000 \times 0.384 = 10800$

$4000 \times 0.445 + 20000 \times 0.445 - 30000 \times 0.110 = 23400$

$30000 \times 0.445 + 30000 \times 0.445 - 20000 \times 0.110 = 24500$

将这些收益期望值填入决策树S_2上各节点处，并将A_2上各行动节点处的最优行动收益期望值填好，将表示非最优行动的各分枝截断。

再计算S_1上状态节点处的收益期望值：$12400 \times 0.34 + 10800 \times 0.39 + 24500 \times 0.327 = 15043$。由于 $15043 - 600 = 10\,443 < 15000$，所以将 15000 填入$S_1$上的节点处。再填写$A_1$、$A_2$上的行动节点的最优行动收益期望值，并将非最优行动分枝截断。决策分析至此全部完结。

例 4-2　连续情形的决策分析。某工厂现有 10 万元资金可供生产某种产品使用，生产过程有两个方案可供选择。方案 1：每万元资金，每年可产生 0.5 万元的利润，年产量为 2000 吨。方案 2：每万元资金，每年可产生 0.2 万元的利润，年产量为 3000 吨。每年可用一部分资金采取一种方案生产，另外一部分资金采取另一种方案进行生产，但一年内不变。假设前一年的利润可作为下一年的资金在两个方案间再行分配，但一个方案前一年的资金不得在下一年向另一方案转移。那么，为使四年内的总产量最高，该厂在这四年中应该如何分配资金？

解：设第 i 年分配给方案 1 和 2 的资金分别为 x 万元，y 万元($i = 1, 2, 3, 4$)。除了第 1 年的资金源于原有的 10 万元外，以后各年可分配的资金都是上一年的利润，因此上述问题可以转化为典型的线性规划问题：

$$\begin{aligned}\max Q &= 4(2000x_1 + 3000y_1) + 3(2000x_2 + 3000y_2) + \\ &\quad 2(2000x_3 + 3000y_3) + (2000x_4 + 3000y_4)\end{aligned} \tag{4-5}$$

$$
\text{S. T.}\begin{cases} x_1 + y_1 = 10 \\ x_2 + y_2 = 0.5x_1 + 0.2y_1 \\ x_3 + y_3 = 0.5(x_1 + x_2) + 0.2(y_1 + y_2) \\ x_4 + y_4 = 0.5(x_1 + x_2 + x_3) + 0.2(y_1 + y_2 + y_3) \\ x_i, y_i \geqslant 0 \quad (i = 1, 2, 3, 4) \end{cases} \tag{4-6}
$$

该问题可以用单纯形法求解，但其计算量较大，这里采用逆序归纳法求解。

首先，直接来研究第四年的资金应如何分配。由逆序归纳法，可以假定前三年的分配方案已经确定，这样，公式(4-5) 中的前三部分均为常数，而在第四部分 $2000x_4 + 3000y_4$ 中，x_4 的系数小于 y_4 的系数，故应把所有可分配的资金都给方案 2，这样才能达到总产量最大化，即 $x_4 = 0$，y_4 的值由 $x_4 + y_4 = 0.5(x_1 + x_2 + x_3) + 0.2(y_1 + y_2 + y_3)$ 决定。

$$
\begin{aligned} Q = &(8000x_1 + 12000y_1) + (6000x_2 + 9000y_1) + (4000y_1 + 6000y_1) + \\ &(9500x_1 + 12600y_1) + (7500x_2 + 9000y_1) + (4000y_1 + 6000y_1) + \\ &(9500x_1 + 12600y_1) + (7500x_2 + 9600y_1) + (5500x_1 + 6600y_2) \end{aligned} \tag{4-7}
$$

再来研究前三年的资金分配。假定前两年的分配方案已确定，即公式(4-7) 右边的前两部分已贷数。由于第三部分中 x_3 的系数小于 y_3 的系数，故亦应把全部可分配的资金都给方案 2，即 $x_3 = 0$，y_3 的值由 $x_3 + y_3 = 0.5(x_1 + x_2) + 0.2(y_1 + y_2)$ 决定。

将 $x_3 = 0$ 代入 $x_3 + y_3 = 0.5(x_1 + x_2) + 0.2(y_1 + y_2)$ 和公式(4-7) 中，得公式(4-8)，

$$
\begin{aligned} Q &= (9500x_1 + 12600y_1) + (7500x_2 + 9600y_2) + 3300(x_1 + x_2) + 1320(y_1 + y_2) \\ &= (12800x_1 + 13920y_1) + (10800x_2 + 10920\gamma_2) \end{aligned} \tag{4-8}
$$

与上面类似，第二年的情况如公式(4-9)，

$$
\begin{aligned} Q &= (12800x_1 + 13920y_1) + (5460x_1 + 2184y_1) \\ &= 18260x_1 + 16104y_1 \end{aligned} \tag{4-9}
$$

这时，由于 x_1 的系数大于 y_1 的系数，故第一年的资金应全部分配给方案 1。

综上所述，决策结果是：第一年的 10 万元资金应全部采用方案 1 生产，以后各年把上一年的利润全部都分配给方案 2。这样，将 $x_1 = 10$ 代入公式(4-9)，可得 $Q_{\max} = 182600$ 吨。

4.2 序贯决策

有些决策问题，在进行决策后又产生一些新情况，需要进行新的决策，接着又有一些新的情况，又需要进行新的决策。这样决策、情况、决策……就构成一个序列，这就是序贯决策。解决序列问题的有利办法仍然是决策树。序贯决策是一种动态决策的方法，强调在当前决策时考虑未来可能发生的情况，以制定一系列的决策策略。这种决策模式常应用于复杂环境下，特别是在不确定性较高的情境中，能够使决策者在连续的时间点上做出最优的决策。以下将详细介绍序贯决策的特点和具体内容。其特点如下：

①未来导向：序贯决策强调了在当前决策时要考虑未来可能发生的情况，即决策者需要预测未来的发展趋势，并制定相应的决策策略。

②策略更新：随着时间的推移，决策者可能会获得新的信息，也会发生环境的变化。因此，序贯决策允许决策者在不同时间点上更新和调整之前制定的决策策略。

③灵活性：序贯决策具有较强的灵活性，能够适应动态变化的环境，使决策者能够及时作出反应。

④风险管理：由于序贯决策考虑了未来的不确定性，可以帮助决策者更好地管理风险，降低不确定性带来的负面影响。

序贯决策的具体内容如下：

①信息获取和分析：序贯决策的第一步是收集、整理并分析当前可获得的信息。这可能包括市场趋势、环境变化、竞争对手行动等，以便为后续决策提供有力的依据。

②制定初始决策策略：基于当前的信息，决策者制定一个初始的决策策略。这个策略应当包括在不同未来情景下的应对方式，以及相应的决策标准和目标。

③设定监测和更新机制：在序贯决策过程中，决策者需要设定监测和更新的机制，以便及时了解环境的变化。这可能包括设定关键指标、制定监测频率等。

④实施并监控：根据制定的初始策略，决策者开始实施相应的行动。在执行过程中，需要密切关注环境的变化和效果的反馈，以便及时作出调整。

⑤动态更新策略：随着时间的推移和新信息的获得，决策者需要不断地更新和调整之前制定的决策策略。这可能包括修改目标、调整策略、变更行动等。

⑥评估和反馈：在每个阶段结束时，决策者需要对之前的决策进行评估，看其是否达到了预期的效果。同时，也需要根据实际结果对之后的决策进行调整和优化。

通过以上步骤，序贯决策能够帮助决策者在不断变化的环境中做出灵活、高效的决策，从而更好地应对复杂的情境和不确定性的挑战。

例 4-3 设某石油勘探队，在一片估计能出油的荒田钻探，可以先做地震试验，然后决定钻井与否。或者不做地震试验，只凭经验决定钻井与否。做地震试验的费用为每次 30000 元，钻井费用为 10000 元。若钻井后出油，这井队可收入 40000 元；若不出油就没有任何收入。各种情况下出油的概率已估计出，并标在图 4-1 上。问钻井队的决策者如何做出决策使收入的期望值为最大。

解：上述决策问题用决策树来求解，并将有关数据标在图上，如图 4-1 所示。这表明它是两级随机决策问题，采用逆决策顺序方法求解。计算步骤是：

①计算各事件点的收入期望值。

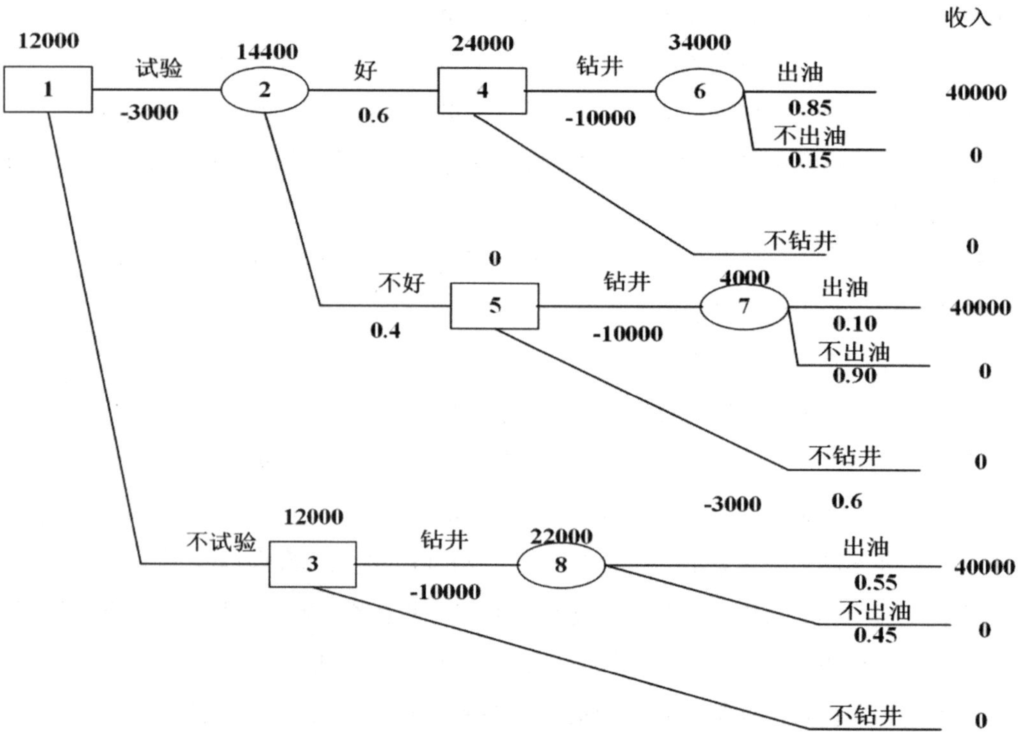

图 4-1　原决策树

$$40000 \times 0.85 + 0 \times 0.15 = 34000$$

$$40000 \times 0.10 + 0 \times 0.90 = 4000$$

$$40000 \times 0.55 + 0 \times 0.45 = 22000$$

将收入期望值标在相应的各点处，这时可将原决策树图 4-1 简化为图 4-2。

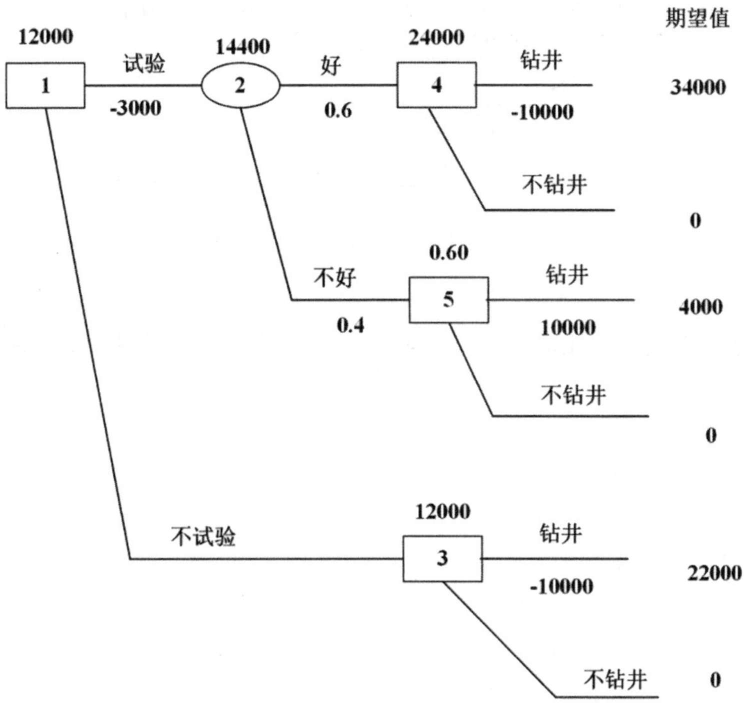

图 4-2　经过简化的决策树

②按最大收入期望值决策准则在图 4-2 上给出各决策点的抉择。在决策点 4，按

$$\max\{(34000-10000),\ 0\}=24000$$

所对应的策略为应对策略，即钻井。在决策点 5，按

$$\max\{(4000-10000),\ 0\}=0$$

所对应的策略为应对策略，即不钻井。在决策点 3，按

$$\max\{(22000-10000),\ 0\}=12000$$

所对应的策略为应对策略，即钻井。

③在决策树上保留各决策点的应选方案，把淘汰策略去掉，得到图 4-3。这时再计算事件 2 的收入期望值 $24000\times0.60+0\times0.40=14400$，将它标在 2 旁。

④决策点 1 有两个方案：做地震试验和不做地震试验。各自的收入期望值为 (14400−3000) 和 12000。按 $\max\{(14400-3000),\ 12000\}=12000$，所对应的策略为应选策略，即不做地震试验，收入期望值为 12000 元。

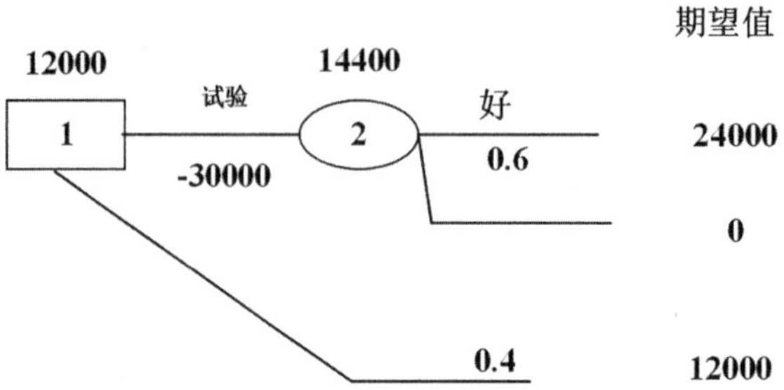

图 4-3　把淘汰策略去掉后的决策树

例 4-4　设决策者的效用曲线如图 4-4 所示。试以最大效用期望值为决策准则，对上例进行决策。

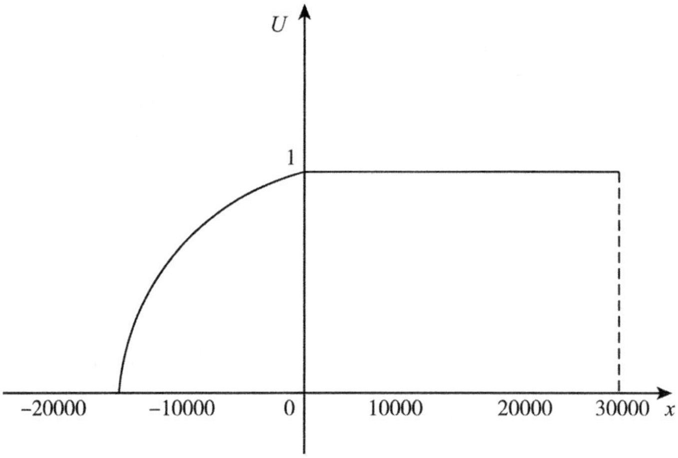

图 4-4　决策者的效用曲线

解：如同上例一样采用决策树作为工具，在决策树的右端标上纯收入。其中，纯收入=收入-支出。然后，由决策者的效用曲线查得各纯收入相应的效用值，并将此值记录在相应的纯收入旁。决策分析可在图 4-5 上进行。

在图 4-5 中，按逆序先计算决策点 6、7、8 的效用期望值分别为 0.833、0.60、0.68，并标在相应各点旁。然后在各决策点 4、5、3 进行选择，其计算结果为：

$$\max_{4}\{0.833,\ 0.60\} = 0.833 \tag{4-10}$$

$$\max_{5}\{0.098,\ 0.60\} = 0.60 \tag{4-11}$$

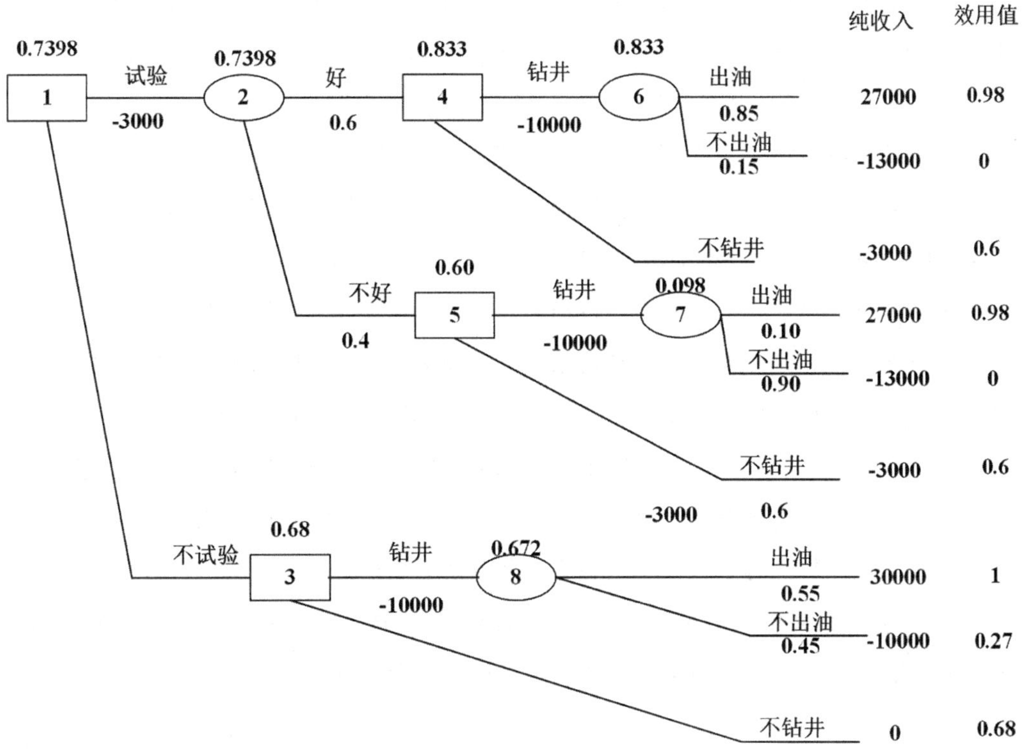

图 4-5　决策树

$$\max_{3}\{0.672,\ 0.68\} = 0.68 \tag{4-12}$$

接着计算 2 的效用期望值为 0.7398，记在 2 旁。决策点 1 的选择为：

$$\max\{0.7398,\ 0.68\} = 0.7398 \tag{4-13}$$

根据以上计算在决策树上可见决策序列为：先做地震试验，若结果好则钻井，若结果不好则不钻井。显然这种决策是保守型的，因为决策者的效用曲线是保守型的。

4.3　马尔可夫决策

有一类决策问题，虽然采取的行动已经确定，但将这个行动付诸实践的过程又分为几个时期。在不同的时期，系统可以处在不同的状态，而这些状态发生的概率又可受前面时期实际所处状态的影响。这类问题情况复杂，有的只需在开始时做出一次决策，有的则需要在每个时期都做出决策。因此，这类问题既可能是一阶决策问题，也可能是多阶决策问题，甚至是序列决策问题。其中一种最简单、最基本的情形，是每一时期状态参数的概率分布只与这一时期的前一时期实际所处的状态有关，而与更早的状态无关，这就是所谓的马尔可夫链。

利用马氏过程分析系统当前状态并预测未来状态的决策方法，称为马尔可夫决策。马尔可夫决策是一种在不确定环境下进行决策的方法，其理论基础是马尔可夫决策过程（Markov Decision Process，MDP）。MDP 是一种数学模型，用于描述在不同状态之间转移的概率以及在每个状态下选择不同行动的收益。马尔可夫决策的目的是通过选择最优的行动序列来最大化累积奖励，特别适用于具有随机性和动态性的决策情境。在马尔可夫决策过程中，关键的概念包括“状态”和“行动”。状态代表了环境的当前情况，它可以是离散的或连续的，如在金融投资中，状态可以表示不同的市场情况或资产价格。行动既代表了决策者可以采取的行为，也可以是离散的或连续的，比如在投资中，行动可以是买入、卖出或持有等。在每个状态下，采取某个行动会导致状态的转移，这种转移是随机的，因此在 MDP 中我们需要知道在当前状态下选择某个行动后，下一个状态的转移概率。这样的信息使得决策者能够对未来情况进行预测，但也带来了不确定性，因为环境的变化可能是随机的。此外，决策者在每个状态下采取某个行动会产生一个即时奖励，这个奖励通常可以用一个实数来表示，它反映了在当前状态下采取行动的即时效果。这个奖励可能受到多种因素的影响，比如状态、行动以及环境的特性。马尔可夫决策的关键目标是通过选择最优策略来最大化长期的累积奖励，而非仅仅追求单次即时奖励的最大化。这意味着决策者需要考虑到未来的不确定性，并在长远考虑下做出决策。为了实现这一目标，决策者可以借助于价值函数和策略。价值函数用于评估每个状态的长期价值，即在当前状态下选择最优策略所能获得的长期累积奖励。策略则指定了在每个状态下应该选择的行动，以最大化长期累积奖励。马尔可夫决策过程具有广泛的应用，特别是在金融、资源管理、医疗等领域，它提供了一种有效应对不确定性和动态性的决策方法。通过理解状态、行动、转移概率和奖励函数，并利用价值函数和策略来指导决策，决策者可以在复杂的情境中做出最优的选择，以实现预期的目标。

4.3.1 马尔可夫链决策方法概述

马尔可夫链决策方法是一种基于概率模型的决策策略，它将决策问题建模成一个马尔可夫链，利用状态之间的转移概率和每个状态下的奖励函数，通过选择最优策略来实现长期累积奖励的最大化。首先，需要定义决策过程中可能的状态和行动，状态代表了环境的当前情况，行动则是决策者可以采取的选择。在每个状态下，决策者采取某个行动会导致状态的转移，这种转移是随机的，而转移的概率则是事先给定的。同时，决策者会获得一个即时奖励，奖励的大小可能受到多种因素的影响，如当前状态、选择的行动等。马尔可夫链决策方法的核心目标是通过选择最优策略来最大化长期的累积奖励，而不仅仅是追求单次即时奖励的最大化。为了实现这一目标，决策者需要借助价值函数和策略。价值函数用于评估每个状态的长期价值，即在当前状态下选择最优策略所能获得的长期累积奖励；策略则指定了在每个状态下应该选择的行动，以最大化长期累积奖励。通过不断地评估价值函数和优化策略，决策者能够在复杂的情境中做出最优的选择，以实现预期的目标。马尔可夫链决策方法在许多领域有着广泛的应用，特别是在金融投资、资源管理、医疗决策等需要面对不确定性和动态变化的情况下，它提供了一种科学有效的决策策略，为处理现实世界中的复杂决策问题提供了重要的支持。

4.3.2　马尔可夫链与转移概率矩阵

随机过程 $\{x(t),\ t \in T\}$，如果对任意 $t_1 < t_2 < \cdots < t_n,\ t_i \in T$ 都存在

$$P\{x(t_n) < y \mid x(t_{n-1}) = x_{n-1} \cdots x(t_1) = x_1\} = P\{x(t_n) < y \mid x(t_{n-1}) = x_{n-1}\} \tag{4-14}$$

则称 $\{x(t),\ t \in T\}$ 具有马尔可夫性。

所谓马尔可夫性(或称为无后效性)，它表述 $\{x(t_n)\}$ 的将来只是通过现在与过去发生联系，一旦现在已知则将来与过去无关。

条件概率 $P\{x_n = j \mid x_{n-1} = i\}$ 称为转移概率。它表示已知系统在 $n-1$ 步状态为 i 时，系统在第 n 步状态时为 j 的条件概率。由于它是由系统第 $n-1$ 步转移到第 n 步的转移概率，故称为一步转移概率。

如果系统第 0 步取状态 i 而在第 1 步时取状态 j，记系统的一步转移概率为 $P_{ij} = P\{x_i = j \mid x_0 = i\}$，设这种一步转移概率不随时间的进程而变化(稳定性假设)，即 $P\{x_n = j \mid x_{n-1} = i\} = P\{x_i = j \mid x_0 = i\} = P_{ij}$，则各状态之间的转移概率可记为：

$$P = \begin{bmatrix} P_{11} & \cdots & P_{1k} \\ \vdots & & \vdots \\ P_{k1} & \cdots & P_{kk} \end{bmatrix} \tag{4-15}$$

其中 $\sum_j P_{ij} = 1$，对所有 i；且 $P_{ij} \geqslant 0$，对所有 $i,\ j$，称 P 为一步转移概率矩阵。

定义：如果随机过程 $\{x_i\}$ 满足下述性质，则称 $\{x_i\}$ 是一个有限状态的马尔可夫

链(Markov)。

①具有有限种状态;

②具有马尔可夫性;

③转移概率具有平稳性。

对于离散时间、离散状态的马尔可夫过程，它必须符合上述两个假设，即马尔可夫假设和稳定性假设，它是一般随机过程的简化形式。在这种随机过程中只有在顺序两相邻随机变量之间具有相关性质，从而避免了对过程中所有随机变量的相关性分析。

例 4-5 某企业为使技术人员具有多方面经验，实行技术人员在技术部门、生产部门和销售部门的轮换工作制度。轮换办法采取随机形式，每半年轮换一次。初始状态，即技术人员开始是在某部门工作的概率用 $P_j^{(0)}$ 表示，$j=1, 2, 3$；P_{ij} 表示处于第 i 个部门的技术人员在半年后(一步) 转移到第 j 个部门的概率。已知

$$P=\begin{bmatrix} P_{11} & P_{12} & P_{13} \\ P_{21} & P_{22} & P_{23} \\ P_{31} & P_{32} & P_{33} \end{bmatrix}=\begin{bmatrix} 0.5 & 0.5 & 0 \\ 0 & 0.5 & 0.5 \\ 0.75 & 0.25 & 0 \end{bmatrix} \tag{4-16}$$

$$P^{(0)}=(P_1^{(0)}, P_2^{(0)}, P_3^{(0)})=\left(\frac{1}{3}, \frac{1}{3}, \frac{1}{3}\right) \tag{4-17}$$

如果某人开始在工程技术部门工作(部门 1)，则经过 2 次转移后他在生产部门工作(部门 2) 的概率是多少?

从状态转移图上可看出由状态 1 经两次转移到状态 2 的所有途径：1→1→2，1→2 -→2，1→3→2。记由状态 i 经两步转移到状态 j 的概率为$P_{ij}^{(2)}$，则:

$$P_{12}^{(2)}=P_{11}P_{12}+P_{12}P_{22}+P_{13}P_{32}=0.5 \tag{4-18}$$

同理,

$$P_{13}^{(2)}=P_{11}P_{13}+P_{12}P_{23}+P_{13}P_{33}=0.25 \tag{4-19}$$

$$P_{11}^{(2)}=P_{11}P_{11}+P_{12}P_{21}+P_{13}P_{31} \tag{4-20}$$

…………

记

$$P^{(2)}=\begin{bmatrix} P_{11}^{(2)} & P_{12}^{(2)} & P_{13}^{(2)} \\ P_{21}^{(2)} & P_{22}^{(2)} & P_{23}^{(2)} \\ P_{31}^{(2)} & P_{32}^{(2)} & P_{33}^{(2)} \end{bmatrix} \tag{4-21}$$

称$P^{(2)}$为二步转移矩阵，则：

$$P^{(2)} = P \times P = P^2 \tag{4-22}$$

二步转移矩阵就是一步矩阵的平方，依次类推

$$\begin{cases} P^{(3)} = P^3 \\ P^{(n)} = P^n \\ P^{(n)} = P^{(n-m)} P^{(m)} \end{cases} \tag{4-23}$$

据此，如果已知系统在初始阶段处于某状态的概率 P 及转移矩阵 P，则 n 步后系统处于状态 j 的概率$P_j^{(n)}$可以由下式计算：

$$P_j^{(n)} = P \mid x_n = j \mid = \sum_i P \mid x_n = j \mid x_0 = i \mid P \mid x_0 = i \mid = \sum_i P_{ij}^{(n)} P_i^{(0)} \tag{4-24}$$

则：

$$(P_1^{(n)} P_2^{(n)} \cdots P_k^{(n)}) = P^{(0)} P^n \tag{4-25}$$

这里$(P_1^{(n)} P_2^{(n)} \cdots P_k^{(n)})$是系统第 n 步的绝对概率，在上述问题中

$$\begin{cases} (P_1^{(0)} P_2^{(0)} P_3^{(0)}) = \left(\frac{1}{3}, \frac{1}{3}, \frac{1}{3}\right) \\ (P_1^{(2)} P_2^{(2)} P_3^{(2)}) = P^{(0)} P^2 = (0.333, 0.458, 0.208) \\ (P_1^{(3)} P_2^{(3)} P_3^{(3)}) = P^{(0)} P^3 = (0.323, 0.448, 0.229) \end{cases} \tag{4-26}$$

依此类推可以得到多次转移后的概率分布。

4.3.3　稳态概率

如前所述，由转移概率和初始状态的概率分布可以确定任意步上的转移概率和绝对概率分布，下面讨论当 n 逐步增大时$P_{ij}^{(n)}$的变化趋势。

称$\pi_j = \lim\limits_{n \to \infty} P_j^{(n)} = \lim\limits_{n \to \infty} P\{x_n = j\}$为稳态概率。

由于初始状态对 n 步转移后所处状态的影响随 n 增大后而减少，所以

$$\lim_{n \to \infty} P\{x_n = j \mid x_0 = i\} = \lim_{n \to \infty} P\{x_n = j\} = \pi_j \tag{4-27}$$

因此，可以从 n 步转移矩阵的 $n \to \infty$ 极限取得稳态概率分布

$$P^n = P^{n-1} P \tag{4-28}$$

$$\lim_{n \to \infty} P^{(n)} = \lim_{n \to \infty} P^{n-1} P \tag{4-29}$$

记 $\pi = [\pi, \pi_2, \cdots, \pi_k]$，则 $\pi = \pi P$，且 $\sum\limits_{i=1}^{k} \pi_i = 1$。此方程组为稳态方程，仍引用

以上例子，由

$$\begin{cases}(\pi_1\ \pi_2\ \pi_3)=(\pi_1\ \pi_2\ \pi_3)\begin{bmatrix}0.5 & 0.5 & 0\\ 0 & 0.5 & 0.5\\ 0.75 & 0.25 & 0\end{bmatrix}\\ \pi_1+\pi_2+\pi_3=1\end{cases} \tag{4-30}$$

解得$\pi_1=\frac{1}{3}$，$\pi_2=\frac{4}{9}$，$\pi_3=\frac{2}{9}$。

4.3.4 马尔可夫信息决策的案例分析

例 4-6 假设一位投资者面对一个包括股票、债券和现金等不同资产的投资组合选择问题。市场的状态可以被建模为一个马尔可夫链，包括牛市、熊市和震荡市三种状态。

状态空间和行动空间：

状态空间：{牛市、熊市、震荡市}

行动空间：{买入股票、卖出股票、买入债券、卖出债券、保持现金}

转移概率：

在牛市中，有一定概率保持牛市，一定概率转为震荡市，一定概率变为熊市。

在熊市中，有一定概率保持熊市，一定概率变为震荡市，一定概率变为牛市。

在震荡市中，有一定概率保持震荡市，一定概率变为牛市，一定概率变为熊市。

奖励函数：

买入股票会获得预期的股票增值收益，但也可能受到市场波动的损失。

卖出股票可能会获得盈利，也可能面临卖出时股票价值下跌的风险。

买入债券会获得固定利息收益，但可能面临债券价格波动的风险。

卖出债券可能会获得现金，但可能会失去未来的利息收益。

保持现金会避免市场风险，但可能会失去投资机会。

信息动态：

投资者随着时间获得新的信息，如市场新闻、财经数据等，这些信息会影响对市场状态的预测和行动选择。

价值函数与策略：

价值函数用于评估每个状态下选择不同投资策略的长期累积收益。

策略则指定了在每个状态下应该选择的投资行动，以最大化长期累积收益。

通过不断地评估价值函数和优化策略，投资者可以在不断变化的市场环境中做出最优的投资选择，以实现预期的投资目标。

例 4-7　考虑一个医生需要为一个患有糖尿病的患者制定治疗方案的情况。该疾病的状态可以被建模为一个马尔可夫链，包括轻度、中度和重度三种状态。

状态空间和行动空间：

状态空间：{轻度糖尿病、中度糖尿病、重度糖尿病}

行动空间：{药物治疗、饮食控制、锻炼、手术治疗}

转移概率：

在轻度糖尿病中，有一定概率保持轻度，一定概率转为中度，一定概率变为重度。

在中度糖尿病中，有一定概率保持中度，一定概率变为轻度，一定概率变为重度。

在重度糖尿病中，有一定概率保持重度，一定概率变为中度，一定概率变为轻度。

奖励函数：

药物治疗可能会导致血糖水平的稳定，但也可能会出现副作用。

饮食控制和锻炼可以帮助控制血糖，但可能需要长期坚持。

手术治疗可能是一种根治糖尿病的手段，但也伴随着手术风险和恢复期。

信息动态：

医生可以随着时间获得新的检查结果、生活习惯等信息，这些信息会影响对疾病状态和治疗效果的判断。

价值函数与策略：

价值函数用于评估每个疾病状态下选择不同治疗方案的长期治疗效果。

策略则指定了在每个疾病状态下应该选择的治疗行动，以最大化长期的健康效益。

医生可以利用马尔可夫信息决策模型来制定最优的治疗方案，以保证患者在长期内获得最佳的治疗效果。这种模型可以帮助医生在不确定的疾病发展过程中作出明智的决策，以提高患者的生活质量和健康状况。

例 4-8　某生产商标为 α 的产品的厂商为了与另外两个生产同类产品 β 和 γ 的厂家竞争，有三种可供选择的措施：措施 1 为发放有奖债券；措施 2 为开展广告宣传；措施 3 为优质售后服务。三种方案分别实施以后，经统计调查可知，该类商品的市场占有率的转移矩阵分别是：

$$P_1 = \begin{bmatrix} 0.80 & 0.15 & 0.05 \\ 0.20 & 0.45 & 0.35 \\ 0.30 & 0.40 & 0.30 \end{bmatrix} \tag{4-31}$$

$$P_2 = \begin{bmatrix} 0.90 & 0.05 & 0.05 \\ 0.10 & 0.80 & 0.10 \\ 0.10 & 0.15 & 0.75 \end{bmatrix} \tag{4-32}$$

$$P_3 = \begin{bmatrix} 0.90 & 0.05 & 0.05 \\ 0.10 & 0.80 & 0.10 \\ 0.10 & 0.15 & 0.75 \end{bmatrix} \tag{4-33}$$

已知三种商标的商品的月总销售量为1000万件，每件可获利1元。另外，三种措施的成本费分别为150万元、40万元、30万元。从长远利益考虑，生产商标为α的产品的厂商应该采取何种措施？

解析：由于考虑的是长期经营，而且采取的是不变策略，所以采用三种措施的稳定状态概率进行决策。

利用上面的方法，计算出措施1的稳定状态概率为$\pi_1(1)=0.5444$，$\pi_2(1)=0.277778$，$\pi_3(1)=0.17778$。措施2的稳定状态概率为$\pi_1(2)=0.559$，$\pi_2(2)=0.235$，$\pi_3(2)=0.206$。措施3的稳定状态概率为$\pi_1(3)=0.5$，$\pi_2(3)=0.2857$，$\pi_3(3)=0.2143$。

生产商标为α的商品的厂商采取措施后的期望值为$10^7\pi_1$，采取措施前后的纯利计算如表4-4所示。

表4-4 采取措施后的纯利润

措施	市场占有率	毛利期望值	措施成本费用	纯利润期望值
1	0.5444	544.4	150	394.4
2	0.559	559	40	519
3	0.5	500	30	470

计算结果表明，生产商标为α的商品的厂商应该采用措施2。

例4-9 我国出口某种设备，在国际市场上的销售状况有两种：畅销和滞销。畅销时每年可以获利100万元，滞销时每年仅获利30万元。以一年为一个时期，如果不采用广告措施，或采取广告措施，状态的转移矩阵分别如表 4-5 和表 4-6 所示。

表 4-5　不采取广告措施

	滞销
畅销	0. 2
滞销	0. 6

表 4-6　采取广告措施

	畅销	滞销
畅销	0. 9	0. 1
滞销	0. 7	0. 3

假定上一年处于畅销状态，每年的广告费为 15 万元。为了保证今后 3 年的利润最大化，是否应该采用广告措施？

解：这是短期经营不变策略问题，所以不能像前例那样用稳态概率来计算。可以把不采用广告措施和采用广告措施，这三年中每一年畅销、滞销的概率分别求出来，然后计算每一年的利润期望值，通过比较每种措施下三年利润期望值之总和，便可得出结论。

①不采取广告策略，令 $P=\begin{bmatrix}0.8 & 0.2\\ 0.4 & 0.6\end{bmatrix}$，则第二年、第三年的转移矩阵分别为 $P^2=\begin{bmatrix}0.72 & 0.28\\ 0.56 & 0.44\end{bmatrix}$ 和 $P^3=\begin{bmatrix}0.688 & 0.312\\ 0.624 & 0.376\end{bmatrix}$。

由于上一时期处于畅销状态，因此，如不采取广告措施，第一年畅销和滞销的概率分别为 0. 8 和 0. 2，第二年畅销和滞销的概率分别为 0. 72 和 0. 28，第三年畅销和滞销的概率分别为 0. 688 和 0. 312。所以可以算得，三年所获期望利润值总和为 $Q_1=(100\times0.8+30\times0.2)+(100\times0.72+30\times0.28)+(100\times0.688+30\times0.312)=244.5$ 万元。

②采用广告策略时，同理，令 $\omega=\begin{bmatrix}0.9 & 0.1\\ 0.7 & 0.3\end{bmatrix}$，$\omega^2=\begin{bmatrix}0.88 & 0.12\\ 0.84 & 0.16\end{bmatrix}$，和

$$\omega^3 = \begin{bmatrix} 0.88 & 0.12 \\ 0.84 & 0.16 \end{bmatrix}。$$

由采取广告策略时三年所获得期望利润值总和，减去广告成本费，得到纯期望利润值总和为 $Q_2 = (100 \times 0.9 + 30 \times 0.1) + (100 \times 0.88 + 30 \times 0.12) + (100 \times 0.876 + 30 \times 0.124) = 230.92$(万元)。

比较上面各式方案，可知最满意的方案应该是不采取广告策略，其期望利润值总和为 244.56 万元。

在上例中，如果每年是否采取广告措施可根据上一年的经营情况确定。那么，应该如何决策?

解：这是一个短期经营可变策略问题，既不能使用稳定状态概率，也不能像上例那样计算。这个问题是一个三阶决策问题，因为在三个时期中的每一个时期都要做出一次决策。为了简化决策树图，根据马氏链的性质，每一个时期的状态概率仅与相邻前一期状态概率有关。因此可以从各阶段的所有决策中拿出两个加以研究。其中一个前期取畅销状态，另一个前期取滞销状态。

分别用 x_i，y_i 表示第 $i-1$ 个时期处于畅销、滞销状态，而从第 i 个时期起一直采取最优策略时第 i 个时期及以后各个时期的总利润期望值。

用决策树表示 x_{i-1}，y_{i-1} 与 x_i，y_i 之间的关系，如图 4-6 所示。

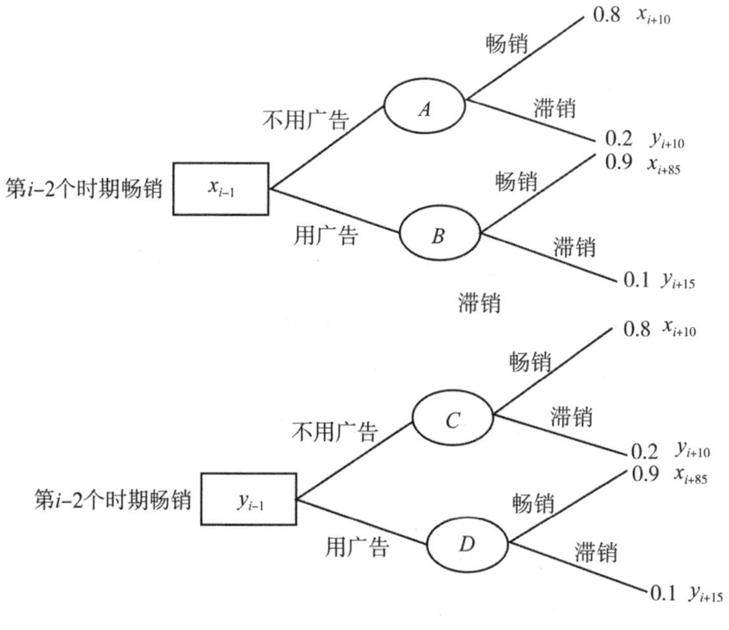

图 4-6　决策树

A，B，C，D 各状态节点处的收益期望值分别为：

$$A: 0.8(x_i + 100) + 0.2(y_i + 30) = 0.8x_i + 0.2y_i + 86 \tag{4-34}$$

$$B: 0.9(x_i + 85) + 0.1(y_i + 15) = 0.9x_i + 0.1y_i + 78 \tag{4-35}$$

$$C: 0.4(x_i + 100) + 0.6(y_i + 30) = 0.4x_i + 0.6y_i + 58 \tag{4-36}$$

$$D: 0.7(x_i + 85) + 0.3(y_i + 15) = 0.7x_i + 0.3y_i + 64 \tag{4-37}$$

由决策树可以得到递推公式

$$\begin{cases} x_{i-1} = \max(0.8x_i + 0.2y_i + 86,\ 0.9x_i + 0.1y_i + 78) \\ y_{i-1} = \max(0.4x_i + 0.6y_i + 58,\ 0.7x_i + 0.3y_i + 64) \end{cases} \tag{4-38}$$

下面，用逆序归纳法进行决策分析。由于只考虑三年，因此 $x_4 = y_4 = 0$，在上面的递推公式中，令 $i = 4$，得到 $x_3 = \max(86, 78)$，$y_3 = \max(58, 64)$。这就表明：若第二年畅销，则第三年不宜使用广告；若第二年滞销，则第三年应使用广告。再令 $i = 3$，得到 $x_2 = \max(0.8 \times 86 + 0.2 \times 64 + 86, 0.9 \times 86 + 0.1 \times 64 + 78) = \max(167.6, 161.8) = 167.6$，$y_2 = \max(0.4 \times 86 + 0.6 \times 64 + 58, 0.7 \times 86 + 0.3 \times 64 + 64) = \max(130.8, 143.4) = 143.4$

所以，若第一年为畅销，则第二年不应使用广告；若第一年为滞销，则第二年应使用广告。再令 $i = 2$，得到 $x_1 = \max(0.8 \times 167.6 + 0.2 \times 143.4 + 86, 0.9 \times 167.6 + 0.1 \times 143.4 + 78) = \max(248.76, 243.18) = 248.76$，$y_1 = \max(0.4 \times 167.6 + 0.6 \times 143.4 + 58, 0.7 \times 167.6 + 0.3 \times 143.4 + 64) = \max(211.08, 224.34) = 224.34$

于是，第一年不使用或使用广告，亦取决于前一年是否畅销。

综合上面各年的情况，可知：每年是否使用广告，都由上一年是否畅销决定。三年内销售该商品的期望利润值总和为 248.76 万元。

4.4　群体决策

在现实生活中，决策往往是群体行为，是由多人参加进行行动方案的选择活动，如各种委员会、董事会、代表大会等就是这样的群体决策机构。这些组织的成员、代表就是群体决策者中的一员。作为群体决策，其决策程序、决策评价标准与单个决策者的决策有很大的差异，在决策原则、方法等许多方面都有新的内容，因而应用单个决策者的决策方法进行群体决策在许多方面都受到了限制。

群体决策理论研究的问题一般具有三个前提：第一，自主性。决策者有独立选择机会，其行动不受较高层权利的支配，但不排除群体成员间相互影响。第二，共存性。决策成员都在已知的共同条件下进行选择。在一部分成员未做出选择的情况下，就不能认为其他成员的决策行动最后完成。群体决策不能在撇开一部分成员的条件下去完成。第三，共意性。群体做出的方案必然是所有参与者一致能够接受的方案。然而，这并不意味着所有参与者都认定此方案最优。有的成员也可能持反对态度，但面临集体的最后决策而不得不做出妥协和认可。

群体决策研究与个人决策研究相比，问题要复杂很多。这主要由以下几个因素引起：第一，优先度。集体中每个成员都有各自的目标和优先观念以及不同的效用函数。某些情况下成员优先度完全一致；而另一些情况下成员则有相互对立的优先度，对方的受益成为自己的受损。这是两种极端的情况。大量的是在群体中既有一致的又有矛盾的优先观念，群体成员间优先度的矛盾强度影响着决策方式。第二，主观概率判断。群体中各成员由于对信息的感受和处理方式不一样，未来状态出现概率的估计也不同，这直接影响着方案的选择。第三，沟通。群体决策可以在完全没有沟通信息的情况下进行，如无记名投票表决；但更多的决策是在有相互沟通信息的情况下进行。在沟通过程中，相互交流各自的目标、优先度及对未来事件的判断，以影响对方的认识和弥补自己掌握信息的不足。

群体决策是指在一个由多个成员组成的群体中，共同协商、讨论、评估和做出决策的过程。这种决策方式可以涵盖各种场景，从组织内部的团队决策到政府部门的政策制定，甚至社会层面的重大议题。群体决策的特点如下：

①多样性：群体成员通常具有不同的经验、知识和视角，这种多样性能够为决策提供更全面的信息。

②共识和合作：群体成员需要共同努力，通过合作来达成一致的决策，这通常需要沟通和协商。

③冲突和磨合：由于成员间的不同看法，冲突可能会出现。解决这些冲突需要一定的沟通和磨合过程。

④责任分担：在群体决策中，成员们共同承担决策的责任，无论是成功还是失败。

群体决策的具体内容如下：

①决策目标明确化：在群体决策开始之前，需要明确定义决策的目标和目的。这包括清晰地确定决策的范围、所要解决的问题以及期望达到的结果。

②信息收集与共享：群体成员需要共同收集、整理和分享相关信息，以确保所有人

拥有相同的知识基础。这可以通过研究文献、调查、专家意见等方式进行。

③讨论和辩论：成员们应该有机会表达自己的意见、看法和建议。这可以通过会议、讨论论坛、工作坊等形式进行，让每个人都有机会发表意见。

④评估和分析：群体需要共同对所收集的信息进行评估和分析，以了解每种选项的优劣势，并理解各种决策可能产生的影响。

⑤共识建立：成员们需要一起寻找共同的理解和立场，以达成一致的决策。这可能需要通过妥协、讨论或者重新评估选项来实现。

⑥决策执行和跟踪：一旦达成共识，群体需要确定实施决策的具体步骤，并确保决策得到有效执行。同时，需要建立跟踪和评估机制，以便在需要时进行调整。

⑦反馈和学习：群体决策之后，成员们应该进行反馈和评估，了解决策的实施效果，以便在将来做出更为有效的决策。

群体决策是一种集体智慧的体现，能够整合不同视角和经验，提升决策的质量和可接受性。然而，也需要注意在决策过程中平衡不同成员的权利和参与度，以确保决策的公正性和有效性。

4.4.1　群体决策的有效程度

决策既可以由个人做出，也可以由群体或集体做出。在许多研究中提出这样一个问题：群体决策和个人决策相比较，是优于、劣于还是一样？对此，几乎每一种类型的提法都有许多研究给予支持。群体决策的成功和失败取决于很多因素，例如群体进行决策的情况，群体成员的水平、能力，特别是全体领导者的水平和能力。群体决策客观上存在有利与不利因素。

群体决策的有利因素：首先，在群体中有大量综合性的知识和信息，因而决策所需运用的知识和信息可从群体中取得，这比由个人收集更为有利。这可以使群体在决策中集思广益，有助于做出最佳决策。其次，参加群体决策的决策者往往也是决策的执行人，因而决策就成为大家的决议，从而能为更多成员所接受。个别人做出的决策，往往需要说服小组中的其他人，有些人可能会抵制这些人提出的最好决策。让每个人参与研究，会使更多人感觉到对问题负有更大的责任，且会产生与别人分担责任的感觉，加强集体意识并使某些人感到满足。

群体决策的不利因素：在群体里制定决策时，每个成员在表态时往往有一定的压力。期望成为一个受欢迎的合群的群体成员，往往趋向于不提出不同的意见，或保持沉默，或者附和多数人的意见。在面对一个强有力的绝对多数情况下，不管理由是否充分、决策是否恰当，其决策也往往为大家所接受。在某些群体中，如果群体被一个有才干的人所掌握，这个人由于他的坚强个性和能言善辩，以及在组织中的地位、声望和身份，就可以左右组织的决策。虽然这些品质和特征没有一个为做出决策所必需，然而它们能够抑制群体讨论、降低其他成员的创造力、妨碍其他成员做出积极贡献。

"固执己见"也是群体决策中的一个障碍。通常绝大多数的问题具有一个以上的可行方案，而群体各个成员又有其个人的偏爱，有些时候，一个成员会坚持他自己的意见，这种个人的意见之争会演变成意气之争、个人成败之争。

群体决策与个人决策的对比：现有的决策表明，当事人各自单独地为解决某一问题想办法，想出来的好主意要比在群体中面对面时想出来的多。这些发现在部分科学研究人员、管理人员与学生中得到了验证。群体决策的优点，在上面已经作了论述，它们必须与群体决策的短处进行权衡。两者的主要区别如下：

①决策的正确性：群体决策由于多人参加，有更多智慧和更多方面的知识，能产生比较多的可供选择的方案，具有错误校正的机制。并且个人对问题环境的了解是多方面的、具体的，通过讨论得出的决策可以将各个人的判断结合在一起，减少片面性。因而，群体决策比较切合实际。

②决策的速度：群体决策的过程是群体成员一起对问题进行分析、讨论，需要比个人决策花费更多的时间。

③决策的创造性：个人决策具有较大的创造性。当将四个人单独工作时的成绩予以综合、平均，再与具有四个成员的群体的成绩进行比较时，结果表明，前者较为成功。个人能产生较多的主意、较独特的和更好的主意，群体决策由于受多数相互不同意见与论点的约束以及心理因素影响，不易使决策具有大的创造性。因而个人决策适于工作结构不明确、需要创新的工作，而群体决策则适于任务结构明确、有固定的执行程序的工作。

④决策的风险性：在决策理论中，大多以损益期望值作为评选决策方案的标准，这个损益期望值可通过计算得出。然而，决策是由决策人担当的，决策人自身的主观因素对决策必定产生影响，这与决策人的个人性格、当前处境及对未来的展望有关。即使是同一决策人，由于时期、条件等不同，对相同的利益和损失的期望也不完全相同。决策人对于利益和损失的独特的兴趣、感受或反应，称为效用。效用实际上代表决策人对风险的态度。

关于个人决策及群体决策谁具有较大风险性的问题，曾经进行了大量的研究。许多个体，特别是企业管理人员都认为，群体决策可以抑制大胆冒进和风险，在选择较多或较少风险类型的两种行动时将倾向采取比较保守的决策。然而，许多组织行为学家的研究和实验，却得出了惊人的、完全相反的、引起争议的发现：与个体决策相比，群体决策具有一种敢冒更大风险的倾向。群体决策会具有更大风险性的原因在于：在群体决策中，个体在群体压力下存在从众性，当群体中大多数人愿意承担风险时，个体将隐瞒自己的意见而附和众议。同时在群体决策中，责任往往由群体承担，一般成员容易滋生不负责任的倾向，敢冒更大的风险。不过也有些研究实验认为，当群体中多数成员(特别是领导人)比较保守时，群体决策也趋向于保守。这一现象被称为群体决策的极化。

4.4.2　群体决策的规则：简单多数规则

集体中各成员所面临的选择有不同的优先度，虽无信息沟通，但都希望以集体名义做出某种选择。这就要研究一种机制，可以把各个成员的优先选择合理地集中起来形成集体的优先选择。

简单多数规则是集体决策中最早且最常用的方法。例如，有 14 人的集体就 A、B 两种方案选择，其中 10 人选方案 A 而其余 4 人选方案 B。按照简单多数规则应选方案 A。这样有 4 人接受自认为并不优先的方案。他们尽管并不满意此方案，但由于某种约束或者有其他受益，而愿意继续留在此集体内，并认同方案 A 的实施。

这种简单多数规则在运用中视具体环境差异而有不同形式。例如联合国安理会通过提案的方式，只要一个常任理事国投票反对，则其他 14 个理事国即使投赞成票也不起作用。

如果待选择的方案有 3 个，则情况更复杂。例如 24 人中有 9 人赞成方案 A，8 人赞成方案 B，7 人赞成方案 C。简单多数规则将选择方案 A，即便 15 人并不认为它是优先方案。

有些情况下这种简单规则会导致相悖的结果。如有 3 人选择方案 A、B、C，成员甲认为 A>B，B>C，成员乙认为 B>C，C>A，成员丙认为 C>A，A>B。此情况按多数规则(3 人中得 2 票)，群体优先顺序应是 A>B，B>C，C>A。假定符合可传递性，由 A>B，B>C，则必须有 A>C。但事实上多数人也认为 C>A。个人选择符合传递性规则，群体决策结果却无法符合传递性规则。这样，选择的顺序将影响到选择结果，理性选择是难以相容的。这个有名的悖论是南逊在 1882 年提出的。

法国数学家康多西特在18世纪也注意到多数原则的相悖结论，提出了成对比较的规则，将某一方案和其他各种方案成对比较，如能赢得集体中超过半数的赞成票，则获得通过。这样进行一系列投票直到选定最后的方案。

18世纪法国的另一位数学家波德则提出反映优先强度的排序规则。集体中每一位成员将各种方案排序，如有N个方案，各成员对每个自认为最优先的方案给 n 分，给次优的方案 $n-1$ 分，然后统计各方案的得分并选出其中分数最高的方案。例如张、赵两人对5种方案A，B，C，D，E判定优先次序，结果为：张 A>C>D>E>B，赵 B>A>C>D>E。

如按简单多数规则方案A和B不相上下。按波德规则得出，方案A的波德数为5+4=9，而方案B的波德数为5+1=6。方案A优于方案B。

波德规则在实用时亦会出现相悖的情况。一个原因是波德规则的结果和方案数相关。现设甲、乙、丙三人对方案A，B，C优先顺序的判断如表4-7所示。

表4-7　方案优先级

	A	B	C
甲	1	2	3
乙	2	3	1
丙	3	1	2
波德数	6	6	6

方案A的顺序数之和为3+2+1=6。方案B，C亦为6，不分优劣。现加入一种方案D。同时此三人保持原先的对方案A，B，C的优先判断顺序，结果如表4-8所示。

表4-8　方案优先级

	A	B	C	D
甲	4	3	2	1
乙	2	1	4	3
丙	1	3	2	4
波德数	7	7	8	8

方案 C 却优于方案 A，B，这样就有机可乘。引入若干不相干的预选方案而达到某个决策由成员决定的目的，显然违背理想选择的要求。

相悖的另一个原因是波德数未提供优先强度的信息。例如张、赵两人对 5 个方案的优先强度可用图 4-7 表示，则两人将共同选择方案 B，而不是按波德数的结果选择方案 A。

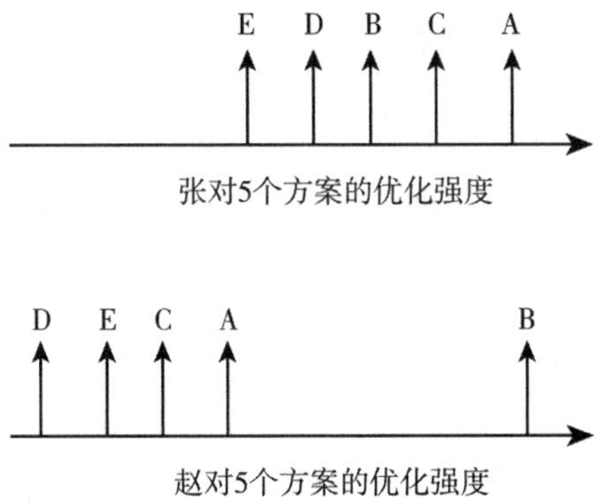

图 4-7　优化强度

以上各种决策规则都反映了人们对于一种通用的公平的群体决策规则的追求(将个人优先顺序集结为一致认可的群体优先顺序)。这种需要是显而易见的，有集体就有如何公平合理地反映集体意见的问题。投票表决的简单多数规则、波德规则等尽管有缺陷，却以它的简便实用容易为集体所接受。那么，是否存在一种规则能够在各种环境条件下运用而不会产生悖论，这一直是在探讨的课题。直到 20 世纪 50 年代，阿罗等人提出了不可能定理和命题，才做出了否定的答复。它证明了社会选择并不能在完全符合理性的条件下将个人选择顺序集结为群体的选择顺序，少数服从多数的规则并不能提供一个令人满意的社会选择顺序。

4.4.3　常用的群体决策方法及应用实例

(1) 委托求解法

假设：

第一，群体中各成员对选择权都负有责任；

第二，群体中各成员对选择权的价值各有各的意见。

那么，委托过程必须满足三点公设：

①(委托公设) 群体的n个成员中的每一个人，都有一个委托小组，这个小组是由群中其余$n-1$个成员组成。成员i对委托小组每个成员j指定一个权数p_{ij}，有$0\leqslant p_{ij}\leqslant 1$，$(i, j=1, 2, \cdots, n)$ 。当且仅当$i=j$时，$P_{ij}=0$，并且

$$\sum_{j=1}^{n} P_{ij}=1, \quad (i=1, 2, \cdots, n) \tag{4-39}$$

②(决策公设) 每个委托小组都有一形式为 $U(X)=\sum\limits_{i=1}^{n} \lambda_i U_i(X)$ 的群体效用函数，对方案进行排队，权数P_{ij} 按委托公设确定。

③(代替公设) 用联系到成员i的委托小组的群体效用函数去代替成员的效用函数，每次替代均作为委托求解的一个步骤。

上述公设的意义在于，在已知群中每个成员效用函数的情况下，由委托公设，成员按照自己的偏好，确定委托组中成员j的权系数，规定在群体效用函数的线性组合中，成员效用函数在决策中所起的作用。代替公设是在委托求解的过程中每一步均采用委托组的群体效用函数。

委托求解法的步骤如下：

假设成员i知道其他每个成员的效用函数，不知道其他成员设定的权值。成员i能够根据其他成员的效用函数选择权数$P_{ij}(j=1, 2, \cdots, n)$，使这些效用函数的组合几乎能够反映成员$i$的偏好。

① 设成员i对他委托的小组中各成员的效用，指定的权系数为$P_{ij}(j=1, 2, \cdots, n)$，则成员的效用函数用委托组的群体效用函数代替，即：

$$u_i^1=\sum_{j=1}^{n} p_{ij} u_j^0, \ (i=1, 2, \cdots, n) \tag{4-40}$$

② 将步骤 ① 得到的效用函数u_i^1 作为各成员的效用函数，一般仍用原设定的权系数P_{ij} 第二步再产生成员i的新的委托效用函数

$$u_i^2=\sum_{j=1}^{n} p_{ij} u_j^1=\sum_{j=1}^{n} p_{ij}^{(2)} u_j^0, \ (i=1, 2, \cdots, n) \tag{4-41}$$

③ 继续上面的委托过程，则成员i第k步的委托效用函数

$$u_i^k=\sum_{j=1}^{n} p_{ij} u_j^{k-1}=\sum_{j=1}^{n} p_{ij}^{(k)} u_j^0, \ (i=1, 2, \cdots, n) \tag{4-42}$$

如果u^k 的每个分量均收敛，委托过程将产生唯一的群体效用函数。即：

$$u_i = \lim_{k \to \infty} u_i^k,\ (i = 1,\ 2,\ \cdots,\ n) \tag{4-43}$$

$$u = \sum_{j=1}^{n} \lim p^k u_j^0 \tag{4-44}$$

这里，u 为群体效用函数，u_i^k 为成员 i 第 k 步的委托效用函数。

又 $u = \lambda^{\mathrm{T}} u^0$，所以$\lambda^{\mathrm{T}}\& = \lim P^K$。这里注意通过上式计算$\lambda^{\mathrm{T}}$时，应该借助齐次马尔可夫链的遍历性，归结为求解方程组 $\lambda = \lim\limits_{k \to \infty} p^k = \lim\limits_{k \to \infty} p^{k-1} p = \lambda p$。即$\lambda_j = \sum\limits_{i=1}^{n} \lambda_i P_{ij}$，$(j = 1,\ 2,\ \cdots,\ n)$，满足条件$\sum\limits_{j=1}^{n} \lambda_i = 1$ 的唯一解。

例 4-10　三个小型公司计划按照等额投资联合组成一个新公司，按照合同，三个公司享受同等的投资效果。为了使联合企业在某计划期内进行投资决策，试用委托求解法构造群体效用函数。

解：设群体效用函数具有线性结构，即：

$$U(x) = \lambda_1 u_1(x) + \lambda_2 u_2(x) + \lambda_3 u_3(x) \tag{4-45}$$

其中$u_1(x)(i=1,\ 2,\ 3)$，为第i个企业决策人的效用函数。按照委托求解步骤，各成员指定委托组其他成员的权系数P_{ij}，$(i,\ j = 1,\ 2,\ 3)$，$P_{ij} = 0$，设权系数矩阵

$$P = \begin{bmatrix} 0 & \frac{2}{3} & \frac{1}{3} \\ \frac{1}{2} & 0 & \frac{1}{2} \\ \frac{1}{3} & \frac{2}{3} & 0 \end{bmatrix} \tag{4-46}$$

由$(\lambda_1,\ \lambda_2,\ \lambda_3) = (\lambda_1,\ \lambda_2,\ \lambda_3)P$，联立下列方程：

$$\begin{cases} \lambda_1 = \frac{1}{2}\lambda_2 + \frac{1}{3}\lambda_3 \\ \lambda_2 = \frac{2}{3}\lambda_1 + \frac{2}{3}\lambda_3 \\ \lambda_3 = \frac{1}{3}\lambda_1 + \frac{1}{2}\lambda_2 \\ \lambda_1 + \lambda_2 + \lambda_3 = 1 \end{cases} \tag{4-47}$$

可得到$\lambda_1 = \frac{3}{10}$，$\lambda_2 = \frac{4}{10}$，$\lambda_3 = \frac{3}{10}$。因此，联合企业的群体效用函数为：

$$U(x)=\frac{3}{10}u_1(x)+\frac{4}{10}u_2(x)+\frac{3}{10}u_3(x) \tag{4-48}$$

(2)逐步形成群体的意见的方法：名义群体法(Nominal Group Technique，NGT)

适合规模较小的群，以5~9个成员为宜，整个过程通常需要60~90分钟。

群体中有一组织者去指导实施以下步骤：

第一，每个成员在安静的环境下写出自己的意见；

第二，组织者不分先后地听取并记录这些意见；

第三，集体逐条讨论这些意见，并清楚它们的意义；

第四，对归纳意见所形成的条目的重要性作初步投票；

第五，讨论初步投票结果；

第六，最终投票。

(3) 德尔菲法(Delphi 法)

此种方法与NGT方法的不同之处：

①成员人数以20~50人为宜；

②书面反映情况；

③整个过程需要1~2个小时。

此种方法的三个重要特征：

①匿名反映：向群体中每个成员发出意见咨询表，匿名反映意见。

②迭代和受控反馈：包括几次迭代(轮)，每一轮都把收集到的意见经过统计处理反馈给群中的成员，经过信息反馈，各成员意见将逐步集中。

③统计群体的反应：把最后一轮得到的各成员的意见，组合成群体的意见。决策人提出问题，期望使用分析结果。

德尔菲方法的参加人员分为3部分。一是决策者，提出决策的目标和要求，希望达到的分析结果。二是专业人员，负责解决方法中的技术问题，收集并整理咨询的意见。三是反应者，即德尔菲法征求意见的对象，群体的成员。

德尔菲法的实施步骤如下：

①提出问题(要进行决策、预测或技术咨询的问题)。

②选择并确定群体中的成员(反应者)。

对群体成员的要求：代表性广；对问题较熟悉，具有丰富的知识、经验、权威性；感兴趣，有时间投入；人数适当。

③制定第一个咨询表，并散发给群体的成员。

④收集第一个咨询表，并进行分析。

⑤制定第二个咨询表，并散发给群体的成员。

⑥收集第二个咨询表，并对数据进行统计处理。

⑦制定第三个咨询表，并散发给群体的成员。

⑧收集第三个咨询表，并对新数据进行统计处理。

⑨准备最后的报告。

这里需要说明的是，德尔菲方法的每一轮咨询结果都要进行数据处理。数据处理之前，定性评估结果需要量化。统计指标选择和具体表达形式取决于决策问题的类型和要求。下面，介绍几种常用的统计指标和计算方法。

(1) 中位数和上、下四分位点

在德尔菲统计数据处理中，常用中位数表示专家评价的协调结果，上、下四分位点表示专家的意见分散程度。将评价结果依次表示在横轴上，并把数据四等分，中分点称为中位数，小于中位数的四分点称为上四分位点，大于中位数的四分点称为下四分位点。上、下四分位点越接近中位数，表示专家意见越集中。落在上、下四分位点之外的评价值，表示该专家与多数专家意见有分歧。在预测事件完成时间的统计处理中，设中位数为 T_0，组织预测时间为 T，中位数与组织预测时间之差为 $T-T_0=X$，则上四分位点 T_1 和下四分位点 T_2 分别为：

$$T_1 = T_0 + \frac{2}{3}X \tag{4-49}$$

$$T_2 = T_0 + \frac{5}{3}X \tag{4-50}$$

(2) 均值和方差

方案的优劣程度常用方案的评分值表示。设有 m 个专家对 n 个方案进行评价，评价矩阵 $A=(a_{ij})_{m\times n}$。其中 a_{ij} 表示第 i 个专家对第 j 个方案的评分值，分值一般取 0 ~ 100 分。方案评分均值和方差分别为：

$$M_j = \frac{1}{m}\sum_{i=1}^{m} a_{ij}，(j=1，2，\cdots，n) \tag{4-51}$$

$$D_j = \frac{1}{m-1}\sum_{i=1}^{m} (a_{ij}-M_j)^2，(j=1，2，\cdots，n) \tag{4-52}$$

专家根据上一轮评价结果的均值和方差修改自己的意见，使意见离散程度越来越小，逐渐趋于一致。

(3) 满分频率和变异系数

满分频率是对第 j 个方案打满分的专家人数和参加咨询的专家人数之比。即满分频率

$$K_j = \frac{m_j}{m}, \ (j = 1, 2, \cdots, n) \tag{4-53}$$

K 值越大，表示给第 j 个方案打满分的专家越多，该方案的重要程度就越高。

变异系数表示方案评分值的波动程度。设方案 j 的评分值标准差 $\sigma_j = \sqrt{D_j}$，则变异系数

$$V_j = \frac{\sigma_j}{M_j} = \frac{\sqrt{\frac{1}{m-1}\sum_{i=1}^{m}(a_{ij} - M_j)^2}}{\frac{1}{m}\sum_{i=1}^{m} a_{ij}} \tag{4-54}$$

V_j 越小，表示方案 j 的评分值的波动程度越小，专家间的协调程度越高。

(4) 协调系数

协调系数表示专家评价中的相互协调程度，用方案的评价等级测算。设有 m 个专家对 n 个方案进行评价，评价等级矩阵 $C = (c_{ij})_{m\times n}$。

c_{ij} 表示第 i 个专家对第 j 个方案的评定等级，依自然数 $1 - N$ 的顺序排列，等级 1 最高，等级 N 最低。方案 j 的等级和为：

$$S_j = \sum_{i=1}^{m} c_{ij} \tag{4-55}$$

方案 j 等级和与全部方案等级和的均值之差记为：

$$d_j = S_j - \frac{1}{n}\sum_{j=1}^{n} S_j \tag{4-56}$$

当各位专家对各方案没有给出相同等级时，协调系数计算公式为：

$$W = \frac{12}{m^2(n^3 - n)}\sum_{j=1}^{n} d_j^2 \tag{4-57}$$

当存在相同等级时，上式应该调整为：

$$W = \frac{12}{m^2(n^3 - n) - m\sum_{i=1}^{m} T_i}\sum_{j=1}^{n} d_j^2 \tag{4-58}$$

其中，T_i 为相同等级指标，计算公式为：

$$T_i = \sum_{k=1}^{L} (t_k^3 - t_k) \tag{4-59}$$

这里L为第i个专家评价中相同等级的组数，t_k表示在L组中，第k组相同等级的方案数$k = 1, 2, \cdots, L$。

(5) 多指标群组决策方法

所谓多指标群组决策，是指在独立的情况下，专家组中的各专家单独作出评价之后，然后根据各个不同的评价结果，综合成群组决策的结论。建立项目评审和科研项目鉴定中的主审委员会、专家小组等，都需要应用群组决策方法。

①综合加权法概念：设有m个方案，n个目标，s个决策者。n个目标的权重向量为$W = (w_1, w_2, \cdots, w_n)^T$，$\sum_{j=1}^{n} w_j = 1$，$w_j \geqslant 0 (j = 1, 2, \cdots, n)$。第$k$个决策者的权重系数为$\lambda_k$，$\sum_{k=1}^{s} \lambda_k = 1$，$\lambda_j > 0 (k = 1, 2, \cdots, s)$

② 综合加权法的步骤是：

第一，专家组的每个决策者单独对各方案进行多指标决策。设第k个决策者对第i个方案的第j个目标评价$u_{ij}^{(k)} (i = 1, 2, \cdots, m; k = 1, 2, \cdots, s)$。评价值采用统一标准评分，得到评价值矩阵

$$U^{(k)} = (u_{ij}^{(k)})_{m \times n} \tag{4-60}$$

第二，分别计算各方案的算术加权平均分和几何加权平均分。算术加权平均分为：

$$P_i^{(k)} = \sum_{j=1}^{n} w_j u_{ij}^{(k)}, (i = 1, 2, \cdots, m; k = 1, 2, \cdots, s) \tag{4-61}$$

几何加权平均分为：

$$q_i^{(k)} = \prod_{j=1}^{n} (u_{ij}^{(k)})^{w_j}, (i = 1, 2, \cdots, m; k = 1, 2, \cdots, s) \tag{4-62}$$

第三，计算各方案的混合平均分为：

$$t_i^k = (p_i^{(k)} + q_i^{(k)})/2 \tag{4-63}$$

第四，计算各方案的总体平均分

$$v_i = \sum_{k=1}^{s} \lambda_k t_i^{(k)}, (i = 1, 2, \cdots, m) \tag{4-64}$$

第五，计算各方案的评价系数

$$e_i = \frac{v_i}{\sum_{i=1}^{m} v_i}, (i = 1, 2, \cdots, m) \tag{4-65}$$

第六，根据评价系数e_i，从小到大排列各方案群组决策的优先顺序。

例 4-11 设有 5 个方案，2 个目标，2 个专家。决策目标的权重向量 $W = (0.5, 0.5)^T$，专家的权重系数$\lambda_1 = 0.5$，$\lambda_2 = 0.5$。采用五级评分制，由两名专家单独对方案进行评价。其评价矩阵分别为：

$$U^{(1)} = \begin{bmatrix} 1 & 5 \\ 2 & 4 \\ 3 & 3 \\ 4 & 2 \\ 5 & 1 \end{bmatrix}, \quad U^{(2)} = \begin{bmatrix} 2 & 4 \\ 3 & 1 \\ 5 & 2 \\ 4 & 5 \\ 1 & 3 \end{bmatrix} \tag{4-66}$$

使用综合加权法进行群组决策。

解：按照综合加权法的计算步骤，计算结果如表 4-9 所示。

表 4-9 计算结果

评价值	$P_i^{(k)}$		$q_i^{(k)}$		$t_i^{(k)}$			
方案	$P_i^{(1)}$	$P_i^{(2)}$	$q_i^{(1)}$	$q_i^{(2)}$	$t_i^{(1)}$	$t_i^{(2)}$	v_i	e_i
A_1	3	3	2.24	2.83	2.62	2.915	2.7675	0.194
A_2	3	2	2.83	1.73	2.915	1.865	2.39	0.168
A_3	3	3.5	3	3.16	3	3.33	3.165	0.222
A_4	3	4.5	2.83	4.47	2.915	4.485	3.7	0.259
A_5	3	2	2.24	1.73	2.62	1.865	2.2425	0.157

根据评价系数从大到小，各方案的综合排序结果是：$A_4>A_3>A_1>A_2>A_5$。

本章小结

本章主要研究的是多阶段决策问题。在多阶段决策问题中，决策者需做出多次决策，后面的决策依赖于前面决策的结果，而做出前面的决策时要同时考虑到后面的决策。多阶段决策分析时常常采用逆序归纳法，即由后向前逐渐地进行分析。决策树的形式给用逆序归纳法进行决策分析提供了很大的方便。

按事先能否确定需要做出决策的次数，多阶段决策可以分为一般的多阶决策和序列决策两类。与一般的多阶决策相比，序列决策问题的特殊点是必须能够确定决策序列何时终止，否则，无法用逆序归纳法进行决策分析。

以前所研究的各类决策问题，包括多阶段决策和序列决策，一旦状态确定后，在做出新的决策之前，状态就不会改变。但有些决策问题并非如此，系统所处的状态在不同的时期可以不同(这期间，不一定做出新的决策)。这是一类更复杂的决策问题，我们只研究了其中一种最简单的情形，就是在每一时期系统处于各状态的概率，只与前面的一个时期它实际所处的状态有关，而与更早的时期无关。这就是所谓的马尔可夫决策问题。

马尔可夫过程的一个重要概念是状态的转移矩阵。转移矩阵所描述的是每一时期状态参数的概率分布是怎样被前一时期系统所处的状态决定的。

在现实生活中，决策往往是群体行为，是由多人参加行动方案的选择活动。本章简要地介绍了群体决策概念以及解决方法。

本章习题

1. 某工厂的产品所使用的元件要从外厂购买。今有甲、乙两家工厂都生产该种元件。如果使用甲厂元件箱可获利 800 元。如使用乙厂元件，由于每箱元件的次品率不同，获利情况也不同。乙厂元件每箱的次品率在 0.2、0.3、0.4，其概率分别为 0.3、0.4、0.3。使用这三种次品率的元件，每箱分别获利 800 元、600 元、400 元。

购买乙厂元件时，如果买主愿意，可以从一箱中抽取 2 个元件检验。每箱的价格也随检验结果有所调整：如果两个元件都是合格品，每箱的价格要提高 8 元；如果被检验的 2 个元件有一个是合格品，有一个是次品，每箱价格降低 12 元；如果两箱都是次品，降价 32 元。一旦决定检验，不论结果如何，必须购买。

现在需要决策的问题是：该厂所需元件该从哪家购买？如果从乙厂购买，是否应采取抽样检验的办法？

2. 某企业考虑是否将一种研发产品正式投产。如果投产，经营成功可以获利 49 万元，经营失败则亏损 7 元；经营成功的概率为 0.4，失败的概率为 0.6。该公司打算投产前采取两项措施：一项是小批量试销，成本为 2 万元，不论实际经营成功或失败，试销给出准确信息的概率为 0.95；另一项是一般性市场调查，调查费用为 1 万元，不论实际经营状态，调查给出准确信息的概率为 0.80。

现在需要决策的问题是：是否采取试销或调查措施，采取措施后应该如何产销新产品，不采取措施又应该如何产销新产品？

3. 某工厂需要一箱(100个)某种电子元件，欲外购。这种电子元件的一般市场价格为每箱600元，其中大约有一半为优质品，另外一半为普通品，每个优质品要比每个普通品贵2.5元。现交电公司有一箱该种元件正在出售，价格亦为每箱600元。但据悉一箱的优质品率可能为0.1、0.5、0.9，其概率分别为0.2、0.7、0.1。顾客为了了解一箱元件的具体情况，可以从中抽取1件检验，如果是优质品再决定是否购买该箱元件。抽取1件检验后，还可以再抽1件，抽取几次都可以，但每抽取1件检验都要交付检验费2元。该厂是否应购买交电公司的这种元件？若买是否抽样？抽取几次？试做出决策。

4. 盒中有白黑两种球，共100个。两种球数目之比为1∶9，但是不知白球多还是黑球多。假定白球多的概率和黑球多的概率各为0.5。现在请你猜哪种球多。如果猜对了给你1元钱；如果猜错了，不给钱。猜前，你可以从盒中抽样，每抽一个，费用为0.1元。抽多少次都可以，而且事先不必说准抽样次数。那么，你应该如何决策？

5. 设不同商标的三种同一类型商品的市场占有率的转移矩阵为：$P=\begin{bmatrix} 0.8 & 0.1 & 0.1 \\ 0.07 & 0.9 & 0.1 \\ 0.15 & 0.25 & 0.6 \end{bmatrix}$，初始状态概率为 $s(0)=(0.3,\ 0.45,\ 0.25)$。

求：(1)第1个时期的状态概率向量 $s(1)$。

(2)二步转移矩阵 $P(2)$。

(3)第2个时期的状态概率向量 $S(2)$。

(4)稳定状态概率。

它们的经济意义分别是什么？

第 5 章　信息决策的核心——数据挖掘技术

目前，快速增长的海量数据已被收集、存储在大量的数据库资源中。在没有强有力的工具的条件下，理解和利用这些数据已经远远超出了决策者的能力。许多重要的决策行为并不是基于数据库中存储的信息，而是基于决策者的主观经验，出现了“信息爆炸但知识贫乏”的窘境。造成这一现象的原因是数据洪流的出现，导致决策用户淹没在数据的海洋中，却渴望着“知识”的淡水，而只有“知识”才能成为决策的利器，为相关用户决策活动提供有力的支持。虽然面向特定问题领域的专家系统能够在一定程度上解决上述问题，但这类系统通常依赖用户或领域专家人工地将知识输入知识库，这一过程常常伴有偏差甚至错误，并且决策过程耗时，决策费用高。因此，在大数据环境下，数据挖掘技术的应用至关重要。通过数据挖掘技术进行数据分析，可以将数据升华为知识，并对知识进行“蒸馏”，从而进行知识发现。因此，数据挖掘对于基于数据的信息决策具有现实意义，它能够从大数据中发掘更有价值的知识，从而更好地实现决策支持并提升效率。大数据环境下，数据驱动的决策已成为决策理论与方法新的研究范式，其中应用数据挖掘技术，从数据和信息中挖掘有价值的知识，实现“知识蒸馏”，是实现基于数据驱动的信息决策过程的关键环节。

本章将介绍数据挖掘技术的基本概念和在信息决策中的应用，重点介绍分类、聚类、关联规则等数据挖掘技术；接着，介绍知识蒸馏技术在数据挖掘中的应用，以及预训练模型的应用与定制化微调技术；最后，探讨数据挖掘技术在信息决策中的进阶应用，包括强化学习、多任务学习等，以及模型的解释性和构建可信赖人工智能的重要性。

5.1 数据挖掘概述

数据挖掘是一种分析技术，旨在从大量的数据中发现有价值的信息、模式和关联。它利用统计学、机器学习、人工智能等方法来处理和分析数据，帮助揭示隐藏在数据中的知识。在信息决策方面，数据挖掘发挥着至关重要的作用。通过分析历史数据和当前数据，数据挖掘可以帮助决策者预测未来趋势，识别潜在风险和机会，从而做出更加合理和有效的决策。在商业、医疗、金融等领域，数据挖掘技术已经成为支持信息决策的关键工具，极大地提升了决策的质量和效率。本节将回顾数据挖掘技术的发展历程，介绍数据挖掘技术是如何应用到信息决策中的。

5.1.1 数据挖掘模式分类

在当今信息爆炸的时代，快速增长的海量数据被收集、存储在大量的数据库资源中。在没有强有力的工具的条件下，理解和利用这些数据已经远远超出了决策者的能力。许多重要的决策行为并不是基于数据库中存储的信息，而是基于决策者的主观经验，出现了“信息爆炸但知识贫乏”的窘境。造成这一现象的原因是数据洪流的出现，导致决策用户淹没在数据的海洋中，却渴望着“知识”的淡水，而只有“知识”才能成为决策的利器，为相关用户决策活动提供有力的支持。因此，决策者需要一种有效的方法来挖掘和分析这些数据，从中发现隐藏的规律和关联，为决策提供有力的支持。数据挖掘技术通过分析大量的数据，发现其中的潜在模式和规律，帮助决策者理解数据的本质，并预测未来的发展趋势。通过不同的数据挖掘模型，可以帮助决策者更好地理解数据，从中发现有用的信息，并做出更明智、更科学的决策。通过数据挖掘技术，决策者可以充分利用大数据的潜力，发现其中的宝藏，为信息决策提供有力的支持。

数据挖掘模式按照功能可以分为两类：描述和预测。描述性挖掘任务刻画数据库中数据的一般特性。预测性挖掘任务在当前数据上进行推断，以进行预测。在实际应用中，数据挖掘模式可以细分为关联模式、分类模式、聚类模式和序列模式等。下面我们对其中一些模式进行简要的介绍，包括其内涵、特点、经典方法及其在信息决策中的应用，如表 5-1 所示。

表 5-1　数据挖掘模式分类

模式	内　　涵	特　　点	常用方法	决策应用
分类模式	分类模式是将数据分类到预定义的类别或标签中。它通过分析已知类别的训练数据集，建立分类模型，并使用该模型将新数据样本分配到相应的类别中。	可以预测分类标签，帮助识别数据所属的类别。分类模型易于理解和解释，通常适用于离散型的数据和有监督学习的场景。	决策树、逻辑回归、支持向量机、朴素贝叶斯、随机森林、神经网络等。	在金融领域中，用于客户信用评级。通过分析客户的个人信息、财务状况等数据，建立信用评级模型，将客户分为不同的信用等级，从而帮助银行决策是否给予贷款或信用卡，并确定相应的利率和额度。
关联模式	关联模式用于发现数据中项目之间的关联规则或关联性。它通过分析数据中的频繁项集和关联规则来揭示项目之间的相关性。	可以发现数据中的隐含关系，揭示数据之间的相关性和趋势。	Apriori 算法、FP-growth 算法、Eclat 算法、关联规则树算法、基于模式增长的关联规则算法。	在零售业中，用于购物篮分析。通过分析顾客购物篮中的商品组合，发现购买商品之间的关联规则，如“购买尿布的顾客也倾向于购买啤酒”，从而帮助商家调整商品陈列和促销策略。
聚类模式	聚类模式用于将数据分成具有相似特征的组或簇。它通过将数据点分组到簇中，使得同一簇内的数据点之间的相似性最大化，不同簇之间的相似性最小化。	可以发现数据中的自然分组，无需事先指定类别标签。聚类模式通常适用于无监督学习的场景，帮助发现数据中的隐藏结构和模式。	K 均值聚类、层次聚类、密度聚类、DBSCAN 等。	在市场细分中的应用。通过对客户基本信息和消费行为进行聚类分析，将客户分成不同的市场细分群体，如高端用户、中端用户、低端用户等，帮助企业精准定位目标客户群体并制定针对性的营销策略。

续表

模式	内　涵	特　点	常用方法	决策应用
时序模式	时序模式用于发现数据中的序列或时间序列之间的模式和规律。它通过分析数据中的时间序列数据或序列数据，揭示其中的时间顺序和相互之间的关系。	揭示数据中的时间顺序和相互之间的关系，帮助理解事件发生的顺序和趋势。时序模式通常适用于时间序列数据和序列数据的分析。	AprioriAll 算法、GSP 算法、FreeSpan 算法、PrefixSpan 算法等。	在电商行业中的用户行为分析。通过分析用户的浏览、搜索、点击、购买等行为序列，发现用户行为的时间序列模式和趋势，从而了解用户的购物习惯和行为轨迹，优化个性化推荐和营销策略。
异常检测模式	异常检测模式用于发现数据中的异常或异常行为。它通过比较数据点与正常模式的差异来识别异常数据点，帮助发现潜在的异常情况或问题。	可以帮助发现数据中的潜在问题或异常情况，提供及时的预警和干预。	基于统计的方法、基于聚类的方法、基于密度的方法、基于机器学习的方法等。	在网络安全领域的入侵检测。通过监控网络流量和用户行为，发现异常的数据访问和操作，如异常登录、异常数据传输等，及时发现并阻止潜在的网络攻击或数据泄露行为。
预测模式	预测模式用于预测数据中未来事件或数值。它通过分析历史数据和趋势，建立预测模型，并使用该模型对未来事件或数值进行预测。	基于历史数据和趋势进行预测，帮助预测未来的发展趋势和变化。预测模式通常适用于时间序列分析、趋势预测和决策评估。	线性回归、时间序列分析、神经网络、决策树回归、支持向量回归等。	在销售预测中的应用。通过分析历史销售数据和市场趋势，建立销售预测模型，预测未来一段时间内的产品销售量和趋势，帮助企业做出库存管理、生产计划和市场推广等决策。

5.1.2　数据挖掘对信息决策的作用

数据挖掘的应用价值体现在为信息决策提供有力支持方面。通过数据挖掘，我们可以深入挖掘数据背后的信息，发现隐藏的关联和规律，从而为决策者提供更全面、更准确的信息。这种基于数据的决策能够更好地应对不确定性和复杂性，提高决策的效率和准确性。此外，数据挖掘还可以帮助决策者更好地理解业务和市场环境，预测未来趋势和变化，从而制定更具前瞻性和战略性的决策。这种基于数据的信息决策可以帮助企业更好地把握机遇，应对挑战，提高竞争力和创新能力。

决策是人们为实现特定目标在占有一定经验知识的基础上比较、评价不同解决方案，并最终进行方案选择的过程。随着当前大数据逐渐成为人们获取对事物、问题深层次认知的决策资源，如何从繁杂的大数据中过滤抽取辅助决策的信息，并对其进行加工使之成为有用的知识是当前科学管理的关键，也是科学决策的基础。数据挖掘技术能够有效从海量数据中提取对决策有用的知识，提高决策水平。数据挖掘对信息决策的作用主要体现在以下方面：

①提高数据利用率。大数据环境中存在大量的数据，这些数据包含着丰富的信息和潜在的价值。然而，仅仅拥有数据并不能产生价值，需要将数据转化为有用的知识和洞见。数据挖掘技术能够帮助决策者从海量数据中提取有价值的信息和模式，发现数据中隐藏的规律和趋势，从而提高数据的利用率，实现数据利用的最大化。

②避免主观经验的误导决策。在面对复杂的决策问题时，人们往往依赖自己的主观经验和直觉来做出决策。然而，主观经验往往容易受到个人偏见和情绪影响，导致决策的失误和偏差。数据挖掘技术可以基于客观的数据分析，帮助决策者消除主观经验的影响，提供客观、科学的决策依据，从而避免主观经验的误导决策。

③发现隐藏的关联和规律。数据挖掘技术能够通过分析大量的数据，发现数据中隐藏的关联和规律，帮助决策者理解数据背后的本质和趋势，预测未来的发展趋势，从而做出更加准确和有针对性的决策。

④优化决策流程。数据挖掘技术可以对决策流程进行优化和改进，帮助决策者更加高效地进行决策分析和决策制定。通过自动化的数据处理和分析，数据挖掘技术可以大大缩短决策周期，提高决策的效率和质量。

5.1.3　基于数据挖掘的信息决策

(1)数据挖掘技术

数据挖掘技术在数据驱动的信息决策过程中扮演着重要的角色，它能够帮助决策者发现隐藏的模式、趋势和关联，指导决策的制定和执行，提高决策的质量和效率。下面围绕几种主流的数据挖掘技术进行简要介绍，详细内容将在后面章节展开。

①分类技术。在决策过程中，分类技术可以帮助将数据分成不同的类别，并建立模型来预测未知数据项的类别。通过分类技术，我们可以根据已知的类别特征和辨别性描述，对数据进行分析和归类，从而为决策者提供有针对性的决策支持。例如，在金融领域中，可以利用分类技术对客户进行信用评级，从而决定是否给予贷款或信用卡。

②聚类技术。聚类技术可以根据数据对象的相似性将它们进行聚类或分组，从而发现数据中的潜在结构和模式。在决策过程中，聚类技术可以帮助识别数据中的不同群体和趋势，为决策者提供更全面的数据分析和洞见。例如，在市场细分中，可以利用聚类技术将客户分成不同的市场细分群体，从而指导营销策略的制定和执行。

③关联规则技术。关联规则技术用于发现大量数据中的有趣联系和频繁模式，从而帮助理解数据之间的关系和规律。在决策过程中，关联规则技术可以帮助决策者发现数据中隐藏的关联性和因果关系，为决策者提供更深入的数据理解和分析。例如，在零售业中，可以利用关联规则技术发现购物篮中商品之间的相关性，从而优化商品陈列和促销策略。

④时间序列分析技术。时间序列分析技术用于描述和建模随时间变化的对象的规律和趋势，从而预测未来的发展趋势。在决策过程中，时间序列分析技术可以帮助预测数据的未来走势和变化趋势，为决策者提供及时的预警和决策支持。例如，在股票市场中，可以利用时间序列分析技术预测股票价格的变化趋势，指导投资决策。

⑤预测技术。预测技术通过建立模型来预测未来数据的种类、特征等，从而为决策者提供有关未来发展的参考和指导。在决策过程中，预测技术可以帮助决策者识别未来可能发生的事件和趋势，为决策者制定相应的计划和策略。例如，在销售预测中，可以利用预测技术预测未来产品的销售量和市场需求，从而制定生产计划和市场推广策略。

由此可见，数据挖掘是开展大数据信息决策的关键技术，能够为信息决策提供数据洞见，提炼数据价值，为决策提供有力支持。

(2)面向大数据信息决策的数据挖掘模型架构

面向大数据信息决策，数据挖掘建模是指针对现实世界中决策目标，做出重要的简化和假设，运用适当的数据挖掘工具和其他科学工具获得模型，然后利用该模型来解释特定现象的现实形态、预测对象的未来状况、提供处理对象的优化决策和控制，以满足大数据信息决策需求。数据挖掘建模实际上就是为了采用数据挖掘工具解决信息决策问题，而进行建立数据挖掘模型的活动过程。

数据挖掘模型是根据大数据信息决策的目标进行设计和实现，该过程需要经历多个步骤，用户可以根据决策需求进行制定，确保数据挖掘模型构建符合信息决策目标。面向大数据信息决策的数据挖掘模型架构，如图 5-1 所示。

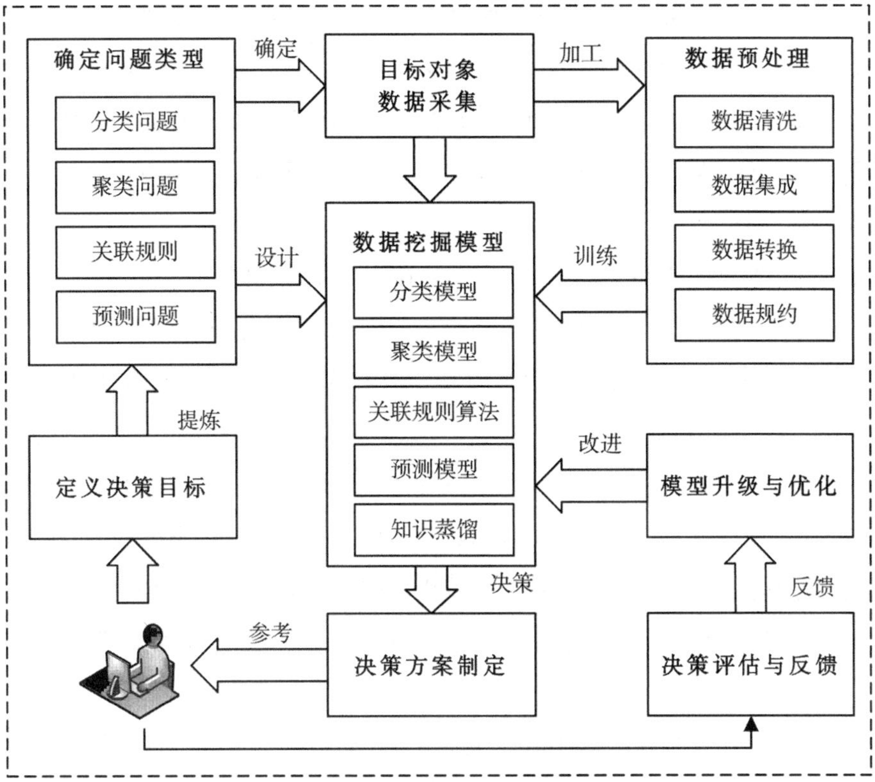

图 5-1　面向大数据信息决策的数据挖掘模型架构

面向大数据信息决策的数据挖掘模型架构，包括定义决策目标、确定问题类型、目标对象数据采集、数据预处理、设计数据挖掘模型、决策方案制定、决策评估与反馈、模型升级与优化几个步骤。

①定义决策目标是指确定数据挖掘的目标和具体决策任务，明确所要解决的问题和期望达到的目标。

②确定问题类型是指根据决策目标，确定所面临的问题类型，可能包括分类问题、聚类问题、关联规则挖掘和预测问题等。

③目标对象数据采集是指收集与问题相关的数据，并从不同的数据源中获取数据，

确保数据的全面性和代表性，数据类型包括数值型、文本、图像、音视频等。

④数据预处理是指对采集到的数据进行预处理，包括数据清洗、数据集成、数据转换和数据规约等步骤，以提高数据的质量和适用性。数据清洗是指处理数据中的噪声、缺失值、异常值和不一致性等问题，以确保数据质量。数据集成是将来自不同数据源的数据合并成一个一致的数据集的过程。数据转换是对数据进行变换，以使其更适合数据挖掘建模和分析。数据规约是通过保持数据和结构的基本特征来减少数据集的大小。

⑤设计数据挖掘模型是指根据确定的问题类型和预处理后的数据，选择合适的数据挖掘模型进行建模，包括分类模型、聚类模型、关联规则算法和预测模型等，甚至是多个模型的集成。

⑥决策方案制定是指基于建立的数据挖掘模型，制定具体的决策方案和行动计划，以实现决策目标。该步骤需要对建立的数据挖掘模型进行解读和分析，理解模型所揭示的数据模式、规律和关联。然后，根据模型结果和决策目标，确定具体的决策策略和方向。

⑦决策评估与反馈是指对制定的决策方案进行评估和验证，收集决策结果的反馈信息，评估决策的有效性和影响。根据评估结果和反馈信息，评估决策方案的有效性和实际效果，判断决策是否达到预期目标，并分析造成差异的原因。根据评估结果和反馈信息，对决策方案进行调整和优化，包括修改行动计划、调整资源配置、改进决策策略等。

⑧模型升级与优化是指根据评估和反馈结果，对数据挖掘模型进行优化和调整，提高模型的准确性和性能。

5.1.4 数据挖掘在信息决策中的应用

随着科技的不断进步和信息化水平的提高，各行各业都积累了大量的数据资源。这些数据不仅包含着组织内部的运营数据，还涵盖了外部环境的各种信息，如市场趋势、竞争对手动态、消费者行为等。然而，这些海量数据往往处于未加工、未分析的状态，并未发挥其应有的价值。在这种情况下，决策者往往面临着巨大的挑战。他们需要从这些海量数据中提取出有用的信息和知识，以支持企业的战略决策、市场营销、产品研发等方面的工作。然而，由于数据量庞大、结构复杂，以及信息碎片化等问题，传统的数据处理方法已经无法满足现代企业的需求。因此，数据挖掘技术应运而生。数据挖掘技术能够利用各种算法和工具，从海量数据中发现隐藏的模式、规律和关联，帮助决策者更好地理解数据，做出更明智、更科学的决策。数据挖掘已经在不同领域的信息决策中发挥极其重要的价值。

(1)公共安全领域

在公共安全领域，数据挖掘技术的应用对信息决策具有重要意义。利用数据挖掘技术分析历史犯罪数据，能够发现犯罪行为的潜在模式和趋势。基于这些模式，警方可以制定更有效的巡逻路线和部署资源，提高犯罪预防和打击的效率。例如，警方可以根据数据分析结果在可能发生犯罪的区域加强巡逻，并采取预防措施，从而减少犯罪率。利用数据挖掘技术分析大规模的公共安全数据，包括监控视频、社交媒体信息、通信记录等，发现恐怖袭击的潜在线索和迹象。通过实时监测和分析，可以及时发现恐怖袭击的预警信号，并采取相应的安全措施，保障公众的安全。在网络安全监测方面，利用数据挖掘技术对网络流量、日志数据、恶意软件样本等进行分析，可以识别网络攻击行为和安全漏洞，提高网络安全防御的能力；通过实时监测和分析网络数据，可以及时发现网络攻击的迹象，并采取相应的应对措施，保护网络系统的安全。

此外，在公共卫生监测方面，利用数据挖掘技术分析公共卫生数据、医疗记录、疫情报告等，能够发现疾病传播的规律和趋势，及时预警和应对传染病暴发。通过建立公共卫生数据模型，可以实现对疾病传播的监测和预测，采取针对性的防控措施，保障公众的健康安全。

(2)舆情治理领域

在舆情治理领域，数据挖掘技术对信息决策的应用具有重要意义。舆情治理是指对网络舆情进行监测、分析、引导和管理，以维护社会稳定、公众利益和国家安全。数据挖掘在舆情治理中扮演着发现、分析和应对舆情事件的关键角色。其主要体现在以下几个方面：

①舆情监测。数据挖掘技术可以帮助政府部门、企业以及其他组织实时监测网络上的舆情信息。通过自然语言处理和文本挖掘技术，可以对海量的网络信息进行抓取、过滤和分类，识别出与组织或个人相关的舆情事件。

②舆情分析。对海量的舆情数据进行数据挖掘，挖掘出其中的关键信息、热点话题和舆情趋势。通过情感分析、主题模型和网络图谱分析等技术，可以深入理解舆情事件的背后逻辑和关联关系，为决策者提供全面的信息支持。

③舆情引导。基于数据挖掘的分析结果，决策者可以及时制定针对性的舆情引导策略，通过发布信息、引导舆论、调控舆情氛围等方式，积极引导公众舆论，维护社会稳

定和组织形象。

④舆情预警预测。数据挖掘技术被用于对历史舆情数据进行建模和预测，识别出可能引发舆情事件的风险因素和预警信号。通过预测舆情发展趋势，决策者可以提前做好应对准备，有效降低舆情事件对组织的影响。

(3)医疗卫生领域

随着医院信息系统和健康网站的发展，医疗活动、医学研究和健康信息行为中的数据被存储下来，形成了海量的健康医疗大数据。这类数据的数据量大，存储形式多样，难以用传统数据处理方法进行处理。数据挖掘由于能够分析海量异构数据，越来越多地被应用于医疗卫生领域。数据挖掘不仅能够辅助完成预防、诊断、治疗、预后等医疗任务并通过辅助门急诊、住院、医疗费用、医疗保险等的管理为医疗资源的合理配置提供参考，还能帮助理解健康信息需求和行为，优化健康信息获取，进而改善健康信息服务。未来，医疗数据来源多样化、电子病历挖掘语义化的发展将进一步推动数据挖掘技术在医疗卫生领域应用深入发展，为提升医疗服务水平提供智力支持。

(4)金融领域

金融机构需要不断评估和管理各种类型的风险，包括信用风险、市场风险、操作风险等。数据挖掘技术可以通过分析历史数据和市场趋势，识别潜在的风险因素，并建立风险模型来评估和预测风险水平。例如，通过分析客户的信用记录、财务状况和交易历史，银行可以评估客户的信用风险，制定相应的信贷政策和风险控制措施。

金融机构利用数据挖掘技术对客户进行信用评分，从而决定是否给予贷款或信用卡，并确定贷款额度和利率。同时，数据挖掘还可以用于检测和预防欺诈行为。通过分析大量的交易数据和客户行为模式，系统可以发现异常交易和潜在的欺诈活动，及时采取措施防范风险。

金融机构可以利用数据挖掘技术分析客户的消费行为、偏好和需求，精准定位目标客户群体，并设计个性化的营销活动和产品推广策略。通过建立客户画像和预测模型，金融机构可以更好地理解客户的需求，提高客户满意度和忠诚度。此外，数据挖掘技术可以帮助投资者分析市场趋势和股票走势，发现潜在的投资机会和风险，并制定相应的投资策略。通过挖掘大量的金融市场数据和公司财务报表，系统可以识别出具有潜力的投资标的和行业领域，为投资决策提供科学依据。

(5)智慧城市建设领域

在大数据时代，智慧城市具有明显的数据特征。城市大数据是智慧城市的宝贵资产。对于城市管理者来说，长期的积累形成了各种城市大数据，包括人口大数据库、法人数据库、地理信息大数据库、经济大数据库等。对这些数据库展开深入挖掘，并将挖掘知识转化为直观的几何图形、图表或其他直观图像，能够将整个城市的数据可视化地展现在人们面前，清晰有效地传达要表达的信息。数据挖掘结果可以支持包括应急指挥、城管执法、公共安全、环保、智慧交通、基础设施等领域在内的管理决策，从而实现城市的智能化管理和运营。目前一线城市已经利用数据挖掘技术分析城市交通系统的运行情况，包括道路拥堵情况、交通流量分布、车辆行驶轨迹等。基于这些数据，可以预测交通拥堵情况，优化交通信号控制、道路规划和公共交通线路，提高交通效率和通行速度，减少交通事故发生率。

(6)智慧农业领域

在智慧农业领域，数据挖掘技术的应用对信息决策起着重要的作用。智慧农业是利用先进的信息技术手段，对农业生产过程进行智能化、自动化管理的一种模式，为农业生产和管理提供充足的数据。利用历史的农业生产数据和气象数据，结合数据挖掘技术进行分析，可以预测未来的农产品产量、品质和市场需求。基于这些预测结果，农业管理者可以制定种植和养殖计划，合理安排农业生产，提高农产品的产量和质量。

通过传感器网络、遥感技术和数据挖掘技术，可以对农田中的病虫害进行实时监测和预测。数据挖掘技术可以分析大量的农业生产数据和环境数据，发现病虫害的潜在规律和趋势，提前预警可能发生的病虫害灾害，为农业管理者提供科学的防治建议。利用传感器和智能设备采集农产品的生长环境、土壤质量、气候条件等数据，结合数据挖掘技术进行分析，可以实时监测农产品的生长状态和品质指标。通过分析大数据，发现影响农产品品质的关键因素，及时调整生产管理措施，保障农产品的质量和安全。

数据挖掘技术可以结合全球定位系统(GPS)和地理信息系统(GIS)，对农田进行精准管理。通过分析大数据，发现不同地块的土壤性质、水分状况、光照条件等差异，为农业生产提供个性化的管理方案，实现农业生产的精准化、高效化和可持续发展。此外通过数据挖掘技术分析历史的农产品价格、供求关系和市场需求等数据，可以预测未来市场的走势和价格波动。基于这些预测结果，农业企业可以调整生产结构、拓展销售渠道，做出更加明智的市场决策，提高农产品的市场竞争力和经济效益。

5.2 信息决策应用中的数据挖掘技术

数据挖掘技术在决策支持系统中的应用已经成为当今企业和组织获取竞争优势的关键手段。通过挖掘隐藏在大量数据中的模式和知识，决策者能够做出更加科学和精准的决策。本节将重点介绍分类、聚类、关联规则等数据挖掘技术，这些技术各自有其独特的优势，能够帮助企业和组织从不同角度分析数据，为决策提供有力的支持；通过具体的应用场景和案例，探讨这些技术如何在实际决策过程中发挥作用。最后，本节将介绍知识蒸馏技术及在数据挖掘中的应用。

5.2.1 分类技术

分类技术在数据挖掘中是一种用于将数据集划分成预定义的类别或标签的重要方法。它包括多种算法和技术，如决策树、贝叶斯分类器、神经网络等。在决策支持中，分类技术的应用广泛而深远，可以帮助决策者在复杂的数据环境中做出更准确和有效的决策。下面介绍数据分类的流程。

首先，建立描述预先定义的数据类或概念集的分类器。分类算法通过分析或从训练集“学习”来构造分类器。

其次，使用模型，对将来的或未知的对象进行分类。对每个测试样本，将已知的类标号和该样本的学习模型类预测比较；模型在给定测试集上的准确率是正确被模型分类的测试样本的百分比；测试集要独立于训练样本集，否则会出现“过分拟合”的情况。

最后，通过构建分类决策模型，可为分类决策任务提供帮助。例如，银行可以使用分类技术对客户进行信用评级，从而决定是否授予贷款；零售商可以根据顾客的购买历史将其分类，以提供定制化的推荐。此外，分类技术还在医疗诊断、欺诈检测、客户流失预测等领域发挥着关键作用，帮助决策者在复杂的数据环境中做出更准确和有效的决策。本节将介绍四种主要的分类技术及其在决策中的应用。

(1)决策树

决策树(Decision Tree，DT)方法是一种典型的分类方法，主要用于解决数据的分类和回归问题。它模拟了人类的决策过程，通过一系列的规则将数据分割成不同的类别或预测结果。目前这种方法在商业决策、医疗诊断、风险评估等多个领域都有广泛的应用。决策树从训练数据的特征中学习和挖掘简单的决策规则，以构建一个能预测目标变量值的模型。

决策树是一种通过一系列规则对数据进行分类的过程。首先，它对数据进行处理，利用归纳学习算法生成可读的规则和决策树。在决策树中，每个节点代表一个属性或特征，节点上的分支代表该属性的不同取值，而叶节点则对应最终的决策结果。从根节点到叶节点的每条路径都可以视为一个决策规则。决策树的构建过程包括选择合适的属性作为节点以及确定这些节点的分支条件，以将数据集划分成具有不同特征的子集。经由训练样本集产生一棵决策树后，为了对未知样本集进行分类，需要在决策树上测试未知样本的属性值。测试路径从根节点开始，一直延伸到某个叶节点，该叶节点代表的类就是该样本所属的类别。

下面是一个使用决策树进行决策的简单例子：

假设一个公司想要决定是否给员工加薪，公司可能会考虑以下几个因素：员工的绩效评级(优秀、良好、一般)、工作年限(少于 5 年、5~10 年、超过 10 年)以及员工的当前薪资水平(低、中、高)。基于这些因素，公司可以构建一个决策树来帮助做出决策。图 5-2 为决策树提供决策支持的应用示意图。

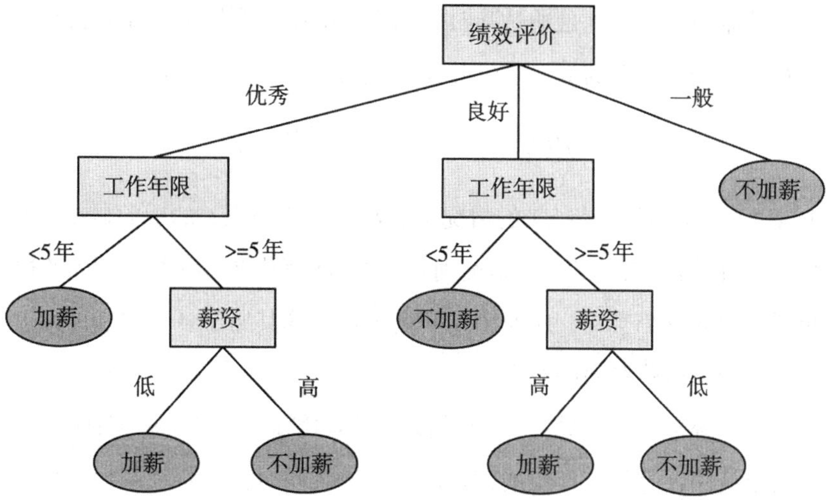

图 5-2　案例决策树示意图

在该决策树中，根节点是员工的绩效评级。如果员工的绩效评级是一般，则决策是不加薪。如果员工的绩效评级是优秀或良好，则需要进一步考虑员工的工作年限。对于绩效评级为优秀的员工，如果工作年限少于 5 年，则直接加薪；如果工作年限超过 5

年，则再根据薪资水平做出决策。对于绩效评级为良好的员工，如果工作年限少于 5 年，则不加薪；如果工作年限超过 5 年，则再根据薪资水平做出决策。

通过这个决策树，公司可以根据员工的具体情况来做出是否加薪的决策。这只是一个简化的例子，实际应用中决策树可能会更复杂，考虑更多的因素和条件。常用的决策树算法是 ID3(Iterative Dichotomizer 3)，该算法的一个优点是它简单直观，易于理解和实现。生成的决策树模型也容易解释，有助于领域专家理解模型的决策过程。然而，ID3 算法也有一些局限性，如它倾向于选择具有更多值的属性，并且不直接支持连续属性和缺失值处理。此外，ID3 算法可能会产生过拟合的决策树，特别是当数据集中有很多噪声或冗余属性时。为了克服这些局限性，后来提出了 ID3 算法的改进版本，如 C4.5 和 CART 算法。

(2)朴素贝叶斯分类

朴素贝叶斯分类又称为简单贝叶斯分类(Simple Bayesian Classification)。它是基于贝叶斯定理的一种机器学习方法。朴素贝叶斯分类将训练样本 I 分解成特征向量 X 和决策类别变量 C。假如一个特征向量的各分量相对于决策变量是独立的，也就是说各分量独立地作用于决策变量。这一假定称为类条件独立。

贝叶斯分类器的分类原理是通过某对象的先验概率，利用贝叶斯公式计算出其后验概率，即该对象属于某一类的概率。贝叶斯定理的数学表达式为：

$$P(C \mid X)=\frac{P(X \mid C)\, P(C)}{P(X)} \tag{5-1}$$

其中 $P(C \mid X)$ 是在给定特征 X 的情况下，数据属于类别 C 的后验概率。$P(X \mid C)$ 是类别 C 下特征 X 的似然概率。$P(C)$ 是类别 C 的先验概率。$P(X)$ 是特征 X 的边缘概率。

对于测试集中的每个实例，应使用贝叶斯定理计算其属于各个类别的后验概率，并将其分配到具有最高后验概率的类别。

在决策支持系统中，朴素贝叶斯分类被广泛应用于多个领域。例如，在金融行业中，它可以用于信用评分和欺诈检测，帮助银行决定是否批准贷款或识别可疑交易；在医疗领域，朴素贝叶斯分类可以辅助医生根据病人的症状和体征预测疾病；在市场营销中，它可以用于客户细分和目标营销，帮助企业识别潜在的客户群体并制定有效的营销策略。

举一个具体的例子：将朴素贝叶斯分类应用于电子邮件垃圾过滤的决策过程中。邮件系统需要决定每封收到的电子邮件是垃圾邮件还是正常邮件。为了做出这个决策，系统利用朴素贝叶斯分类器对邮件内容进行分析。首先，系统从大量已标记的邮件中学习，计算出各种词汇在垃圾邮件和正常邮件中出现的概率；之后，对于每封新邮件，系统根据邮件中出现的词汇和之前学到的概率，使用朴素贝叶斯公式计算该邮件是垃圾邮件的概率。如果计算出的概率超过某个阈值，系统就会将该邮件归类为垃圾邮件，并可能将其自动移动到垃圾邮件文件夹中；如果概率低于阈值，则该邮件被视为正常邮件，发送到收件箱。这样，朴素贝叶斯分类帮助邮件系统自动化地做出决策，有效地过滤垃圾邮件，提高了用户的邮件使用体验。

朴素贝叶斯的思想基础是：对于给出的待分类项，求解在此项出现的条件下各个类别出现的概率，哪个最大，即认为此待分类项属于哪个类别。朴素贝叶斯分类的优点在于它简单易于实现，计算效率高，能够处理大量数据和多类别问题，且在文本分类等领域表现良好。然而，它的局限性在于假设特征之间相互独立，这在现实中往往不成立，导致在特征高度相关的情况下性能可能不佳。此外，模型的预测性能还依赖于先验概率和条件概率的准确估计。

(3)KNN

K 近邻算法(K-Nearest Neighbor，KNN)是一种常用于解决分类和回归问题的非参数方法。无论针对哪一类问题，在特征空间中，输入均由 K 个最接近的训练样本组成，但是该算法的输出取决于所解决的问题类型。在 KNN 分类问题的应用中，输出结果表示输入样本所归属的类别，这个结果由它的邻居投票决定，即被分配给予它最接近的 K 个邻居所归属的类别(K 取值为正整数，通常为很小的数值)。KNN 方法的重点是怎样合理地选择 K 值、怎样合理地计算邻居之间的距离及分类的具体规则。通常情况下，KNN 分类的流程如图 5-3 所示。

KNN 方法的优点是无需进行模型的训练，执行速度快，能够解决类别数目较多的分类问题，且该方法建立简单，实现较容易。它的缺点是空间计算复杂度高、占用大量的计算和存储资源、在数据量较大情况下容易出现维数灾难问题。

KNN 是一种直观的分类方法，它在决策中的作用体现在通过分析待分类样本与已知类别样本之间的相似度来进行分类决策。具体来说，当需要对一个新的样本进行分类时，KNN 算法首先计算该样本与训练集中所有样本之间的距离，然后选取距离最近的 K 个样本作为最近邻。这些最近邻的类别会被用来对新样本进行分类，通常是采用投票机制，即在这 K 个最近邻中，占比最高的类别被赋予新样本。

KNN 方法在决策支持系统中有广泛的应用，例如在金融领域，KNN 可以用于信用

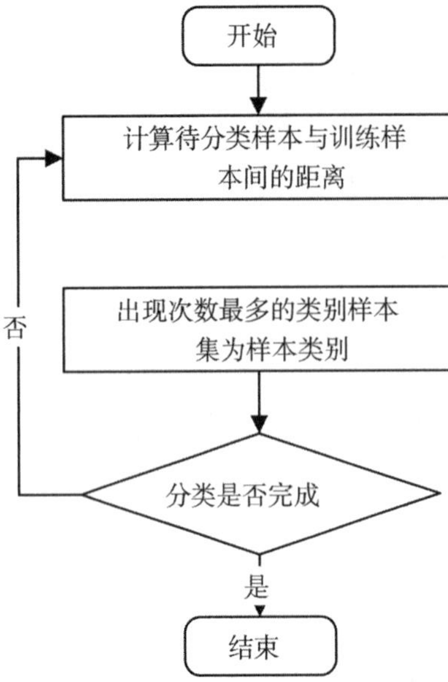

图 5-3　K 近邻算法结构图

评级，根据客户的历史交易记录和其他特征，预测其信用等级；在医疗诊断中，KNN 可以根据病人的症状和体征数据，辅助医生判断疾病类型；在推荐系统中，KNN 可用于根据用户的浏览和购买历史，推荐相似用户感兴趣的商品。

然而，KNN 算法的决策过程对 K 值的选择很敏感，不同的 K 值可能导致不同的分类结果。此外，KNN 在处理大规模数据集时计算成本较高，且对噪声数据和非相关特征敏感，因此在实际应用中需要综合考虑这些因素，以确保决策的准确性和效率。

(4)深度神经网络

深度学习通过非线性的模块获得多个级别的特征表示，与传统的支持向量机、随机森林等方法相比较可以提取深层次特征和抽象特征。机器学习算法通过在数据中学习到的规律，对新数据进行识别和推断，浅层学习存在表示复杂函数能力有限，学习能力不强，在复杂分类问题上泛化能力不足的局限性。深度学习中的多层神经网络具有良好的特征学习能力，逐层学习并把学习的知识传递到下一层，通过这种方式，网络实现了对输入数据的分级表达，从而实现模型整体调优。

深度学习的本质是人工神经网络(ANN)，ANN 是一种模仿动物神经网络行为特征，进行分布式并行信息处理的算法数学模型，深度学习模型除了输入层和输出层以外，还含有若干个用于输入和输出的“隐藏层”。每个隐藏层的结果矩阵即是下一层的输入矩阵，预测结果由最后一层的输出矩阵提供。人工神经网络由大量的节点(或称神经元)之间相互连接构成，如图 5-4 所示。

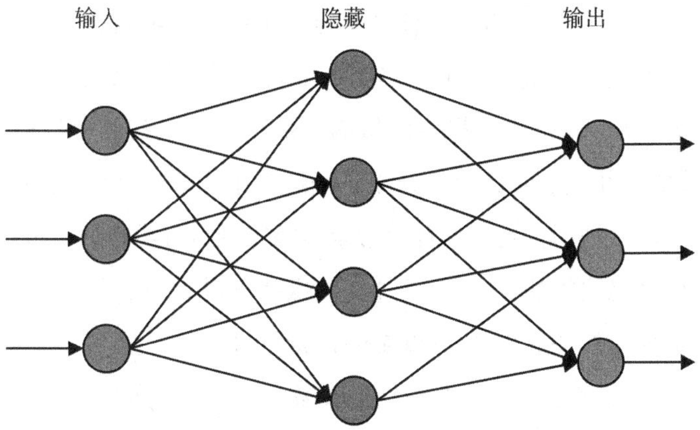

图 5-4　人工神经网络

每个节点代表一种特定的输出函数，称为激励函数。每两个节点间的连接都代表一个对于通过该连接信号的加权值，称为权重，这相当于人工神经网络的记忆。网络的输出则依网络的连接方式、权重值和激励函数的不同而不同。公式(5-2)表示神经网络节点的计算。

$$h(x) = w^{t}x + b \tag{5-2}$$

其中 x 为样本特征，w 为权重，b 为偏置。输入的 x 乘上一个权重矩阵 w，加上偏置项，得到 $h(x)$ 输出结果。

在决策支持方面，ANN 的应用十分广泛。在金融领域，ANN 可以用于信用评分和股票市场预测，帮助投资者和金融机构做出精准的投资决策。在医疗领域，ANN 被用于疾病的诊断和预测，辅助医生制定治疗方案。此外，ANN 还在客户细分、销售预测等商业活动中发挥着重要作用，帮助企业优化营销策略和提高运营效率。同时随着技术的进步，ANN 在自动化决策系统中的作用越来越显著。例如，自动驾驶汽车利用神经网络进行实时决策，以确保安全和效率。在供应链管理中，ANN 用于优化物流和库存，减少成本并提高响应速度。ANN 针对不同决策场景中 ANN 的应用，技术不仅提高了自动化水平，还为相关决策提供了依据。下面介绍卷积神经网络(CNN)和循环神经网络(RNN)在决策支持中的应用。

①卷积神经网络(CNN)：图像数据的决策支持。

卷积神经网络(Convolutional Neural Network，CNN)是深度学习中一种专门用于处理图像数据的强大工具，它在图像识别、分类和分析等领域展现出了卓越的性能。通过模拟人类视觉系统的工作原理，CNN 能够自动地从图像中学习特征，从而在处理图像数据时提供有效的决策支持。CNN 的强大之处在于其卷积层的设计，它通过滤波器(卷积核)在图像上进行滑动窗口操作，提取图像的局部特征。这些局部特征经过池化层(降采样)处理，减少数据维度，提高计算效率。经过多个卷积层和池化层的叠加，CNN 能够学习到从低级到高级的图像特征，并通过全连接层进行分类或回归分析。

在不同场景的信息决策中，CNN 通过对图像数据的计算，提供分类模型，辅助决策支持。在安防监控系统中，CNN 可以帮助识别可疑行为或特定人物；在自动驾驶汽车中，CNN 用于识别道路标志、行人和其他车辆，以支持驾驶决策。此外，CNN 在医学影像分析中也有广泛应用，如通过分析 X 光片、CT 扫描或 MRI 图像来辅助诊断疾病。电商平台可以利用 CNN 对商品图片进行分类，从而提高搜索效率和用户体验。因此，CNN 作为图像数据的决策支持工具，能够在多个领域中提供准确和高效的解决方案。

②循环神经网络(RNN)：时间序列数据的决策分析。

循环神经网络(Recurrent Neural Network，RNN)是一类用于处理时序数据的深度神经网络，在序列的演进方向进行递归，所有循环单元按链式连接，RNN 具有短期记忆能力，与前馈神经网络相比，神经元既可以如同前馈神经网络中神经元那般从其他神经元那里接收信息，也可以接收自身以前的信息。这使得 RNN 在时间序列数据的决策分析中表现出色，广泛应用于语音识别、自然语言处理、股票预测等领域。

在时间序列分析方面，RNN 能够捕捉数据随时间变化的动态特征。例如，在金融市场分析中，RNN 可以用于预测股票价格的走势，通过分析历史价格数据来预测未来的价格变化，为投资决策提供支持。在能源领域，RNN 可以用于电力需求预测，帮助电网运营商合理调度资源，保障电力供应。在文本情感分析中，RNN 能够分析句子或文档的情感倾向，为舆情分析和品牌监测提供决策支持。

然而 RNN 也存在一些局限性，例如难以处理长序列数据中的长期依赖问题，这是由于梯度消失或爆炸导致的。为了解决这个问题，研究者提出了长短期记忆网络(Long Short-Term Memory，LSTM)和门控循环单元(Gated Recurrent Unit，GRU)等变种，它们通过特殊的门控机制来调节信息的流动，从而有效捕捉长期依赖关系，以提供更加精准的决策支持。

5.2.2　聚类技术

数据挖掘中的聚类是一种重要的分析技术，它是将数据集中的对象按照相似度进行分组的过程。聚类的目标是使得同一组内的对象相似度高，不同组之间的相似度低。分类与聚类最大的区别在于分类的目标是事先已知。聚类是一种无监督学习方法，与有监督学习不同，它不需要事先标记好的训练样本。在聚类中，我们只提供数据集，算法根据数据之间的相似度自动将它们分组。聚类可以应用于各种领域，例如市场营销、医学、社交网络分析等。在市场营销中，可以使用聚类算法来将客户分组画像，从而精确地定位目标市场；在医学领域，可以将患者分组以便进行个性化治疗；在社交网络分析中，可以将用户分为不同的群体以便更好地了解他们的行为模式。

聚类的基本原理是通过计算对象之间的相似度来将它们分组。相似度通常使用距离或者相似性度量来衡量，常用的距离包括欧氏距离、曼哈顿距离、余弦相似度等。一旦计算出相似度，可以使用聚类算法将对象分组，常用的聚类算法包括 K 均值聚类、层次聚类、DBSCAN 等。本节重点介绍 K 均值聚类方法及其在决策中的应用。

(1) K-Means 聚类

K-Means 聚类是一种依赖于聚类数的学习方式，这种方式不需要监管。这种算法是一种随机选取已知数目的点然后不断进行扩展的聚类方式。首先，随机选取 K 个数据坐标作为开始的聚类中心，然后根据最短距离原理，对样本进行连续扩展，在迭代过程中不断迭代聚类中心，从而使得其中聚类中心达到稳定的一种最优聚类方案。设定一个目标函数，然后使用一个迭代过程朝着目标函数靠近，同时实现使得迭代过程最小化的过程就是所谓的聚类，也就是说聚类也可以看作是一个规划问题。

(2) K-Means 算法的特点

K-Means 算法的主要思想是通过迭代过程把数据集划分为不同的类别，使得评价聚类性能的准则函数达到最优，从而使生成的每个聚类内紧凑，类间独立。这一算法不适合处理离散型属性，但是对于连续型属性具有较好的聚类效果。

K-means 算法是一种经典的聚类方法，其核心问题主要涉及两个方面：一是度量记录之间的相关性，二是更新簇内质心的方法。在 K-means 算法中，通常采用欧式距离作为记录之间相似性的度量标准，即两个记录点之间的距离越近，它们之间的相似性越高。而对于簇内质心的更新，K-means 算法采用平均值法，即将每个簇内的所有记录点的坐标值分别求平均，得到的均值点作为新的质心。这种均值方法能够有效地将簇内的记录点聚集在一起，从而实现对数据集的有效划分。这两个核心问题的处理方法直接影响着 K-means 算法的聚类效果和性能。

(3)基于 K-Means 的决策支持

K-means 算法在决策支持中扮演着重要角色，尤其在数据驱动的决策过程中。通过将大量数据划分为具有相似特征的簇，K-means 帮助决策者揭示数据中的隐藏模式和结构，从而为决策提供依据。在市场营销中，K-means 可用于客户细分，帮助企业识别不同的客户群体，制定针对性的营销策略。在产品开发中，通过聚类分析顾客反馈，企业可以发现产品的潜在改进点。在供应链管理中，K-means 有助于优化库存，通过对销售数据的聚类分析，预测不同地区的需求量，帮助企业优化库存管理，减少库存成本。K-means 算法在决策支持中的应用可以帮助企业和组织从大量数据中发现隐藏的模式和关系，从而做出更加科学和合理的决策。然而，K-means 也有一些局限性，例如需要预先指定簇的数量 K，且对初始簇中心的选择敏感，可能导致不稳定的聚类结果。因此，在实际应用中，需要结合具体情况选择合适的参数和方法。

5.2.3 关联规则技术

关联规则是数据挖掘的主要技术之一，它是从大量数据中的项集之间发现有趣的关联或相关联系，从而达到认识事物客观规律的技术方法。随着大量数据不停地收集和存储，许多业界人士对于从他们的数据中挖掘项集间相互关系越来越感兴趣。从大量商务事务记录中发现有趣的关联关系，可以帮助许多商务决策的制定，如分类设计、交叉购物和贱卖分析。

(1)关联规则基本概念

所谓关联，即反映一个事件与其他事件存在一定程度上的依赖或者关联，并可以根据相关规则进行预测。关联规则是一种使用较广泛的模式识别方法，其应用场景包括购物分析、网络分析等。关联规则一般使用三个指标进行衡量，分别是置信度、支持度和提升度。设 $I=\{i_1, i_2, \cdots, i_m\}$ 为所有项目的集合，设 A 是一个由项目构成的集合，称为项集，事务 T 是一个项目子集，每个事务对应项目上的一个子集，即 $T\subseteq I$。关联规则就是形如 $X\Rightarrow Y$ 的逻辑蕴含关系，其中 $X\subseteq I$，$Y\subseteq I$ 且 $X\cap Y=\varnothing$。支持度表示关联规则中两者同时出现的概率，且无先后顺序之分；置信度表示 A 出现时，同时 B 出现的概率；提升度则描述了关联规则中 A 与 B 的相关性。上述指标的定义如下：

定义5-1 支持度(Support)，是指规则中A与B同时出现的概率，如果两者同时出现的概率小，则关系不大，若两者同时出现的概率非常频繁，则说明A、B是相关的，即：

$$\text{Support}(A \Rightarrow B) = P(A \cup B) \tag{5-3}$$

定义5-2 置信度(Confidence)，展示当A出现时B也会出现的概率，若置信度为100%，则A、B可以捆绑推出，否则将不考虑将A、B置为关系亲密，即：

$$\text{Confidence}(A \Rightarrow B) = P(B \mid A) = \text{Support}(A \cup B) / \text{Support}(A) \tag{5-4}$$

定义5-3 提升度(Lift)，表示包含A同时包含B的比例，与包含B的比例的比值。提升度大于1且越高，正相关性越高，提升度小于1且越低则相反，即：

$$\text{Lift}(A \Rightarrow B) = P(B \mid A) / P(B) \tag{5-5}$$

同时满足最小支持度阈值(min_ sup)和最小置信度阈值(min_ conf)的规则称作强关联规则，此条件下如果提升度大于1则是有效的强关联规则，提升度小于1则是无效的强关联规则，提升度等于1则表示两者相互独立无关系。为方便计算，我们用0%~100%的值，而非用0~1的值表示支持度和置信度。

项的集合称为项集。包含k个项的项集称为k-项集。集合{computer，financial_ management_ software}是一个2-项集。项集的出现频率是包含项集的事务数，简称为项集的频率、支持计数或计数。如果项集的支持度满足预设的最小支持度，则称它为频繁项集。

(2)关联规则挖掘求解步骤

一般而言，关联规则的挖掘应遵循如下步骤：

第1步 预处理与挖掘任务有关的数据，根据具体问题的要求对数据库进行相应的处理从而生成规格化的数据库D；

第2步 从数据库D中找到所有支持度大于最小支持度的项集，这些项集称为频繁项集；

第3步 使用第2步处理过程中找到的频繁项集产生期望的规则R，这些规则必须满足最小置信度形成输出规则R。

需要注意的是，上述步骤中，第3步最容易，而挖掘出的关联规则的总体性能由第2步决定。由此，关联规则挖掘任务的重点与难点集中在频繁项集的挖掘上。随着关联分析技术的不断发展，众多的研究学者提出了许多优秀的频繁项集挖掘算法，包括单机(Single-Machine)挖掘算法、基于MPI(Message Passing Interface)的挖掘算法、基于

MapReduce 的挖掘算法和基于 Spark 的挖掘算法。其中，一些经典的算法，如 Apriori 和 FP-growth 等经典的频繁项集挖掘算法，都是单机频繁项集挖掘算法。单机频繁项集挖掘算法对机器的内存大小和计算性能要求不高，适用数据量小的挖掘任务，在一台机器上即可完成。

(3)关联规则在决策中的应用

在决策支持系统中，关联规则技术起着至关重要的作用。它可以帮助企业深入了解顾客的购买习惯和偏好，从而做出更加精准的市场营销策略和销售决策。例如，通过分析顾客的购物篮数据，企业可以发现不同商品之间的关联关系，进而进行有效的产品布局和交叉销售策略。在零售业中，关联规则可以用来优化货架摆放和促销活动，提高销售额和顾客满意度。此外，关联规则技术在供应链管理、库存控制、风险管理等方面也有广泛的应用。在供应链管理中，通过分析不同产品之间的关联规则，企业可以优化采购和配送计划，降低成本。在库存控制中，关联规则可以帮助企业预测产品的销售趋势，合理安排库存。在风险管理中，关联规则可以用于识别潜在的风险因素和异常模式，及时采取措施防范风险。

5.2.4 知识蒸馏技术

知识蒸馏技术在数据挖掘领域中的地位日益凸显，特别是在近几年，随着深度学习模型在各种任务中取得显著成绩，模型规模和复杂度的增加也引起了广泛关注。在这种背景下，知识蒸馏作为一种有效的模型压缩和加速技术，受到了越来越多研究者和实践者的关注。近几年的发展趋势显示，知识蒸馏不仅在理论上取得了进展，例如提出了各种蒸馏策略和损失函数，而且在实际应用中也展现出了广泛的适用性，从图像识别到自然语言处理，再到推荐系统等多个领域均有应用。

在决策支持方面，知识蒸馏技术为构建高效、轻量级的决策模型提供了技术支持。下面是一个知识蒸馏技术应用的例子：假设有一个电商平台，该平台希望在其移动应用程序中实现一个功能，让用户可以通过拍摄商品图片来搜索类似的商品。为了实现这个功能，需要一个图像识别模型来识别和分类用户拍摄的商品图片。然而，由于移动设备的计算资源和存储空间有限，直接在移动端部署一个复杂的深度学习模型可能不切实际。这时知识蒸馏技术就可以派上用场。首先，在服务器上使用大量商品图片来训练一个性能良好的复杂深度学习模型作为教师模型。然后，通过知识蒸馏技术，将教师模型的知识传递给一个结构更简单、参数更少的模型(学生模型)。这个学生模型虽然简单，但由于获得了教师模型的知识，因此仍然能够保持较高的识别准确率。最后，将这个简化后的学生模型部署到移动应用程序中，用于实时图像识别和商品搜索。通过这种方式，电商平台就能够在保证用户体验的同时，有效地利用移动设备的有限资源。

这个例子展示了知识蒸馏技术如何帮助实现轻量化的深度学习模型，使复杂的图像识别功能能够在移动设备上高效运行，支持用户的即时决策。通过将复杂模型中的知识迁移到更简单的模型中，知识蒸馏技术不仅能够降低模型的部署成本和运行时间，还能够保持甚至提升模型的决策性能，从而使决策过程更加高效和准确。此外，知识蒸馏还有助于提高模型的可解释性和透明度，这对于某些对可解释性有严格要求的决策场景尤为重要。下面具体介绍知识蒸馏的基本概念，以及基本的蒸馏策略(如软标签蒸馏、特征蒸馏和关系蒸馏)。

5.2.4.1　知识蒸馏

知识蒸馏是一种旨在简化复杂模型的技术，通过将一个庞大的教师模型的知识转移到一个更小、更高效的学生模型中，在保持较高准确率的同时减小模型大小和提升运行速度。本质上，它是一种模型压缩形式，由 Bucilua 及其合作者于 2006 年首次成功展示。这个过程通常分为两个阶段：首先训练一个高精度的教师模型，然后使用教师模型的输出(如 softmax 层的概率输出)作为额外的训练信号，辅助训练学生模型。这种方法的核心在于将教师模型的知识有效地转移到学生模型上，常用的转移方法包括软标签训

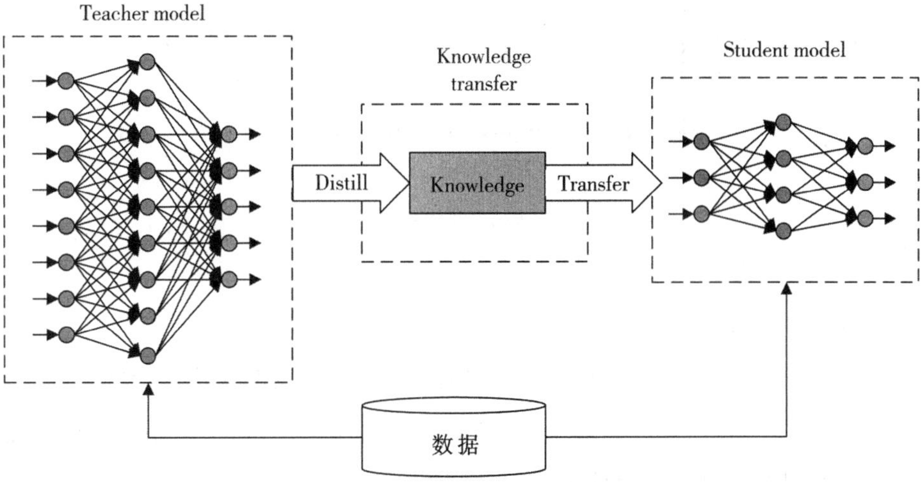

图 5-5　知识蒸馏的师生框架

练和特征重构等。图 5-5 展示了知识蒸馏的师生框架。知识蒸馏主要应用于轻量化模型的训练和优化，适用于计算资源有限的场景，如移动端和物联网应用，以及模型集成，通过将多个大模型转化为多个小模型并进行集成，可以在保持准确性的同时提高模型效率和响应速度。

知识蒸馏系统由三个主要部分组成：知识、蒸馏算法和师生架构。

(1) 知识

在神经网络中，知识通常指的是学习到的权重和偏差。同时，大型深度神经网络的知识来源具有丰富的多样性。典型的知识蒸馏是使用逻辑作为教师知识的来源，而其他人则关注中间层的权重或激活。其他种类的相关知识包括不同类型的激活和神经元之间的关系或教师模型本身的参数。不同形式的知识分为三种不同类型：基于响应的知识、基于特征的知识和基于关系的知识。

①基于响应的知识。

基于响应的知识侧重于教师模型的最终输出层。假设是学生模型将学习模仿教师模型的预测。如图 5-6 所示，这可以通过使用称为蒸馏损失的损失函数来实现，该损失函数分别捕获学生模型和教师模型的对数之间的差异。由于这种损失在训练中被最小化，学生模型将变得更擅长做出与教师相同的预测。

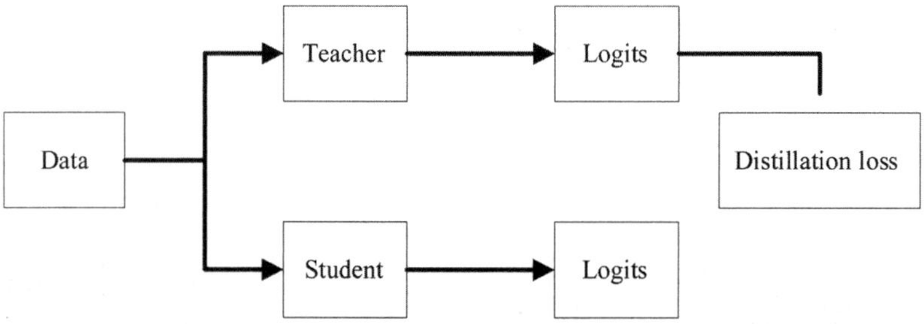

图 5-6　基于响应的知识蒸馏

②基于特征的知识。

训练有素的教师模型还捕获其中间层中的数据知识，这与深度神经网络尤其相关。中间层学习区分特定特征，这些知识可用于训练学生模型。如图 5-7 所示，目标是训练学生模型学习与教师模型相同的特征激活。蒸馏损失函数通过最小化教师和学生模型的特征激活之间的差异来实现这一点。

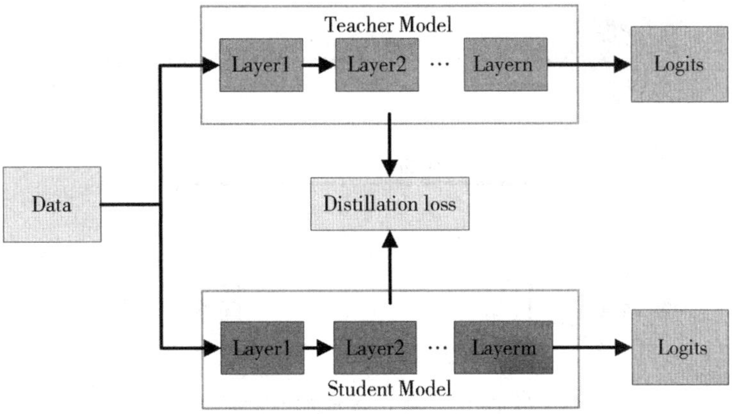

图 5-7　基于特征的知识蒸馏

③基于关系的知识。

除了在神经网络的输出层和中间层中表示的知识外，捕获特征图之间关系的知识也可用于训练学生模型。这种形式的知识，称为基于关系的知识，如图 5-8 所示。这种关系可以建模为特征图、图形、相似性矩阵、特征嵌入或基于特征表示的概率分布之间的相关性。

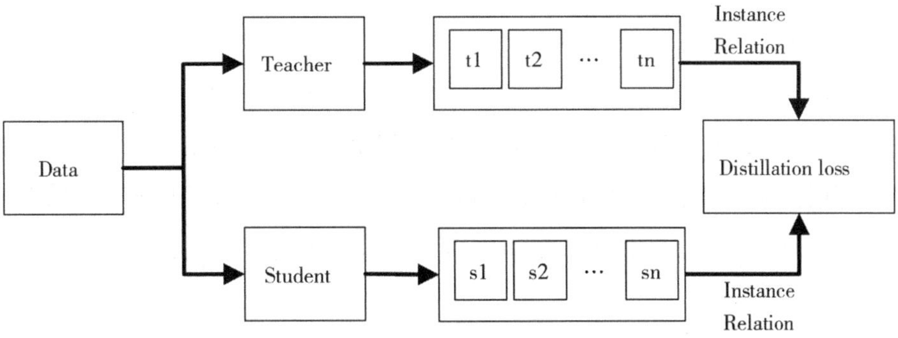

图 5-8　基于关系的知识蒸馏

(2)蒸馏算法

训练学生和教师模型的方法主要有三种，即离线、在线和自我蒸馏。蒸馏算法的分类取决于教师模型是否与学生模型同时修改，如图 5-9 所示。

①离线蒸馏。

离线蒸馏是最常见的方法，其中使用预训练的教师模型来指导学生模型。在该方案

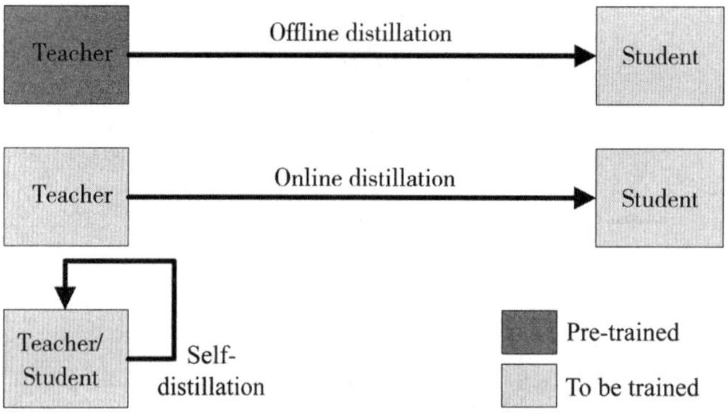

图 5-9　知识蒸馏算法类型

中，教师模型首先在训练数据集上进行预训练，然后从教师模型中提取知识以训练学生模型。鉴于深度学习的最新进展，可以公开使用各种预训练的神经网络模型，这些模型可以根据用例充当教师。离线蒸馏是深度学习中的成熟技术，更易于实施。

②在线蒸馏。

在离线蒸馏中，预训练的教师模型通常是一个大容量的深度神经网络。对于一些用例，预训练模型可能无法用于离线蒸馏。为了解决这个限制，可以使用在线蒸馏技术，在单个端到端训练过程中同时更新教师和学生模型。在线蒸馏可以使用并行计算进行操作，从而使其成为一种高效的方法。

③自蒸馏。

如图 5-9 所示，在自蒸馏中，教师和学生模型使用相同的模型。例如，来自深度神经网络更深层的知识可用于训练浅层。它可以被认为是在线蒸馏的特例，并以多种方式被实例化。来自教师模型早期时期的知识可以转移到其后期时期以训练学生模型。

(3)师生模块

知识蒸馏的"教师—学生"模块主要包括以下几个方面：

①教师模型：通常是一个经过充分训练、性能良好的深度学习模型。它可以是一个大型的神经网络，具有复杂的结构和大量的参数。

②学生模型：相比教师模型，学生模型通常具有更简单的结构和更少的参数。学生模型的目标是在保持性能的前提下，尽可能地减少模型的大小和计算复杂度。

③知识转移：知识蒸馏的核心步骤是将教师模型中的知识转移到学生模型中。这通常通过训练学生模型来匹配教师模型的输出(例如，概率分布或特征表示)来实现。通

过这种方式，学生模型可以学习到教师模型的行为和决策过程。

④蒸馏损失：为了量化学生模型与教师模型之间的差异，并指导学生模型的训练，通常会定义一个蒸馏损失函数。这个损失函数可以是教师模型和学生模型输出之间的距离，如交叉熵损失或均方误差损失。

5.2.4.2　知识蒸馏策略

(1)软标签蒸馏

软标签蒸馏(Soft Label Distillation)是知识蒸馏技术中的一种常用方法。它的核心思想是利用教师模型的输出概率分布(软标签)作为额外的训练信号，指导学生模型的训练。这种方法旨在让学生模型不仅学习到正确的分类结果，还学习到教师模型对各个类别的置信度，从而捕获更丰富的信息。

在传统的分类任务中，通常使用硬标签(Hard Label)作为训练目标，即每个样本只对应一个确定的类别标签。然而，硬标签无法反映类别之间的相对关系和模型的不确定性。相比之下，软标签包含了模型对每个类别的预测概率，能够提供更多的信息。

软标签蒸馏的具体步骤如下：

①训练教师模型：首先使用大量训练数据训练一个性能良好的教师模型，并获得其在训练数据上的输出概率分布。

②转移知识：利用教师模型的输出概率分布作为软标签，将这些软标签作为额外的训练信号，辅助学生模型的训练。

③训练学生模型：结合软标签和原始的硬标签，训练一个结构更简单的学生模型。训练过程中，学生模型需要同时学习匹配教师模型的软标签和正确的硬标签。

软标签蒸馏的优点在于它能够使学生模型学习到更细致的类别间区别和教师模型的预测行为，从而提高学生模型的泛化能力和性能。这种方法在图像分类、语音识别等领域有着广泛的应用。

(2)特征蒸馏

特征蒸馏(Feature Distillation)是知识蒸馏技术中的一种方法，它关注于将教师模型中间层的特征表示传递给学生模型。与软标签蒸馏主要关注模型输出不同，特征蒸馏旨在使学生模型能够学习到教师模型内部的抽象特征和数据的深层次表示。

特征蒸馏的具体步骤如下：

①训练教师模型：首先训练一个性能良好的教师模型，并获取其中间层的特征

表示。

②设计蒸馏策略：选择合适的层或者特征进行蒸馏。在实践中，通常选择教师模型中的某些关键层(例如卷积层或注意力层)的输出作为特征进行蒸馏。

③训练学生模型：使用教师模型的特征表示作为额外的训练目标，指导学生模型的训练。学生模型需要学习产生类似的特征表示，以模仿教师模型的内部行为。

特征蒸馏的关键在于定义一个合适的特征匹配损失函数，用于衡量学生模型和教师模型特征之间的差异。常用的损失函数包括均方误差(MSE)损失、L2 范数损失等。通过最小化这个损失，学生模型可以逐渐学习到与教师模型相似的特征表示。

特征蒸馏的优点在于它能够帮助学生模型学习到教师模型的内部特征和数据的深层次结构，从而提高学生模型的性能和泛化能力。这种方法在图像识别、自然语言处理等领域有着广泛的应用。

(3)关系蒸馏

关系蒸馏(Relation Distillation)是知识蒸馏技术的一个分支，它侧重于在教师模型和学生模型之间传递数据样本间的关系信息。与传统的知识蒸馏方法不同，关系蒸馏不仅关注于单个样本的输出或特征，还注重保留样本之间的相对关系，如相似性或距离关系。

关系蒸馏的主要步骤包括：

①训练教师模型：首先训练一个性能良好的教师模型，并提取样本间的关系信息。这些关系信息可以是样本对之间的相似性指数、样本间的距离矩阵等。

②定义关系损失函数：设计一个损失函数来度量学生模型和教师模型之间关系信息的差异。常见的关系损失函数包括对比损失(Contrastive Loss)、三元损失(Triplet Loss)等，这些损失函数旨在使学生模型能够学习到与教师模型相似的样本间关系。

③训练学生模型：在学生模型的训练过程中，同时考虑传统的监督学习损失(如交叉熵损失)和关系损失。通过最小化这两种损失，学生模型能够学习到与教师模型相似的输出预测和样本间关系。

关系蒸馏的优势在于它能够帮助学生模型捕捉更加丰富的数据结构信息，提升模型对数据结构内在关系的理解。这对于一些依赖于样本间关系的任务尤为重要，如度量学习、图像检索、人脸识别等。通过关系蒸馏，学生模型不仅能够准确地进行分类或回归，还能够更好地理解数据的深层次结构，从而提高模型的泛化能力和鲁棒性。

(4)对抗性蒸馏

对抗性蒸馏(Adversarial Distillation)是一种结合了知识蒸馏和对抗性训练思想的技术。它通过引入对抗性学习的机制，使学生模型能够更有效地模仿教师模型的行为，从而提升学生模型的性能。

对抗性蒸馏的基本思想是在教师模型和学生模型之间引入一个判别器(Discriminator)，该判别器的任务是区分教师模型的输出和学生模型的输出。通过这种对抗性的训练过程，学生模型被迫更好地学习模仿教师模型，以欺骗判别器，使其无法区分两者的输出。

对抗性蒸馏的训练过程通常包括以下几个步骤：

①训练教师模型：首先训练一个性能良好的教师模型。

②初始化学生模型和判别器：初始化一个简化的学生模型和一个用于区分教师与学生模型输出的判别器。

③对抗性训练：在训练过程中，学生模型和判别器进行对抗性训练。学生模型试图生成与教师模型相似的输出，以欺骗判别器；判别器则试图准确区分教师模型和学生模型的输出。通过这种对抗性训练，学生模型被迫更好地模仿教师模型。

④ 优化学生模型：学生模型的最终目标是在保持性能的同时简化模型结构，使其更适合部署在资源受限的环境中。

对抗性蒸馏的优点在于它能够通过对抗性训练机制促使学生模型更准确地捕捉教师模型的行为，从而提高学生模型的性能。这种方法在图像识别、语音处理等领域有着潜在的应用前景。然而，对抗性蒸馏的训练过程可能比传统的知识蒸馏更加复杂和难以优化。

5.2.4.3　知识蒸馏在决策中的应用

知识蒸馏在决策过程中的应用主要体现在通过简化复杂模型来提高决策过程的效率和效果。在需要快速响应的决策系统中，如自动驾驶、高频交易等，知识蒸馏可以将复杂的深度学习模型简化为轻量级模型，从而加快决策速度，保证系统的实时性能。在边缘计算环境中，计算资源通常受限。通过知识蒸馏技术，可以将大型模型压缩成小型模型，使其能够在边缘设备上运行，从而实现在数据产生地进行即时分析和决策，减少数据传输和延迟。

对于移动设备、嵌入式系统等资源受限的设备，知识蒸馏能够帮助部署轻量化的深度学习模型，使这些设备能够执行复杂的决策任务，如图像识别、语音识别等。在模型集成中，知识蒸馏可以将多个大型模型的知识融合到一个小型模型中，从而提高决策的准确性和效率，同时降低计算成本。

知识蒸馏还可以帮助提高模型的可解释性和透明度，这对于一些对可解释性有严格要求的决策场景(如医疗诊断、金融风险评估)尤为重要。知识蒸馏在决策中的应用通过简化模型来提高效率，为各行各业的决策支持系统提供了技术支持，使得决策过程更加高效、智能和及时。随着深度学习技术的不断发展，知识蒸馏在决策中的应用将越来越广泛。

5.3 预训练模型及其在数据挖掘中的应用

5.3.1 预训练模型基本概念及其发展

在数据挖掘和机器学习的领域中，预训练模型已经成为一种重要的技术，它们为处理复杂的信息决策任务提供了强大的支持。预训练模型是指在大规模数据集上训练得到的模型，这些模型能够捕捉数据中的基本模式、结构和关系。通过在广泛的数据集上进行预训练，这些模型获得了对某一特定领域或任务深入的理解，使其在新的、相关任务上具有良好的表现。预训练过程主要包括两个步骤。首先是预训练阶段，模型在一个或多个大型数据集上进行训练，目的是学习通用的特征表示。这一阶段不针对任何特定的下游任务进行优化，而是旨在捕获数据的广泛特性。完成预训练后模型便可以应用于多种不同的任务，而无需从头开始训练。其次是微调过程，即将预训练的模型调整或优化以适应特定任务。在微调阶段，模型在特定任务的较小数据集上继续训练，细微调整模型的权重，以更好地适应该任务的数据，从而优化模型的性能。

预训练模型的早期形式是词嵌入技术，它将词汇表中的每个单词或短语都映射到一个固定长度的稠密向量中。这些向量在高维空间中的位置能够捕捉到单词之间的语义和语法关系，使得具有相似意义的单词在向量空间中彼此接近。这种表示形式为许多 NLP 任务提供了强大的基础，包括文本分类、情感分析和机器翻译。Word2Vec 是 Mikolov 等人在 2013 年提出的一种高效的词嵌入方法，它通过两种模型架构(CBOW 和 Skip-Gram)来学习词向量。CBOW(Continuous Bag of Words)模型预测给定上下文中的当前词，而 Skip-Gram 模型则预测当前词周围的上下文词。Word2Vec 的成功在于它能够捕捉到复杂的词义关系，比如男性和女性、国家和首都之间的关系，从而在诸多 NLP 任务中展现出色的性能。GloVe(Global Vectors for Word Representation)是 Pennington 等人在 2014 年提出的另一种词嵌入技术。与 Word2Vec 不同，GloVe 是基于词汇共现统计信息的，它试图将全局矩阵分解和局部上下文窗口优势结合起来。GloVe 模型在大型文本语料库上训练学习到的词向量，能够有效地捕捉全局语义信息，从而在词义相似度、词类比等任务上取得良好的效果。

尽管词嵌入技术在捕捉词义方面取得了巨大进展，但它们的一个主要局限性在于无法解决多义词问题——即一个词在不同的语境中可能具有不同的含义。为了解决这一问题，研究者提出了与上下文相关的词表示模型，能够根据词所处的具体上下文动态生成词向量。ELMo(Embeddings from Language Models)是 Allen Institute for AI 在 2018 年提出的一种深层双向语言模型。与传统的词嵌入方法不同，ELMo 使用双向 LSTM(长短期记忆网络)来学习单词的上下文表示，从而为每个单词生成基于其所在上下文的动态表示。ELMo 在多项 NLP 任务上取得了显著的性能提升，展现了上下文相关词表示的强大潜力。ULMFiT(Universal Language Model Fine-tuning)是由 fast. ai 的研究者在 2018 年提出的，它是一种有效的迁移学习方法，旨在解决小数据集上的 NLP 任务。ULMFiT 首先在大型文本语料库上预训练一个通用的语言模型，然后通过微调(fine-tuning)的方式将其应用到特定任务上。ULMFiT 通过引入一些创新的微调技术，如逐层解冻和差异化学习率，显著提高了多种 NLP 任务的性能。

Transformer 架构的提出标志着自然语言处理和机器学习领域的一个重大转变，它由 Vaswani 等人在 2017 年的论文 *Attention is All You Need* 中首次提出。Transformer 架构完全依靠自注意力机制来处理序列数据，这是一种计算序列内各元素之间关系的方法，它允许模型直接关注到输入数据中的任何部分，从而捕捉到长距离依赖。这与之前依赖复杂的循环神经网络(RNN)或长短期记忆网络(LSTM)的架构大相径庭。Transformer 架构的核心是自注意力层，它通过计算序列中每个元素对其他所有元素的注意力分数来工作，这些分数决定了在生成每个元素的表示时应该给予序列中其他部分多少重视。这种机制使得 Transformer 能够有效地处理序列中的任何长距离依赖问题，无论距离有多远。此外，Transformer 模型通过多头注意力(multi-head attention)进一步增强了其捕捉复杂关系的能力，它将注意力机制分为多个头，在不同的表示子空间中并行处理信息，然后将这些信息合并起来，以获得更丰富和全面的输出表示。

Transformer 模型的另一个关键创新是其使用的位置编码(positional encoding)，这是为了让模型能够利用序列中的顺序信息。由于模型本身不包含任何递归或卷积层，因此在输入序列中加入位置编码成了捕捉序列顺序的必要手段。位置编码通过将某种形式的序列位置信息添加到每个元素的表示中，使模型能够理解词语的顺序关系，从而处理基于顺序的模式和结构。Transformer 架构的出现极大地推动了 NLP 领域的发展，它的高效性和灵活性使得它迅速成为众多任务的首选模型架构。此后基于 Transformer 的预训练模型，如 BERT、GPT 系列、XLNet 等，在各种 NLP 任务上表现良好，包括但不限于文本理解、生成、翻译和摘要等。

Google 在 2018 年推出的 BERT 模型采用了 Transformer 的编码器架构，它的创新之处在于采用了双向训练的策略来理解词语在上下文中的含义。这与之前的模型不同，后者要么是在单向(从左到右或从右到左)上下文中训练，要么是使用浅层的双向上下文。BERT 的双向性使模型能够更加深入地理解语言的复杂性和细微差别。BERT 通过两个预训练任务来学习语言模型：一是“遮蔽语言模型”(Masked Language Model，MLM)，随机遮蔽输入句子中的单词并预测它们；二是“下一个句子预测”(Next Sentence Prediction，NSP)，预测两个句子是否在原始文本中相邻。这种预训练方式使 BERT 能够在广泛的下游任务中，如问答系统、情感分析和文本摘要等，通过微调获得卓越的性能。

BERT 的成功激发了一系列变体和改进模型的开发，这些模型旨在进一步提高性能、降低资源消耗或解决 BERT 的某些限制。Facebook 在 2019 年推出了 RoBERTa，这是对 BERT 的关键改进。RoBERTa 通过更大的数据集、更长的训练时间、更大的批量大小，去除了 NSP 任务以及动态调整遮蔽模式等改进措施，显著提高了模型的性能。这些改进显示了通过调整训练过程的各个方面，可以显著提升预训练语言模型的性能。ALBERT 是 BERT 的一个轻量级版本，旨在减少模型的大小和提高训练速度，同时保持甚至提升性能。ALBERT 通过两种主要方式实现这一目标：一是跨层参数共享，降低了模型大小；二是因式分解嵌入矩阵，进一步减小了模型参数。此外，ALBERT 使用了句子顺序预测(SOP)任务替代了 BERT 的 NSP 任务，更有效地捕捉句子间关系。

DistilBERT 是一种精简版的 BERT，通过知识蒸馏技术减少模型大小的同时，尽可能保留模型性能。知识蒸馏是一种模型压缩技术，它通过将大模型(教师模型)的知识转移到小模型(学生模型)来实现。DistilBERT 将 BERT 模型的大小减少了 40%，同时保持了 97%的性能。这些变体模型的出现，不仅扩展了 BERT 的应用范围，也推动了预训练模型技术向着更高效、更精准、更通用的方向发展。它们各自的创新之处体现了 NLP

领域不断追求优化和突破的精神，为解决语言处理中的复杂问题提供了更多的可能性。通过不断的迭代和改进，BERT 及其变体为自然语言处理的未来发展铺平了道路，展现了人工智能领域的无限潜力和前景。在 5.3.2 中我们将详细介绍这些 Bert 相关变体的预训练模型。

随着预训练模型在自然语言处理(NLP)领域取得巨大成功，研究者开始探索将这一技术扩展到更广泛的应用场景，尤其是多模态和跨领域的预训练模型。这些模型旨在捕捉和理解来自不同源的信息，如文本、图像、声音等，或适应于特定领域的需求，如医疗、法律等，进而提高模型在特定任务上的性能和通用性。多模态预训练模型的目标是整合来自不同模态(例如文本、图像和声音)的信息，以获得更加丰富和全面的数据表示。这种模型的崛起缘于认识到单一模态的数据往往无法提供足够的信息来完全理解或解决某些任务，比如在图像标注、视频理解和跨模态检索等领域。通过联合学习多种类型的数据，多模态模型能够捕捉到不同模态间的内在联系和互补性，从而提升模型的性能。ViLBERT(Vision-and-Language BERT)是一种典型的多模态预训练模型，它采用双流架构，分别处理视觉和文本输入，然后通过共同的注意力机制来整合这两种模态的信息。ViLBERT 在多项视觉和语言结合的任务上展示了出色的性能，如视觉问答和图像描述生成。CLIP(Contrastive Language-Image Pre-training)由 OpenAI 提出，它通过大规模的图像和文本对进行预训练，学习通用的视觉—语言表示。CLIP 特别强调模型的零样本(zero-shot)能力，即在没有见过具体任务样本的情况下，仍能表现出良好的性能。这得益于它在预训练阶段学习到的丰富和通用的跨模态特征。

跨领域预训练模型则关注于适应和优化特定领域的需求，如医疗健康、法律、金融等。这些领域往往包含大量专业术语和复杂的概念，普通的预训练模型可能无法有效处理。因此，跨领域模型通过在特定领域的大规模数据集上进行预训练，学习到深入的领域知识，从而在相关任务上表现出色。BioBERT 是一个针对生物医学领域优化的 BERT 模型，通过在大规模的生物医学文献上进行预训练，BioBERT 能够更好地理解医学术语和概念。这使得 BioBERT 在各种生物医学文本挖掘任务上，如疾病名实体识别、基因名实体识别和生物医学关系抽取等，展示了优越的性能。Legal-BERT 是专为法律文本设计的预训练模型，它在大量法律文件和裁判文书上进行预训练，以捕捉法律领域内的复杂语义和专业知识。Legal-BERT 的出现极大地促进了法律智能处理领域的研究和应用，包括法律文档自动分类、法条检索和法律问答等任务。

5.3.2 改进的 BERT 预训练模型

(1) RoBERTa

RoBERTa 是一种基于 BERT 模型的优化版本，由 Facebook AI 在 2019 年提出。RoBERTa 在多项自然语言处理任务中取得了显著的性能提升，其成功主要归功于对 BERT 训练策略和模型架构的若干关键改进。这些改进使得 RoBERTa 能更有效地利用数据，更好地理解和处理语言信息。首先，RoBERTa 相对于 BERT 的一个显著区别在于去除了 BERT 训练过程中的 NSP 任务。BERT 的训练包含两个主要任务：一个是 Masked Language Model(MLM)，即随机遮盖一些词汇然后预测它们；另一个是 NSP，即预测给定的两个句子是否顺序相连。Facebook AI 的研究发现，NSP 任务对于模型性能的提升并不显著，甚至有时会降低模型的表现。因此，RoBERTa 完全移除了 NSP 任务，专注于优化 MLM 任务。

RoBERTa 在训练过程中使用了更大的批量大小和更长的训练时间，同时还大大增加了训练数据的规模。这些改动有助于模型更深入地学习语言的复杂特征和模式。相比于 BERT 的训练数据，RoBERTa 引入了更多的数据源，包括 CommonCrawl 数据集，这使得模型能够接触到更广泛的语言使用情况和场景。此外，RoBERTa 还采用了动态遮盖机制，与 BERT 静态遮盖不同，每个 epoch 对输入数据进行的遮盖都是不同的，这进一步增强了模型对语言的理解能力。RoBERTa 还对超参数进行了细致的调优，例如调整了学习率的预热过程和总训练步数，这些优化帮助模型更有效地学习和适应不同的语言处理任务。通过这些改进，RoBERTa 在 GLUE (General Language Understanding Evaluation)、SQuAD(Stanford Question Answering Dataset)等多个标准 NLP 评测任务上取得最佳性能。

(2) ALBERT

ALBERT(A Lite BERT)是一种改进版的 BERT 模型，由 Google Research 在 2019 年提出。ALBERT 的设计旨在解决 BERT 模型中存在的一些问题，如训练成本高、模型大小等，同时保持或提升模型在自然语言处理任务中的性能。ALBERT 通过引入两个主要的创新点来实现这些目标：参数共享机制和因子分解的嵌入表示，这些设计使得 ALBERT 在减少模型大小和计算资源消耗的同时，还能保持甚至提升性能。

ALBERT 的一个核心特性是跨层参数共享。不同于 BERT 模型在不同的 Transformer 层中使用独立的参数，ALBERT 在所有层中共享相同的参数集。这种设计显著减少了模型的参数数量，从而降低了模型的内存占用和提高了训练效率。参数共享不仅减少了存储需求，还有助于模型泛化，因为它限制了模型复杂度并减少了过拟合的风险。此外 ALBERT 采用了因子分解的嵌入表示机制。在 BERT 中，词嵌入层的大小是一个巨大的参数矩阵，尤其是当词汇表很大时。ALBERT 通过将这个大矩阵分解为两个小矩阵的乘积来降低参数数量。这样不仅减少了模型的参数量，还使得模型更加高效。此外，ALBERT 还修改了 BERT 的预训练任务，引入了一个自监督的句子顺序预测(SOP)任务，以替代 BERT 中的 NSP 任务。SOP 任务专注于理解句子之间更细致的关系，这有助于提升模型在下游任务中的性能。

ALBERT 在多个自然语言处理任务上展现了出色的性能，包括 GLUE 基准、SQuAD 问答任务等，与 BERT 相比，在参数数量大幅减少的同时，ALBERT 仍然能够达到或超过 BERT 的性能。这种性能的提升得益于 ALBERT 的创新设计，包括参数共享和因子分解嵌入表示，这些设计优化了模型结构，提高了训练和推理的效率，同时保持了模型的表现力。因此 ALBERT 通过参数共享和因子分解嵌入表示两大技术创新，有效地减少了模型的大小和提高了训练效率，同时引入了自监督的句子顺序预测任务，以更好地理解句子间的逻辑关系。这些改进使得 ALBERT 在自然语言处理的各项任务中都表现出色，同时解决了 BERT 模型中的一些关键问题，如高昂的计算成本和模型规模大。ALBERT 的提出不仅推动了自然语言处理技术的发展，也为设计更高效、更轻量级的 NLP 模型提供了参考。

(3) DistilBERT

DistilBERT 是一种被设计为更小、更快、但性能仍然强大的 BERT 模型版本。由 Hugging Face 在 2019 年提出，DistilBERT 的目标是在保持原有 BERT 模型性能的同时，显著减少模型的大小并提高其运行速度。这通过一种称为知识蒸馏的技术实现，知识蒸馏是一种模型压缩技术，通过训练一个较小的模型(学生模型)来模仿一个较大模型(教师模型)的行为。DistilBERT 的出现使得在资源受限的设备上运行先进的自然语言处理模型成为可能，同时也减少了模型训练和推理时的碳足迹。

DistilBERT 在内部原理上采用了与 BERT 相似的架构，但进行了几项关键的优化以减少模型大小和提高效率。首先，DistilBERT 模型的层数减半，从 BERT 的 12 层减少到 6 层。这一改变直接减少了模型的复杂性和参数数量，从而降低了计算需求。尽管层数减少，DistilBERT 通过保留 BERT 中大部分重要的架构特性，如自注意力机制，确保了其能够捕获文本中的复杂模式和关系。此外，DistilBERT 在训练过程中使用知识蒸馏技术，具体来说，它不仅学习从标准训练数据中得到的监督信号，而且还学习模仿教师 BERT 模型的行为。通过这种方式，即便是模型尺寸减小，DistilBERT 也能够继承并压缩原始 BERT 模型的知识和能力。

(4) ViLBERT

ViLBERT(Vision-and-Language BERT)是一种结合了视觉和语言处理能力的模型，由 Facebook AI 在 2019 年提出。ViLBERT 的设计旨在处理需要同时理解图像内容和文本信息的任务，如图像标注、视觉问答(VQA)和视觉理解任务。ViLBERT 通过引入双流架构，分别处理视觉和文本输入，然后通过交叉注意力机制在这两种模态之间建立联系。这种设计让 ViLBERT 能够有效地融合视觉和语言信息，提升模型在多模态任务上的性能。

ViLBERT 与 BERT 的主要区别在于其结构设计上的创新，特别是它的双流架构。在 ViLBERT 中，一个流专门处理文本输入，另一个流处理视觉输入。这两个流都基于 Transformer 架构，但它们分别针对不同类型的数据进行了优化。文本流采用与 BERT 相似的自注意力机制来处理语言信息，而视觉流则使用自注意力机制来处理图像的区域特征，这些区域特征通常是通过预训练的卷积神经网络(如 Faster R-CNN)提取的。通过这种方式，ViLBERT 能够分别捕获文本和图像的内在特征。ViLBERT 的核心创新之一是引入了交叉模态注意力机制，这一机制允许模型在处理一个模态(如文本)的同时，考虑到另一模态(如图像)的信息。这种交叉注意力层被嵌入双流架构中，使得模型能够在每一层中学习视觉信息和文本信息之间的复杂关联。这对于理解那些需要同时考虑图像和文本信息的任务至关重要，比如在视觉问答任务中，模型需要理解问题的文本内容，并从相关图像中找到答案。通过这种深度集成的多模态学习策略，ViLBERT 显著提高了模型在多模态理解任务上的表现。

ViLBERT 通过其双流架构和交叉模态注意力机制，在自然语言处理和计算机视觉领域中构建了一座桥梁。与仅处理文本信息的 BERT 模型不同，ViLBERT 能够同时处理和理解视觉及文本信息，这使其在多模态任务中展现出卓越的性能。这种能力对于开发更加智能和理解复杂场景的人工智能系统至关重要，ViLBERT 的提出不仅推动了多模态研究的进展，也为未来 AI 系统的设计提供了新的方向和灵感。表 5-2 为几种模型的对比总结。

表 5-2　不同 BERT 改进模型的比较

	BERT	RoBERTa	ALBERT	DistillBERT	ViLBERT
设计初衷	通过预训练 Transformer 模型来理解语言的深层次结构	优化 BERT 的训练过程和数据利用，提高模型性能	减少模型大小和训练成本，保持或提升性能	简化 BERT 模型，减少参数量和计算需求	融合视觉和语言信息处理，支持多模态任务
参数共享	无	无	所有层中参数共享	无	双流架构中无参数共享
模型大小	大	很大	显著减小	减小	大
主要应用领域	广泛的 NLP 任务	广泛的 NLP 任务	广泛的 NLP 任务，特别适用于资源受限环境	广泛的 NLP 任务，适用于计算能力受限的设备	视觉问答、图像标注、多模态任务

5.3.3　预训练模型在信息决策中的应用

本节进一步探讨预训练模型在信息决策领域的应用。信息决策是一个涉及理解、分析和利用信息以做出决策的过程。随着自然语言处理(NLP)技术的发展，预训练模型已成为提高决策质量的关键工具，尤其是在处理大量文本数据时。下面从信息检索、情感分析和风险管理等方面，阐述预训练模型发挥的决策支持作用。

在信息检索领域，预训练模型如 BERT 及其变体通过理解文本的深层语义，极大地提升了从大量数据中寻找和提取相关信息的能力。这些模型能够捕捉到查询语句的细微差别，从而返回更加准确和相关的搜索结果。例如，传统的基于关键字的搜索引擎可能无法区分查询“苹果”的不同意图，它可能指的是水果，也可能是苹果公司。然而，通过利用 BERT 这样的预训练模型，搜索引擎可以根据上下文提示来理解用户的具体意图，并提供更加精确的信息。

举一个具体的应用例子，假设一个金融分析师正在寻找有关某一特定市场趋势的最新研究报告和新闻文章。在这种情况下，基于 BERT 的信息检索系统可以帮助分析师快速定位到最相关的文档。这种系统会分析查询的语义内容，并在庞大的数据库中寻找与之语义上最匹配的文档，而不仅仅是表面上的关键词匹配。例如，如果分析师输入的查询是“2023年人工智能技术的市场影响”，系统不仅会查找包含所有关键词的文档，还会理解到用户是在寻找关于“市场影响”的分析性文档，而不是单纯的技术描述或教程。进一步地，系统甚至能够识别出与查询语义相近但可能不直接包含所有关键词的文档，如那些讨论“AI技术对经济趋势的影响”的报告。此外，这些高级的信息检索技术不仅限于文本搜索。在法律、医疗和科研等领域，BERT及其变体能够帮助专业人士通过对大量专业文献、案例报告和研究论文的深入分析，快速找到最相关的信息。例如，在医疗诊断的场景中，医生可能需要查询特定病症的最新治疗方法。通过使用预训练模型，信息检索系统可以理解医生的具体需求，并从医学数据库中提取出最相关的研究论文和临床试验报告。这种能力显著提高了信息检索的效率和准确性，使得专业人士能够在短时间内做出基于最新、最准确信息的决策。

在情感分析领域，预训练模型如BERT及其变体通过深层理解文本的语境和细微情感，为各种应用提供强大的支持。这些模型能够准确地识别出文本中的情感倾向，无论是正面、负面还是中性，进而支持市场分析、品牌监控、客户服务等决策制定过程。例如，在社交媒体监控中，企业可以利用预训练模型分析客户对其产品或服务的反馈，快速识别出负面评论或问题，并据此采取行动以提升客户满意度。同样，这些模型也能够帮助企业捕捉正面反馈，识别品牌的忠实拥趸，从而更好地理解市场趋势和消费者偏好。除了企业应用，情感分析还在公共管理、政策制定等领域发挥着作用。政府机构和非营利组织可以通过分析公众对特定议题的情感反应，更好地理解民意，制定更具响应性与目标性的政策和计划。通过这种方式，预训练模型不仅提高了信息决策的效率，还增强了决策的针对性和有效性，体现了人工智能技术在辅助人类理解复杂情感信息方面的巨大潜力。

在风险管理领域，预训练模型如BERT及其变体发挥着关键作用，特别是在监测和评估潜在风险方面。这些模型能够深入分析各种文本数据，如新闻报道、社交媒体帖子、行业报告等，从而及时识别出可能对企业或项目造成影响的负面事件或趋势。例如，通过对金融新闻和市场分析报告的实时分析，预训练模型可以帮助投资者和企业领导层捕捉到可能影响股价或市场动向的重要信息，如突发事件、政策变动或经济危机的迹象。这种能力使得组织能够提前做出应对措施，如调整投资组合、优化运营策略或加强风险防控，从而有效降低损失风险。

此外，预训练模型在识别和防范网络安全威胁方面也显示出巨大潜力。通过分析网络流量和通信内容，这些模型可以早期检测到异常行为或恶意软件传播的迹象，为信息安全团队提供宝贵的时间窗口进行干预和防护。总之，预训练模型通过对大量复杂数据的深入分析和理解，极大地增强了组织在风险预警、评估和应对中的能力，为现代风险管理提供了强有力的技术支持，使之更加智能化和高效。

5.4　数据挖掘技术的进阶应用

本节将介绍三种先进的数据挖掘技术及其在决策优化中的应用，包括强化学习、多任务学习和零样本学习。这些方法在处理不确定性、动态环境和未知信息时展现出独特的能力，为决策者提供了强大的工具来应对复杂的决策场景。首先，强化学习通过与环境的交互学习，使决策系统能够自主地优化其行为，以最大化长期奖励。这种方法的核心在于代理的试错学习过程，它通过不断的探索和利用，适应环境变化并优化决策策略。强化学习的应用范围广泛，从自动驾驶到金融交易策略，都体现了其在动态和不确定性环境中做出优化决策的能力。多任务学习则通过在多个相关任务上共享信息来提高决策效率和质量。这种方法允许决策系统在处理一个任务时利用从其他任务中学到的知识，通过这种跨任务的学习和知识转移，多任务学习能够提升决策系统在多个领域同时做出准确决策的能力。最后，零样本学习面对的是如何在完全没有直接经验的情况下做出决策的挑战。通过利用已有知识和类别间的关系，零样本学习使决策系统能够识别和处理未曾见过的情况，展现了在信息缺乏时进行有效决策的潜力。

这三种方法各自在信息决策领域内发挥着重要的作用，它们不仅增强了决策过程的适应性、效率和准确性，也为处理复杂、动态和不确定性环境中的决策问题提供了新的视角和解决方案。通过深入探索和应用这些先进的数据挖掘技术，我们可以更好地理解信息与决策之间的复杂关系，进而优化和提升决策质量。

5.4.1　强化学习在决策优化中的应用

无论是在商业策略、金融投资还是技术创新领域，决策优化都是推动进步和维持竞争力的关键。然而，传统的决策方法往往依赖于简化的假设和静态的决策规则，难以适应环境的不断变化和复杂性的增加。这些方法面临的主要挑战包括处理大量不确定性、理解动态系统的复杂交互以及在有限信息下做出最优决策。正是在这种背景下，强化学习(RL)作为一种先进的机器学习方法应运而生，它通过让决策者(代理)在与环境的交互中学习，来不断优化和改进决策策略。与传统方法不同，强化学习不依赖于预先定义的决策模型，而是通过探索未知环境并从实践中学习，使代理能够自主发现有效的决策路径。这种学习机制使得强化学习在许多需要适应性和灵活性决策的领域展现出了巨大的潜力和优势。

因此，探索强化学习在决策优化中的应用不仅对于理解其理论基础至关重要，也为实际应用中面临的决策问题提供了新的解决方案。接下来，我们将深入讨论强化学习的核心概念、操作机制以及它如何被应用于各种决策优化场景中，揭示其如何提高决策质量，增强决策过程的动态适应能力。其中强化学习的三个基本概念分别是：代理、环境和奖励。

在强化学习中，代理是指执行行动以在特定环境中达成目标的实体。作为决策者，代理的核心任务是通过与环境的持续交互，学习如何选择最优的行动策略以最大化长期奖励。在决策和信息处理的背景下，代理必须能够：

①感知环境状态。在强化学习中，代理的能力不仅限于简单地“看到”环境状态，而是要理解和解析环境状态所提供的信息。这一过程涉及对环境状态的识别、编码以及解释，使代理能够把看似无关的信息转化为对决策有用的知识。例如，一个自动驾驶汽车的代理需要能够从原始传感器输入中提取出车辆速度、周围物体的位置等关键信息，并判断这些信息对于当前的驾驶决策的意义。这不仅要求代理具备高效的感知能力，还要求其能够在不断变化的环境中快速适应，实时更新其对环境的理解。

②做出决策。代理做出决策的过程是强化学习中的核心。这一过程不仅涉及在给定状态下选择行动的策略，而且还要求代理能够预测不同行动的潜在后果。决策过程深深植根于对未来奖励的估计，这需要代理基于当前已有的经验来推断哪些行动可能导致更好的结果。在这个过程中，代理会使用一系列算法来平衡探索(尝试新的行动以发现更有价值的结果)和利用(使用已知的最佳行动以最大化奖励)之间的关系。有效的决策策略能够使代理在复杂多变的环境中找到成功的路径，同时适应环境的变化和新的信息。

③学习与适应。强化学习的本质在于学习和适应。代理通过不断的交互实践，利用反馈(即奖励)来调整其行为，以实现长期目标。这一过程体现了从经验中学习的能力，即代理不仅能从成功的尝试中学习，通过重复那些获得正向奖励的行动，也能从失败中学习，避免那些导致负向奖励的行动。随着时间的推移，代理通过这种试错过程不断优化其决策策略，提高在面对未知情况时做出正确决策的能力。这种学习与适应的能力是代理能够在动态环境中生存和成功的关键。

环境是代理所操作的空间或上下文，它定义了代理可能遇到的所有状态、代理可以执行的行动以及这些行动的结果。环境对代理的行为做出反应，通过奖励信号反馈行动的效果，这种反馈是决策学习过程的基础。环境的主要特点包括：

①状态空间：状态空间定义了环境中所有可能的情况或配置，每个状态代表环境在任一特定时间点的一个独特快照。对于代理而言，理解和识别这些状态是至关重要的，因为它决定了代理可采取的行动及其潜在的结果。在复杂决策过程中，状态空间的维度可能非常庞大，涵盖了从简单的物理位置到包含多个变量的环境状态。代理的挑战在于如何有效导航这个状态空间，通过有限的观察来理解其所处的环境状态，并据此做出最优的行动选择。这不仅要求代理能够感知当前的环境状态，还要求它能够预测未来状态的变化，以实现其长期目标。

②动态变化：环境的动态变化是指环境状态随时间的自然演变，以及作为代理行动直接结果的变化。这种变化的本质要求代理不仅要对当前环境有准确的感知和理解，还必须具备预测未来变化并据此调整行动策略的能力。动态变化意味着即使是相同的行动，在不同的时间点或不同的环境状态下，可能会导致完全不同的结果。因此，代理必须能够适应这种变化，通过持续的学习和策略调整，以确保其行动选择能够在变化的环境中保持最优。这种适应性是强化学习中代理成功的关键，它使得代理能够在复杂和不断变化的环境中实现目标。

③不确定性：不确定性反映了环境的复杂性和预测的难度，特别是在环境的确切动态部分未知或完全未知的情况下。这种不确定性可能来源环境本身的随机性，或是代理对环境规则了解不足。面对不确定性，代理需要能够在有限的信息下做出决策，并通过探索未知的环境来增加其知识库，从而减少不确定性。在强化学习中，“探索”(exploration)和“利用”(exploitation)之间的平衡正是应对不确定性的关键策略之一。代理通过“探索”来获得更多关于环境的信息，而通过“利用”来应用其已学到的知识以优化其行动选择。有效地管理不确定性，使代理人能够在信息不完全的情况下做出合理的预测和决策，是实现高效决策的重要组成部分。

奖励是环境根据代理的行动反馈给代理的信号，是一种评估代理行动好坏的即时效果的机制。奖励信号的主要目的是引导学习过程，帮助代理识别哪些行动是有益的，哪些是有害的。奖励设计的关键要素包括：

①即时性与长期性：奖励机制在强化学习中扮演着至关重要的角色，它通过即时性与长期性的维度来影响代理的行为。即时奖励关注于代理当前行动的直接结果，它提供了快速的反馈，帮助代理判断其最近的决策是否朝向正确的方向。长期奖励则涉及更加

复杂的考量，它要求代理评估一系列行动在未来累积的效果。在实际应用中，这意味着代理必须权衡短期利益与长期目标之间的关系，做出能够最大化整体利益的决策。这种平衡要求代理不仅对当前环境敏感，还需要具备前瞻性，能够预测和规划未来行动的潜在影响。

②正向奖励与负向奖励：奖励系统的设计通常包含正向奖励和负向奖励，以激励或抑制代理的某些行为。正向奖励是对代理行为的正面反馈，它鼓励代理重复那些被认为是有益的或正确的行动。例如，在导航任务中，向目标位置移动一步可能会获得正向奖励。相反，负向奖励则用来指示不希望的行为，它让代理学会避免那些可能导致不良后果的选择。负向奖励的一个例子是，如果代理执行了一个导致损失或错误状态的行动，就可能受到惩罚。通过这种方式，正向和负向奖励共同指导代理在复杂的决策环境中寻找最优行为模式。

③奖励策略：有效的奖励策略是实现目标导向学习的核心，它定义了代理在特定环境中应当追求的行为和目标。一个良好设计的奖励策略能够清晰地映射出期望的行为模式，引导代理学习如何在各种情境下做出优化决策。奖励策略的挑战在于如何精确地定义奖励条件，以确保代理能够在追求即时奖励的同时，也不忽略对长期目标的贡献。此外，奖励策略还需要灵活地适应环境的变化，确保代理在面对未知和动态变化的情况时，仍能够通过学习调整其行为，以持续地优化决策过程。

图 5-10 展示了强化学习的基本流程。在这个流程中，代理(Agent)通过观察环境(Environment)来获取当前的状态信息。根据这个状态，代理会采取一个行动(Action)，这个行动会被送回环境中。环境随后根据代理的行动给出一个奖励(Reward)信号，并更新状态，这个新状态再次被代理观察到，循环继续。代理的目的是通过这个不断的交互过程学习一个策略，这个策略能够告诉它在特定的状态下应该采取什么行动以最大化

图 5-10　强化学习的基本流程

长期奖励。在这个模型中，代理不断地试错，并通过奖励信号来指导其行为，逐渐学习到达成目标的最佳路径。

强化学习与决策优化紧密相关，因为它们都涉及如何在给定环境下做出最佳选择。在强化学习中，代理通过试错(探索和利用)学习策略，以最大化累积奖励。这个过程体现了自主性，因为代理必须自己决定每一步如何行动；同时也体现了适应性，因为代理的策略会根据环境反馈不断调整。

例如，自动驾驶汽车的决策过程。汽车(代理)必须在高速公路上决定变道、加速或减速(行动)。它通过传感器(观察环境)来判断当前的交通状态(状态)，并根据其他车辆的速度和位置做出行动决策。安全顺利地到达目的地会给汽车提供正向奖励，而发生近失事件或实际碰撞则是负向奖励。通过这种方式，汽车学习在不同的交通条件下如何驾驶，以保证安全并最小化行程时间。

在这个例子中，状态包括汽车的当前速度、周围的交通状况、交通信号灯的状态以及到目的地的距离等信息。行动是加速、减速、停车或变换车道。奖励则可能是基于行动的结果，比如安全驾驶会获得正奖励，而交通违规或造成事故会得到负奖励。为了达到安全驾驶的长期目标，代理必须学会如何基于当前状态来预测未来的奖励。例如，当交通信号灯变红时，即使短期内减速可能意味着减少奖励(因为它延长了行程时间)，从长远来看，它却是避免事故和遵守交通规则的正确行动。通过不断地在模拟环境中试错，代理逐渐学会了在各种不同的交通情况下如何做出最优的决策。这个过程强调了自主性和适应性——自动驾驶模型必须能够独立地从经验中学习，并适应复杂、动态变化的道路条件。

强化学习的独特优势在于它能够在没有预先标注的训练数据的情况下进行学习。这种学习方式非常适合于复杂、动态且不确定的环境，因为它依赖于通过与环境的直接交互来学习，而不是依靠大量标注的历史数据。代理通过探索未知来获取新知识，同时利用已有的知识来做出最优决策。这种探索与利用之间的平衡是强化学习中最为关键的策略之一，它允许代理在保证一定的安全性的同时，也能尝试新的策略以优化其行为。另外一个显著特点是其具有持续学习的能力，这意味着代理能够根据环境的变化不断调整和改进其策略。在现实世界的决策场景中，环境常常是多变的，需要决策系统能够适应这种变化。强化学习模型能够通过不断的试错过程，在长期与环境的互动中学习和适应，从而使代理能够在面对未知和变化的环境时，做出更加合理和高效的决策。这使得强化学习成为一种强大的工具，尤其是在需要快速适应新情况和复杂决策的应用中。

5.4.2 多任务学习：同时解决多个决策问题

多任务学习(MTL)的基础在于同时处理多个学习任务，而这些任务共享一些底层的信息。在数学定义上，我们可以将 MTL 形式化为优化一个联合目标函数，这个目标函数考虑了所有任务的性能。具体来说，如果我们有 T 个任务，每个任务 t 都有一个数据集 D_t 和相关的学习目标 L_t，MTL 旨在优化整体目标函数：

$$\min \sum_{t=1}^{T} \alpha_t L_t(D_t, \theta_t) + \lambda \Omega(\Phi) \tag{5-6}$$

在公式(5-6)，Φ 表示模型参数，包括所有任务共享的参数和每个任务特定的参数 θ_t。α_t 是每个任务的权重，反映了各个任务的重要性。$\Omega(\Phi)$ 是正则化项，用于防止过拟合并促进参数之间的共享。这种设置使得 MTL 能够在保持任务特定信息的同时学习到跨任务的通用特征。

多任务学习的核心价值在于其能够通过在多个任务之间共享信息，提升学习效率和决策质量。这种方法的成功基于一个关键假设：不同的任务虽然在表面上可能看起来独立，但实际上它们在某些底层特征上是相关联的。通过共享这些底层特征，MTL 能够让模型在一个任务上的学习成果惠及其他任务，实现了信息和知识的有效转移。在具体实现上，在模型架构中设计共享层对所有任务都是可见的，并能捕捉到跨任务的共通信息。每个任务还有自己的特定层，用于处理任务特有的决策逻辑。这种架构使得共享层学习到的特征能够被所有任务所利用，而特定层则确保了任务之间的差异性得以保留。例如，在图像处理领域，共享层学习到通用的视觉特征，如边缘和纹理等；而特定层则针对特定任务，如面部识别或情感分析，进行优化。通过这种信息共享与特征转移，MTL 不仅优化了决策过程，还增强了模型的泛化能力，使其在面对一系列复杂和多样化的决策任务时，能够做出更加准确和一致的决策。

设想一个金融市场分析系统，该系统的目标是预测不同金融产品的未来走势，例如股票和债券。在这个例子中，我们有两个任务：股票价格预测(任务 A)和债券收益率预测(任务 B)。尽管这两个任务看似不同，但它们共享一些基本的市场因素，如经济增长率、利率和政策变化等。这些共享的市场因素构成了我们讨论的“信息”。在多任务学习框架中，我们设计一个共享层来学习这些共享的市场因素(信息)，然后为每个任务设计特定的输出层。假设共享层的参数是 θ_{shared}，股票价格预测任务的特定参数是θ_A，债券收益率预测任务的特定参数是θ_B。

多任务学习问题表述为，优化以下目标函数：

$$\min_{\theta_{\text{shared}},\ \theta_A,\ \theta_B} \sum_{t=1}^{T} L_A(D_A,\ \theta_{\text{shared}},\ \theta_A) + L_B(D_B,\ \theta_{\text{shared}},\ \theta_B) + \lambda\Omega(\theta_{\text{shared}}) \quad (5\text{-}7)$$

公式(5-7) 中，L_A 和L_B 分别是任务 A 和任务 B 的损失函数，D_A 和D_B 是对应的数据集，λ 是正则化参数，Ω 是对共享参数的正则化项，用于防止过拟合并促进信息的有效共享。通过这种方式，共享层的存在使得两个任务能够从彼此中学习和借鉴，提高了决策的准确性。同时，由于共享了处理基本市场因素的参数，整个系统的参数数量减少，相比于分别独立训练两个模型，计算需求也随之降低，从而提高了决策过程的效率。

通过这个金融市场分析的例子，我们可以清晰地看到多任务学习在利用共享信息和特征转移方面的优势，以及它如何在提升单个任务的决策性能的同时，也提高了整体的计算效率。

5.4.3　零样本学习：面对未见过的数据做出决策

零样本学习(Zero-Shot Learning，ZSL)是机器学习领域的一个前沿研究方向，旨在解决模型在没有直接经验的情况下对未知类别进行识别和决策的问题。这种学习方法的核心在于利用和转移已有的知识，以识别和处理在训练阶段未曾见过的数据类别。ZSL 的实现通常依赖于对数据和类别之间关系的深入理解。具体来说，它要求模型能够抓住类别之间共享的、抽象的特征，并将这些特征应用于识别新的类别。这一过程中，先验知识的引入至关重要，这些先验知识可以是类别的属性描述、语义关系或是通过外部知识库获得的额外信息。通过这种方式，模型能够建立起已知类别和未知类别之间的联系，实现对未见类别的推理和识别。

ZSL 通过构建一个语义空间来实现知识转移，这个空间通常由类别的属性向量构成。例如，在动物识别的任务中，每个类别(如“猫”“狗”)可以通过一组属性(如“有毛发”“四肢”“尾巴”)来描述。这样，即使模型没有直接学习过某个特定动物(比如“豹”)，通过已知动物的属性和未知动物的相似性，模型也能够推断出未知类别的属性，进而进行识别。其通常需要一个额外的步骤来将输入数据(如图像)映射到这个语义空间上。这一步骤涉及学习一个从原始输入空间到语义属性空间的映射函数。通过这个函数，模型能够将一个未见过的动物图像映射到语义空间上，然后通过比较其属性向量与已知类别的向量，来确定它最可能属于哪个类别。下面是一些零样本学习在信息中决策的例子。

在医疗诊断领域，ZSL 的应用可以显著提升对新型疾病的诊断速度和准确性。当面对一个新出现的疾病时，传统模型可能因为缺乏直接相关的训练数据而难以识别和分类。而 ZSL 模型则可以通过分析该疾病的症状与已知疾病之间的相似性和差异性，快速提供初步诊断意见。这种能力不仅加速了诊断过程，也为疾病的早期发现和治疗提供了可能，极大地增强了医疗系统应对新挑战的能力。在金融市场分析方面，ZSL 同样展现出了其独特的价值。随着市场环境的不断变化，新的投资机会和风险持续出现，这对分析师来说是一个巨大的挑战。ZSL 允许分析师利用现有的市场规律和投资产品特性，对尚未出现过的市场机会进行预测和评估。这种前瞻性的分析不仅能帮助投资者把握新机会，还能有效规避潜在的风险，从而做出更加明智的投资决策。通过这样的应用，ZSL 不仅提升了决策的效率，更重要的是提高了决策的质量和前瞻性，为应对不确定性和快速变化的环境提供了强有力的支持。

本章小结

本章深入探讨了信息决策的核心——数据挖掘技术，并展示了这些技术如何为决策提供支持。从数据挖掘技术的概述到深度学习的应用，再到知识蒸馏技术的介绍，本章不仅回顾了数据挖掘技术的发展历程，还展示了最新的技术进展和应用案例。特别是在深度学习领域，我们讨论了卷积神经网络(CNN)、循环神经网络(RNN)、Transformer 与 BERT 以及 GPT 系列和 Vision Transformer (ViT)在数据挖掘中的应用，这些内容揭示了深度学习技术在图像处理、时间序列分析和自然语言处理等方面的强大能力。在此基础上，本章介绍了知识蒸馏技术如何在简化模型的同时保持性能，使得决策支持系统能够在资源受限的环境下高效运行。软标签蒸馏、特征蒸馏和关系蒸馏等技术的介绍，展示了知识蒸馏在实际应用中的多样化和灵活性。另外，本章重点讨论了预训练模型及其在数据挖掘中的应用，强调了预训练模型在提供通用知识、通过微调技术定制化以适应特定决策任务方面的重要性。具体来说，本章介绍了预训练模型在信息检索、情感分析和风险管理等多个领域的应用案例，展现了这些技术如何在实际应用中为决策提供有力支持。最后，本章通过介绍强化学习、多任务学习和零样本学习等进阶应用，总结了数据挖掘技术未来在决策优化中的潜力和方向。

本章全面地介绍了数据挖掘技术及其在信息决策中的应用，强调了深度学习和预训练模型在当前和未来决策支持系统中的关键作用。通过本章的学习，读者能够深刻理解数据挖掘技术在信息决策中的价值，以及如何有效地利用这些技术来提升决策质量和决策效率。

本章习题

1. 描述深度学习如何影响数据挖掘技术，并给出深度学习在数据挖掘中应用的一个实例。

2. Transformer 与 BERT 在自然语言处理中的创新之处是什么？请讨论它们在数据挖掘中的应用实例。

3. 解释 Vision Transformer（ViT）在图像理解中的新进展，并讨论其在数据挖掘技术中的潜在应用。

4. 知识蒸馏技术如何帮助简化模型同时保持性能？请通过软标签蒸馏、特征蒸馏或关系蒸馏中的一个技术来解释。

5. 讨论预训练模型在信息检索、情感分析和风险管理等领域的应用，并给出一个具体的例子。

6. 强化学习在决策优化中的应用主要体现在哪些方面？请描述一个实际应用案例。

7. 多任务学习与单任务学习相比有什么优势？请讨论其在解决多个决策问题时的应用。

第 6 章　信息博弈论——竞争型决策分析

在实际的决策过程中，有些决策问题是具有竞争性质的，即存在竞争对手。在此类决策中，各竞争主体间存在利益冲突，每个决策主体的行动都会受到其竞争对手的影响，这类决策便是竞争型决策。

博弈论是研究理性决策者间竞争与合作的理论，它研究当决策主体的行为在产生直接的相互作用时，决策主体如何进行决策以及这种决策的均衡问题。博弈论对决策问题的研究贯穿决策的整个过程，是一种广义层面的竞争型决策分析。博弈论的基本概念是什么？决策主体在不同博弈情境下如何进行决策？本章我们将重点讨论这些问题。

6.1　信息博弈论概述

在开始本节学习前，我们先看这样一个例子：

例 6-1　两名小偷甲和乙联手作案，私入民宅被警方逮住但未获证据。警方将两人分别置于两间房间分开审讯，政策是：若一人招供但另一人未招，则招者立即被释放，未招者判入狱 10 年；若二人都招则两人各判刑 8 年；若两人都不招则未获证据但因私入民宅都拘留 1 年。在这种情况下，双方会如何选择？

为了明确这一决策过程，我们把双方被判刑期视为其损失，将双方可能的选择按表 6-1 所示进行整理，以便开展后续的分析。

表 6-1　甲乙策略组合

		乙	
		招	不招
甲	招	-8，-8	-10，0
	不招	0，-10	-1，-1

尽管甲不知乙是否招供，但他认为自己选“招”最好，因而甲会选择“招”，乙也同样会选择“招”，结果各判 8 年；但若两人都不招，结果是两人只被判 1 年，但这种结果是不会出现的。

在囚徒困境的例子中，在选择是否招供以换取减刑的决策中，双方都在追求自身利益最大化，但对方在此问题上与自己存在根本利益冲突。此外，无论双方如何决策，甲乙两人的最终结果是无法被支配的。为探究上述情境下不同主体如何决策，博弈论应运而生，尝试解读此类情境下决策主体的理性决策行为以及这些决策结果。本节我们首先从一些基本概念开始介绍这一理论。

6.1.1　博弈论的研究对象

博弈论(Game Theory)又名对策论，它试图理解既存在冲突又存在合作的情况下人们的决策行为，是研究相互依赖、相互影响的决策主体的理性决策行为以及这些决策的均衡结果的理论，关注参与决策的主体为赢得对一个或多个竞争者的博弈过程中如何进行决策。在博弈论中，参与决策的个体被称为局中人，他们被认为是具有智能的理性个体劳动者。

就其研究对象而言，博弈论是研究具有理性和智能的决策主体(即人类)之间在其行为发生直接的相互作用时的策略选择及策略均衡的理论，其关键步骤是找出在别人选择既定的情况下自己的最优反应策略(给自己带来最大收益的策略)。由此可见，博弈是一种势态。在该势态中，两个或更多的局中人都在追求他们各自的利益，没有人能够支配结果。博弈的过程就是一个在策略上相互作用的过程。这使得任何一方的行为都必须考虑到对方可能做出的反应。

需要注意的是，博弈论中的博弈是关于策略的博弈，而非掷骰子一般的随机博弈。在策略博弈中，两个以上的局中人在进行决策时，其得失有赖于自己对手的行动。

从上述关于博弈论的定义中我们可以看出，博弈论研究的是一种特殊情景下的决策分析过程，即竞争型决策分析。与前面章节所讨论的决策分析有所不同，博弈论关注智能对手即人类之间的决策行为，而前面章节所讨论的决策分析研究的是人类与非智能对手即人类社会、自然界之间的决策行为。二者在研究对象上存在差异。另一方面，博弈论所分析的策略博弈同样包含决策者、决策目标、决策方案、自然状态、决策结果和决策准则这六类决策分析的基本要素，这其中决策者是局中人，决策目标是局中人为赢得对其他对手的博弈，决策方案便是局中人所采取的策略和行动，决策准则是理性的局中人实现自身利益最大化的准则，决策结果是多个局中人在博弈中最终达成的策略均衡，自然状态是局中人无法控制但可以预见的其他对手可能采取的策略与行动。由此可见，博弈论分析的是一种人与人之间存在冲突又存在合作的情境下的决策，是一种竞争型决策分析。因此，博弈论应当被视为一种特殊的决策分析，它与决策分析之间存在一定差异但联系紧密，是决策科学的重要组成部分。

此外，由于在策略博弈中，局中人无法获知对手所采取的策略，因此关于博弈环境与其他对手的信息成为影响局中人决策与最终博弈结果的重要因素，信息方面的差异通常会造成决策行为的差异和博弈结果的不同。在博弈中，关于支付的信息(每种策略组合下支付情况)尤为关键。在实际博弈问题中(如招投标)，局中人无法获知对手对标的估价以及市场销售价格、生产成本等具体支付情况；同时局中人并不一定按照自身利益最大化进行决策，一些局中人会在局部问题上追求集体利益最大化。为应对上述信息困境，虽然可以一般地假设各方均为基于完全理性开展决策，但我们不能就此忽视局中人的理性能力问题。因此，在开展博弈分析时，应注重收集相应的信息并对信息加以利用和分析，从而对对手的行为进行合理预见，避免因基于一般假设而制定存在偏误的策略，从而赢得博弈。

6.1.2 博弈论的发展历程

博弈论(Game Theory)是由美国数学家冯·诺依曼(Von. Neumann)和经济学家摩根斯坦(Morgenstern)于 1944 年创立的带有方法论性质的学科，它被广泛应用于经济学、人工智能、生物学、火箭工程技术、军事及政治科学等。以博弈论学科体系的一些主要标志和特征为依据，我们可以将博弈论的发展历程大致分为以下四个阶段。

(1)萌芽阶段

20 世纪 30 年代前，历史上已出现过相当多的朴素讨论与文字记载，那时人们对人类利益冲突的研究是分散的且有很大的主观随意性，但博弈论的思想就萌芽于这些探索中。例如，2000 多年前孙膑利用博弈论帮助田忌在与国君的赛马中取胜就是非常典型的一个博弈事件；1838 年古诺(Cournot)在《理论数学研究》一书中对两寡头垄断竞争的研究，以及冯・诺依曼(Von. Neumann)于 1928 年研究合作博弈时提出的特征函数法等。

(2)创立阶段

博弈论成为一个专门的研究领域，一般认为始于 1944 年冯・诺依曼(Von. Neumann)和经济学家摩根斯坦(Morgenstern)合作出版《博弈论和经济行为》一书。书中提出了博弈问题的三种描述方式，即标准型、扩展型、特征函数型，并定义了一系列基础概念。这标志着博弈论作为一门独立科学的开始。随着研究的不断深入，博弈论的理论与方法被广泛应用于经济学、人工智能、生物学、火箭工程技术、军事及政治科学等学科。1956 年，相关学者在耶路撒冷举行了第一届国际博弈论会议，标志着博弈论这一学科开启了蓬勃发展的新时代。

(3)发展阶段

由于数学家与经济学家思维方式的差异，这时的博弈论体系较为“数理化”，对现实问题的解释相比其他理论方法未见明显说服力。这一时期，为克服上述问题，学者们进行了丰富的探索。如纳什(Nash)在研究 n 人非合作策略博弈后提出“纳什均衡”的概念，明示了博弈论与经济均衡的内在联系，形成了博弈均衡研究的基石，为后续相关理论研究奠定了坚实基础；泽尔滕(Selten)尝试将扩展型博弈推广至更普遍的动态博弈；海萨尼(Harsanyi)提出了不完全信息博弈与贝叶斯均衡的概念。这些贡献使得博弈论在一些关键环节上取得突破，他们的杰出贡献也使得他们荣获 1994 年诺贝尔经济学奖。

(4)辉煌阶段

进入 20 世纪 80 年代后，博弈论的发展进入了一个前所未有的辉煌时期。1996 年，两位将博弈论应用于不对称信息下机制设计的经济学家莫里斯(Mirrlees)和维克里(Vickrey)获得诺贝尔奖。2001 年，三位经济学家阿克洛夫(Akerlof)、斯蒂格利茨(Stiglitz)和斯宾塞(Spence)因运用博弈论研究信息经济学所取得的成就而成为两个年度的诺贝尔经济学奖得主。2007 年，马斯金(Maskin)、赫维兹(Hurwicz)和梅耶森(Myerson)三位学者因其在机制设计研究中的贡献共同摘得诺贝尔经济学奖。这些学者因博弈论方面研究成果荣获诺贝尔经济学奖标志着博弈论的发展进入一个全新的辉煌时代。专家预计，近几年还会有更多的博弈论专家可能获得诺贝尔经济学奖。

博弈论作为带有方法论性质的学科，在其漫长的发展历程中被广泛应用于经济学、人工智能、生物学、火箭工程技术、军事及政治科学等领域。除上述应用外，博弈论还被广泛应用于信息经济学研究并取得了不少优秀成果。从本质上讲，信息经济学是非对称信息博弈在经济领域的应用，但双方在研究着眼点上存在些许不同：博弈论是方法导向的，关注在给定信息结构下什么是可能的均衡；信息经济学是问题导向的，它研究的是给定信息结构下交易关系、激励机制与契约安排问题。最初，信息经济学与博弈论是彼此独立发展的，随着博弈论方法被广泛应用于不完全信息博弈研究，相关学者尝试将这些模型整合为一个新的经济学体系，这便是信息经济学体系的萌芽。直到最近 40 年，博弈论学者与经济学者才正式确定了信息经济学的研究范式。由于信息经济学的理论基础仍建立在现代经济活动的基础上，因而博弈论中关于不完全信息博弈的研究方法进一步扩散至保险、通信、金融、产业组织和供应链等领域研究中，成果斐然。

6.1.3 博弈论的基本概念

(1)博弈论中的基本概念

回到前面所提的囚徒困境的例子中介绍几个博弈论当中的基本概念。

①局中人，是理性且自利的决策主体。在上例中，甲和乙是参与博弈的理性的人，他们都追求自身刑期最短的利益目标，是为“局中人”。

②策略，是一种规则，它引导着局中人在博弈的各个阶段如何抉择。甲或乙可以作出的选择被称为“策略”，如“招”或“不招”都是策略。表 6-1 中每一个小方格内的数字被称为局中人的支付，其中左边的数字代表甲的支付，右边的数字是乙的支付。表 6-1 中的双变量矩阵称为博弈支付矩阵。

③结果，一局博弈结局时的结果称为得失。每个局中人在一局博弈结束时的得失，不仅与该局中人自身所选择的策略有关，而且与全局中人所取定的一组策略有关。在囚徒困境中，甲和乙博弈的结果为双方均选择招供，均被判 8 年刑期。

④均衡，是博弈中的最优决策序列。局中人甲和乙所选择的战略构成的组合(招，招)被称为博弈均衡。这个组合中前后两个战略分别表示甲和乙所选择的战略。

在不清楚对方选择的前提下，对甲来说，尽管他不知道乙是选择了“招”还是“不招”，他发现他自己选择“招”都是比选择“不招”要好的。因此，“不招”是相对于“招”的劣策略，他不会选择劣策略。所以，甲会选择“招”。同样，根据对称性，乙也会选择“招”，结果是甲乙两人都选择“招”。

这种甲和乙都不会选择劣策略“不招”的情况称为剔除劣策略的占优策略均衡。其中“招”是占优于(优于)“不招”的占优策略。我们可以利用这个理论来分析日常生活中的许多不合作现象。

在一些特殊情况下，参与博弈的局中人不一定会通过剔除劣战略的方式达成博弈均衡。我们可以看下面这个例子。

例 6-2　猪圈中有一头大猪和一头小猪，在猪圈的一端设有一个按钮，每按一下按钮，位于猪圈另一端的食槽中就会有 10 单位的猪食进槽，但每按一下按钮会耗去相当于 2 单位猪食的成本。如果大猪先到食槽，则大猪吃到 9 单位食物，小猪仅能吃到 1 单位食物；如果两猪同时到食槽，则大猪吃 7 单位，小猪吃 3 单位食物；如果小猪先到，大猪吃 6 单位而小猪吃 4 单位食物。双方的博弈支付矩阵如表 6-2 所示。

表 6-2　智猪博弈支付矩阵

		小　猪	
		按	等待
大猪	按	5，1	4，4
	等待	9，-1	0，0

这个博弈没有剔除劣战略均衡，因为大猪没有劣战略。但是，小猪有一个劣战略“按”，因为无论大猪作何选择，小猪选择“等待”是比选择“按”更好一些的战略。

所以，小猪会剔除“按”，而选择“等待”；大猪知道小猪会选择“等待”，从而自己选择“按”。所以，可以预料博弈的结果是(按，等待)，这称为重复剔除劣策略的占优策略均衡，其中小猪的策略“等待”占优于策略“按”，而给定小猪剔除了劣策略“按”后，大猪的策略“按”又占优于策略“等待”。

智猪博弈深刻地反映了经济和社会生活中的免费搭便车问题。无论大猪按或不按，小猪都选择不按；假定小猪不按，大猪最好去按。

有意思的是大猪选择按在主观上是为了自己的利益，但在客观上小猪也享受到了好处。在经济学里，这头小猪被称为“搭便车者”。若全部的博弈主体都试图免费搭车，那么就可能陷入囚徒困境。

(2)纳什均衡

均衡是指一种稳定的结局，当这种结局出现的时候，所有的对局者都不想再改变他们所选择的策略。

纳什均衡是指在对手策略既定的情况下，各自对局者所选择的策略都是最好的。

即：我所做的是给定你所做的条件下我所能做的最好，你所做的也是给定我所做的条件下你所能做的最好的。“纳什均衡”是一种非合作博弈均衡，在现实中非合作的情况要比合作情况普遍。“纳什均衡”是对冯·诺依曼和摩根斯特恩的合作博弈理论的重大发展，甚至可以说是一场革命。

在纳什均衡点上，每一个理性的参与者都不会有单独改变策略的冲动。纳什均衡点存在性证明的前提是“博弈均衡偶”概念的提出。所谓“均衡偶”是在二人零和博弈中，当局中人 A 采取其最优策略 a，局中人 B 也采取其最优策略 b，如果局中人仍采取 b，而局中人 A 却采取另一种策略 a，那么局中人 A 的支付不会超过他采取原来的策略 a 的支付。这一结果对局中人 B 亦是如此。下面我们以一个例子来看纳什均衡。

例 6-3 在一博弈中，甲有 UD 两种策略，乙有 LMR 三种策略。双方形成的博弈支付矩阵如表 6-3 所示。

表 6-3 存在纳什均衡的博弈

		乙		
		L	M	R
甲	U	1，1	4，2	1，3
	D	2，3	1，2	2，1

给出的博弈中，甲和乙都没有劣策略，不能通过重复剔除劣策略获得博弈结果。当甲选“U”时，乙会选“R”；而当乙选“R”时，甲应该选“D”而不是“U”；但当甲选“D”时，乙会选“L”；给定乙选“L”，甲选“D”是最好的选择，他不会改变其选择“D”；给定甲不改变选“D”，乙也不会改变其选择“L”。所以，可以预期(D，L)是甲乙双方最终完成的稳定的选择。此时，称(D，L)为纳什均衡。纳什均衡是指局中人在策略选择上构成的一种“僵局”，给定其他局中人的选择不变，任何一个局中人的选择是最好的，他也不会改变其策略选择。

需要注意的是，剔除劣策略的占优策略均衡(如囚徒困境，由于每个囚徒都发现供认是自己更好的选择，因此，博弈的稳定结果是两个囚徒都会选择供认，这就是博弈的纳什均衡)和重复剔除劣策略的占优策略均衡(如智猪博弈，大猪没有劣策略，而小猪有劣策略“按”，因此，小猪选择“等待”搭便车行为，此时大猪选择“按”为优策略；只要小猪不改变策略，大猪就只能选择“按”，博弈进入纳什均衡状态)是纳什均衡，但相反的结论不成立。

此外，纳什均衡有不唯一性，不唯一性指一个博弈存在有多个纳什均衡。最典型的例子是性别博弈，如例 6-4。

例 6-4　不在同一地方工作的帕特(男)和克里斯(女)必须就去听歌剧和看职业拳击赛选择其一，帕特和克里斯都希望两人能在一起度过一个夜晚，而不愿分开，但帕特更希望能一起看拳击比赛，克里斯则希望能一起欣赏歌剧(见表 6-4)。

表 6-4　存在多个纳什均衡的博弈

		帕特	
		歌剧	拳击
克里斯	歌剧	2，1	0，0
	拳击	0，0	1，2

在这一博弈中，(歌剧，歌剧)和(拳击，拳击)都是纳什均衡。多个纳什均衡的存在，说明博弈论对有些博弈并不能提供唯一解，参与人之间也不能就该博弈的进行达成协议。在这样的博弈中，纳什均衡用于预测博弈将如何进行的作用就减弱了。

(3)博弈论的基本假设

理性人假设和共同知识假设是博弈论中最为重要的两个基本假设。下面我们分别介绍一下这两条假设。

①理性人假设。理性人假设也称经济人假设，是古典经济学建立的核心假设，它主要包括两个方面：

第一，认知的理性：人是自我利益的判断者，只有自己知道自己的最爱；且要具有偏好的完备性，偏好的传递性。

第二，行为的理性：人是自我利益的追求者，当一个人在经济活动中面临若干不同的选择机会时，他总是倾向于选择能给自己带来更大经济利益的那种机会，即总是追求最大的利益，趋利避害。

②共同知识假设。所谓共同知识(common knowledge)，是指各参与者在无穷递归意义上均知悉的事实。即每个人知道事件 A，每个人知道每个人知道事件 A，每个人知道每个人知道每个人知道事件 A……直到无穷层次。这是博弈论中一个限制性极强的假定。

从上述两条假设中我们可以得出几点启示：在信息不对称的情况下，博弈的结果不取决于大家怎么想的，而取决于大家认为大家怎么想的；此外，达成共识是一件十分困难的事情。误会大量存在。

除理性人假设和共同知识假设外，博弈论还衍生出了一些其他的假设，如局中人的行为是竞争性而非合作性的、合作行为可能导致个体结果并非最佳，但对所有局中人来说是较好的、博弈结果由博弈时长决定、博弈论试图在活跃的局中人中建立一个均衡但其结果不一定最佳等。

(4)博弈模型的分类

根据不同的分类标准，博弈模型有以下分类：

①按策略空间划分，可分为有限策略博弈和无限策略博弈。

②根据局中人博弈次数多少，可以分为一次性博弈与重复博弈。

③根据局中人数量多少，可分为单人博弈(试图一个人解决问题)、双人博弈、三人博弈、少数人博弈(4~20人)、多数人博弈(20至百余人)、数量大但有限的博弈和无限数量人的博弈。

④根据博弈中子联盟结构的稳定程度，可以分为静态联盟结构博弈与动态联盟结构博弈。

⑤根据局中人的收支效用是否可自由转让可以分为可转移效用(transferable utility)与不可转移效用博弈。

⑥按照是否存在至少一个所有局中人都遵守、具有强制力的关于博弈最终结果(而不是博弈过程中局中人都遵守的博弈规则)的利益分配协议，多人博弈又分为合作博弈(cooperative game)与非合作博弈(non-cooperative game)。

⑦按局中人支付情况划分，可分为零和博弈、常和博弈、变和博弈。一方有收支时必然有人损失的博弈为零和博弈。局中人收支总和是一固定常数的博弈为常和博弈，零和博弈是常和博弈的特例。局中人收支总和随局中人博弈策略变化而变化的博弈称为变和博弈。

⑧按照博弈总体信息多少的角度进行分类，可以分为：完全信息博弈、不完全信息博弈；完美信息博弈、不完美信息博弈。如果一个博弈的所有局中人都知道其他局中人的风险偏好、策略空间、支付函数，那么此时的博弈为完全信息博弈。在博弈的扩展式描述中，处于博弈过程中某一时间节点的局中人对该节点之前的信息全部了解的博弈被称为完美信息博弈。

⑨按博弈顺序划分，可分为静态博弈(static game)和动态博弈(dynamicgame)。各局中人可同时决策、同时行动，或者说局中人并非同时决策，但是后行动者并不知道先行动者采取了什么具体行动，其决策与行动既不受别人影响、也不影响别人的情况被称为静态博弈。反之为动态博弈，下棋是典型的动态博弈，因为双方每一步都取决于对方上一步的下法。

当然，在区分博弈模型时也可以同时使用多个分类维度进行综合分类以获得更全面准确的判断，即将多个分类标准结合起来对博弈模型进行分类。比如将博弈顺序与博弈信息结合起来分类，可将博弈分为：完全信息静态博弈、不完全信息静态博弈、完全且完美信息动态博弈、不完全但完美信息动态博弈、完全不完美信息动态博弈以及不完全不完美信息动态博弈。

6.2 完全信息静态博弈

在竞争型决策中，完全信息静态博弈(Static Games of Complete Information)是最简单的博弈类型。静态博弈，是指在博弈开始时，由参与者同时选择行动，然后根据所有参与者的选择，每个参与者得到各自的结果，结果可能是一定的收益或支出。完全信息，则是指在此类各方同时行动的博弈中，每一参与者的收益函数(根据所有参与者选择行动的不同组合决定某一参与者收益的函数)在所有参与者之间是共同知识(Common Knowledge)，即每个人既知道自己的收益函数，也知道别人的收益函数。并且，其假设参与人是理性的(Rationality)，是完美的计算者，目的是使得自己的收益最大化。在完全信息条件下，每位参与者都能清楚地了解其他参与者的收益函数和战略空间，这为决策提供了充足的信息基础。这种博弈类型在现实中广泛存在，如一些市场竞争、拍卖活动等。通过完全信息静态博弈的分析，我们可以预测参与者的行为趋势，从而制定更有效的策略。

6.2.1 博弈的标准式表述

在博弈论里，可以使用两类不同的方式来表述同一种博弈：一是标准式表述(Strategic Form Representation)，又称战略式表述；另一种是扩展式表述(Extensive Form Representation)，又称展开式表述。理论上讲，这两种表述形式几乎是完全等价的，但从分析的便捷性来看，前者更适用于讨论静态博弈，扩展式表述则更符合动态博弈的讨论情境。

在标准式表述中，每一位参与者同时选择一个战略，所有参与者选择战略的组合决定了每个参与者的收益。不过，“同时”并非一个时间概念，只要每个参与人在选择自己的行动时不知道其他参与人的选择，我们就说他们在同时行动；并且“同时选择”的是战略，而不是行动，因为战略是参与人行动的全面计划。

一般情况下，一个 n 人博弈的标准式表述需要包括以下三个要素：

① 博弈的参与者，以 i 来表示，$i \in T$，$T = \{1, 2, \cdots\}$；

② 每一参与者可供选择的战略集，以S_i 来表示，称为 i 的战略空间；

③ 针对所有参与者可能选择的战略组合，每一个参与者获得的收益，以 u_i 来表示。

令$(S_1, S_2, \cdots, S_n)$表示每个参与者选定一个战略形成的战略组合，则u_i 表示第 i 个参与者的收益函数；$u_i(S_1, S_2, \cdots, S_n)$即表示参与者战略为$(S_1, S_2, \cdots, S_n)$时，参与者 i 的收益。最后，我们用 $G = \{S_1, S_2, \cdots, S_n; u_1, u_2, \cdots, u_n\}$ 表示此博弈。

这里借助房地产开发决策中完全信息静态博弈的例子来进一步说明：某地区有且仅有两个房地产开发商 A 和 B 参与当地的房地产开发，他们开发一栋同样的楼房所需要的投资都是 1 亿元。在市场上有两栋楼出售的情境下，当房屋的需求高时，每栋楼的售价可达 1.4 亿元；需求低时，售价为 7000 万元。在市场上只有一栋楼出售的情境下，需求高时，售价为 1.8 亿元，需求低时为 1.1 亿元。此时假设两个房地产开发商 A 和 B 只有两种方案可供选择：“开发”和“不开发”，并且他们出于商业竞争的角度，将会独立地做出是否开发的决策。

如何用博弈语言来描述这两个房地产商的经济行为呢？在本例中，博弈的参与人即为房地产开发商 A 和 B，其战略即为“开发”“不开发”两种；而博弈参与人在各自战略下的支付情况则需要分为“高需求”和“低需求”两种情形说明。在高需求时，参与人的支付有 $u_i = 4000$，$u_i = 8000$，$u_i = 0$ 三种可能结果；而在低需求时，参与人的支付有 $u_i =- 3000$，$u_i = 1000$，$u_i = 0$ 三种可能结果。

因此，当市场需求高时，该博弈的标准式描述为：

①博弈的参与人集合 $i \in T$，$T = \{A, B\}$；

②每个参与人的战略空间 $S_i = \{开发, 不开发\}$，$i \in T$；

③每个参与人的支付函数

$$u_i(开发, 开发) = 4000, \quad u_i(开发, 不开发) = 8000,$$

u_i(不开发，开发) = 0，u_i(不开发，不开发) = 0，$i \in T$。

而当市场需求低时，该博弈的标准式描述为：

①博弈的参与人集合 $i \in T$，$T = \{A, B\}$；

②每个参与人的战略空间 S_i = {开发，不开发}，$i \in T$；

③每个参与人的支付函数

u_i(开发，不开发) =- 3000，u_i(开发，不开发) = 1000，

u_i(不开发，开发) = 0，u_i(不开发，不开发) = 0，$i \in T$。

针对此类拥有两个博弈参与人并且参与人战略是有限的博弈，我们可以用一个矩阵列表方式来简要描述标准式表述的三要素，这种方法也被称为矩阵式描述，其具体做法是将两个博弈参与人以及它们的所有战略分别列在矩阵列表的左方和上方。表 6-5 描述了房地产开发博弈例子中开发商 A 和 B 同时进行博弈的矩阵式表述，其中(a)是高需求的情况，(b)是低需求的情况。表中左列是 A 的战略空间，上行是 B 的战略空间，每一个数字格是对应战略组合下的支付(利润)，其中第一个数字是 A 的支付，第二个数字是 B 的支付，如表 6-5(a)第一行第二列(8000，0)是从战略组合(开发，不开发)得到的支付：A 的利润为 8000 万，B 的利润为 0。

表 6-5　房地产开发博弈矩阵列表

		开发商 B	
		开发	不开发
开发商 A	开发	4000，4000	8000，0
	不开发	0，8000	0，0

(a)高需求情况

		开发商 B	
		开发	不开发
开发商 A	开发	-3000，-3000	1000，0
	不开发	0，1000	0，0

(b)低需求情况

注意：这种矩阵式描述只适用于仅有两个博弈参与人，并且参与人的战略是有限的情形。

6.2.2 纳什均衡

纳什均衡(Nash Equilibrium)是完全信息静态博弈的一般概念，它是没有参与方愿意独自离弃他所选定的战略的一种状态，其定义为：在博弈 $G=\{S_1, S_2, \cdots, S_n; u_1, u_2, \cdots, u_n\}$ 中，如果由各个博弈参与方的各个策略组成的某个策略组合 $(S_1^*, S_2^*, \cdots, S_n^*)$ 中，任意一个博弈方 i 的策略 S_i^*，都是对其余博弈方策略的组合 $(S_1^*, S_2^*, \cdots, S_{i-1}^*, S_{i+1}^*, \cdots, S_n^*)$ 的最佳对策，即：

$$
\begin{aligned}
& u_i(S_1^*, S_2^*, \cdots, S_{i-1}^*, S_i^*, S_{i+1}^*, S_{i+2}^*, \cdots, S_n^*) \\
\geqslant\ & u_i(S_1^*, S_2^*, \cdots, S_{i-1}^*, s_{ij}, S_{i+1}^*, S_{i+2}^*, \cdots, S_n^*)
\end{aligned}
\tag{6-1}
$$

换种方式来讲，在纳什均衡状态下，任何一方采取的策略都是对其余所有方采取策略组合下的最佳对策；当所有其他人都不改变策略时，为了让自己的收益最大，任何一方都不会或者无法改变自己的策略。我们可以把这个时候的策略组合称为一个纳什均衡。

前面我们讨论的囚徒困境就是一个经典的纳什均衡案例。两个犯罪嫌疑人被捕并受到指控，但除非至少一个人招认犯罪，警方并无充足证据将其按罪判刑。警方把他们关入不同牢室，并对他们说明不同行动带来的后果。如果两人都不坦白，将均被判为轻度犯罪，入狱一个月；如果双方都坦白招认，都将被判入狱 6 个月；最后，如果一人招认而另一人拒不坦白，招认的一方将马上获释，而另一人将判入狱 9 个月(所犯罪行 6 个月，干扰司法加判 3 个月)。以博弈语言来描述这一例子，我们可以制作一个矩阵列表，如表 6-6 所示。

表 6-6　囚徒困境博弈矩阵列表

		囚　徒　2	
		沉默	招认
囚徒 1	沉默	-1，-1	-9，0
	招认	0，-9	-6，-6

此时最好的策略是双方都抵赖，结果是大家都无法被判刑，但由于两人处于隔离的情况，当事双方都会怀疑对方是否会出卖自己以求自保。此时假设每个人都是“理性的

经济人”，都会从利己的目的出发进行选择，那么这两个人都会有这样一个盘算过程：①假如他坦白，并且我抵赖，我需要坐9个月监狱；②但如果我坦白，我最多只会被判6个月；③假如他抵赖，并且我也抵赖，我就只会被判1个月；④如果我坦白，而他抵赖，我可以被释放，而他会坐9个月牢。综合以上几种情况考虑，不管囚徒1坦白与否，对囚徒2而言都是选择“坦白”能获得更大收益。并且在一般情况下，两个囚徒都会进行如下盘算过程，最终，两个人都选择了坦白，结果都被判1个月刑期。

接下来讨论如何求出纳什均衡解，最直接的方法是根据定义，验证哪个战略组合满足纳什均衡的定义，但在现实中这往往不容易做到，所以下面将介绍求解纳什均衡的两个常用方法。

(1)画线法

在有限战略的离散型博弈中，常用的求解纳什均衡的方法称为划线法。它的基本分析思路是：先找出自己针对其他参与方每种战略或战略组合(对多人博弈)的最佳对策，即在自己的可选战略中与其他参与人的战略或战略组合配合，给自己带来最大支付的战略(这种相对最佳战略总是存在的，不过不一定唯一)；然后在此基础上，通过对其他参与人战略选择的判断，包括对其他参与人对自己战略选择的判断等，预测博弈的可能结果和确定自己的最优战略。

以表6-7的抽象博弈为例，首先考虑参与人A的战略，对于参与人B每一个给定的战略，找出参与人A的最优战略，在其对应的支付下画一横线，然后再用类似的方法找出参与人B的最优战略。在完成这个过程后，如果某个支付格的两个数字下都有短线，这个数字格对应的战略组合就是一个纳什均衡。在该例中，对应参与人B的3个不同战略L、C、R，参与人A最优战略分别是M、U、D，给定参与人A的3个不同战略U、M、D，参与人B的最优战略分别是L、C、R，因此，(D，R)是一个纳什均衡。

表6-7 抽象博弈矩阵列表

		参与人B		
		L	C	R
参与人A	U	0，<u>4</u>	<u>4</u>，0	5，3
	M	<u>4</u>，0	0，<u>4</u>	5，3
	D	3，5	3，5	6，6

这里需要指出的是“占优战略均衡”。一般来说，由于每个参与人的效用是博弈中所有参与人的战略的函数，因此每个参与人的最优战略选择依赖于所有其他参与人的战略选择。但在一些特殊的博弈中，一个参与人的最优战略可能并不依赖于其他参与人的战略选择，就是说，不论其他参与人选择什么战略，他的最优战略是唯一的，这样的最优战略被称为占优战略(Dominant Strategy)，也可以通过划线法求解。

再以囚徒困境博弈为例，囚犯 A 针对囚犯 B 选择“招认”“沉默”两种战略，找出其最佳对策都是“招认”，因此分别在对应的支付-6 和 0 下画上短线；同样，囚犯 B 针对囚犯 A 选择“招认”“抵赖”两种战略，找出其最佳对策也都是“招认”，则分别在对应的支付-6 和 0 下画上短线，如表 6-8 所示。

表 6-8　画线法分析囚徒困境博弈

		囚　徒　2	
		沉默	招认
囚徒 1	沉默	−1，−1	−9，0
	招认	0，−9	−6，−6

在该支付矩阵的 4 个支付组合中，只有战略组合(招认，招认)对应的支付组合(-6，-6)的两个数字下都划有短线，意味着(招认，招认)满足双方的战略相互是针对另一方战略的最佳对策，因此(招认，招认)是该博弈的纳什均衡。

(2)反应函数法

在有些无限战略的连续型博弈中，参与方可以选择的战略是实数轴上的连续变量，我们通常用反应函数法来求解此种情况下的纳什均衡，具体的思路为：首先求出每个参与人对其他参与人战略组合的反应函数，即在其他参与人战略组合给定时最大化自己的支付，得到的最佳反应对策表现为其他参与人战略组合的函数；得到每个参与人的反应函数后，将这些反应函数联立求解即可得到博弈的纳什均衡。6.2.3 节将通过一个经典模型来表现这种博弈局势以及其中纳什均衡的求解方法。

6.2.3　反应函数法求解纳什均衡

本节运用一个经典的博弈模型，两党制竞争模型，来帮助大家进一步明确：①如何将一个博弈转化为标准式表述；② 8.如何利用纳什均衡的概念求出博弈的均衡解。

西方发达资本主义国家在政治制度上基本上实行多党制。从政治主张来看，可以划分为保守主张和激进主张。由于党派之间的斗争存在明显的策略依存性，因而多党制竞争是一种博弈过程，我们可以用所学的博弈论知识来抽象概括这种多党制竞争。为了简单起见，我们这里只考虑两党制竞争，假设保守党主张用 0 来表示，激进主张用 1 来表示。选民在保守主张和激进主张之间均匀分布，即在 0~1 均匀分布。两党需要确定某种政治主张以吸引选民投他的票，获得的选票越多越好。我们用图 6-1 来说明两个党派如何争夺选民。

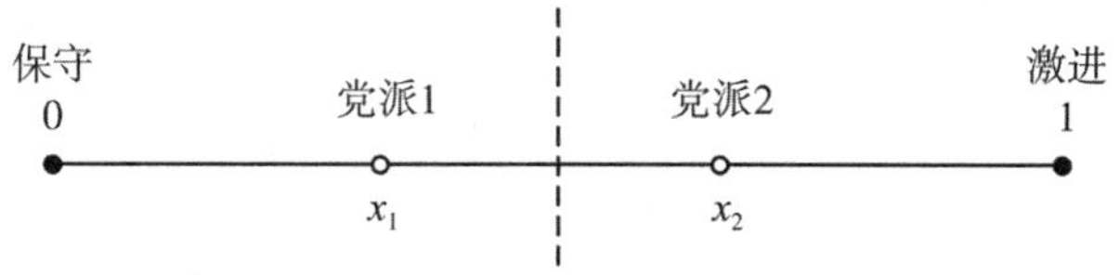

图 6-1　两党争夺选民

如果党派 1 的政治主张（策略）为 x_1，他较偏向于保守主张，那么他能获得保守选民的选票，即得到分布在 $[0, x_1]$ 的选民支持。由于我们假设选民均匀分布在 $[0, 1]$ 的区间，所以他获得的投票数可用 x_1 来表示。对于党派 2 而言，他的政治主张为 x_2，较偏向激进主张，所以他能够获得激进选民的选票，即获得分布在 $[x_2, 1]$ 的选民的支持。他获得的选票数可用 $1 - x_2$ 来表示。由于选民平均分布在 $[0, 1]$ 之间，所以分布在 $[x_1, x_2]$ 的选民选票被两个党派平分。图 6-1 中，虚线的左边为支持党派 1 的选民，虚线的右边为支持党派 2 的选民。显然，在给定党派 1 的策略 x_1 的情况下，党派 2 的策略 x_2 越接近 x_1，获得的选民就会越多；对于党派 1，同样存在这样的情况。那么在这个两党政治中的纳什均衡是什么？

① 参与人：党派 i 定义为 i，$i = 1, 2$；

② 策略集：党派 i 的策略集 $S_i = [0, 1]$，策略 $x_i \in S_i$，$i = 1, 2$；

③ 支付函数：两个党派的收益实际上就是两个党派所能获得的选民数，因而支付函数为两个党派的政治主张的函数。

根据已知条件，党派 1 的支付函数 $u_1(x_1, x_2)$ 为：

$$u_1(x_1,\ x_2)=\begin{cases}\dfrac{x_1+x_2}{2}, & x_1<x_2\\ \dfrac{1}{2}, & x_1=x_2\\ 1-\dfrac{x_1+x_2}{2}, & x_1>x_2\end{cases} \tag{6-2}$$

党派 2 的支付函数$u_2(x_1,\ x_2)$ 为:

$$u_2(x_1,\ x_2)=\begin{cases}\dfrac{x_2+x_1}{2}, & x_2<x_1\\ \dfrac{1}{2}, & x_2=x_1\\ 1-\dfrac{x_2+x_1}{2}, & x_2>x_1\end{cases} \tag{6-3}$$

上述支付函数的思想较为简单：如果党派 1 偏向保守主张，即 $x_1<x_2$，那么他得到 $\dfrac{(x_1+x_2)}{2}$ 的选票；如果他和政党 2 的政治主张一样，那么双方各得 1/2 的选票；如果党派 1 偏向激进主张，即 $x_1>x_2$，那么他得到 $1-\dfrac{(x_1+x_2)}{2}$ 的选票。对于党派 2，其支付函数同理。两个党派显然都力求使他的支付函数最大化，即：

$$\max u_i\ (x_i,\ S_j^*)\ ,\quad 其中\ x_i\in[0,\ 1];\ i,\ j=1,\ 2,\ i\neq j \tag{6-4}$$

当 $x_1\neq x_2$ 时，党派 1 的最优策略是 $x_1\to x_2$，即党派 1 的政治主张越向党派 2 靠拢，“争取”到的选票越多；而党派 2 的最优策略也是 $x_2\to x_1$，即党派 2 的政治主张越向党派 1 靠拢，“争取”到的选票越多。因而，无论党派 1 还是党派 2，他们的支付最大化的必要条件是 $x_1=x_2$，此时，党派 1 和党派 2 分别获得 1/2 的选票。但是，当 $x_1=x_2\neq 1/2$ 时，即不位于中点(代表政治上的中间路线)时，党派 1 和党派 2 都有积极性向中点移动(意味着政治主张趋于中间路线)。因为如果党派j的策略不变，即 $x_1\neq 1/2$，党派 i 向中间移动(奉行中间路线)至少可以获得 $1/2+(1/2-x_i)/2$ 的选民，显然高于1/2。所以只有当 $x_1=x_2$ 并位于中点时，党派 1 和党派 2 才没有动机偏离。因此，中点是两党政治唯一的纳什均衡。

两党制这个模型还可以进一步变形，如三党制。在三党制下，纳什均衡不唯一，而是有无穷多的可能均衡，但最核心的东西并没有变，那就是没有哪一个党派能够获得绝对多数选民的支持。因而，通常的政府和议会是以党派联合执政的方式出现的，这就解释了为什么实行多党制($i > 2$) 的国家通常是联合党执政，而很少出现像美国那样的情况。

6.2.4　混合策略的纳什均衡

在之前所述的纳什均衡中，参与方甲或乙对于行动，要么选择执行，要么选择不执行，将其按照概率描述就是：执行的概率为 1，不执行的概率为 0。并且在对方不改变行动时，己方也不会改变行动，这被称为纯策略。但在现实中，许多决策问题构成的博弈中不存在前面所定义的纳什均衡，而是参与方以一定的概率选择某种战略。

以社会福利博弈为例，在这个博弈中，参与人是政府和一个流浪汉，流浪汉有两个战略，寻找工作或游荡；政府也有两个战略，救济或不救济。政府想帮助流浪汉，但前提是后者必须试图寻找工作，否则，前者不予帮助；而流浪汉只有在得不到政府救济时才会寻找工作。表 6-9 给出了这个博弈的支付矩阵。

表 6-9　社会福利博弈

		流浪汉	
		寻找工作	游荡
政府	救济	3，2	−1，3
	不救济	−1，1	0，0

这个博弈不存在纳什均衡。给定政府救济，流浪汉的最优战略是游荡；给定流浪汉游荡，政府的最优战略是不救济；给定政府不救济，流浪汉的最优战略是寻找工作；而给定流浪汉寻找工作，政府的最优战略是救济；如此等等，没有一个战略组合构成纳什均衡。

混合策略指的是参与人以一定的概率选择某种战略，例如说，参与人以 0.3 的概率选择第一种战略，以 0.5 的概率选择第二种战略，以 0.2 的概率选择第三种战略。如果一个参与人采取混合战略，他的对手就不能准确地猜出他实际上会选择的战略，尽管在均衡点上，每个参与人都知道其他参与人不同战略的概率分布。

接下来我们以社会福利博弈为例求解混合战略纳什均衡。假定政府的混合策略为 $\sigma_G = (\theta, 1 - \theta)$（即政府以 θ 的概率选择救济，$1 - \theta$ 的概率选择不救济），流浪汉的混合策略为$\sigma_L=(\gamma,\ 1-\gamma)$（即流浪汉以$\gamma$的概率选择寻找工作，$1-\gamma$的概率选择游荡）。那么，政府的期望效用函数为：

$$v_G(\sigma_G,\ \sigma_L)=\theta\times[3\times\gamma+(-1)\times(1-\gamma)]+(1-\theta)\times[(-1)\times\gamma+0\times(1-\gamma)]$$
$$=\theta\times(4\gamma-1)-(1-\theta)\times\gamma=\theta\times(5\gamma-1)-\gamma \tag{6-5}$$

对上述效用函数求微分，得到政府最优化的一阶条件为：

$$\frac{\partial v_G}{\partial_\theta}=5\gamma-1=0$$

因此，$\gamma*=0.2$。

也就是说，在混合战略均衡下，流浪汉以0.2的概率选择寻找工作，0.8的概率选择游荡。不过，我们在这里求解的是政府的最优化问题，但得到的却是流浪汉的混合策略，这是由于：我们首先假定最优混合策略是存在的，给定流浪汉选择混合战略$(\gamma,\ 1-\gamma)$，政府选择纯战略救济（即$\theta=1$）的期望效用为：

$$v_G(1,\ \gamma)=3\times\gamma+(-1)\times(1-\gamma)=4\gamma-1 \tag{6-6}$$

这里，我们省略了选择第二个纯战略的概率。那么，选择纯战略不救济（即$\theta=0$）的期望效用为：

$$v_G(0,\ \gamma)=(-1)\times\gamma+0\times(1-\gamma)=-\gamma \tag{6-7}$$

如果一个混合战略$(\theta\neq 0,\ 1)$是政府的最优选择，那一定意味着政府在救济与不救济之间是无差异的，即：

$$v_G(1,\ \gamma)=4\gamma-1=-\gamma=v_G(0,\ \gamma) \tag{6-8}$$

上述等式意味着$\gamma*=0.2$。就是说，如果$\gamma<0.2$，政府将选择不救济；如果$\gamma>0.2$，政府将选择救济；只有当$\gamma=0.2$时，政府才会选择混合战略$(\theta\neq 0,\ 1)$或任何纯战略。为了找出政府的均衡混合战略，我们需要求解流浪汉的最优化问题。给定$\sigma_G=(\theta,\ 1-\theta)$，$\sigma_L=(\gamma,\ 1-\gamma)$，流浪汉的期望效用函数为：

$$v_L(\sigma_G\,\sigma_L)=\gamma\times[2\times\theta+1\times(1-\theta)]+(1-\gamma)\times[3\times\theta+0\times(1-\theta)]$$
$$=\gamma\times(\theta+1)+3(1-\gamma)\times\theta=-\gamma\times(2\theta-1)+3\theta \tag{6-9}$$

最优化的一阶条件为：$\frac{\partial vL}{\partial\gamma}=-(2\theta-1)=0$。

因此，$\theta^*=0.5$。

我们可以对$\theta^*=0.5$作类似于我们对$\gamma^*=0.2$所作的解释。如果$\theta<0.5$，流浪汉的最优选择是寻找工作；如果$\theta>0.5$，流浪汉的最优选择是游荡；只有当$\theta=0.5$时，流浪汉才会选择混合战略($\gamma \neq 0, 1$)或任何纯战略。纳什均衡要求每个参与人的混合战略是给定对方的混合战略下的最优选择。因此，在社会福利博弈中，$\theta^* = 0.5$，$\gamma^* = 0.2$是唯一的纳什均衡。即均衡情况下，政府以0.5的概率选择救济，0.5的概率选择不救济；流浪汉以0.2的概率选择寻找工作，0.8的概率选择游荡。

6.3　完全信息动态博弈

上一章我们讨论了参与方“同时”行动的完全信息静态博弈，而现实社会经济活动中的决策行动大多数是有先后顺序的，并且后行动者能够看到先行动者的决策内容，在先行动者的决策结果之后再定夺自己的策略。这样的依次选择与一次性同时选择有很大的差异，这类决策问题构成的博弈从时间序列上也有别于静态博弈，我们将其称为“动态博弈”(Dynamic Games)。动态博弈行为比比皆是，如商业活动中的讨价还价、拍卖活动中的轮流竞价、资本市场上的收购兼并和反收购兼并，它们通常需要两个以上的参与方，依次或是轮流做出决策，因此都是典型的完全信息动态博弈。

6.3.1　完全且完美信息动态博弈

完美信息(Perfect Information)指的是博弈双方不仅知道现在的决策信息，也知道之前的决策信息。因此，完全且完美信息动态博弈(简称动态博弈)也被称为多阶段博弈、序列博弈或扩展型博弈。其中，博弈方依次选择行为，后选择行为者是在看到先选择行为者的选择后再选择行为，博弈方相互了解得益情况。

完全且完美信息动态博弈的主要特点可归纳如下：

①行动是按顺序发生的(动态)；

②下一步行动选择之前，所有以前的行动都可被观察到(完美)；

③每一可能的行动组合下参与者的收益都是共同知识(完全)。

下面我们通过一个简单类型的完全且完美信息动态博弈例子来说明此类博弈的过程，其要素如下：

①参与者1从可行集A_1中选择一个行动a_1；

②参与者2观察到之后从可行集A_2中选择一个行动a_2；

③两人的收益分别为$u_i(a_1, a_2)$，$i = 1, 2$。

我们可以通过逆向归纳法(Backwards-induction Outcome)来求解此类博弈问题。在博弈的第二阶段，当参与者 2 行动时，由于其前参与者 1 已选择行动，他面临的决策问题可用 $\max u_2(a_1, a_2)$，$a_2 \in A_2$ 表示。

假定对A_1 中的每一个a_1，参与者 2 的最优化问题只有唯一解，用$R_2(a_1)$ 表示，这就是参与者 2 对参与者 1 的行动的反应(或最优反应)。由于参与者 1 能够和参与者 2 一样解出 2 的问题，参与者 1 可以预测到参与者 2 对 1 每一个可能的行动 a_1 所作出的反应，这样 1 在第一阶段要解决的问题可归结为：

$$\max u_1(a_1, R_2(a_1)) \quad a_1 \in A_1 \tag{6-10}$$

假定参与者 1 的这一最优化问题同样有唯一解，表示为a_1^*，我们称$(a_1^*, R_2(a_1^*))$是这一博弈的逆向归纳解。逆向归纳解不含有不可置信的威胁：参与者 1 预测参与者 2 将对 1 可能选择的任何行动a_1 做出最优反应，选择行动$R_2(a_1)$；这一预测排除了参与者 2 不可置信的威胁，即参与者 2 将在第二阶段到来时做出不符合自身利益的反应。

接下来我们探讨逆向归纳法背后的理性假定：考虑下面的三步博弈，其中参与者 1 有两次行动：①参与者 1 选择 L 或 R，其中 L 使博弈结束，参与者 1 的收益为 2，参与者 2 的收益为 0；②参与者 2 观测参与者 1 的选择，如果 1 选择 R，则 2 选择 L' 或 R'，其中 L' 使博弈结束，两人的收益均为 1；③参与者 1 观测 2 的选择(并且回忆在第一阶段时自己的选择)。如果前两阶段的选择分别为 R 和 R'，则 1 可选择 L'' 或 R''，每一选择都将结束博弈，L'' 时参与者 1 的收益为 3，2 的收益为 0，如选 R''，两人的收益分别为 0 和 2。

以上描述可以用图 6-2 所示的博弈树表示，也就是博弈的扩展式表述。博弈树上每一枝的末端都有两个收益值，上面代表参与者 1 的收益，下面代表参与者 2 的收益。

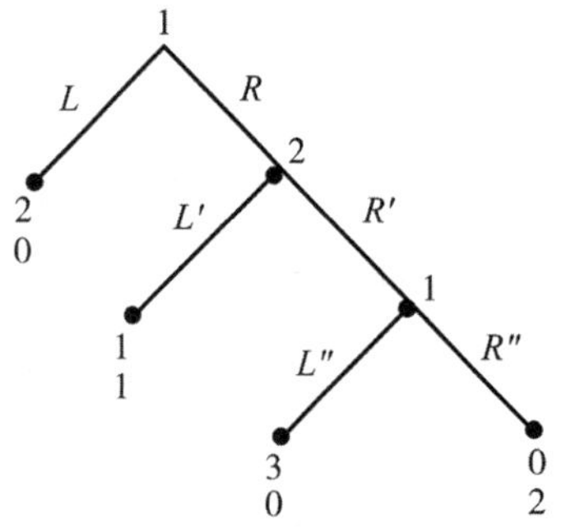

图 6-2　博弈树

我们从第三阶段(即参与者 1 的第二次行动) 开始。这里参与者 1 面临的选择是：L''

可得收益3，R''可得收益0，于是L''是最优的。那么在第二阶段，参与者2预测到一旦博弈进入到第三阶段，则参与者1会选择，这会使2的收益为0，从而参与者2在第二阶段的选择为：L'可得收益1，R''可得收益0，于是L'是最优的。这样，在第一阶段，参与者1预测到如果博弈进入到第二阶段，2将选择L'，使参与者1的收益为1，从而参与者1在第一阶段的选择是：L收益为2，R收益为1，于是L是最优的。因此，我们求出此博弈的逆向归纳解为，参与者1在第一阶段选择L，从而使博弈结束。

6.3.2　完全非完美信息两阶段博弈

与完全且完美信息动态博弈相同，我们继续假定博弈的进行分为一系列的阶段，并且在下一阶段开始前参与者可观察到前面所有阶段的行动。不过，不同之处在于，这里的每一阶段中可能存在着同时行动，而这种阶段内的同时行动意味着博弈包含了不完美信息。我们将含有以下要素的简单博弈称为完全非完美信息两阶段博弈：

① 参与者1和2同时从各自的可行集A_1和A_2中选择行动a_1和a_2；

② 参与者3和4观察到第一阶段的结果(a_1, a_2)，然后同时从各自的可行集A_3和A_4中选择行动a_3和a_4；

③ 收益为$u_i(a_1, a_2, a_3, a_4)$，$i=1, 2, 3, 4$。

许多经济学问题都符合以上的特点，比如对银行的挤兑、关税和国际市场的不完全竞争以及工作竞赛；也有很多经济问题可通过把以上要素稍加改动而建立模型，比如增加参与者人数或者允许同一参与者在一个以上的阶段多次选择行动，也可以允许少于四个的参与者。在一些应用中，参与者3和4就是参与者1和2；还有的应用则不存在参与者2或参与者4。

我们仍然沿用逆向归纳的思路来解决此类问题，但这里从博弈的最后阶段逆向推导的第一步就包含了求解一个真正的博弈(给定第一阶段结果时，参与者3和4在第二阶段同时行动的博弈)，而不再是上面求解单人最优化的决策问题。为了使问题简化，这里我们假设对第一阶段博弈每一个可能结果(a_1, a_2)，其后(参与者3和4之间的)第二阶段博弈有唯一的纳什均衡，表示为：$(a_3^*(a_1, a_2), a_4^*(a_1, a_2))$。

如果参与者1和2预测到参与者3和4在第二阶段行动将由$(a_3^*(a_1, a_2), a_4^*(a_1, a_2))$给出，则参与人1和2在第一阶段的问题就可用以下的同时行动博弈表示：

① 参与人1和2同时从各自的可行集A_1和A_2中选择行动a_1和a_2；

② 收益情况为$u_i(a_1, a_2, (a_3^*(a_1, a_2), a_4^*(a_1, a_2)))$，$i=1, 2$。

假定(a_1, a_2)为以上同时行动博弈唯一的纳什均衡，我们称$(a_1^*, a_2^*, a_3^*(a_1^*, a_2^*), a_4^*(a_1^*, a_2^*))$为这一两阶段博弈的子博弈精炼解。此解与完全且完美博弈中的逆向归纳解在性质上是一致的，并且与后者有着类似的优点和不足。如果参与者 3 和 4 威胁在后面的第二阶段博弈中，他们将不选择纳什均衡下的行动，参与人 1 和 2 是不会相信的，因为当博弈确实进行到第二阶段时，参与人 3 和 4 中至少有一个人不愿把威胁变为现实(恰好是因为它不是第二阶段博弈的纳什均衡)。另一方面，假设参与者 1 就是参与者 3，并且参与者 1 在第一阶段并不选择a_1^*，参与者 4 就会重新考虑参与者 3(即参与者 1) 在第二阶段将会选择$a_3^*(a_1, a_2)$的假定。

接下来我们以对银行的挤提为例，简要说明完全非完美信息两阶段博弈的过程：两个投资者每人存入银行一笔存款 D，银行已将这些存款投入一个长期项目。如果在该项目到期前银行被迫对投资者变现，共可收回 $2r$，这里 $D > r > D/2$。不过，如果银行允许投资项目到期，则项目共可取得 $2R$，这里 $R > D$。

有两个日期，投资者可以从银行提款：日期 1 在银行的投资项目到期之前，日期 2 则在到期之后。为使分析简化，假设不存在贴现。如果两个投资者都在日期 1 提款，则每人可得到 r，博弈结束。如果只有一个投资者在日期 1 提款，他可得到 D，另一人得到 $2r - D$，博弈结束。如果两人都不在日期 1 提款，则项目结束后投资者在日期 2 进行提款决策。如果两个投资者都在日期 2 提款，则每人得到 R，博弈结束。如果只有一个投资者在日期 2 提款，则他得到 $2R - D$，另一人得到 D，博弈结束。最后，如果在日期 2 两个投资者都不提款，则银行向每个投资者返还 R，博弈结束。

两个投资者在日期 1 和日期 2 的收益情况(作为他们在那时提款决策的函数)，可以用表 6-10 和表 6-11 所示的两个标准式博弈矩阵表示。注意这里日期 1 的标准式博弈是不规范的：如果在日期 1 两个投资者都选择不提款，则没有与之对应的收益，这时投资者要继续进行日期 2 的博弈。

表 6-10　日期 1

	提款	不提
提款	r, r	$D, 2r - D$
不提	$2r - D, D$	下一阶段

表 6-11　日期 2

	提款	不提
提款	R，R	$2R-D$，D
不提	D，$2R-D$	R，R

我们从后往前分析此次博弈。先考虑日期 2 的标准式博弈。由于 $R > D$(并且由此可得 $2R - D > R$)，“提款”严格优于“不提款”，那么这一博弈有唯一的纳什均衡：两个投资者都将提款，最终收益为(R，R)。由于不存在贴现，我们可以直接用这一收益替入日期 1 的标准式博弈双方都不提款时的情况，如表 6-12 所示。由于 $r < D$(并且由此可得 $2r - D < r$)，这一由两阶段博弈变形得到的单阶段博弈存在两个纯战略纳什均衡：① 两个投资者都提款，最终收益情况为(r，r)；② 两个投资者都不提款，最终收益为(R，R)。从而，最初的两阶段银行挤提博弈就有两个子博弈精炼解：① 两个投资者都在日期 1 提款，两人的收益分别为(r，r)；② 两个投资者都不在日期 1 提款，而在日期 2 提款，两人在日期 2 的收益分别为(R，R)。

表 6-12　博 弈 矩 阵

	提款	不提
提款	r，r	D，$2r-D$
不提	$2r-D$，D	R，R

前一种结果可以解释为对银行的一次挤提。如果投资者 1 相信投资者 2 将在日期 1 提款，则投资者 1 的最优反应也是去提款，即使他们等到日期 2 再去提款的话两人的福利都会提高。

6.3.3　重复博弈

重复博弈(Repeated Game)是指在信息决策中基本博弈重复进行构成的博弈过程。虽然重复博弈形式上是基本博弈的重复进行，但参与人的行为和博弈结果却不一定是基本博弈的简单重复，因为参与人对于博弈会重复进行的意识会使他们对利益的判断发生变化，从而使他们在重复博弈过程不同阶段的行为选择受到影响。重复博弈在现实中具有普遍性，社会经济活动中存在着许多长期反复的合作和竞争关系，如经济活动中强调经济联盟和价值链整合，以谋求更广阔的市场空间和发展前景，就需要在竞争与合作中不断调整自己的战略选择。

具体来说，重复博弈有下列 3 个基本特征：

①阶段博弈之间没有"物质上"的联系，即前一阶段的博弈不改变后一阶段博弈的结构；

②所有参与人都观测到博弈过去的历史。例如在囚徒困境中每一个新的阶段博弈，两个囚徒都知道同伙在过去的每次博弈中选择了抵赖还是坦白；

③参与人的总支付是所有阶段博弈支付的贴现值之和或加权平均值。

重复博弈中比较常见的是基本博弈重复两三次或者其他有限的次数，因为即使是社会经济活动中的长期关系，通常其长度也是有限的，即有预定的结束时间。这样的由基本博弈的有限次重复构成的博弈称为"有限次重复博弈"。

我们将有限次重复博弈定义如下：给定一个基本博弈 G(可以是静态博弈，也可以是动态博弈)，重复进行 T 次 G，并且在每次重复 G 之前各参与人都能观察到以前博弈的结果，这样的博弈过程称为"G 的 T 次重复博弈"，记为 G(T)。而 G 则被称为 G(T) 的"原博弈"。G(T) 中的每次重复都称为 G(T) 的一个"阶段"。注意，重复博弈的一个阶段本身就是一个独立的静态博弈或动态博弈，各个参与人都有相应的收益，这是重复博弈与一般动态博弈的主要区别之一。

再令 G 是阶段博弈，G(T) 是 G 重复 T 次的重复博弈($T<\infty$)，那么，如果 G 有唯一的纳什均衡，重复博弈 G(T) 的唯一子博弈精炼纳什均衡结果是阶段博弈 G 的纳什均衡重复 T 次(即每个阶段博弈出现的都是一次性博弈的均衡结果)。上述定理表明，只要博弈的重复次数是有限的，重复本身并不改变博弈的均衡结果。并且，单阶段博弈中纳什均衡的"唯一性"是一个重要条件，如果纳什均衡不是唯一的，上述结论就不一定成立。

下面我们来看一下有名的"连锁店悖论"，这是泽尔腾于 1978 年提出的。连锁店悖论讨论的问题是一个在 n 个市场(也可以理解为 n 个城镇)都开设有连锁店的企业，对于各个市场的竞争者是否应该加以打击和排斥的战略选择。由于 n 个市场的竞争者一般不会同时进入竞争，如果忽略各个市场环境、竞争者不同等方面的微小差异，这个问题对上述连锁企业来说相当于一个 n 次重复的重复博弈，重复博弈中的原博弈就是如图 6-3 所示的"先来后到"博弈扩展式。

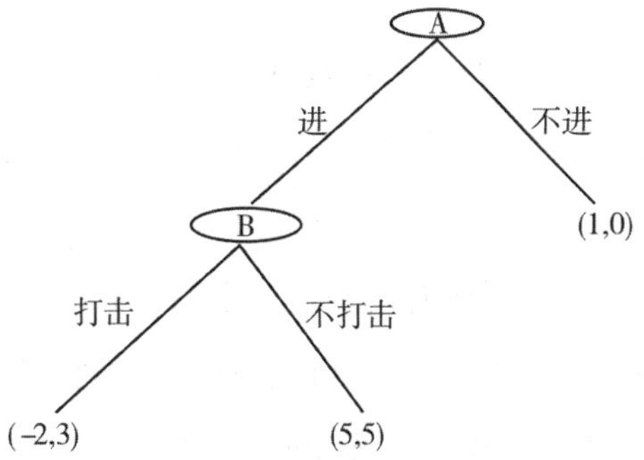

图 6-3　“先来后到”博弈扩展式

竞争者选择进入，先占领市场的连锁企业选择不打击，是原博弈唯一的子博弈精炼纳什均衡，是两个理性的参与人之间博弈的唯一结果。在以这个博弈为原博弈的有限次重复博弈中，唯一的子博弈精炼纳什均衡是重复原博弈的纳什均衡。也就是每个市场的竞争者都进入，连锁企业都不打击。不过这样的结论与现实中类似问题的经验明显不符，并且如果连锁企业对开头几个市场竞争者不计成本地进行打击，那么这种打击的威慑作用应该能够吓退其余的市场潜在竞争者，从而使得连锁企业能够独享其余几十个甚至更多市场利益，总体上肯定是合算的。

6.3.4　无限次重复博弈

理论上重复博弈可以无限制进行下去，不一定经过一定次数重复以后才必须结束。如果一个基本博弈 G 一直重复博弈下去，这样的重复博弈我们称为“无限次重复博弈”，记为 $G(\infty)$，也即有无限个阶段的动态博弈。

表 6-13 为囚徒困境的博弈模型，这里我们要证明，如果参与人有足够的耐心，(抵赖，抵赖)是一个子博弈精炼纳什均衡结果。我们考虑下列所谓的“冷酷战略”(Grim Strategy)：

表 6-13　囚徒困境博弈模型

		囚徒 2	
		沉默	招认
囚徒 1	沉默	-1，-1	-9，0
	招认	0，-9	-6，-6

开始选择抵赖；

选择抵赖直到有一方选择了坦白，然后永远选择坦白。

注意：根据这个战略，一旦一个囚徒在某个阶段博弈中自己选择了坦白，之后他将永远选择坦白。

我们首先证明冷酷战略是一个纳什均衡。假定囚徒 j 选择上述冷酷战略，冷酷战略是不是囚徒 i 的最优战略呢？因为博弈没有最后阶段，我们不能运用逆向归纳法求解。令 δ 为贴现因子(我们假定两人的贴现因子相同)，如果 i 在博弈的某个阶段首先选择了坦白，他在该阶段得到0单位的支付，而不是 -1 单位的支付，因此他的当期净收益是1单位。但他的这个机会主义行为将触发囚徒 j 的“永远坦白”的惩罚，因此 i 随后每个阶段的支付都是 -6。因此，解上述条件得：$\delta^* \geqslant 1/6$，就是说如果 $\delta \geqslant 1/6$，给定 j 坚持冷酷战略并且 j 没有首先坦白，i 不会选择首先坦白。

现在假定 j 首先选择了坦白，那么 i 是否有积极性坚持冷酷战略以惩罚 j 的不合作行为呢？给定 j 坚持冷酷战略，j 一旦坦白将永远坦白；如果 i 坚持冷酷战略，他随后每阶段的支付是 -6(在任何阶段，如果选择坦白，他达到 -6；如果选择抵赖，他达到 -9)，因此，不论 δ 为多少，i 有积极性坚持冷酷战略。类似地，给定 j 坚持冷酷战略，即使 i 自己首先选择了坦白，坚持冷酷战略(惩罚自己)也是最优的。

由此我们证明，如果 $\delta \geqslant 1/6$(即参与人有足够的耐心)，冷酷战略是无限次囚徒博弈的一个子博弈精炼纳什均衡，帕累托最优(抵赖，抵赖)是每一个阶段的均衡结果，囚徒走出了一次性博弈时的困境。隐藏在这个结果背后的原因是，如果博弈重复无穷次且每个人有足够的耐心，任何短期的机会主义行为的所得都是微不足道的，参与人有积极性为自己建立一个乐于合作的声誉，同时也有积极性惩罚对方的机会主义。当然这个博弈还有许多其他子博弈精炼均衡。特别地，如同在一次性博弈中一样，在每个阶段博弈两人都选择坦白也是一个子博弈精炼均衡，并且，是唯一当期行为独立于过去行为历史的均衡。

6.4 不完全信息静态博弈

不完全信息静态博弈涉及多个参与者在缺乏完全了解其他参与者特征、策略空间及支付函数的情况下，同时或虽非同时但后行动者并不知道先行动者具体行动的情况下做出决策。在信息决策中，信息的真实性和准确性至关重要，它直接影响到决策的优劣。然而，在不完全信息静态博弈中，由于信息的不完整或不确定性，参与者只能基于有限的信息进行决策。这种情况下，参与者需要运用各种策略和方法来尽可能减少信息不对称带来的风险，并努力获取更多的信息以提高决策的准确性。

静态博弈的特性在于参与者的决策是同时或虽非同时但相互独立的，这增加了决策的复杂性和不确定性。由于参与者无法直接观察到其他参与者的选择，他们需要通过分析、推断和预测来制定自己的策略。这种情况下，决策者的经验和直觉往往成为重要的辅助工具。

博弈中的不完全信息具有多种形式，如局中人对其他局中人(或自己)所掌握的自然资源、人力资源、商业经验、决策能力的了解不充分，对其他局中人偏好与品位的了解不完全，对其他局中人可用策略的了解不完全，对处于同一种博弈局势的局中人的具体数目了解不完全等。在理论上，这些多种多样的不完全信息情形在博弈论分析中可以统归为一种不完全信息：局中人受条件限制对其他局中人(甚至自己)的特征、行动和支付缺乏了解。不完全信息静态博弈要求局中人在缺乏完全信息的情况下做出决策，并需要具备较高的思维能力、判断力和应变能力。在实际应用中，这对于指导个人和组织在复杂多变的市场环境中做出明智的决策具有重要意义。

本节通过一个不完全信息博弈实例来说明不完全信息静态博弈。假定行业内有一个在位者(局中人 1)和一个潜在的进入者(局中人 2)。局中人 1 决定是否在菜地建立一个新工厂，同时局中人 2 决定是否在该地进入该行业。假定局中人 2 不知道局中人 1 建厂的成本是高还是低，但局中人 1 自己知道。这个博弈的收益见表 6-14。局中人 2 的收益取决于局中人 1 是否建厂，而不是直接取决于局中人 1 的成本。当且仅当局中人 1 不建厂时，局中人 2 进入才有利可图。但局中人 1 是否建厂又与自身的成本有关。

在这个例子中，进入者似乎是在与两个不同的在位者博弈，一个是高成本建厂的在位者，另一个是低成本建厂的在位者。一般地，如果在位者有 T 种可能的不同成本函数，进入者就是在与 T 个不同的在位者博弈。当一个局中人并不知道他在与谁博弈时，博弈的规则是没有定义的，直到 1967 年，海萨尼(Harsanyi)提出的海萨尼转换解决了这个问题。

表 6-14 不完全信息的行业博弈规范式

		局中人 2	
		进入	不进入
局中人 1	建厂	(0, -1)	(2, 0)
	不建厂	(2, 1)	(3, 0)

(a)局中人 1 建厂成本高时的支付矩阵

		局中人 2	
		进入	不进入
局中人 1	建厂	(1.5, -2)	(3.5, 0)
	不建厂	(2, 1)	(3, 0)

(b)局中人 1 建厂成本低时的支付矩阵

6.4.1 海萨尼转换与贝叶斯博弈

海萨尼提出了一种处理不完全信息博弈的方法，即引入一个虚拟的局中人——“自然”。“自然”首先行动，它决定每个局中人的特征。每个局中人都知道自己的特征，但不知道别的局中人特征。这种方法将不完全信息静态博弈变成一个两阶段动态博弈，第一个阶段是自然 N 的行动选择，它决定概率分布 $p(t_1, \cdots, t_n)$；第二阶段是除 N 外的局中人的静态博弈：由 n 个局中人同时行动，他们虽然各自知道“自然”为自己选定的类型 t_i，却不知道“自然”为其他局中人选定的类型，因此至少有一个局中人对“自然”的行动是具有不完美信息的。不过每一个局中人的类型空间及其概率分布是共同知识，因此可以使用概率论对不完全信息博弈问题进行分析。这种转换被称为“海萨尼转换”，把不完全信息转变成为完全但不完美信息，从而可以用分析完全信息博弈的方法进行分析。

在不完全信息静态博弈中，每个局中人都是根据自身类型来选择行动的，如果局中人 i 的类型集为 T_i，则局中人 i 有 $|T_i|$ 个信息集，局中人 i 的策略集 s_i 是类型集 T_i 到行动集 A_i 的一个映射，即

$$s_i(t_i) = a_i, \quad t_i \in T_i, \quad a_i \in A_i \tag{6-11}$$

因为每个局中人 i 的支付函数 $u_i(a_1, a_2, \cdots, a_n; t_1, t_2, \cdots, t_n)$ 是随机的，所以需要将期望支付作为决策的依据。局中人为了追求自己的利益最大化，必须对其他局中

人的类型分布进行分析。类型向量$(t_1, t_2, \cdots, t_n)$的概率分布$P(t_1, t_2, \cdots, t_n)$是所有局中人的公共知识，用$P(t_{-i} \mid t_i)$表示局中人i自身类型为t_i时关于其他局中人类型的条件概率，则由贝叶斯公式有：

$$P(t_{-i} \mid t_i) = \frac{P(t_{-i}, t_i)}{P(t_i)} = \frac{P(t_{-i}, t_i)}{\sum_{t_{-i} \in T_{-i}} P(t_{-i}, t_i)} \tag{6-12}$$

其中$T_{-i} = \prod_{j \neq i} T_j$，且$P(t_i) = \sum_{t_{-i} \in T_{-i}} P(t_{-i}, t_i)$为边缘分布；并且对给定的其余局中人的策略组合

$$s_{-i}(t_{-i}) = (s_1(t_1), \cdots, s_{i-1}(t_{i-1}), s_{i+1}(t_{i+1}), \cdots, s_n(t_n)) \tag{6-13}$$

局中人i类型为t_i时选择a_i的条件期望支付

$$\sum_{t_{-i} \in T_{-i}} P(t_{-i}, t_i) u_i(s_{i-1}(t_{i-1}), a_i; t_1, t_2, \cdots, t_n) \tag{6-14}$$

利用局中人i关于其他局中人类型的条件概率，则可以给出不完全信息静态博弈的标准表述。

具有下述五个要素的博弈$\Gamma = (N, \{T_i\}, P, \{A_i\}, \{u_i\})$称为不完全信息静态博弈：

① 局中人集$N = \{1, 2, \cdots, n\}$；

② 局中人的类型集$T_1, T_2, \cdots, T_n$以及在$\prod_{i=1}^{n} T_i$上的概率分布$P(t_1, t_2, \cdots, t_n)$；

③ 局中人关于其他局中人的概率分布$P(t_{-1} \mid t_1), P(t_{-2} \mid t_2), \cdots, P(t_{-n} \mid t_n)$；

④ 局中人的行动集$A_1, A_2, \cdots, A_n$；

⑤ 局中人i的支付函数为$u_i(a_1, a_2, \cdots, a_n; t_1, t_2, \cdots, t_n)$，$i = 1, 2, \cdots, n$

由于不完全信息静态博弈的理论基础是贝叶斯法则，因而也称之为贝叶斯博弈。完全信息静态博弈可以理解为一种特殊的贝叶斯博弈，此时类型集T_i均为单点集，且$P(t_{-i} \mid t_i) = 1$，$i = 1, 2, \cdots, n$。

6.4.2　贝叶斯纳什均衡

定义 6.1　在贝叶斯静态博弈$G = [N, \{T_i\}, P, \{A_i\}, \{u_i\}]$中，若$(s_1^*, s_2^*, \cdots, s_n^*)$是一个策略组合，且对每一个$i \in N_i$，对任意$s_i \in S_i$都有：

$$\begin{aligned} &\sum_{t_{-i} \in T_{-i}} P(t_{-i} \mid t_i) u_i(s_{-i}^*(t_{-i}), a_i; t_1, t_2, \cdots, t_n) \\ \leqslant &\sum_{t_{-i} \in T_{-i}} P(t_{-i} \mid t_i) u_i(s_{-i}^*(t_{-i}), s_i^*, t_1, t_2, \cdots, t_n) \end{aligned} \tag{6-15}$$

则称策略组合$(s_1^*, s_2^*, \cdots, s_n^*)$是一个贝叶斯纳什均衡。

定义 6.1 是对一般纳什均衡的扩展。贝叶斯纳什均衡概念与一般纳什均衡概念相比有两个不同点：

①贝叶斯纳什均衡是用贝叶斯公式得到的，以概率分布作为依据，考虑自己的期望收益。贝叶斯静态博弈中的期望收益是对其他局中人不同类型下的期望收益，而不是自己类型下的期望收益。

②贝叶斯纳什均衡研究的是局中人的策略选择，并且这种策略选择依赖于自身的类型，当类型不同时，它们选择的策略就不一样。

定理 6.1　在贝叶斯博弈$G=[N, \{T_i\}, P, \{A_i\}, \{u_i\}]$中，若$\forall i \in N$，局中人$i$的行动集$A_i$是有界闭凸集，且支付函数$u_i(a_1, a_2, \cdots, a_n; t_1, t_2, \cdots, t_n)$是$a_i$的连续凹函数，则$G$一定存在贝叶斯纳什均衡。

贝叶斯纳什均衡所涉及的条件期望支付是局中人i支付函数u_i的凸组合，而当u_i都是s_i的凹函数时，$u_1, u_2, \cdots, u_n$的任何凸组合仍然是s_i的凹函数，这就保证了贝叶斯纳什均衡点的存在。

6.4.3　混合贝叶斯纳什均衡

在有限贝叶斯博弈$G=[N, \{T_i\}, P, \{A_i\}, \{u_i\}]$中，设局中人$i$的行动集

$$A_i=\{a_1^{(i)}, a_2^{(i)}, \cdots, a_{im}^{(i)}\}, \ i=1, 2, \cdots, n \tag{6-16}$$

若局中人i在类型为$t_i \in T_i$时以概率$x_k^{(i)}(t_i)$选择$a_k^{(i)}$，其中

$$x_k^{(i)}(t_i) \geqslant 0 (k=1, 2, \cdots, m_i), \ \sum_{k=1}^{m_i} x_k^{(i)}(t_i)=1 \tag{6-17}$$

则有：

$$x_k(t_i)=(x_1^{(i)}(t_i), x_2^{(i)}(t_i), \cdots, x_{im}^{(i)}(t_i)) \tag{6-18}$$

它对应于一个映射x_i：$T_i \to A_i$称为局中人i的一个混合策略，局中人i的混合策略集记为S_i^*。$\forall x_i \in S_i^* (i=1, 2, \cdots, n)$，$x=(x_1, x_2, \cdots, x_n)$表示$G$的一个混合局势；局中人$i$在混合策略$x$下的期望支付记为：

$$E_i(x_{-i}(t_{-i}), x_i; t_1, t_2, \cdots, t_n), \ i=1, 2, \cdots, n \tag{6-19}$$

有了混合策略的概念，就可以定义混合贝叶斯纳什均衡。

定义 6.2　在有限贝叶斯博弈$G=[N, \{T_i\}, P, \{A_i\}, \{u_i\}]$中，若存在一个混合局势$(x_1^*, x_2^*, \cdots, x_n^*)$，使得$\forall i \in N$，$\forall x_i \in S_i^*$，$\forall t_i \in T_i$，有：

$$\sum_{t_{-i}\in T_{-i}} P(t_{-i} \mid t_i) E_i(x_{-i}^*(t_{-i}), x_i; t_1, t_2, \cdots, t_n)$$
$$\leqslant \sum_{t_{-i}\in T_{-i}} P(t_{-i} \mid t_i) E_i(x_{-i}^*(t_{-i}), x_i^*, t_1, t_2, \cdots, t_n) \tag{6-20}$$

则称$(x_1^*, x_2^*, \cdots, x_n^*)$为 G 的混合贝叶斯纳什均衡。

由定理 6.1 可以得到如下两项定理：

定理 6.2　任何有限贝叶斯博弈都有混合贝叶斯纳什均衡。

定理 6.3　设 $x^* = (x_1^*, x_2^*, \cdots, x_n^*)$ 是有限贝叶斯博弈 $G = [N, \{T_i\}, P, \{A_i\}, \{u_i\}]$ 中的一个混合局势，则 x^* 为 G 的混合贝叶斯纳什均衡当且仅当 $\forall i \in N$，$\forall a_i \in A_i$，$\forall t_i \in T_i$，有：

$$\sum_{t_{-i}\in T_{-i}} P(t_{-i} \mid t_i) E_i(x_{-i}^*(t_{-i}), a_i; t_1, t_2, \cdots, t_n)$$
$$\leqslant \sum_{t_{-i}\in T_{-i}} P(t_{-i} \mid t_i) E_i(x_{-i}^*(t_{-i}), x_i^*, t_1, t_2, \cdots, t_n) \tag{6-21}$$

6.4.4　贝叶斯纳什均衡与混合纳什均衡的关系

混合策略是策略集上的一个概率分布，这体现了局中人选取策略的不确定性。然而在现实生活中，决策者绝不会采用随机的方法去做出关系重大的决策。

完全信息静态博弈中混合策略的不确定性源于各局中人为了利益而故意隐瞒自己所选择的策略，但不完全信息静态博弈中支付函数的不确定性则是局中人存在不同的类型所致。海萨尼把完全信息静态博弈中局中人选择行动的随机性理解为其“类型”在起作用，从而混合纳什均衡就可解释成贝叶斯纳什均衡的极限。

假设有一对夫妻，丈夫爱看球赛，妻子爱听音乐会，则夫妻爱好问题支付矩阵见表 6-15。

表 6-15　夫妻爱好支付矩阵

	看球赛	听音乐会
看球赛	(2, 1)	(−1, −1)
听音乐会	(−1, −1)	(1, 2)

它有两个纳什均衡：(看球赛，看球赛)，(听音乐会，听音乐会) 和一个混合纳什均衡$\left(\left(\frac{3}{5}, \frac{2}{5}\right), \left(\frac{2}{5}, \frac{3}{5}\right)\right)$。

现在对这个博弈作一些改变，虽然他们是夫妻，但是对于对方关于看球赛或是听音乐会的偏好还不完全了解。假定两人一起听音乐会，丈夫的支付为$2+t_1$，t_1是丈夫的私人信息；两人都去看球赛，妻子的支付为$2+t_2$，t_2是妻子的私人信息。其中t_1和t_2相互独立，且均服从$[0, \varepsilon]$上的均匀分布（ε是一个很小的正数）。这样就构成了一个无限贝叶斯博弈$G=(A_1, A_2; T_1, T_2; P_1, P_2; \mu_1, \mu_2)$：

$A_1=A_2=\{$看球赛，听音乐会$\}$；$T_1=T_2=[0, \varepsilon]$；

$$P(t_2 \mid t_1)=P(t_2)\ ;\quad P(t_1 \mid t_2)=P(t_1)\ ; \tag{6-22}$$

支付矩阵为表 6-16 所示。

表 6-16 支 付 矩 阵

	看球赛	听音乐会
看球赛	$(2+t_1, 1)$	$(-1, -1)$
听音乐会	$(-1, -1)$	$(1, 2+t_2)$

尽管类型集$[0, \varepsilon]$是无限的，但是t_i应有一个临界值$c_i \in [0, \varepsilon]$ $(i=1, 2)$使得：当$t_1 \geqslant c_1$时，丈夫选择看球赛，否则选择听音乐会；当$t_2 \geqslant c_2$时，妻子选择听音乐会，否则选择看球赛。

对于丈夫，有：

$$P(s_1(t_1)=\text{听音乐会})=P(t_1<c_1)=\frac{c_1}{\varepsilon} \tag{6-23}$$

$$P(s_1(t_1)=\text{看球赛})=P(t_1 \geqslant c_1)=\frac{\varepsilon-c_1}{\varepsilon} \tag{6-24}$$

对于妻子，有：

$$P(s_2(t_2)=\text{看球赛})=P(t_2<c_2)=\frac{c_2}{\varepsilon} \tag{6-25}$$

$$P(s_2(t_2)=\text{听音乐会})=P(t_2 \geqslant c_2)=\frac{\varepsilon-c_2}{\varepsilon} \tag{6-26}$$

给定妻子的策略s_2，丈夫选择看球赛的期望支付为：

$$(2+t_1)\frac{c_2}{\varepsilon}+(-1)\frac{\varepsilon-c_2}{\varepsilon}=(3+t_1)\frac{c_2}{\varepsilon}-1 \tag{6-27}$$

他选择听音乐会的期望支付为：

$$(-1)\frac{c_2}{\varepsilon}+\frac{\varepsilon-c_2}{\varepsilon}=-\frac{2c_2}{\varepsilon}+1 \tag{6-28}$$

丈夫选择看球赛当且仅当

$$(3+t_1)\frac{c_2}{\varepsilon}-1\geqslant-\frac{2c_2}{\varepsilon}+1 \tag{6-29}$$

即$t_1\geqslant\frac{2\varepsilon}{c_2}-5$，故

$$c_1=\frac{2\varepsilon}{c_2}-5 \tag{6-30}$$

类似的，给定丈夫的策略，妻子选择听音乐会当且仅当$t_2\geqslant\frac{2\varepsilon}{c_1}-5$，即

$$c_2=\frac{2\varepsilon}{c_1}-5 \tag{6-31}$$

根据式(6-29) 和式(6-30) 得到

$$\begin{cases}c_1=c_2\\ c_1^2+5c_1-2\varepsilon=0\end{cases} \tag{6-32}$$

解得(因c_1，$c_2\in[0,\varepsilon]$，故舍去负根)

$$c_1=c_2=\frac{-5+\sqrt{25+8\varepsilon}}{2} \tag{6-33}$$

将上式的值记为c^*，于是得到了不完全信息条件下夫妻爱好问题的贝叶斯纳什均衡$(s_1(t_1),s_2(t_2))$：

$$s_1(t_1)=\begin{cases}\text{看球赛}, & t_1\geqslant c^*,\\ \text{听音乐会}, & t_1<c^*,\end{cases} \tag{6-34}$$

$$s_2(t_2)=\begin{cases}\text{听音乐会}, & t_2\geqslant c^*,\\ \text{看球赛}, & t_2<c^*,\end{cases} \tag{6-35}$$

此时，丈夫选择看球赛的概率、妻子选择听音乐会的概率均为：

$$\frac{\varepsilon-c^*}{\varepsilon}=1-\frac{-5+\sqrt{25+8\varepsilon}}{2\varepsilon} \tag{6-36}$$

由于

$$\lim_{\varepsilon\to 0}\frac{\varepsilon - c^*}{\varepsilon} = 1 - \lim_{\varepsilon\to 0}\frac{-5 + \sqrt{25 + 8\varepsilon}}{2\varepsilon} = \frac{3}{5} \tag{6-37}$$

即丈夫选择看球赛的概率是$\frac{3}{5}$，选择听音乐会的概率是$\frac{2}{5}$；妻子选择看球赛的概率是$\frac{2}{5}$，选择听音乐会的概率是$\frac{3}{5}$。这表明了随着不完全信息的消失，局中人在不完全信息静态博弈中的贝叶斯纳什均衡趋于原来完全信息静态博弈中的混合纳什均衡。

6.5 不完全信息动态博弈

在动态博弈中，行动有先后次序，后行动者可通过观察先行动者的行动获取对手的相关信息，以便修正自己的判断。当然先行动者知道自己的行动有传递特征信息的作用，就会有意识地选择某种行动来提示或掩盖自己的真实面目。在完全且完美信息动态博弈中，我们要确定局中人的策略组合是一个子博弈完美纳什均衡，则它们必须是整个博弈的纳什均衡，同时还必须是任何一个子博弈的纳什均衡。完全且完美信息动态博弈的特点是所有局中人对局中人集、行动顺序、行动集、支付向量、自然状态的概率分布和信息集簇都完全了解，并且所有的信息集都是单点集。子博弈的均衡点可以用逆向推导法求得，从而也就可以得出子博弈完美纳什均衡。这样排除了不可置信的纳什均衡。

在不完全信息静态博弈中，我们通过海萨尼转换，将不完全信息静态博弈转换成了完全但不完美信息的静态博弈。当时我们规定“自然”对局中人确立了不同类型，并且每一个局中人都被告知自己的类型，但是未告知其他局中人的类型。尽管这样，我们假定“自然”对所有局中人的类型的分布是一个共同知识，因此，任何局中人都可以从这种共同知识来理性地推测其他人的类型可能的概率。

不完全信息动态博弈实际上是上述两种类型博弈的结合。首先，我们可以采用海萨尼转换，将不完全信息动态博弈转换成完全但不完美信息的情况，即通过虚拟局中人“自然”，对每个局中人赋予一个类型向量，并且对所有局中人的类型向量赋予一个联合概率分布。其次，我们可以对这种完全但不完美信息情况下的博弈寻求类似的子博弈均衡。

但这种简单的思路要具体地实现则出现了与上述两种类型博弈有很大的差异特征，具体表现在以下三个方面。

①在完全且完美信息的动态博弈中，所有的信息集都是单点集，因此在排除不可置信的纳什均衡中，可以使用逆向归纳法，以求得子博弈完美纳什均衡。但在完全且不完美信息的情况下，信息集不再只有单点集，逆向归纳法无法进行。我们必须对信息集中从每一个节点开始以后的博弈情况进行分析。这样就出现了一个新的概念——后续博弈，它指从该节点以后的博弈情况，局中人将针对后续博弈可能的结果进行分析以决定自己的行动选择。

②在不完全信息静态博弈中，我们采用了海萨尼转换将其转化为完全但不完美信息的静态博弈，由"自然"给出全体局中人类型的分布函数，每个局中人都可以从这一共同知识来理性地推断其他局中人类型的概率。但在动态博弈中，由于博弈是多阶段进行，局中人对自己某种特定类型可以有多种行动选择，或不同类型有相同的行动空间，并从中选择某一行动以影响其后博弈中其他人的博弈行为和最终的博弈结果。而动态博弈中的局中人又采取了闭环策略的理性思维，他将从所看到的博弈结果来决定自己行为。但在完全且不完美信息动态博弈的情况下，局中人要根据自己所知道的对"自然"所赋予的类型的概率分布和所预测的博弈结果，修订自己对其他局中人的类型的估计以及其他局中人的行为选择的估计。

③在完全且不完美信息动态博弈中，上面两个特征又是交织在一起的。局中人对自身后续博弈的行动选择要依赖于对同一信息集中不同结点出现的信念估计；而对同一信息集中不同节点的信念估计又要依赖于各个局中人的博弈行为选择。这就形成了循环交互的影响。信念和策略组合共同构成了对均衡的"评估"。如何进行合理的"评估"，这就构成了完全且不完美信息动态博弈的精炼贝叶斯均衡的基本问题。

以上分析可以看出，不完全信息动态博弈不是不完全信息静态博弈和完全信息动态博弈的简单组合，而有更深刻的内容。不完全信息动态博弈也可以采取海萨尼转换，变为完全且不完美信息动态博弈，因此本节讨论集中在完全且不完美信息动态博弈。

6.5.1　精炼贝叶斯均衡概述

考虑如下完全非完美信息动态博弈。第一，参与者 1 在 3 个行动中进行选择——L、M 及 R。如果参与者 1 选择 R，则博弈结束(不等参与者 2 行动)。如果参与者 1 选择了 L 或 M，则参与者 2 就会知道 1 没有选择 R(但不清楚 1 是选择了 L 还是 M)，并在或 L′或 R′两个行动中进行选择，博弈随之结束。收益情况由图 6-4 的扩展式博弈给出。

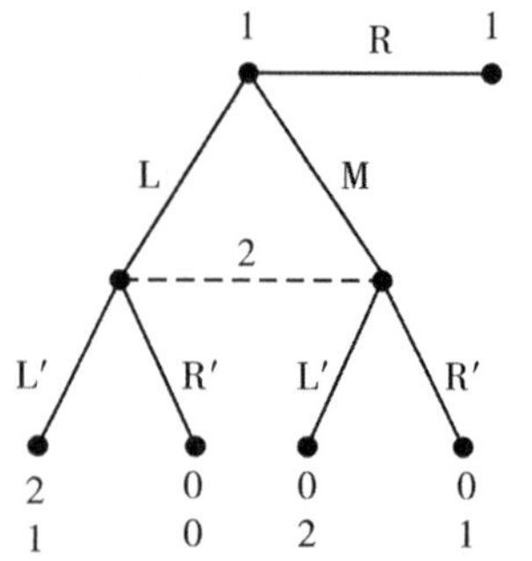

图 6-4　收益情况扩展式博弈

表 6-17　参与者 2

		L′	R′
参与者 1	L	(2，1)	(0，0)
	M	(0，2)	(0，1)
	R	(1，3)	(1，3)

通过图 6-4 给出的这一博弈的标准式表述，我们可以发现存在两个纯战略纳什均衡(L，L′)和(R，R′)。为确定这些纳什均衡是否符合子博弈精炼的条件，我们先明确博弈的子博弈。由于子博弈根据定义始于单一信息集的决策节(但不包含博弈的第一个决策节)，图 6-4 中的博弈不存在子博弈。如果一个博弈没有子博弈，则子博弈精炼的要求(具体地说，即参与者的战略在每一个子博弈中均构成纳什均衡)自然就得到满足。从而在任何没有子博弈的博弈中，子博弈精炼纳什均衡的定义便等同于纳什均衡的定义，于是在图 6-4 中，(L，L′)以及(R，R′)都是子博弈精炼纳什均衡。然而(R，R′)却又明显要依赖于一个不可信的威胁：如果轮到参与者 2 行动，则选择 L′要优于选择 R′。于是参与者 1 便不会由于 2 威胁他将在其后的行动中选择 R′，而去选择 R。

为使均衡概念得到进一步强化，以排除图中像(R，R′)的子博弈精炼纳什均衡的方法之一，需要再附加以下两个要求。

要求 1：在每一信息集中，应该行动的参与者必须对博弈进行到该信息集中的哪个节点有一个推断(belief)。推断是指在博弈已经进入一个信息集的条件下，应选择行动的局中人判定到达该信息集中每个顶点的条件概率。对于多点信息集，推断是该信息集在不同顶点上的一个概率分布。而对于单点信息集，其推断为 1。

要求2：给定参与者的推断，参与者的战略必须满足序贯理性(sequentially rational)的要求。即在每一信息集中应该行动的参与者(以及参与者随后的战略)，对于给定的该参与者在此信息集中的推断，以及其他参与者随后的战略(其中“随后的战略”是在达到给定的信息集之后，包括了其后可能发生的每一种情况的完全的行动计划)必须是最优反应。

在图6-4中，要求1意味着如果博弈的进行达到参与者2的非单节信息集，则参与者2必须对具体到达哪一个节点(也就是参与者1选择了L还是R)有一个推断。这样的推断就表示为到达两个节点的概率P和1-P，如图6-5所示。

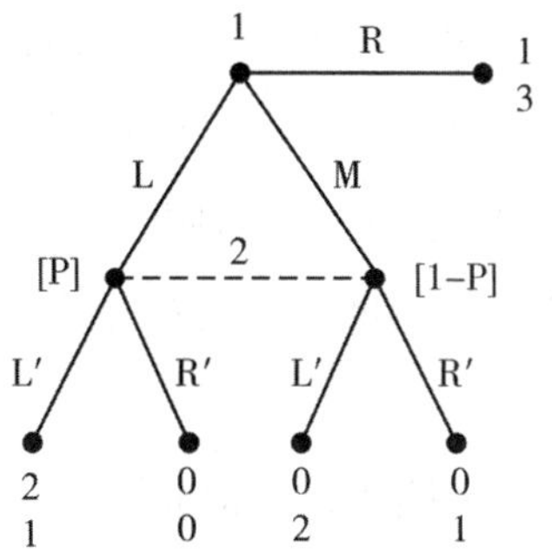

图6-5　到达两个节点的概率

给定参与者2的推断，选择R′的期望收益就等于$p \cdot 0+(1-p) \cdot 1=1-p$，而选择L′的期望收益等于$p \cdot 1+(1-p) \cdot 2=2-p$，要求2就拍出来2选择R′的可能性，从而，在本例中简单要求每一参与者持有一个推断，并且在此推断下选择最优行动，就足以使我们排除不合理的均衡(R，R′)。要求1和2只保证了参与者持有推断，并对给定的推断选择最优行动，但并没有明确这些推断是不是理性的。为进一步约束参与者的推断，我们需要区分处于均衡路径上的信息集和不处于均衡路径上的信息集。定义对于一个给定的扩展式博弈中给定的均衡，如果博弈根据均衡战略进行时以正的概率达到某信息集，我们称此信息集处于均衡路径之上(on the equilibrium path)。反之，如果博弈根据均衡战略进行时，肯定不会达到某信息集，我们称之为处于均衡路径之外的信息集(Off the equilibrium path)。(其中“均衡”可以是纳什、子博弈精炼、贝叶斯以及精炼贝叶斯均衡)

要求3：在处于均衡路径之上的信息集中，推断由贝叶斯法则及参与者的均衡战略给出。例如，在图 6-5 的子博弈精炼纳什均衡(L，L′)中，参与者 2 的推断一定是 p=1：给定参与者 1 的均衡战略 L，参与者 2 知道已经到达了信息集中的哪一个节点。作为要求 3 的另一种说明(假定性的)，设想在图 6-5 中存在一个混合战略均衡，其中参与者 1 选择 L 的概率为 q1，M 的概率为 q2，选择 R 的概率为 1−q1−q2。要求 3 则强制性规定参与者 2 的推断必须为 p=q1/(q1 + q2)。

要求 1 到 3 包含了精炼贝叶斯均衡的主要内容，这一均衡概念最为关键的新的特征要归功于克雷普斯和威尔逊：在均衡的定义中，推断被提高到和战略同等重要的地位。正式地讲，一个均衡不再只是由每个参与者的一个战略所构成，还包括了两个参与者在该行动的每一信息集中的一个推断。通过这种方式使参与者推断得以明确的好处在于，和前面我们强调参与者选择可信的策略一样，现在我们就可以强调参与者持有理性的推断，无论是处于均衡路径之上(要求 3)，还是处于均衡路径之外。

此外，部分精炼贝叶斯均衡的定义中还包括要求 4。

要求 4：对处于均衡路径之外的信息集，推断由贝叶斯法则以及可能情况下的参与者的均衡战略决定。

定义 6.3 满足要求 1 到 4 的战略和推断构成博弈的精炼贝叶斯均衡。

从以上 4 个要求可以看出，在不完全信息动态博弈中，对于一个合理的纳什均衡要求不再只是一个均衡策略组合，而且还要涉及对每个信息集中决策点的信度的推断。这种推断与贝叶斯法则及局中人的均衡策略组合有关。

我们可以从优化方法与不动点理论的角度给出不完全信息动态博弈的精炼贝叶斯均衡的定义。为此，先给出如下一些符号规定。

假定在不完全信息动态博弈中，有 n 名局中人参与博弈，并分阶段地依照一定的顺序依次选择自己的行动。局中人 i 的类型 $t \in T$，且为私人信息，$p(t_1, t_2, \cdots, t_n)$ 是 n 个局中人对类型的先验概率，且是 n 个局中人的共同知识。由 $p(t_1, t_2, \cdots, t_n)$ 可以推导出 $p_i(t_{-i} \mid t_i)$，即局中人 i 自己是类型 t_i 时，其他 $n-1$ 个局中人属于类型 $t_{-i} = (t_1, \cdots, t_{i-1}, t_{i+1}, \cdots, t_n)$ 的先验概率。设 $S_i(t_i)$ 是局中人 i 在自己类型为 t_i 时的策略空间，$s_i \in S_i$ 的局中人 i 的某个策略。在动态博弈中，局中人的行动是分阶段进行的，局中人 i 在第 h 个阶段的信息集 h 中观测到的其他 $n-1$ 个局中人的行动组合记为 a_{-i}^h，它是策略组合 $s_{-i} = (s_1, \cdots, s_{i-1}, s_{i+1}, \cdots, s_n)$ 的特定表现(即 s_{-i} 规定下的行动)。记 $p_i(t_{-i} \mid a_{-i}^h)$ 是局中人 i 观测到 a_{-i}^h 后认为其余 $n-1$ 个局中人属于类型 t_{-i} 的后验概率，满足$\sum_{t_{-i}} p_i(t_{-i} \mid a_{-i}^h) = 1$，记$u_i(s_i,\ s_{-i},\ t_i)$是局中人$i$的效用函数，则精炼贝叶斯均衡可以定义如下。

定义 6.4　在不完全信息动态博弈中，精炼贝叶斯均衡是一个策略组合$s^*(t) = (s_1^*(t_1),\ s_2^*(t_2),\ \cdots,\ s_n^*(t_n))$和一个后验概率组合$p^* = (p_1^*,\ p_2^*,\ \cdots,\ p_n^*)$，它们满足：

① 对每一个局中人i和每个信息集有：

$$s_i^*(s_{-i}^*,\ t_i) \in \arg\max_{s_i} \sum_{t_{-i}} p_i^*(t_{-i} \mid a_{-i}^h)\, u_i(s_i,\ s_{-i}^*,\ t_i) \tag{6-38}$$

② $p_i^*(t_{-i} \mid a_{-i}^h)$是使用贝叶斯法则从先验信念$p(t_{-i},\ t_i)$观测到的$a_{-i}^h$和最优战略$s_i^*(\cdot)$得到的(在可能的情况下)。

定义 6.4 中，第一个条件称为精炼条件，它是前面叙述的要求 2 的数学表示。它表明在其他局中人策略$s_{-i} = (s_1,\ \cdots,\ s_{i-1},\ s_{i+1},\ \cdots,\ s_n)$和局中人$i$的后验信念给定以后，局中人$i$的策略从信息集$h$开始以后的后续博弈上都是最优的，因此，在信息集$h$开始的后续博弈中构成了贝叶斯均衡。第二个条件称为信念条件，它是前面叙述的要求 1、要求 3、要求 4 的综合表示，表明局中人在其应行动的信息集中的信念是h上的一个后验概率分布，它依赖于先验概率，观察到其他局中人的a_{-i}^h以及博弈的均衡策略组合s_{-i}^*(？)。如果a_{-i}^h不是均衡策略下的行动，则是前面叙述中要求 4 所提及的“不在均衡路径上”，那么，对任意$p_i(t_{-i} \mid a_{-i}^h) \in [0,\ 1]$都是允许的，但它必须与均衡策略组合相容。

在上述定义中，我们知道精炼贝叶斯均衡是均衡战略和均衡信念的结合：给定信念$p^* = (p_1^*,\ p_2^*,\ \cdots,\ p_n^*)$，策略组合$s^*(t) = (s_1^*(t_1),\ s_2^*(t_2),\ \cdots,\ s_n^*(t_n))$是最优的；给定策略组合$s^*(t) = (s_1^*(t_1),\ s_2^*(t_2),\ \cdots,\ s_n^*(t_n))$，信念是使用贝叶斯法则从均衡战略和所观测到的行动得到的。因此，精炼贝叶斯均衡是一个对应的不动点$(s^*,\ p^*)$：

$$s^* \in s(p^*(s)),\quad p^* \in p(s^*(p)) \tag{6-39}$$

在对不完全信息的求解过程中(即求出它的精炼贝叶斯均衡)，我们往往使用前面 4 条要求进行，而不是采取定义 6.3 的两个要求。因为定义 6.4 的两个要求不是构造的，仅是理论上的描述。但是前面对精炼贝叶斯均衡的 4 条要求，则是一种更有可操作性的具体方法。

下面，我们对精炼贝叶斯均衡和一般贝叶斯均衡作一个比较。

在不完全信息静态博弈中，由于局中人对其他局中人的私人信息不了解，使得分析失去依据。海萨尼提出了著名的“海萨尼转换”，把每一个局中人指定为多种类型，即局中人 i 有一个类型集 $T_i = \{t_i\}$，由“自然”确定其类型，给出在所有局中人类型集上的一个概率分布 $p(t_1, t_2, \cdots, t_n)$，并且这种概率分布是共同知识。局中人 i 能从这种作为共同知识的概率分布 $p(t_1, t_2, \cdots, t_n)$，由贝叶斯公式推导出其他局中人属于 $t_{-i} = (t_1, \cdots, t_{i-1}, t_{i+1}, \cdots, t_n)$ 的概率：

$$p(t_{-i} \mid t_i) = \frac{p(t_i, t_{-i})}{p_i(t_i)} = \frac{p(t_i, t_{-i})}{\sum\limits_{t_{-i} \in T_{-i}} p(t_i, t_{-i})} \tag{6-40}$$

经过贝叶斯法则计算，局中人 i 就知道了其他局中人处于类型 t_{-i} 的概率分布，即对其他局中人的类型 t_{-i} 有了一个信念概率。

在不完全信息的动态博弈中，同样存在局中人对其他局中人的私人信息不了解的问题。因此海萨尼转换同样起到分析中的核心作用。与不完全信息静态博弈一样，“自然”对每个局中人 i 指定了类型 $T_i = \{t_i\}$，局中人 i 知道自己的类型 t_i，但不知道其他局中人的类型 t_{-i}。“自然”也给出子所有局中人类型集上的概率分布 $p(t_1, t_2, \cdots, t_n)$，并且也是共同知识。任何一个局中人 i 也可以推算出 $p_i(t_{-i} \mid t_i)$。这样将不完全信息的动态博弈转换成了完全且不完美的动态博弈。但在完全且不完美的动态博弈中，局中人 i 不能单靠类型集空间上的概率分布来推算出其他局中人类型的概率分布，而要从它所得到的其他信息，即通过他所观察到的其他局中人的行动 a_{-i}^h，和可能的均衡策略来修正对其他人类型的信念（也是一种概率分布）$p_i(t_{-i} \mid a_{-i}^h)$，即对其他局中人的后验概率。

在不完全信息动态博弈中，假设只有两个局中人，且局中人的类型是独立的。局中人 i 有 K 个可能的类型 $T_i = \{t_i^1, t_i^2, \cdots, t_i^K\}$，有 m 个可能的行动。t_i^* 和 a_i^h 分别代表局中人 i 的一个特定的类型和特定的行动。局中人 i 属于类型 t_i^k 的概率：

$$p(t_i^k) \geqslant 0, \quad \sum_{k=1}^{K} p(t_i^k) = 1 \tag{6-41}$$

这是双方都知道的共同知识。当局中人 i 行动时，它观察到了对方 i 采取了行动 a_i^h，使自己处于信息集 h 中。由于局中人 i 有一种可能的类型，所以信息集 h 中有 K 个节点，而信息集 h 中每一个节点都与前期局中人的类型与行动有关。这时，局中人 j 有一个先验判断：

$$p(a_i^h \mid t_i^k) \geqslant 0, \quad \sum_{h=1}^{m} p(a_i^h \mid t_i^k) = 1 \tag{6-42}$$

由共同知识，$p_i(t_i^k)$ 的分布和先验判断概率 $p(a_i^h \mid t_i^k)$，可以推导出：

$$p(a_i^h) = \sum_{k=1}^{K} p(a_i^h \mid t_i^k) p(t_i^k) \tag{6-43}$$

并由贝叶斯公式，有：

$$p(t_i^k \mid a_i^h) = \frac{p(a_i^h \mid t_i^k) p(t_i^k)}{p(a_i^h)} \tag{6-44}$$

所求得的 $p(t_i^k \mid a_i^h)$ 为后验概率，也是局中人 i 在信息集 h 中，对 K 个结点可能到达一种信念测度，它是局中人 i 决定采取什么行动的依据，$p(t_i^k \mid a_i^h)$ 也就是对精炼贝叶斯均衡分析中的前述要求 1。

先验判断概率 $p(a_i^h \mid t_i^k)$ 对信息集 h 中的信念起到了至关重要的作用。先验判断概率 $p(a_i^h \mid t_i^k)$，必须根据前述对精炼贝叶斯均衡要求 3 和要求 4 进行判断，即根据贝叶斯法则和可能的均衡策略为依据进行判断。如果考虑混合策略的话，$p(a_i^h \mid t_i^k)$ 就是局中人 i 在自己类型为 t_i^k 时在信息集 h 中选择行动 a_i^h 的概率，它是局中人 i 在类型为 t_i^k 时的均衡策略的一个分量。

6.5.2　信号博弈

信号博弈是不完全信息动态博弈的一种很常见的形式。在信号博弈中有两个局中人。局中人 1 是信号的发送者 s，局中人 2 是信号的接收者 r。博弈的时间顺序如下：

① 自然赋予发送者某种类型 $t_i \in T$，$T = \{t_1, t_2, \cdots, t_I\}$ 是发送者的类型空间。t_i 是发送者的私人信息。对发送者类型的先验信念 $p(t_i)$ 是共同知识，且

$$p(t_i) > 0, \quad \sum_i p(t_i) = 1 \tag{6-45}$$

② 发送者 s 知道自己的类型 t_i，然后从可行的信号集 $M = \{m_1, m_2, \cdots, m_J\}$ 中选择一个发送信号 m_j。

③ 接收者 r 观测到信号 m_j，然后从可行的行动集 $A = \{a_1, a_2, \cdots, a_K\}$ 中选择一个行动 a_k。

④ 双方支付函数分别为 $u_s(t_i, m_j, a_k)$ 和 $u_r(t_i, m_j, a_k)$，且是共同知识。

在许多应用中，发送者的类型集合 T、信号集 M 和接收者的行动可行集合 A 都可能是实数轴上的区间，而不是上面考虑的有限集。信号模型十分广泛地应用于各种经济和社会问题的研究，并融入了更为丰富的内容。例如，斯彭斯（Spence，1973）在劳动力市场模型中，发送者是一个求职的工人，而接收者是潜在的雇主市场。类型是工人的生产

能力，信号是工人受教育的学历，雇主的行动是对工人工资的支付，这构成了一个信号博弈。斯彭斯将工人接受教育以取得相应学历文凭的努力和成本融入到这类博弈中。

下面，我们对最简单的信号博弈模型进行分析。在最简单的信号博弈模型中，$I=2$，$J=2$，$K=2$，先验概率为 $p(t_1)=p$，$p(t_2)=1-p$，$p\in[0,1]$。该博弈的扩展式表示图如图 6-6 所示(这里暂不考虑收益情况)。

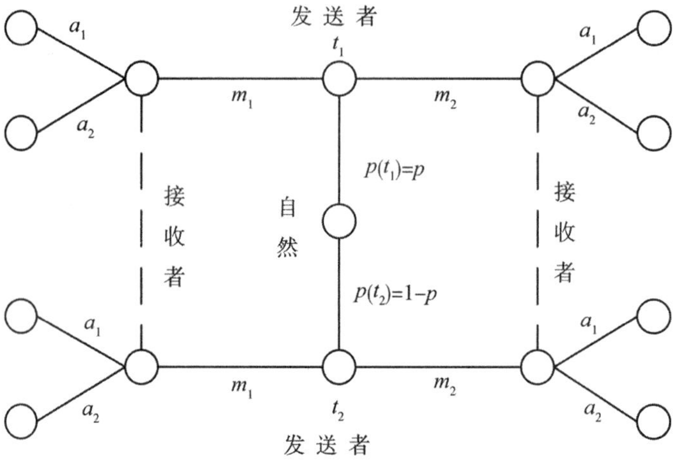

图 6-6　信号博弈扩展式

在动态博弈中，局中人的策略是一个行动的完整计划，即局中人遇到每一种情况下它将选择的行动。在信号博弈中，发送者的一个纯策略是，当发送者为自然赋予的每一种类型时，将选择确定的信号；接收者的一个纯策略是，当接收者在收到信号后将选择确定的行动。因此发送者和接收者都有四个纯策略。

发送者的纯策略是：

(m_1, m_1)：如果自然赋予类型t_1，选择信号m_1；如果自然赋予类型t_2，选择信号m_1；

(m_1, m_2)：如果自然赋予类型t_1，选择信号m_1；如果自然赋予类型t_2，选择信号m_2；

(m_2, m_1)：如果自然赋予类型t_1，选择信号m_2；如果自然赋予类型t_2，选择信号m_1；

(m_2, m_2)：如果自然赋予类型t_1，选择信号m_2；如果自然赋予类型t_2，选择信号m_2。

其中，(m_1, m_1) 和 (m_2, m_2) 称为混同策略，即不同类型的发送者选择了相同的信号；(m_1, m_2) 和 (m_2, m_1) 称为分离策略，即不同类型的发送者选择了不同的信号。当发送者在同一类型下，随机地选择m_1和m_2，也有相对应的混合策略。本节只考虑纯策略的情况。

接收者的纯策略为：

(a_1, a_1)：如果收到发送者信号m_1，选择行动a_1；如果收到发送者信号m_2，选择行动a_1；

(a_1, a_2)：如果收到发送者信号m_1，选择行动a_1；如果收到发送者信号m_2，选择行动a_2；

(a_2, a_1)：如果收到发送者信号m_1，选择行动a_2；如果收到发送者信号m_2，选择行动a_1；

(a_2, a_2)：如果收到发送者信号m_1，选择行动a_2；如果收到发送者信号m_2，选择行动a_2；

其中，(a_1, a_1) 和 (a_2, a_2) 称为混同策略，即不论观察到何种信息，都选择同一行动；(a_1, a_2) 和 (a_2, a_1) 称为分离策略，即观察到不同的信息，采取相对应的不同行动。当接收者在观察到某一信息m_j后，随机地选择a_1和a_2，也有相对应的混合策略。

在该信号博弈中，局中人2有两个信息集。下面对精炼贝叶斯均衡的4条要求做出更具体的说明。

要求1　当按收者在观测到M中的任何信号m_j之后，依据对哪些类型可能发送信号m_j，有一个信念概率$\mu(t_i \mid m_j)$表示，且$\mu(t_i \mid m_j) \geqslant 0$，$\sum_{i=1}^{m}\mu(t_i \mid m_j) = 1$。

要求2R　对接收者，他对每一个信号m_j，依据对哪些类型可能发送信号m_j的信念概率$\mu(t_i \mid m_j)$的条件下，选择行动$a^*(m_j)$使自己效用最大化。亦即$a^*(m_j)$为下式的解：

$$a^*(m_j) \in \arg\max_{a_k} E\, U_r[t_i, m_j, a^*(m_j)] \tag{6-46}$$

其中

$$EU_r[t_i, m_j, a^*(m_j)] = \sum_{i=1}^{n} u_r(t_i, m_j, a^*(m_j))?\ \mu(t_i \mid m_j) \tag{6-47}$$

要求2S　对发送者，他对自己的每一个类型t_j，在给定的接收者战略$a^*(m_j)$的条件下，选择信号$m^*(t_i)$使自己的效用最大化。亦即$m^*(t_i)$为下式的解：

$$m^*(t_i) \in \arg\max_{a_k} U_s[t_i, m_j, a^*(m_j)] \tag{6-48}$$

要求 3 对信号集M中的每一m_j，如果在类型集T中存在$m^*(t_i)=m_j$，即$p(m_j \mid t_i) \neq 0$，则接收者对应于m_j的信息集$h(m_j)$中所持有的信念必须取决于贝叶斯法则和发送者的战略：

$$\mu(t_i \mid m_j) = \frac{p(m_j \mid t_i)p(t_i)}{p(m_j)} \tag{6-49}$$

$$\mu(m_j) = \sum_{i=1}^{m} p(m_j \mid t_i)p(t_i) \tag{6-50}$$

要求4 对信号集M中的每一m_j，如果对于类型集T中的每一个t_i都有$m^*(t_i)=m_j$，即$p(m_j \mid t_i) \neq 0$，则对应于m_j的信息集$h(m_j)$中所持有的信念由可能情况下的贝叶斯法则及局中人的均衡策略组合决定。

以上对信号博弈的 4 条要求是前面对精炼贝叶斯均衡的具体体现。

定义 6.5 信号博弈中一个纯战略的精炼贝叶斯均衡为一对策略组合$\{m^*(t_i)\}$和$\{a^*(m_j)\}$以及相对应的信念概率分布$\mu^*(t_i \mid m_j)$，并满足信号要求 1，要求 2R，要求 2S，要求 3 以及要求 4。

如果发送者的策略是混同或分离的，我们称均衡分别为混同均衡和分离均衡。这里未考虑接收者的策略特点。

下面，我们就图 6-6 中给出具体数字，进行求解分析。其具体的博弈用扩展式表示在图 6-7 中。

在该信号博弈中，发送者有两个类型t_1和t_2，其信号集为$\{L, R\}$。因此，发送者有 4 个纯策略(L, L)，(L, R)，(R, L)，(R, R)，其中第 1 个和第 4 个策略是混同策略，而第 2 个和第 3 个是分离策略。接收者的行动空间为$\{u, d\}$，因此，接收者也有 4 个纯策略，(u, u)，(u, d)，(d, u)，(d, d)，其中第 1 个和第 4 个策略是混同策略，第 2 个和第 3 个策略是分离策略。

在该信号博弈中，自然赋予信号发送者每个类型的可能性是相同(这也是信号发送者和接收者的共同知识)，接收者在收到L信号后的信息集$h(L)$有两个结点，设接收者对位于这两个结点的信念分别为p和$1-p$；在收到R信号后的信息集$h(R)$也有两个结点，设接收者对位于这两个结点的信念分别为q和$1-q$。由于自然赋予信号发送者每个类型是等可能的，因此由贝叶斯公式可知

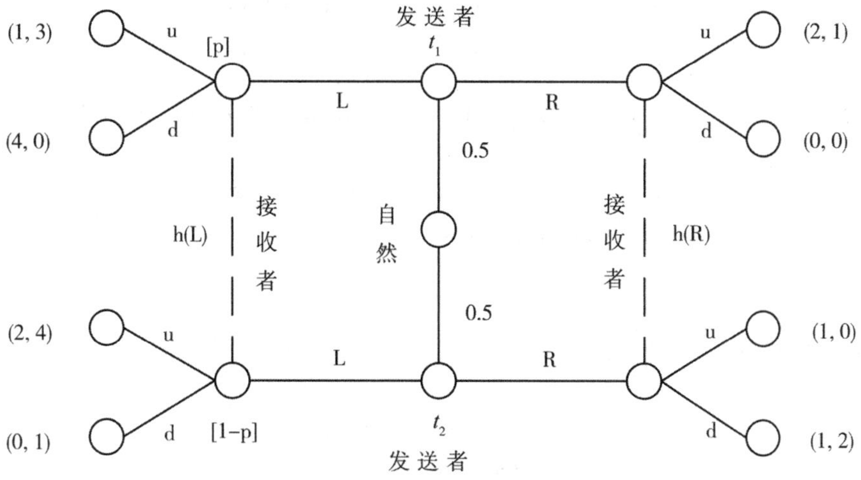

图 6-7　博弈用扩展式表示

$$\mu(t_i \mid L) = \frac{p(L \mid t_i)p(t_i)}{p(L)} = \frac{p(L \mid t_i)}{p(L \mid t_1) + p(L \mid t_2)} \tag{6-51}$$

$$\mu(t_i \mid R) = \frac{p(R \mid t_i)p(t_i)}{p(R)} = \frac{p(R \mid t_i)}{p(R \mid t_1) + p(R \mid t_2)} \tag{6-52}$$

其中，$p = \mu(t_1 \mid L)$，$1 - p = \mu(t_2 \mid L)$，$q = \mu(t_1 \mid R)$ 和 $1 - q = \mu(t_2 \mid R)$。假设先给定各信息集中结点的后验概率 p 和 q，我们先分析发送者和接收者的行为以及对这种后验信念的要求，然后再来确定后验概率 p 和 q 的值。

(1) 对于接收者来说

当他收到信号 L 后，他的行动 $a^*(L)$ 应该使他的期望收益最大化，即 $a^*(L)$ 为下式的解：

$$a^*(L) \in \arg\max_{a_k} E\, U_r[t_i,\ L,\ a_k(L)] \tag{6-53}$$

因为，

$$\begin{aligned}\max_{a_k} E\, U_r[t_i,\ L,\ a_k(L)] &= \max\{p \times 3 + (1-p) \times 4,\ p \times 0 + (1-p) \times 1\} \\ &= \max\{4 - p,\ 1 - p\} = 4 - p \end{aligned} \tag{6-54}$$

其中 $4 - p$ 是采用行动 u 的期望收益，$1 - p$ 是采用行动 d 的期望收益。

由此也可以得到 $a^*(L) = u$ 对 $p \in [0,\ 1]$ 都成立。

当他收到信号 R 后，他的行动 $a^*(R)$ 应该使他的期望收益最大化。亦即 $a^*(R)$ 为下式的解：

$$a^*(R) \in \arg\max_{a_k} E\, U_r[t_i,\ R,\ a_k(R)] \tag{6-55}$$

因为，

$$\max_{a_k} E\, U_r[t_i,\ R,\ a_k(R)] = \max\{q + (1-q)\times 0,\ q\times 0 + (1-q)\times 2\}$$

$$= \max\{q,\ 2-2q\} = \begin{cases} q, & q \geqslant \dfrac{2}{3} \\ 2-2q, & q \leqslant \dfrac{2}{3} \end{cases} \tag{6-56}$$

由此可以得到：

$$a^*(R) = \begin{cases} u, & q \geqslant \dfrac{2}{3} \\ d, & q \leqslant \dfrac{2}{3} \end{cases} \tag{6-57}$$

(2) 对于发送者来说

当自然赋予其类型为t_1，在给定接受者的策略$a^*(m_j)$的条件下，发送者选择的信号$m^*(t_1)$应使其自身的收益最大化。亦即$m^*(t_1)$为下式的解：

$$m^*(t_1) \in \arg\max_{m_j} U_s[t_1,\ m_j,\ a^*(m_j)] \tag{6-58}$$

因为，

$$\max_{m_j} U_s[t_1,\ m_j,\ a^*(m_j)] = \begin{cases} \max\{U_s(t_1,\ L,\ u),\ U_s(t_1,\ R,\ u)\},\ q \geqslant \dfrac{2}{3} \\ \max\{U_s(t_1,\ L,\ u),\ U_s(t_1,\ R,\ d)\},\ q \leqslant \dfrac{2}{3} \end{cases}$$

$$= \begin{cases} \max\{1,\ 2\} = 2, & q \geqslant \dfrac{2}{3} \\ \max\{1,\ 0\} = 1, & q \leqslant \dfrac{2}{3} \end{cases} \tag{6-59}$$

由此可以得到：

$$m^*(t_1) = \begin{cases} R, & q \geqslant \dfrac{2}{3} \\ L, & q \leqslant \dfrac{2}{3} \end{cases} \tag{6-60}$$

当自然赋予其类型为t_2，在给定接受者的策略$a^*(m_j)$的条件下，发送者选择的信号$m^*(t_2)$应使其自身的收益最大化。亦即$m^*(t_2)$为下式的解：

$$m^*(t_2) \in \arg\max_{m_J} U_s[t_2, m_j, a^*(m_j)] \tag{6-61}$$

因为，

$$\max_{m_j} U_s[t_2, m_j, a^*(m_j)] = \begin{cases} \max\{U_s(t_2, L, u), U_s(t_2, R, u)\}, & q \geqslant \dfrac{2}{3} \\ \max\{U_s(t_2, L, u), U_s(t_2, R, d)\}, & q \leqslant \dfrac{2}{3} \end{cases}$$

$$= \begin{cases} \max\{2, 1\} = 2, & q \geqslant \dfrac{2}{3} \\ \max\{2, 1\} = 2, & q \leqslant \dfrac{2}{3} \end{cases} \tag{6-62}$$

由此可以得到$m^*(t_2) = L$。

根据以上分析，可以综合如下：

$$a^*(L) = u \tag{6-63}$$

$$a^*(R) = \begin{cases} u, & q \geqslant \dfrac{2}{3} \\ d, & q \leqslant \dfrac{2}{3} \end{cases} \tag{6-64}$$

$$m^*(t_1) = \begin{cases} R, & q \geqslant \dfrac{2}{3} \\ L, & q \leqslant \dfrac{2}{3} \end{cases} \tag{6-65}$$

$$m^*(t_2) = L \tag{6-66}$$

于是，均衡的初步精炼分析结果如下：

① 策略组合$((L, L), (u, d))$和信念$q \leqslant \dfrac{2}{3}$与信念p无关。

② 策略组合$((R, L), (u, u))$和信念$q \geqslant \dfrac{2}{3}$与信念p无关。

从上面的分析可以看出，我们是在没有考虑要求3和要求4的情况下得到了这两个初步精炼分析结果。下面我们在此基础上再来考虑要求3和要求4，以得到最终分析结果。

① 第一个策略组合$((L, L), (u, d))$。

该策略组合意味着

$$p(L \mid t_1) = 1,\ p(R \mid t_1) = 0 \tag{6-67}$$

$$p(L \mid t_2) = 1,\ p(R \mid t_2) = 0 \tag{6-68}$$

这时，发出 L 后的信息集达到，按照要求 3 应有：

$$\mu(t_1 \mid L) = \frac{p(L \mid t_1)p(t_1)}{p(L \mid t_1)p(t_1) + p(L \mid t_2)p(t_2)} = \frac{1 \times 0.5}{1 \times 0.5 + 1 \times 0.5} = \frac{1}{2} \tag{6-69}$$

$$\mu(t_2 \mid L) = \frac{p(L \mid t_2)p(t_2)}{p(L \mid t_1)p(t_1) + p(L \mid t_2)p(t_2)} = \frac{1 \times 0.5}{1 \times 0.5 + 1 \times 0.5} = \frac{1}{2} \tag{6-70}$$

即当局中人采用混同策略(L, L)时，由于局中人 2 没有收到有用的信息，因此仍保留了“自然”给予的信念。该结果满足前面对精炼的要求，信念 R 后的信息集未达到。按照要求，信念可以取任何值，但应满足可能情况下局中人的均衡策略。根据面对均衡中的信念的分析，$q \leqslant \frac{2}{3}$ 和 p 是任意的，则有：

$$\mu(t_1 \mid R) \leqslant \frac{2}{3} \tag{6-71}$$

$$\mu(t_2 \mid R) \geqslant \frac{1}{3} \tag{6-72}$$

综合以上情况，可以得到第 1 个精炼贝叶斯均衡为：策略组合$((L, L), (u, d))$和信念 $p = \frac{1}{2}$，$q \leqslant \frac{2}{3}$。

② 第 2 个策略组合$((R, L), (u, u))$和信念 $q \geqslant \frac{2}{3}$，与信念 p 无关。

该策略组合意味着 $p(R \mid t_1) = 1$，$p(L \mid t_1) = 0$，$p(R \mid t_2) = 0$，$p(L \mid t_2) = 1$。这时，两个信息集均达到，按照要求 3 应有：

$$\mu(t_1 \mid L) = \frac{p(L \mid t_1)p(t_1)}{p(L \mid t_1)p(t_1) + p(L \mid t_2)p(t_2)} = \frac{0 \times 0.5}{0 \times 0.5 + 1 \times 0.5} = 0 \tag{6-73}$$

$$\mu(t_1 \mid R) = \frac{p(R \mid t_1)p(t_1)}{p(R \mid t_1)p(t_1) + p(R \mid t_2)p(t_2)} = \frac{1 \times 0.5}{1 \times 0.5 + 0 \times 0.5} = 1 \tag{6-74}$$

同理有：

$$\mu(t_2 \mid L) = 1,\ \mu(t_2 \mid R) = 0 \tag{6-75}$$

上面结果与前面对均衡分析中对信念的要求 $q \geqslant \frac{2}{3}$ 和 p 是任意的是相容的。因此可以得到第 2 个精炼贝叶斯均衡为，策略组合$((R, L), (u, u))$和信念：$p = 0$，$q = 1$。

由定义 6.5 可知，前一个精炼贝叶斯均衡是混同均衡，而后一个精炼贝叶斯均衡是分离均衡。

本节介绍的精炼贝叶斯均衡是指满足上述要求 1 至要求 4 的策略组合和推断的“评估”。但在要求 4 中，对“处于均衡路径之外的推断”未作限制和要求。

6.5.3　精炼贝叶斯均衡的再精炼

精炼贝叶斯均衡的定义为满足要求 1 到要求 4 的战略和推断，已知在这样的均衡中，没有参与者的战略包含始于任何信息集的严格劣战略。现在，考虑两个更进一步的要求(关于处于均衡路径之外的推断)。第一条的形成出自以下想法：由于精炼贝叶斯均衡排除了参与者 i 选择的战略包含始于任何信息集的严格劣战略的可能性，要令参与者 j 相信参与者 i 将选择这样的战略就是不合理的。

为精确理解该思想，考虑图 6-8 中的博弈，其中有两个纯战略精炼贝叶斯均衡：$(L, L', p=1)$ 和 $(R, R', P\leqslant\frac{1}{2})$。这一例子关键的特征在于 M 为参与者 1 的一个严格劣战略，选择 R 可得的收益 2 超出了参与者 1 选择 M 可能得到的所有收益——0 和 1。那么，要令参与者 2 相信参与者 1 可能选择了 M 是不合理的。由于 $1-p$ 不可能为正，于是一定等于 1。如果推断 $1-p>0$ 不合理，则 $(R, R', P\leqslant\frac{1}{2})$ 也不再是精炼贝叶斯均衡，只有 $(L, L', p=1)$ 成为满足这一要求的唯一的精炼贝叶斯均衡。

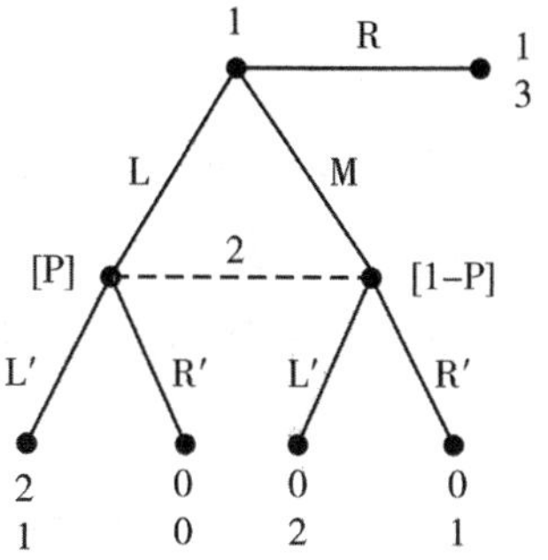

图 6-8　博弈

这一例子的另外两个特征也值得提及。第一，尽管 M 是严格劣战略，L 却不是。如果 L 也是严格劣战略(比如说 1 的收益 3 换成 3/2 时的情况)，则同样的论证意味着 p 不可能为正，但这又与前面的结果 p 一定等于 1 相矛盾。在这样的情况下，这一要求不限制参与者 2 均衡路径之外的推断。第二，这一例子并不是对开始时描述的要求的精确说明，因为 M 并非只从一个信息集开始成为严格劣战略，而是其本身就是一个严格劣战略。

为理解其中的区别，从对严格劣战略的定义：如果存在另外一个战略 s_i，使对其他参与者每一可能的战略组合，i 选择 s_i 的收益都严格大于选择 s'_i 的收益，则 s'_i 为 i 的一个严格劣战略。现在，考虑图 6-8 博弈的一种扩展情况，其中参与者 2 在图 6-8 中 1 的行动之前有一次行动，并在这最初行动中有两个选择，一个使博弈结束，另一个轮到 1 在图中 1 的信息集选择行动。在这一扩展的博弈中，M 仍从 1 的信息集开始成为一个严格劣战略，但 M 不再是整个博弈的严格劣战略，因为如果 2 在初始节选择的行动使博弈结束，则 L，M 和 R 全都只能得到相同的收益。

由于在图 6-8 中 M 为严格劣战略，令参与者 2 推断 1 可能已经选择了 M 当然是不合理的。但严格劣战略这一条件过强，并由此得到的要求又太弱。(因为从一个信息集开始成为严格劣战略的战略要多于整个博弈的严格劣战略，要求 j 不相信 i 会选择前一种战略对 j 推断的限制，要强于要求 j 不相信 i 会选择后一种战略对其推断的限制)。下面，我们仍使用开始时给出的要求：参与者 j 不相信参与者 i 会选择从任何信息集成为严格劣战略的战略。我们给出这一要求的正式表述。

定义 6.6 考虑轮到参与者 i 行动的一个信息集。战略 s'_i 为始于这一信息集的严格劣战略，如果存在另一个战略 s_i 使得对 i 在给定信息集可能持有的每一推断，并且对每一其他参与者后续战略可能的组合，是一个包含了在达到给定信息集之后可能会发生的所有情况的完整的行动计划，i 在给定信息集根据 s_i 选择行动并在其后根据选择后续战略得到的收益严格大于根据 s'_i 选择行动和后续战略得到的收益。

要求 5 在可能的情况下，在每一参与者均衡路径之外的推断中，如果一个节点只有在另一参与者选择始于某些信息集的严格劣战略时，才能够到达，则应认定到达这一节点的概率为 0。

要求 5 中的限定语"在可能的情况下"，是考虑到类似图 6-8 中参与者 1 的收益 3 换成 3/2 的情况，这时 M 和 L 都劣于 R。在这种情况下，要求 1 要求参与者 2 持有一个推断，但又不可能在推断中让到达 M 和 L 之下的节点的概率都为 0，于是要求 5 不再适用。

定义 6.7 在信号博弈中，M 中的信号 m_j 称为 T 中类型 t_i 的劣信号，如果存在另一个信号 $m_{j'}$，使得 t_i 选择 $m_{j'}$ 的最低可能收益大于 t_i 选择 m_j 的最高可能收益：

$$\min_{a_k \in A} U_s(t_i, m_j, a_k) > \max_{a_k \in A} U_s(t_i, m_j, a_k) \tag{6-76}$$

由信号要求 5，如果m_j之后的信息集处于均衡路径之外，且m_j为类型t_i的劣信号，则在可能的情况下接受者的推断$\mu(t_i \mid m_j)$中，认为发送者的类型为t_i的概率应该等于0(只要m_j不对T中所有的类型都是劣信号，即为适用这一要求的可能情况)。

博弈分离精炼贝叶斯均衡[(L, R)，(u, u)，$p=1$，$q=0$]则自然满足信号要求5(因为不存在这一均衡路径之外的信息集)。作为一个需经检验才可确定满足信号要求5的例子，假设当类型t_2选择R时，接收者的收益为：选择d的收益为1，选择u的收益为0，而不再是图中的0和1。这时，[(L, L)，(u, d)，$p=0.5$，q]对任意的q值都是一个混同精炼贝叶斯均衡，于是[(L, L)，(u, d)，$p=0.5$，$q=0$]就是一个满足信号要求5的混同精炼贝叶斯均衡。

本章小结

本章深入研究了具有竞争性质的决策问题，这类决策中各竞争主体之间存在着利益冲突，彼此的行动会相互影响，这便是竞争型决策的核心特征。在实际的决策场景中，这样的情况十分常见，例如市场竞争、政治博弈等，这使得竞争型决策成为决策领域中一个备受关注的重要议题。

博弈论作为研究理性决策者间竞争与合作的理论，对于解决竞争型决策问题有着重要的理论和方法学意义。它聚焦于当决策主体之间的行为产生直接相互作用时，如何进行决策以及如何达到决策的均衡状态。博弈论在决策问题的研究中贯穿始终，成为一种在广义层面上进行竞争型决策分析的重要工具。在探讨博弈论的基本概念时，我们深入研究了决策主体在不同博弈情境下的行为模式。通过对博弈情境的分类以及每类博弈情境下的策略制定与效用评估，我们理解了不同决策主体在竞争与合作的环境中，可能采取的策略和行动。

博弈论的一个关键概念是均衡状态，即在一个博弈过程中，各参与方都选择了最优的策略，没有动机再单独改变策略。我们深入探讨了各种博弈情境下的均衡概念，如纳什均衡等，以及其在不同决策背景下的实际应用。博弈论的研究不仅限于理论层面，它也在实际决策中得到了广泛的应用。例如，在市场竞争中，企业可以通过博弈分析来制定定价策略。这些应用实例表明了博弈论在现实世界中解决竞争型决策问题的强大潜力。

综合而言，本章深入剖析了竞争型决策的本质以及博弈论在解决这类问题中的重要地位。通过研究博弈论的基本概念、各类博弈情境下的行为模式和均衡状态，我们能够更加准确地理解和应用博弈论的理论框架。此外，实际应用案例也展示了博弈论在解决现实世界中复杂竞争型决策问题时的显著价值。因此，深入学习和应用博弈论，将为在竞争激烈的环境中做出明智决策提供有力的理论支持。

本章习题

1. 博弈论的标准式表述包含哪三个要素？反应函数法如何求解纳什均衡？

2. 如何用逆向归纳解法求解完全信息动态博弈？重复博弈的基本特征是什么？

3. 什么是静态贝叶斯博弈？什么是静态贝叶斯博弈的一个(纯)战略？什么是它的(纯战略)贝叶斯纳什均衡？

4. 什么是完全信息和不完全信息？什么是完美信息和不完美信息？在海萨尼转换中，自然对局中人类型的确定都是有限的吗？举例说明。

5. 春节期间，一位老者给两个晚辈发压岁钱红包，并告诉他俩这两个红包中一个的金额是另一个的 2 倍，如果想碰碰运气可以考虑互相交换红包。试问两位晚辈在知道自己的红包中金额之前和之后应该如何决策？假定一位拿到的红包金额为 100 元。

6. 酒商到某镇卖烧酒，酒商可以诚实(酒中不掺水)，也可以不诚实(酒中掺水)；他可以通过做广告卖高价，也可以不做广告卖低价。镇上的消费者分为嗜酒群体和不嗜酒群体，可以选择买酒或者不买酒。酒商不知道买酒的顾客是否嗜酒，买酒的顾客也不知道酒商是否诚实，各种情况下的支付矩阵，如表 6-18 所示。

表 6-18　烧酒买卖支付矩阵

		嗜　酒		不　嗜　酒	
		买酒	不买酒	买酒	不买酒
诚实	高价	(3，3)	(−4，−2)	(3，2)	(−4，0)
	低价	(2，5)	(−2，−4)	(2，4)	(−2，−4)
不诚实	高价	(4，−3)	(−3，0)	(4，−3)	(−3，1)
	低价	(1，0)	(−1，1)	(1，0)	(−1，0)

根据该镇历年的记载，嗜酒者遇到诚实酒商的概率为 0.2，嗜酒者遇到不诚实酒商的概率为 0.4，不嗜酒者遇到诚实酒商的概率为 0.1，不嗜酒者遇到不诚实酒商的概率为 0.3。试问酒商和顾客该如何行动？

第 7 章 决策支持系统

当前的数字经济环境充满了不确定性和变化，决策者需要更灵活、更敏捷的决策方法来应对这种不确定性。然而，决策的制定需要诸多方法和工具，若分散组织管理，效率低下，无法适用于信息决策需求。决策支持系统集成决策模型方法，通过计算机交互系统，实现便捷的决策支持服务，提高信息决策效率和质量。基于信息技术平台构建的决策支持系统，可以实现多用户的共享和协作，不同部门和利益相关者可以共享数据和信息，进行实时的沟通和协作，从而更好地达成共识，促进决策方案的形成和执行。信息技术的发展使得 DSS 能够提供实时的数据和分析结果，帮助决策者更快地做出反应，及时调整决策方案，以应对不断变化的市场环境和竞争压力。同时，随着人工智能技术的发展，决策支持系统也在不断升级，智能决策支持系统和群体决策支持系统得到快速发展。

因此，本章首先对决策支持系统进行概述，阐述决策支持系统基本知识，包括其发展、功能、特点，以及与管理信息系统的关系；然后，介绍决策支持系统的组成，包括系统结构和三个技术层次；接着，着重介绍智能决策支持系统，包括基于深度学习的智能决策支持系统和基于区块链的智能决策支持系统；最后，强调群体在决策中的作用，阐述群体决策支持系统的功能结构及其典型应用。

7.1 决策支持系统概述

决策支持系统(Decision Support Systems，DSS)是辅助决策者通过数据、模型和知识，以人机交互方式进行半结构化或非结构化决策的计算机应用系统。它是管理信息系统向更高一级发展而产生的先进信息管理系统。它为决策者提供分析问题、建立模型、模拟决策过程和方案的环境，调用各种信息资源和分析工具，帮助决策者提高决策水平和质量。

此外，决策支持系统是研究如何把计算机用于支持管理决策的信息技术学科，是计算机技术、人工智能技术和管理科学相结合的最新技术之一，将这种理论和技术用于开发信息系统，特别是建立 DSS，对于加速企业管理现代化的进程，提高决策能力和水平，提高决策的质量和效果将起到良好的积极作用。

DSS 是一种以管理学、运筹学、控制论和行为科学为基础，以信息、仿真和计算机等技术为手段，DSS 综合利用现有的数据、信息和模型，辅助决策解决半结构化或非结构化决策问题的人机交互系统。DSS 涉及对象包括决策信息及决策模型、决策问题及其环境、组织机构及决策者以及相关的计算机、信息和通信技术，而决策信息、决策模型、决策者是诸要素中的三个基本要素。

DSS 的目标应该是辅助决策者做出决策，提高决策者的决策技能和组织的决策水平，取得最佳经济效益。关于 DSS 的目标，包括如下几点：

①决策支持系统强调为半结构化和非结构化的决策提供服务。

②决策支持系统应该为各个层次的管理者提供决策支持，在需要时为各层次之间的结合提供帮助。

③决策支持系统应该支持相互依赖的决策和相互独立的决策。

④决策支持系统应支持决策过程的各个阶段。

⑤决策支持系统应支持各种各样的决策过程，而不只限于一种。

⑥决策支持系统应该易于使用。

7.1.1 决策支持系统的产生与发展

自计算机诞生之日起，计算机在经济管理领域的应用经历了三个阶段：电子数据处理阶段、管理信息系统阶段、决策支持系统阶段。

(1) 电子数据处理(EDP)阶段

起始于 20 世纪 50 年代，主要是利用计算机代替人工，通过计算机进行电子数据处理。基本特征是程序简单，程序和数据互不独立，无数据管理文件，如科目汇总等。还有一种情况是程序已构成一个系统，并以文件来实现一定的数据管理，使用比较灵活。但利用计算机主要完成的还是仓库管理、工资管理等。在这一阶段中，利用计算机的主要目标是节省人力、降低人工费用、减轻工作负担、提高工作效率。

(2) 管理信息系统(MIS)阶段

这一阶段从 20 世纪 60 年代起，主要是利用计算机控制整个管理系统的信息，统一处理和调节信息流程，通过信息交换、资源共享等种种联系，将各类数据和各单项事务管理工作紧密地结合在一起，采用结构系统分析、结构系统设计。MIS 的基本特征是以文件和数据库作为数据管理的软件支撑，数据共享性强，如不同行业的企业管理信息系统、商业管理信息系统等。在这一阶段中，利用计算机的主要目的是提高信息处理效率、系统综合分析能力和整体管理水平。但在实际应用过程中，人们发现 MIS 通常并不能直接带来显著的经济效益和社会效益，主要原因是忽视了现代管理的重点在于决策这一基本思想，没有把管理、决策和控制联系在一起，往往无法提供决策人员所需要的信息。所以，在一段时间内，MIS 发展缓慢。

(3) 决策支持系统(DSS)阶段

这一阶段是从 20 世纪 70 年代开始的。计算机被有效地应用于现代管理工作，必须使计算机更加直接面向决策，研制新的着重于支持管理过程中的决策活动的计算机应用系统，根据管理人员的要求，提供各种有价值的信息以辅助管理人员的决策。DSS 主要是以现代管理科学、运筹学控制论等现代管理理论和方式为基础，以计算机和信息技术为手段，面对半结构化或非结构化的决策问题，建立完整的数据库管理系统、数学模型管理系统和人机会话管理系统，为决策者提供各种备选方案，并对方案进行优化，进而通过人机会话管理系统对各个方案的成果进行分析、比较和判断，确定出最佳方案，帮助决策者提高决策能力、决策水平及决策效益。DSS 的基本特征是以模型库管理系统为核心，侧重于解决半结构化或非结构化的管理决策问题，支撑决策活动。在这一阶段中，利用计算机的主要目的是取得较大的经济效益和社会效益。DSS 在各个领域中发挥了重要作用，引起了计算机和经济管理领域的高度关注，使其逐渐发展成为一门新兴的应用学科。

决策支持系统通常按系统的特性及其应用状况进行分类。下面按以下几种不同分类方法进行讨论。

①按照支持的层次分类。

决策支持系统可以支持组织中的各个管理层次。根据各个层次决策任务之间的不同，决策支持系统可以划分为：战略规划决策支持系统和战术决策支持系统。前者是用于高层管理决策的，而后者是用于操作层决策的。

②按照支持的决策类型分类。

按照决策类型，决策支持系统可分为：个人决策支持系统、组织机构决策支持系统（又称为分布式决策支持系统）、群体决策支持系统。

③按照支持的数据与模型进行操纵能力分类。

数据检索和模型计算是决策支持系统的两种重要功能，它们在支持决策过程各阶段中起着重要的作用。因此，很多专家均从数据与模型的操纵能力上对决策支持系统进行分类。按照艾尔特（Alter）对数据和模型的侧重，决策支持系统可分为七类，如表7-1所示。

表7-1　决策支持系统类型

类型	描　述
文件检索系统	是对一些特殊数据项进行联机方式存取（例如检索库存状态、股票证券信息等），如库存控制系统和生产管理系统。
数据分析系统	利用有关操作和模型对各种业务数据进行分析、预测，产生分析报告和预测结果报告，如银行数据分析系统等。
信息分析系统	通过模型库中的各种简单模型，对数据库中与管理决策有关的数据进行分析，为决策者提供管理决策信息。如商业部门的市场信息分析系统，可用来产生制定进货计划、销售计划需要的信息。
统计模型系统	借用各种统计方法进行统计分析，以求出最佳结果。如银行及企业的现金流分析系统，可用来减少闲置资金数量。
模拟模型系统	对非确定性活动进行描述、分析和评价。它包括各种不属于统计定义的模拟模型，通常根据系统环境条件、活动内容及相互关系中的随机规律，推断出企业经营活动的结果，从而帮助决策者对不同方案进行评价决策。这种系统的一个特点是通过置信度的测试，提高决策者对未来外部环境与内部条件交互作用的深入理解。

续表

类型	描述
优化模型系统	用于可使用优化模型技术的问题求解过程，可以利用数学规划(如线性规划)模型加以描述，在一定约束条件下求最优解。
建议模型系统	能根据从决策规划到最优化方法范围内的公式或数学方法来为决策者提供一些特定的、建议性的决策行动方案。

④按决策支持系统的应用领域分类

按照应用领域决策支持系统既可分为生产经营决策支持系统、农业规划决策支持系统、交通运输规划决策支持系统等不同行业的决策支持系统，也可以分为生产、财务、计划、物资、销售等不同企业职能的决策支持系统。

⑤按决策支持系统的适用范围分类

按适用范围，决策支持系统可以分为专用的决策支持系统以及通用的决策支持系统。前者通常是根据某一类型而专门设计和开发的；而后者往往是根据一类问题开发的一种决策支持系统的生成系统(DSS 生成器)，对同类问题的不同具体案例，只要更换一些参数和要求进行适当的调整，即可生成解决具体情况的专用决策支持系统。

⑥按交互化、智能化和集成化的程度分类

首先，虽然交互化是决策支持系统的一种必要功能，但依然有实现程度上的区别。这一区别主要体现在自然语言接口和图形显示技术的应用上。人机交互功能不仅体现在机器给用户显示出的信息表现能力，如表格、菜单、图形、动画等，为用户提供信息查询、分析的方便，也体现在为用户做评价、选择、决策制定，表现出提供的便利性及用户命令(语言、数值和图形)的吸收能力上。不同的决策支持系统在交互化实现的程度上肯定会有很大的差别。其次，决策支持系统的智能化是决策支持系统自身的发展历史的表征。早期的最基本的决策支持系统只含有数据和模型的利用；后来出现的决策支持系统则越来越多地涉及基于知识工程的人工智能技术应用；近年来随着生成式人工智能(Artificial Intelligence Generated Content，AIGC)技术的发展，使得决策大模型能够快速将决策能力应用到现实场景中，出现了基于决策大模型的智能决策支持系统。最后，集成化相对于分散化而言比较好理解。早期决策支持系统功能比较简单，也只强调个人决策支持系统的开发；现今研究能支持决策过程各阶段、支持各管理层次甚至能支持组织和群体决策的系统。显然，决策支持系统要实现全面的系统交互化、智能化和集成化是比较困难的，不同行业与场景对其要求和程度都不尽相同。但是，随着我国数字经济的发展，以行业和领域为导向的决策支持系统的设计和开发，朝着交互化、智能化和集成化的方向努力具有重要的现实意义和应用前景。

7.1.2 决策支持系统的特点与功能

(1)决策支持系统的特点

决策支持系统是以现代信息技术为手段，综合运用计算机技术、管理科学、经济数学、人工智能技术等多种学科知识，针对某一类型的半结构化或非结构化决策问题，通过提供背景材料、协助明确问题、完善优化模型、制定可选方案等方式，为管理者作出正确决策提供帮助的人机交互系统。经过多年发展，DSS 深受管理者喜爱。决策支持系统是支撑半结构化或非结构化决策过程的计算机辅助决策系统，其重点是放在"支持"，而不是决策工作的自动化上，它具有如下特点：

①帮助管理者解决半结构化和非结构化的决策问题。

②主要用于辅助和支持管理者进行决策，而不是代替管理者进行判断。

③它是一个人机交互式系统，通过人机交互接口为决策者提供辅助功能。人机接口注重人的学习、创造和审核，即让决策者在自己的实际经验和洞察力的基础上，主动利用各种支持功能，在人机交互过程中反复学习和探索，最后根据自己的"判断"选取一个合适的方案。

④目标是辅助管理者的决策过程，以改进组织决策制定的效能。在整个决策过程中，根据决策者的需要在不同阶段提供不同形式的帮助。

⑤决策支持系统能够把模型或分析技术的利用与传统的数据存取和检索功能结合起来，提供较大的灵活性和适应性，从而使决策支持系统满足不同的问题和技术要求。

⑥支持所有管理层次的决策，并能进行不同层次间的通信和协调。

(2)决策支持系统的功能

为有效地辅助决策，DSS 应具备以下功能：

①提供与决策问题有关的数据。DSS 能及时完成系统内、外与本系统决策有关的各种数据的采集、整理和储存，并可随时予以调用；能及时收集、提供各种已经做出的决策方案成果预测数据或已付诸实施的决策方案的反馈数据。由于各类数据性质不同，因而 DSS 应建立专门的数据库，用于储存各种数据。

②提供与决策问题有关的模型。DSS 应能提供研究各类决策问题的模型和方法。通

常有四种方法：数学方法、逻辑表达式方法、自然语言描述方法及图形描述方法，如各类预测模型、决策模型、直方图和网络图等。DSS 应建立专门的模型库和方法库，用于储存各类模型和方法。

③提供数据库和模型的管理功能。DSS 应能提供对数据和模型、方法进行查询、修改、增加、删除和连接的功能，使决策者在使用系统时，都能方便地完成上述操作。

④提供综合信息和预测信息。DSS 应能运用各种模型和方法，灵活地对数据进行加工、汇总，通过分析和预测提供综合信息和预测信息。

⑤提供各种方案模拟运行的功能。DSS 应具有对各种备选方案或决策方案进行模拟运行的功能，通过模拟运行对结果的分析和评价，为正确选取决策方案提供依据。

⑥提供人机会话的功能。DSS 应能提供方便的人机会话接口及图形输出功能，能随机查询所要求的数据，在整个决策过程中，随着决策人员的知识、经验和判断能力的主动运用，而这需要通过及时的人机会话才能体现。

7.1.3　决策支持系统与管理信息系统的关系

管理信息系统(Management Information System，MIS)是信息管理系统的一个子集，专注于为企业或组织提供管理和决策支持。MIS 利用计算机硬件、软件、数据库和网络技术等，收集、存储、处理、分析和表示信息，为管理层提供决策支持、财务和成本信息、市场和销售信息等。MIS 的基本功能包括数据采集、数据存储、数据处理、数据分析和数据表示。其通过收集企业或组织内外部的数据，如销售、库存、财务等，将数据存储在数据库中，以便后续处理和分析；通过对数据进行分析，发现规律和趋势，支持决策制定，并将数据以图表、报告等形式展示给用户。MIS 在企业中得到了广泛应用，例如 ERP(企业资源计划)、CRM(客户关系管理)、SCM(供应链管理)等都是 MIS 的典型应用。MIS 的目标是提高组织的运营效率和决策能力，减少手工劳动和信息重复处理，降低管理成本。

决策支持系统(DSS)和管理信息系统(MIS)之间有密切的关系，但它们在功能和应用方面存在明显的差异。MIS 是一个总概念，DSS 是 MIS 发展的高级阶段或高层子系统。DSS 是鉴于 MIS 的不足而推出的目标不同于 MIS 的新型系统。MIS 是 DSS 的基础部分，即 DSS 包括提供决策信息的 MIS，MIS 是 DSS 的一个子系统。决策支持系统与管理信息系统有相同之处。DSS 和 MIS 都需要处理和管理大量的数据和信息，都需要使用计算机和信息技术来实现对信息的收集、处理、存储和共享。DSS 和 MIS 都涉及企业的业务流程和信息流动，都能够帮助企业提高管理效率和决策水平。

决策支持系统和管理信息系统的不同之处在于，DSS 主要是为决策者提供决策支持，包括提供数据、模型和分析工具等，而 MIS 主要是为管理者提供信息管理服务，包括数据的采集、处理、存储和查询等。DSS 主要是解决结构化或非结构化的决策问题，而 MIS 主要是提高管理效率和管理水平，优化业务流程。DSS 主要应用于决策分析、风险管理、计划制定等方面；而 MIS 主要应用于日常管理、资源管理、人员管理等方面。

然而，两者之间存在关联关系。DSS 和 MIS 都是企业信息化建设中重要的组成部分，相互补充和支持。MIS 为 DSS 提供基础数据和信息支持，是 DSS 的基础；DSS 为 MIS 提供了更高级的决策支持和优化，是 MIS 的延伸和发展。

DSS 和 MIS 都是企业信息化建设中重要的信息系统，它们在功能、目标和应用方面存在差异，但相互补充和支持，共同提高企业的管理效率和决策水平。

表 7-2　DSS 与 MIS 的比较

	目标	优点	缺点	应用
决策支持系统 DSS	DSS 主要是为决策者提供决策支持，包括提供数据、模型和分析工具等。	DSS 能够根据决策者的需求提供更为准确和个性化的决策支持，帮助决策者更好地理解和解决问题。	DSS 对于非技术背景的用户来说可能难以理解和使用，需要针对具体问题进行定制化开发。	DSS 主要是解决结构化或非结构化的决策问题，为决策提供支撑。
管理信息系统 MIS	MIS 主要是为管理者提供信息管理服务，包括数据的采集、处理、存储和查询等。	MIS 能够提高管理效率和业务流程的自动化程度，为管理者提供全面的信息管理服务。	MIS 的数据可能存在不准确或不完整的问题，需要加强数据管理和质量控制。	MIS 主要是提高管理效率和管理水平，优化业务流程。

7.2　决策支持系统的组成

决策支持系统的组成是根据系统决策需求，设计能够满足特定场景的决策支持系统。为了厘清决策支持系统的组成，本节从决策支持系统的结构和三个技术层次展开。其中，决策支持系统的结构包括：DSS的二库框架结构、三库框架结构、四库框架结构、“问题处理”框架结构和工具箱框架结构。决策支持系统的技术层次包括，专用DSS、DSS生成器和DSS工具。同时，进一步介绍决策支持系统的构建和使用的主要人员，以及系统的分析方法ROMC。

7.2.1 决策支持系统的系统结构

决策支持系统按其功能要求，有着不同的组成部分和构造方法，形成了形态各异的DSS的框架结构，其中影响较大的框架结构有五种。这些结构主要包括，DSS的二库框架结构、三库框架结构、四库框架结构、“问题处理”框架结构和工具箱框架结构。

(1) DSS的二库框架结构

二库框架结构是施普拉葛(Sprague)提出的。它包含人机界面子系统、数据库子系统和模型库子系统三个部分，如图7-1所示。数据库子系统一般包含数据库和数据库管理系统，模型库子系统一般包含模型库和模型库管理系统，而人机界面子系统是由对话生成和管理软件所组成，因此图7-1可以细分为图7-2所示的两库一体化框架结构。

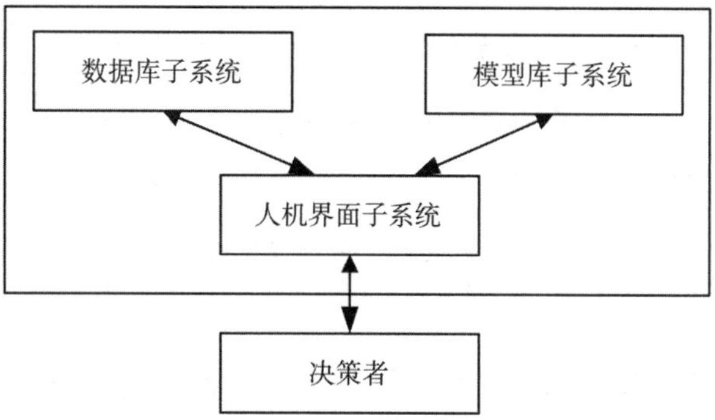

图7-1 DSS的二库框架结构

在这样的结构中，人机界面子系统负责与用户(决策者)联系，为决策者提供交互方式操纵和使用决策支持系统的环境。当决策者需要查询或检索数据时，人机界面子系统通过数据库子系统(实际是通过数据库管理系统)从数据库中提取数据。而当决策者要利用某种模型解决需决策的问题时，通过人机界面子系统传送和解释有关问题的描述与命令，让模型库子系统(实际是模型库管理系统)从模型库中提取模型或直接生成新

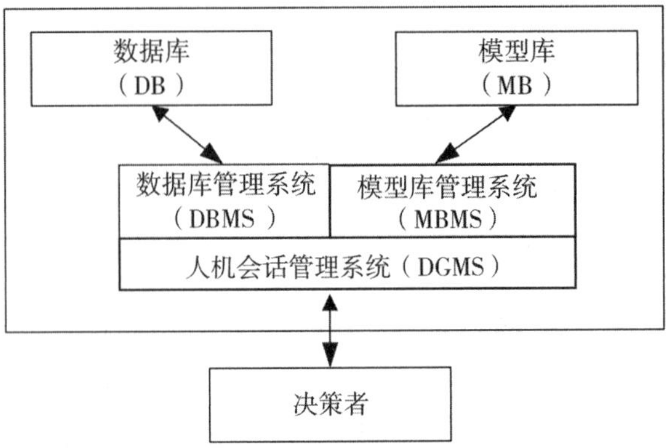

图 7-2　DSS 的二库一体化框架结构

的模型，并通过数据库子系统调用数据库中有关数据以满足决策者的需要。

(2)“问题处理”框架结构

这种框架结构是由本茨格(Bonczek)、赫萨普(Holsapple)和温斯顿(Whinston)提出的。它包含语言、知识和问题处理三个子系统，分别记为 LS(Language System)、KS(Knowledge System)和 PPS(Problem Processing System)，其框架结构如图 7-3 所示。

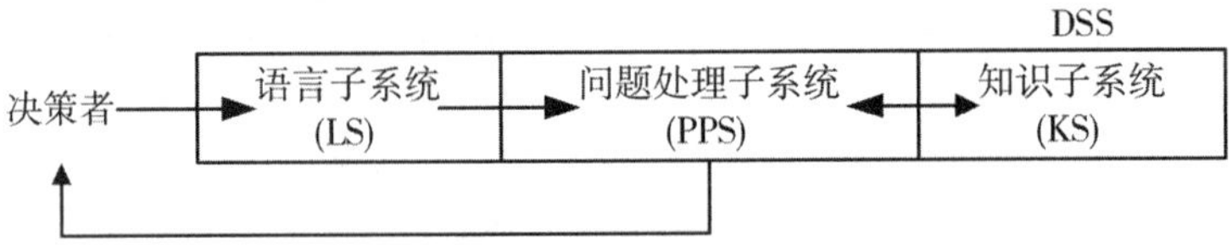

图 7-3　“问题处理”框架结构之一

语言子系统提供了用户(决策者)与 DSS 通信的桥梁。它用来将决策者的意图传送给 DSS。该子系统的特征体现在提供给决策者的句法以及决策者所允许使用的语句命令或表达式上。也就是说，它提供一种陈述问题的语言，帮助决策者表述问题和使用 DSS 这个工具。知识子系统包括 DSS 中有关问题领域的知识主体，其中可以存放数据、模型规则，表格、框架图形等。问题处理子系统是语言子系统的问题表示和知识子系统的知识表示之间的一个中间处理器，它能接收(或“吸收”)子系统中关于问题的表示并操纵或处理知识子系统中的知识，从而产生恰当的响应信息来支持决策过程。这些支持信息要从问题处理子系统传送给决策者。这个通信渠道被称为“显示子系统”，可用 PS

(Presentation System)来表示。桑托斯(Dos Santos)和赫萨普(Holsapple)将这个反向通信系统 PS 与前面那个正向通信系统 LS 集成在一起，如图 7-4 所示。

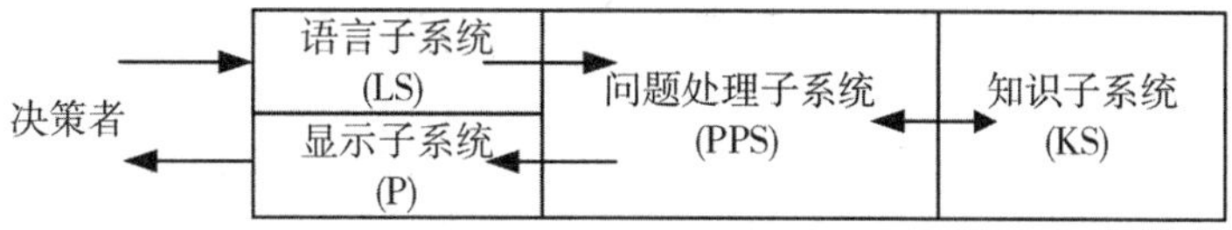

图 7-4　“问题处理”框架结构之二

实际上，LS 和 PS 都是决策者与 DSS 通信的桥梁，只不过通信方向所表达的内容不相同。为了简单起见，将图 7-4 改为图 7-5，用单一的人机界面子系统 CHI(Computer Human Interface)取代 LS 和 PS。这样，最后导出了“问题处理”框架结构之三。人机界面子系统包含前面语言子系统“表示问题”的功能和显示子系统“信息响应”的功能，因而它实际上提供了决策者与 DSS 的双向通信接口，为决策者通过人机交互方式操纵使用 DSS 为解决问题提供了支撑环境。知识子系统广义上就是个知识库，包含问题领域的知识。而问题处理子系统应具有问题确认、分析求解以及设计实施三个部分功能。

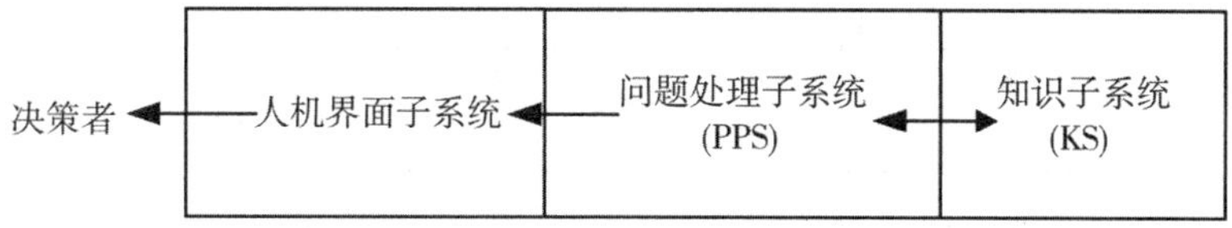

图 7-5　“问题处理”框架结构之三

(3) DSS 的三库框架结构

在前两种框架的基础上，可设计出很多种其他形式的框架结构。例如，有些学者在两库结构的基础上把各种具体的方法，如各种预测方法、优化方法、误差分析方法及风险分析方法等从模型库中分离出来，建立专门的方法库及其管理系统。这种由三库组成的 DSS 称为三库结构，包含有数据库子系统、模型库子系统、方法库子系统和人机界面子系统的框架结构，如图 7-6 所示。

(4) DSS 的四库框架结构

在 DSS 的三库结构中增加知识库及其管理系统，形成具有四库结构的智能 DSS 结构模型，如图 7-7 所示。四库框架结构，主要包括数据库、模型库、方法库和知识库，

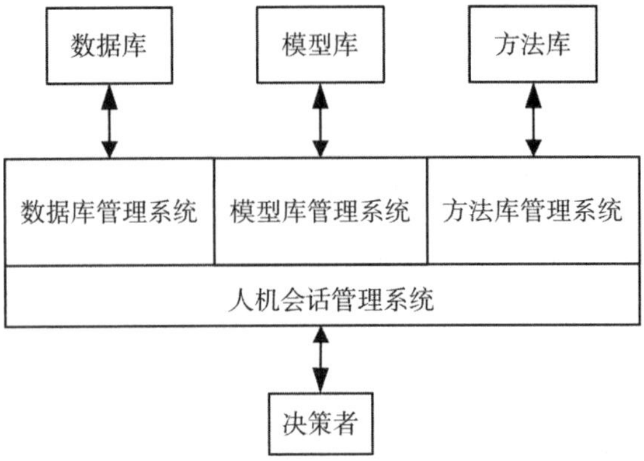

图 7-6　DSS 的三库框架结构

并且对应管理系统进行数据库管理。决策者通过人机会话管理系统进行系统的交互，辅助决策支持。此外，有研究者在上面“四库”的基础上增加了“思想库”“文本库”，构成“五库”“六库”结构。

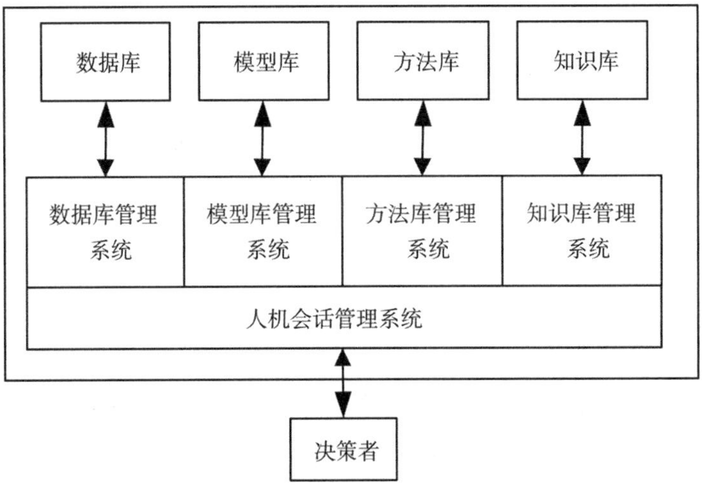

图 7-7　DSS 的四库框架结构

（5）工具箱框架结构

工具箱框架结构常见于一些决策支持系统和办公自动化系统中，如图 7-8 所示。

这种结构是一些绘图软件设计思想的扩充。系统中除了包括数据库、模型库、方法库、图形库和它们的管理系统外，还包括服务、总控、通信、人机界面等模块。决策者

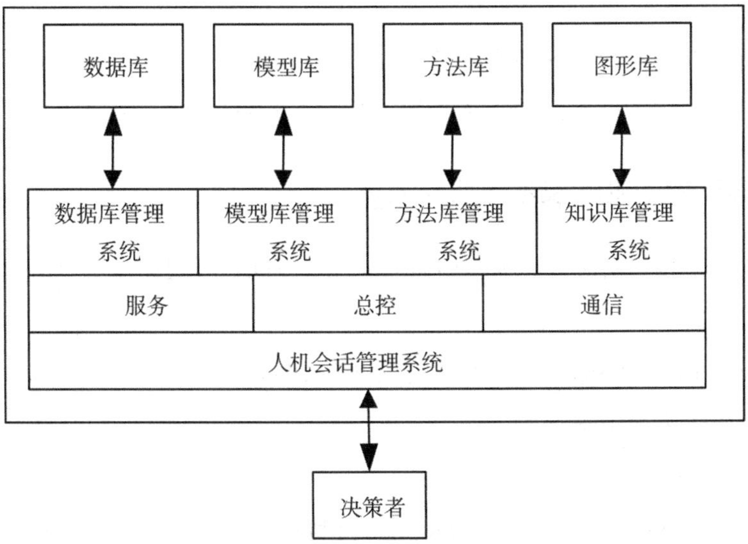

图7-8　工具箱框架结构

可以通过人机界面输入命令及有关需求的参数和说明。总控模块根据决策者的要求调用有关模块，存取各库能够随时进行组合和更新，为决策者提供各种形式的数据、模型和方法。它还可以在用户的操作下生成直观、形象甚至是动态的图形(如动画)，传达丰富的信息，为决策者提供良好交互方式的决策支持系统。这种工具箱结构的决策支持系统功能灵活多变，各种操作均以决策者的需求为中心，很容易适应各种不同决策的用户使用，可以有效地保证决策者的经验、智慧与系统的开发能力相结合，充分发挥用户的积极性和创造性。

以上五种 DSS 框架结构具有不同的特点。二库框架结构没有明显包含独立的知识库，因此在结构上比较简单，常被称为 DSS 的“传统结构”。这种结构突出了数据与模型两方面处理能力的集成，可以支持各种不良结构问题的解决。

一方面，“问题处理”框架结构是基于知识的结构，由于这种结构突出了问题领域知识的存取、处理和使用。从而使人工智能技术能够很好地发挥作用，扩大了 DGC 对非结构化问题的解决能力。另一方面，这种结构与专家系统的结构有很多相似之处，常把问题空间限制在一个预先定义好的范围内，基于过去的经验对问题求解，因而往往不如传统结构的 DSS 那样具备灵活的解题环境和广阔的解题空间。

DSS 的三、四库框架结构综合了前两种结构的优点，既保证了 DSS 解决问题的灵活性和广阔的解题空间，也充分利用了人工智能技术扩充 DSS 的解题能力，因而有着广阔的发展前景。

工具箱框架结构给出了一种灵活多变的决策支持环境，有利于决策者根据实际情况的需要构造新的数据、模型、方法或图形，便于决策者的创造性发展。

7.2.2 决策支持系统的技术层次与人员

DSS 具有三个技术层次，因为它们面向的人员不同，所起的作用也不同。

(1)专用 DSS

专用 DSS(specific DSS)是能够实际完成决策支持任务的计算机硬件和软件系统。从决策制定者来看，专用 DSS 就是 DSS。

(2)DSS 生成器

DSS 生成器(DSS generator)是一种能用来研制专用 DSS 的硬件和软件系统，它包括数据管理、模型管理和对话管理所需要的技术以及能将它们有机地结合起来的接口。例如，Boeing 计算机服务公司提供的 EIS(Executive Information System)、Execucom 公司的 IFPS(Interactive Financial Planning System)以及 Tymshare 公司出售的 Express 等都是较好地 DSS 生成器，它们具有数据管理、图像显示、财务和统计分析、风险分析和优化计算等多种功能。过去，这些功能各自被单独使用，而现在则集中在一起，成为一种很容易使用的软件包。利用生成器，DSS 研制者可以根据决策者的要求、环境和任务，迅速构造一个专用的 DSS，从而大大缩短 DSS 的研制周期，并降低 DSS 的研制费用。

(3)DSS 工具

DSS 工具是一些可用来构成专用 DSS 或 DSS 生成器的硬件或软件单元。DSS 是一个功能非常复杂的系统，如果从头到尾一点点地开展研制工作，很可能延迟决策良机。因此，在策略上可采用各种 DSS 工具来帮助构造 DSS，缩短 DSS 研制周期和使 DSS 具有充分的扩充性能。DSS 工具的实例：如净现值计算程序、彩色图像工具、线性规划软件包、数据库查询软件、风险分析软件等。

此外，参加建立和使用 DSS 的人员可以分为以下五类：

①决策者(decision maker)

指采取决策行动，并对后果负责的人。

②协助人员(intermediary)

指帮助决策者使用 DSS 的人。他可能是在终端上操作的办事人员，也可能是决策者的助手，他们能在计算机上进行交互式对话，并提出决策建议。

③DSS 的构造者(builder)

指研制专用 DSS 的人员。他能利用 DSS 生成器或 DSS 工具来建立专用 DSS。DSS 的构造者应当熟悉决策领域的有关问题，并具有比较熟练地使用信息系统技术的能力。

④技术支持者(technical supporter)

指能在技术上提供必要的专门知识的人员。他可能是本单位的人员，例如，系统程序员能将新买到的 DSS 生成器装入计算机，也可能不是本单位的人员，例如销售 DSS 生成器厂家的职员，他能向顾客回答各种技术问题。在一般情况下，技术支持者并不直接参与决策支持活动。

⑤工匠(tool smith)

指从事研制硬件新技术、开发新语言、新系统软件的人员。

需要注意的是，以上角色的分工并不固定，有时一个人能同时担任上述多种角色。例如，同一人员既可能 DSS 的构造者，又可能是 DSS 的操作者。同时，随着管理者对计算机技术掌握度的提高，以及 DSS 生成器的用户友好性的提高，决策者可能亲自担任 DSS 构造者和中间人员的角色。

7.3　智能决策支持系统

传统的决策支持系统(Decision Support Systems，DSS)是通过数据和数学模型的应用，辅助决策者解决半结构化和非结构化决策问题的人机交互系统。由于定量模型的局限性，传统的 DSS 支持的仅仅是决策过程中结构化和具有明确过程性的问题。随着决策环境日益复杂，传统决策支持系统在决策支持中的局限性也日趋突出。

①传统 DSS 采用静态模型，通过模型对数据进行操作，要求决策者不仅具有决策问题领域知识，还要有数据和模型的相关知识。系统在决策支持中的作用是被动的，不能根据决策环境的变化提供主动支持。

②传统 DSS 在决策者的主导下采用模型求解，要求决策问题具有过程性和明确的可计算性，对决策中普遍存在的非结构化问题无法提供有效的决策支持。

③传统 DSS 以数学模型为基础，对决策中常见的定性问题和不确定性问题缺乏相应的手段。

因此，在当前大数据和人工智能环境下，智能决策支持系统应运而生，成为当前信息决策研究的热点领域。智能决策支持系统(Intelligent Decision Support System，IDSS)是一个综合了数据分析、模型构建、推理推断、信息可视化等技术的系统，它旨在利用大数据和人工智能技术为决策者提供全面、实时、准确的决策支持。智能决策支持系统利用人工智能技术，能够处理非结构化和不确定性问题，包括自然语言处理、模糊逻辑、专家系统等，使得系统能够更好地应对现实世界中的复杂决策情境。此外，智能决策支持系统具备实时数据分析和推断能力，能够主动感知和响应决策环境的变化，为决策者提供及时的支持和建议。传统决策支持系统通常需要用户具备一定的数据和模型知识，而智能决策支持系统通过智能化的算法和用户界面设计，降低了用户对技术的要求，使得更多的决策者能够轻松地利用系统进行决策。智能决策支持系统不仅基于数学模型进行定量分析，还能够结合定性因素进行综合分析，以更全面地支持决策过程。智能决策支持系统利用先进的数据挖掘、机器学习和人工智能技术，能够帮助决策者更快速、更准确地做出决策，从而提高了决策的效率和准确性。因此，发展智能决策支持系统可以有效弥补传统决策支持系统的不足，为决策者提供更加全面、实时、智能的决策支持，从而提升组织的决策能力和竞争优势。

7.3.1 智能决策支持系统概述

从静态决策到动态决策、从单人决策到群体决策、从基于小规模数据分析的决策到基于大数据知识发现的决策，决策理论与方法已经发生了巨大的变化，基于大数据和人工智能技术的智能决策逐渐成为新时代决策应用及研究的新生力量。面向大数据的智能决策就是用智能计算方法对大数据进行智能化分析与处理，从中抽取结构化的知识，进而对问题进行求解或对未来做出最优判断的过程。该过程需要满足大数据决策在不确定性、动态性、全局性以及关联性上的分析需求。在面向大数据的决策应用中，关联分析为问题假设的初步分析以及正确数据选择提供必要的判定依据，它既是一个重要前提也是一种必要的分析手段，不确定性是大数据决策的显著特征，同时也是大数据智能决策研究的重点与难点。大数据决策的动态性决定了大数据知识动态演化的重要性，如何有效利用数据的增量性同样是大数据智能决策研究的内容。

智能决策支持系统利用人工智能技术，能够对大规模多源异构数据进行深度学习和分析，从中挖掘出隐藏的规律和趋势，并通过人智交互方式向决策者提供智能决策支持。通过机器学习算法和深度神经网络模型，系统能够自动学习和适应数据的特征，提供更为智能化的决策支持，使决策过程更加科学和可靠。大数据环境下，数据的生成和更新速度非常快，传统的决策支持系统可能无法及时处理实时数据，导致决策过程滞后。而智能决策支持系统结合了大数据和人工智能技术，具备实时数据处理和分析能力，能够及时感知和响应数据的变化，为决策者提供及时的决策支持。大数据环境中，数据的类型和来源多样化，包括结构化数据、半结构化数据和非结构化数据等。智能决策支持系统通过整合多种数据处理技术，能够有效地处理不同类型的数据，并将其转化为可用的信息，为决策提供更全面和多维度的支持。智能决策支持系统结合了人工智能和大数据技术，能够克服传统决策支持系统在处理大规模数据和实现智能化决策方面的局限性，为决策者提供更加全面、实时、智能的决策支持，从而提高组织的决策效率和竞争力。

智能决策支持系统的特点包括：

①数据驱动：基于大数据技术，能够采集、存储、计算和处理海量、多样化的数据。

②智能化：利用机器学习、深度学习等人工智能技术进行深度数据分析和决策推断。

③多源信息融合：从众多分散、异构、多模态的数据源中获取隐含的价值信息，并通过多源数据的交叉引证，可以降低大数据潜在的噪声、数据缺失、信息不一致和语义模糊等不确定性因素，提高决策的置信度。

④实时性：能够及时响应并处理不断变化的数据和情况。

⑤多样性：支持多种决策场景和问题类型。

⑥用户友好：提供直观、易用的用户界面和可视化工具。

当结合人工智能和大数据时，智能决策支持系统能够更好地应对数据规模庞大的挑战，并在决策过程中发挥更为关键的作用。随着大数据技术的发展，组织面临着前所未有的数据规模挑战。传统的决策支持系统可能无法有效处理如此大规模的数据，但智能决策支持系统结合了人工智能和大数据技术，能够有效地处理海量数据，从中提取有价值的信息和模式，为决策提供更加全面和准确的支持。

“盲人摸象”的故事告诉我们，单凭一种感官获得的感知信息，难以获得对客观事物的全面认知，而通过对不同度量特征的融合处理可以将多源信息转化成对环境有价值的解释。多源信息融合就是对人脑综合处理多源信息功能的模拟，以实现自动或半自动地将不同来源和不同时间点的信息转化为统一表示形式，进而为人们提供有效决策支持的一系列技术方法。在大数据环境下，数据的分布式存储与交互式共享会更加普遍，而具有分布式和分散控制的自治数据源是大数据应用的主要特征之一。在此种情况下，多源信息融合是提升大数据价值不可或缺的技术手段。

多模态数据包括文本、图像、音频、视频等多种形式，而智能决策支持系统可以利用多模态技术对这些多源数据进行融合分析。通过结合基于 Transformer 架构的多模态决策支持模型，智能决策支持系统能够处理多源异构的数据，为用户提供全面、准确的决策支持，从而应对复杂的大数据信息决策挑战。如在医疗领域，智能决策支持系统可以结合医学影像、患者病历等多模态数据，辅助医生进行疾病诊断和治疗决策。

智能决策支持系统的结构如图 7-9 所示，包括智能大数据采集系统、云存储系统、数据挖掘模型管理系统、决策知识库管理系统、基于 Transformer 的智能决策支持模型和人智交互界面等组件。其中，智能决策支持模型是其核心组成部分，利用人工智能技术进行数据挖掘和决策推断。通过智能分析和推断，帮助决策者更快速地做出准确的决策。智能大数据采集系统负责从各种数据源中收集数据，这些数据将被用于后续的分析和决策制定。云存储系统提供可扩展的存储解决方案，使得系统能够处理大量的数据，并且能够轻松地访问和管理这些数据。数据挖掘模型管理系统用于构建、训练和管理数据挖掘模型，以发现数据中的模式、趋势和关联，从而为决策提供支持。决策知识库管理系统用于管理和存储关于特定领域的专业知识和经验，这些知识和经验可以帮助系统

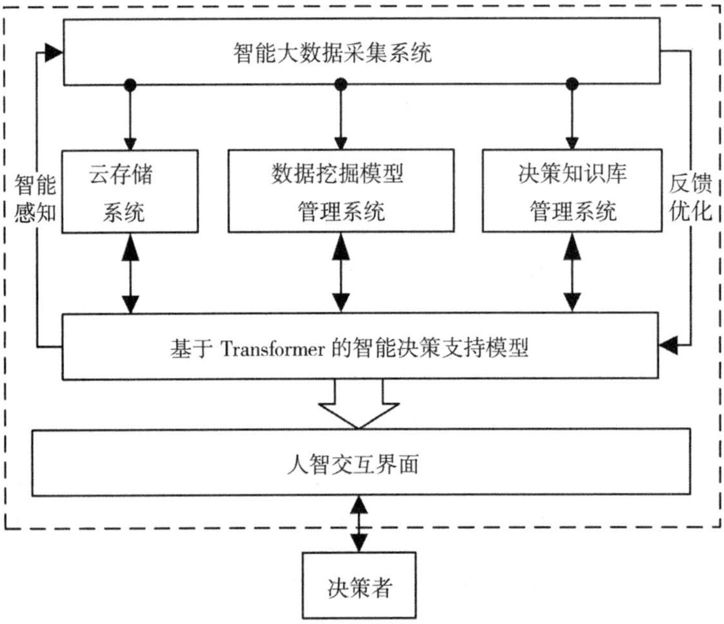

图 7-9　智能决策支持系统结构

做出更准确和可靠的决策。

此外，智能决策支持模型集成了数据挖掘模型和决策知识库，利用这些模型和知识库分析数据并生成决策建议或预测结果。通过 Transformer 的“编码器—解码器”结构建立智能决策模型。在编码器中，利用自注意力机制对输入序列进行编码，得到上下文表示，能够捕捉数据隐含知识。在解码器中，使用相似的自注意力机制生成输出序列，并关注不同决策因素对最终决策的影响程度。最后，通过反向传播和优化算法，调整模型参数以最小化决策误差，提高数据生成决策的效果。人智交互界面提供一个直观友好的界面，使用户能够与系统进行交互，输入查询或需求，并查看系统生成的决策建议或结果，也可以对结果进行反馈或调整。通过智能决策支持系统，降低决策的不确定性和风险，能够处理大量、多样化的数据和情境，适应复杂的决策环境。

智能决策支持系统广泛应用于各个领域，包括金融、医疗、制造业、物流、政府管理等。在金融领域，传统决策支持系统通常基于规则和静态模型，依赖人工制定的决策规则。目前，面向金融领域的智能决策支持系统利用人工智能和大数据分析技术，可以自动学习和调整决策模型，适应不断变化的市场环境和客户需求。因此，智能决策支持系统被用于风险管理、投资组合优化、贷款批准、欺诈检测等方面，系统可以快速分析市场趋势、客户行为和风险因素，提供更精准的决策支持。

在医疗领域，传统决策支持系统依赖于医生的经验和专业知识，只能对小规模结构化数据进行分析和挖掘，知识发现程度比较浅，缺乏对大量医疗数据的深度分析和挖掘。智能决策支持系统则利用人工智能和基于 Transformer 的多模态大模型，结合医学知识库和临床数据，提供更准确和个性化的诊断和治疗建议，用于辅助临床诊断、医疗影像分析、疾病预测和治疗方案智能推荐等。结合医疗数据和医学知识，系统可以提供给医生和患者更准确的诊断和治疗建议，提高医疗服务的质量和效率。

在制造业领域，传统决策支持系统依赖于静态的生产计划和规则，对实时生产数据的分析和反馈有限。智能决策支持系统则可以实时监测和分析生产数据，预测生产瓶颈并调整生产计划，提高生产效率和产品质量；通过 3D 建模和计算机视觉技术，动态监测商品外观破损等异常情况，提供实时预警，提高应急管理决策效率。此外，智能决策支持系统可以用于生产调度、供应链优化、质量控制等方面。通过实时监测和分析生产数据，系统可以帮助企业优化生产过程，提高生产效率和产品质量。

7.3.2 基于深度学习的智能决策支持系统

大数据时代，各领域产生的数据更加复杂，不是通过简单的数据挖掘就可以支持所有的信息管理决策。一方面，数据的维度非常高，传统的数据挖掘不能有效处理；另一方面，大数据环境下，不同行业领域产生的动态静态数据量比较大，相互之间的关联更加紧密，不仅是数值、文本等简单的数据类型，还包括图像、视频、音频等复杂结构数据。因此，需要功能更加强大的深度学习完成对复杂数据的分析与挖掘，以提供智能决策支持。深度学习是由人工神经网络演变而来，经历了从感知机的提出到神经网络的发展，再到深度学习成功应用。1957 年，Rosenblatt 首次提出感知机算法，掀起了神经网络发展史中的第一个高潮。1986 年，反向传播算法的提出和多层感知机的应用成功解决了非线性分类难题。2006 年，Geoffrey Hinton 教授首次提出了深度学习的理念，为人工智能的发展提供动力。2016 年，谷歌研发的 AlphaGo 战胜围棋选手李世石。深度学习之所以能取得如此巨大的成功，除了算法的不断完善外，一方面，与计算机的存储能力和计算能力不断提升有关，提高了模型的训练速度；另一方面，大数据时代使得海量训练数据的获取成为可能，为深度学习模型训练提供大规模基础数据。

深度学习是机器学习的进阶，是适应复杂数据计算的产物，建立具有阶层结构的人工神经网络，使得人工智能水平明显提升。由于阶层人工神经网络能够对输入信息进行逐层提取和筛选，因此深度学习具有表征学习能力，可以实现端到端的监督学习和非监督学习。深度学习所使用的阶层人工神经网络具有多种形态，其阶层的复杂度被统称为“深度”。按构筑类型，深度学习的形式包括多层感知器、卷积神经网络、循环神经网络、深度置信网络和其他混合构筑。深度学习使用数据对其构筑中的参数进行更新以达成训练目标，该过程被通称为“学习”。其中，常见的学习方法为梯度下降算法。

相对于普通神经网络，深度神经网络有较多的隐含层，可从输入中提取特征和计算复杂的函数。在应用方面，深度学习被用于对复杂结构和大样本的高维数据进行学习，研究领域包括计算机视觉、自然语言处理、生物信息学、自动控制等，且在图像识别、机器翻译、自动驾驶等领域取得成功。传统的专家系统使用大量“If - Then”规则，是一种自上而下的模式。而人工神经网络是模仿大脑的神经元之间传递和处理信息的一种自下而上的模式。深度学习可以理解为在神经网络的基础上增加更多隐含层，提高对复杂数据的分析处理能力。由于技术的进步，技术设备性能的不断提升，使得深度学习算法的效率得到提升，应用范围更加广泛。在语音识别方面，可利用深度神经网络学习语音特征，提高模型训练效率和语音识别准确率。在国际上，IBM、谷歌等公司都快速进行了深度神经网络语音识别的研究，并取得成效。在国内，以阿里巴巴、科大讯飞、百度、中国科学院等为代表，也在研究用于语音识别的深度学习模型。在自然语言处理方面，深度学习主要应用于机器翻译、情感识别等，目前已经建立了词袋模型、Word2Vector 模型、BERT 模型等。

大数据环境下多源异构数据日益激增，包括文本、图像、视频、音频、3D 等。这些数据类型无不对智能决策支持系统提出更高要求。深度学习在处理多模态数据具有极大优势，并且能够更高效的指导决策。基于深度学习的信息决策可以在各种领域方面中得到应用，其中包括计算机视觉领域，系统可以从大量的图片中识别出目标物体并且进行辨识。在语音处理领域，深度学习可以用于语音识别等任务中，提高了语音识别的准确性。在自然语言处理领域，深度学习可以通过处理大量自然语言数据，提高文本的语义表达能力，从而使得文本分类、文本聚类、语义搜索等任务变得更加准确。

深度学习常用的经典算法模型，包括 RNN 循环神经网络、LSTM 长短期神经网络、CNN 卷积神经网络和 Transformer 等。这些算法模型在智能决策领域具有不可替代的应用价值。鉴于第五章包含了 RNN 和 CNN，本节仅对 LSTM 和 Transformer 进行介绍。

(1)长短期记忆网络(LSTM)

长短期记忆网络是一种时间循环神经网络，适合处理时间序列中间隔和延迟相对较长的重要事件，已经在诸多领域得到广泛应用。通过 LSTM 可以准确高效进行图像分析、图像识别、语音识别、机器翻译、控制系统、文档摘要、交通流量分析、疾病预测、异常检测等任务。在 2015 年，谷歌通过基于 CTC 训练的 LSTM 程序大幅提升了安卓手机和其他设备中语音识别的能力。腾讯云语音识别系统和苹果的 iPhone 在 QuickType 和 Siri 也使用 LSTM。此外，谷歌还利用 LSTM 进行图像字幕生成、电子邮件自动回复，提高谷歌翻译的质量。

LSTM 与 RNN 的主要区别就在于它在算法中加入了一个判断信息有用与否的“处理器”，这个处理器作用的结构被称为 cell。一个 cell 当中被放置了三扇门，分别是输入门、遗忘门和输出门。当信息通过输入门输入 LSTM 的网络中，根据定义的规则来判断输入信息是否有用。如果该信息有用，就会被继续处理，并通过输出门输出，如果没有用则通过遗忘门被遗忘。经过实践的检验，LSTM 能够有效解决长序依赖问题，而且普适性非常高。在公共安全领域，LSTM 被广泛用于医疗、工业生产、异常检测、情感识别、自然灾害预警、网络舆情等方面，为公共安全管理提供决策支持。

LSTM 解决了传统 RNN 在处理长序列时存在的问题，因此在智能决策支持方面具有广泛的应用。在大数据信息决策中，利用 LSTM 对时间序列数据进行学习和预测，可以预测未来的趋势和变化，为决策者提供依据。例如，在金融领域，可以通过对历史股票数据的学习和预测，为股票交易提供决策支持。LSTM 可以用于自然语言处理中的许多任务，如文本分类、情感分析、摘要生成等。通过对自然语言的理解和生成，可以为智能客服、智能写作等领域提供决策支持。LSTM 应用于推荐系统中，通过对用户历史行为和喜好的学习，预测用户的兴趣和需求，为用户提供个性化的推荐服务。此外，利用 LSTM 对长时间序列数据的特征进行学习和识别，可以检测出安全生产中的异常行为或事件，为异常检测和风险预警提供决策支持。

(2) Transformer

Transformer 模型是一种用于自然语言处理和计算机视觉的深度学习架构，由 Google 在 2017 年提出，其完全基于注意力机制，摒弃了传统的循环神经网络结构。Transformer 模型的核心组件是自注意力机制和前馈神经网络。自注意力机制使得模型可以捕捉到输入序列中的长距离依赖信息，而前馈神经网络则提供了高效的计算方式。通过 Transformer 实现对多模态数据的联合处理，特别适用于大数据的计算，为信息决策提供强有力的技术支撑。

Transformer 模型的结构，如图 7-10 所示。

①输入嵌入：将输入序列的每个元素(如单词或像素)转换为向量表示，这些向量在空间中相互关联，通过嵌入层进行转换。

②位置编码：为了使模型能够理解输入元素的位置信息，在输入嵌入后添加位置编码。位置编码通过将位置信息嵌入输入序列中，使模型能够区分不同位置的元素。

③编码器：编码器是 Transformer 模型的核心组件之一，它由多个相同的层堆叠而成。每个编码器层包含多头自注意力机制和前馈神经网络两个组件。多头自注意力机制是 Transformer 模型的核心组件，它通过多个不同的头(head)来同时关注输入序列的不同部分。每个头独立计算注意力分数，然后将结果合并在一起。通过这种方式，模型可以捕捉到输入序列中的不同方面的信息。自注意力机制之后，使用前馈神经网络对处理后的结果进行进一步的处理。前馈神经网络采用全连接层和 ReLU 激活函数来实现高效的计算。

④解码器：解码器与编码器类似，也是由多个相同的层堆叠而成。每个解码器层包含多头自注意力机制、编码器-解码器注意力机制和前馈神经网络三个组件。多头自注

意力机制与编码器的多头自注意力机制类似，但它的头数是固定的，通常为 6。编码器-解码器注意力机制是解码器的核心组件，它通过计算编码器和解码器之间的注意力来捕捉输入序列中的依赖关系。在计算注意力分数时，会考虑编码器的输出和当前解码器位置的词向量。前馈神经网络与编码器中的前馈神经网络类似，用于进一步处理后的结果。

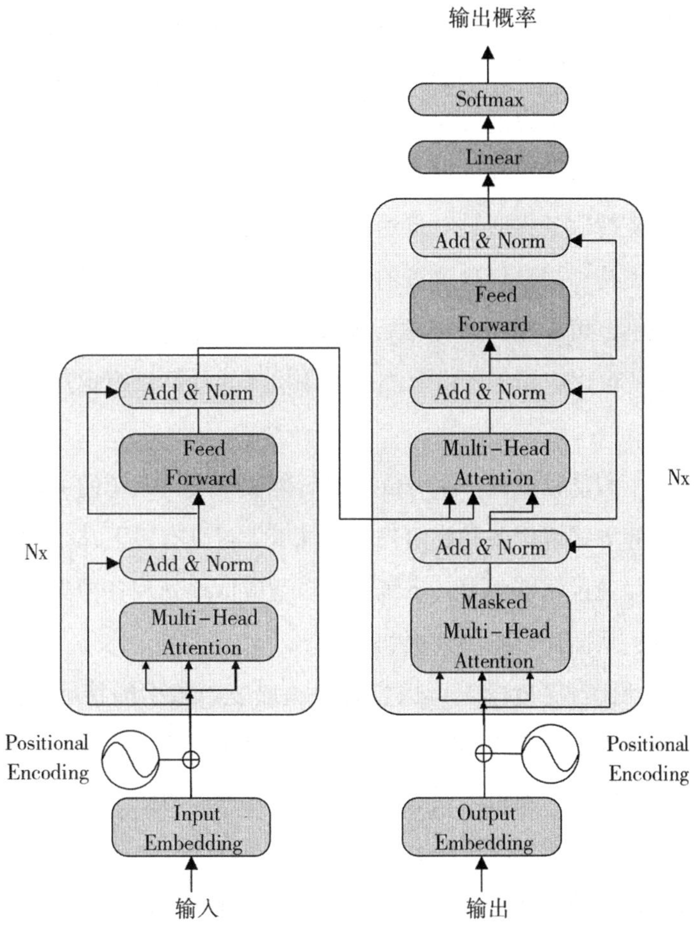

图 7-10　Transformer 模型的结构

⑤输出层：经过解码器处理后，使用全连接层将最后一层的输出转换为所需的输出格式(如分类或回归任务的输出)。

相对于传统的循环神经网络结构，Transformer 模型结构更加简单，训练和推理速度更快。完全基于注意力机制的设计使得模型能够捕捉到输入序列中的长距离依赖信息，提高了模型的性能。由于采用了自注意力机制，Transformer 模型可以进行并行计算，从而加速了训练过程。多头自注意力机制使得模型可以同时关注输入序列的不同方面，提高了模型的表示能力。Transformer 模型具有良好的可扩展性，可以通过增加更多的层或增加模型的宽度来提高模型的性能。通过基于 Transformer 架构的多模态模型，能够挖掘不同模态数据的内在关联价值，以支持智能决策支持系统的精准决策。

Transformer 模型由自注意力机制和前馈神经网络组成，其中自注意力机制可以使得模型更好地捕捉序列中的上下文信息，对于处理长序列非常有效。因此，Transformer 可以应用于时间序列数据进行学习和预测，可以预测未来的趋势和变化，为决策者提供依据。例如，在金融领域，可以通过对历史股票数据的学习和预测，为股票交易提供决策支持。此外，它还用于自然语言处理中的许多任务，如文本分类、情感分析、摘要生成等，辅助信息决策支持服务；通过对自然语言的理解和生成，可以为智能客服、智能写作等领域提供技术支持，提高信息决策的交互性。利用 Transformer 对长时间序列数据的特征进行学习和识别，可以检测出异常行为或事件，为异常检测和风险预警提供支持。此外，Transformer 还可以应用于图像分类、物体检测等计算机视觉任务，为智能决策支持提供更多可能性。

深度学习是人工智能领域的一个分支，是智能决策支持系统的关键技术支撑，其通过深度预训练模型等方式适用各种决策任务。深度学习具有以下几个特点：

①自适应性强：通过深度学习，系统可以自适应性地处理各种类型的数据，例如图像、语音、文本等，从而让信息决策更加全面。

②特征提取自动化：深度学习可以自动地提取复杂数据的特征，无需人工特征工程，能有效地解决人工特征工程的问题，提高了信息决策的准确性。

③多层次处理：深度学习可以通过多层次的神经网络对数据进行处理，这样可以对数据做更深入的分析，从而发现更多有用的信息。

④模型表现力强：深度学习可以拟合复杂的非线性模型，及处理大规模的数据集。

尽管深度学习可以用于信息决策的各种领域，但深度学习仍然存在一些问题。例如，它需要处理大规模的数据，需要强大的处理能力以及大量的计算资源，同时还需要一个合理的模型选择和参数设置，才能得到良好的信息决策结果。因此，在使用基于深度学习的信息决策技术时，需要仔细考虑算法的可扩展性、计算复杂度、模型的可解释性等问题。

基于深度学习的决策支持系统包括五个阶段，分别是数据获取与处理、模型建立与优化、模型训练与验证、智能决策支持系统应用以及持续优化和改进。构建基于深度学习的决策支持系统，如图7-11所示。

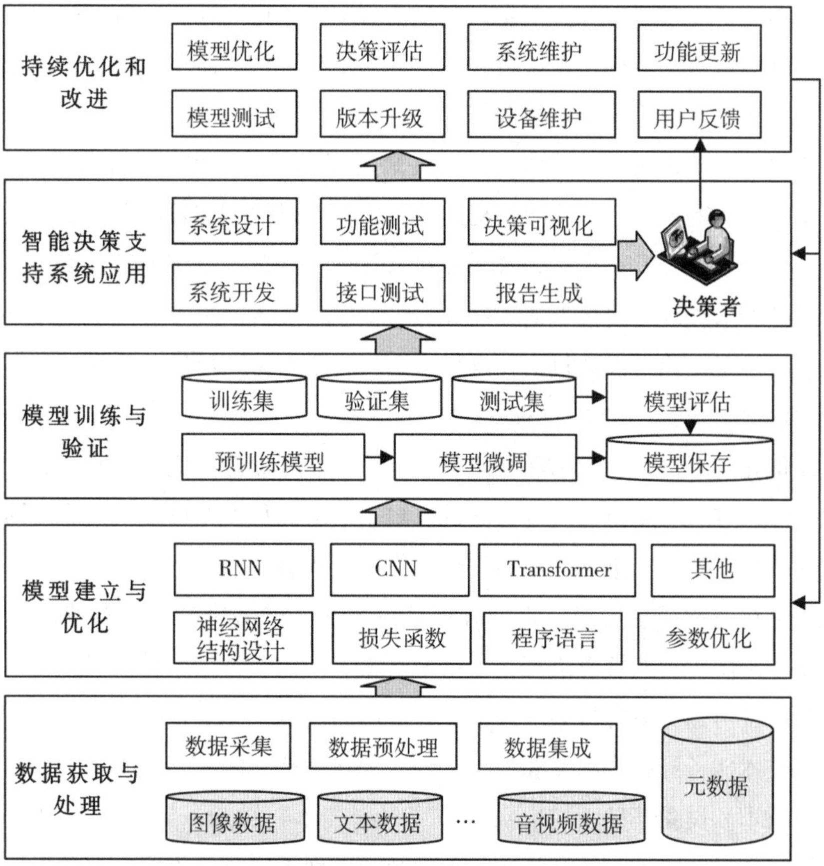

图7-11　基于深度学习的智能决策支持系统

①数据获取与处理阶段。该阶段主要收集大量可用于训练深度学习模型的数据，包括图像数据、文本数据和音视频数据等。同时，需要对数据进行处理和清理，以保证数据的质量和准确性。最后，将处理后的多源异构数据进行集成，并存入数据库为模型训练提供数据基础。

②模型建立与优化阶段。该阶段需要选择合适的深度学习算法，包括RNN、CNN、Transformer等，并对模型进行建立和优化。一般来说，需要根据实际的问题和数据类型来选择合适的神经网络架构，设计神经网络结构、损失函数、程序语言等。其中损失函数需要根据决策类型进行设计，语言包括Python语言等。同时需要对模型的超参数进

行调整，以提高模型的性能和准确性。

③模型训练与验证阶段。将数据集按照一定比例划分为训练集、验证集和测试集，使用训练集来训练模型，通过验证集来调整模型参数，并使用测试集来评估模型的准确性和性能。由于深度学习模型大多是在大规模数据集上进行训练，若在特定领域进行决策应用时，则需对预训练的模型进行微调，以满足决策任务需求。最后，将评估后最佳模型保存，方便智能决策支持系统调用。

④智能决策支持系统应用阶段。将训练好的深度模型使用在智能决策支持系统中，以实现对用户决策的支持。在系统的构建过程中，可以根据实际需求开发出人机交互界面，选择合适的系统开发平台、语言，并对系统进行测试。系统测试包括功能测试和接口测试，判断调取深度学习模型的正确性。另外，通过智能决策支持系统交互界面进行决策可视化，使得用户可以通过交互操作来实现决策支持。最后，所有的决策结果通过系统自动生成决策报告。

⑤持续优化与改进阶段。为保证决策支持系统始终保持最优的性能，需要对模型进行持续优化和改进。主要对模型进行测试，根据需求优化模型设计来满足不同的决策场景；同时评估决策效果，进而为模型优化提供方向指引。优化模型之后，根据系统功能和运行环境进行系统版本升级。定期开展系统维护、设备维护，并对特定功能进行更新，满足基于深度学习的智能决策支持系统需求。

基于深度学习的决策支持系统通常需要使用高性能计算设备来处理海量数据，并且需要一定的技术储备和相应的资源投入。因此，建立基于深度学习的决策支持系统需要具备一定的技术和设备基础。

基于深度学习的决策支持系统在各种领域中得到了广泛的应用，为大数据信息决策提供了强大的技术支持。比如，利用深度学习的方法来进行投资和风险控制的决策支持，使得投资和风险控制更加精准。在医疗领域，利用基于深度学习的决策支持系统能够从大量的医疗数据中发现有用的信息，提高医生的诊断准确性和治疗效果。在工业领域，使用基于深度学习的决策支持系统能够帮助企业识别产品的缺陷、进行质量控制和预测生产线的故障，从而提高生产效率和质量。

7.3.3 基于区块链的智能决策支持系统

7.3.3.1 区块链概述

近年来，对区块链技术的研究与应用已成为当下热点。2016 年，工业和信息化部发布了《中国区块链技术和应用发展白皮书》(以下称为白皮书)，总结了区块链发展现状和趋势，分析了核心关键技术及典型应用场景，提出了我国区块链技术发展路线图和标准化路线图等相关建议。白皮书的发布，加速了区块链技术在我国的发展，也让区块链技术在物流、金融、电子政务等方面被广泛应用。

(1)区块链的定义

区块链这一概念最早由中本聪在比特币白皮书中提出。区块链是指一种电子记录形式的账簿，其中每一个区块是账簿的一页，从第一页“链接”到最新一页，而这些区块一旦确定，便不能再改变，具有不可逆、无法篡改、匿名性、去中心化、可追踪、数据全员参与共同维护等特性。区块链是一个去中心化基础架构和分布式计算范式，本质上是一种分布式数据库，依靠参与方共同维护，且无法篡改，安全性高，为中心化系统中普遍存在的成本高、效率低、数据存储不安全等问题提供了解决方案。

(2)区块链的特点

①去中心化。在整个区块链中，各个节点的功能是对等的，具有均等的权利和义务，不需要依赖第三方。区块链采用分布式计算和存储，脱离了中心化管理，做到去中心化管理。

②去信任。区块链采用分布式存储的方式，多个节点共同维护区块链，并且采用非对称加密技术、哈希算法等技术来保证各个节点的权益以及数据的安全。这些技术和方法使得区块链上的各个节点之间，即使没有信任基础，也可以进行信息交互，做到真正的信任。

③不可篡改、高安全性等。区块链采用非对称加密技术，公钥加密，私钥解密，黑客很难攻克，从而保障了各职能部门区块信息的安全。区块链的共识机制，使得要想篡改区块信息，必须拥有全网51%的算力，而这对目前的技术来说很难实现。区块链的每个节点都拥有区块链的完整数据，且数据一致，即区块链数据备份。因此一个节点出现故障，不会导致信息的失效，也不会导致其他节点的运行，仍可以从其他节点获取相关信息，保障信息安全。

(3)区块链分类

区块链从架构上分为三种类型：公有链、私有链和联盟链。

①公有链中所有节点都对任何人开放，所有人都可以随时加入，每个节点平等，都具有交易权和记账权。由于公有链的完全开放性，使得其需要使用工作量证明来保证公平。工作量证明需要通过大量的算法计算，需要消耗大量的资源，提高篡改成本。这就

导致使用公有链，虽保证了信息的安全和公平性，但却牺牲了效率。

②私有链用于特定机构的内部数据管理，只有机构内部人员才可以参与，常用于企业等组织中。并且私有链仍是由单个中心节点控制，虽提高了运作效率，且可以实现更好的权限控制，但失去了一定的公平性。

③联盟链介于公有链和私有链之间，仅部分人参加，并选取某些节点作为记账人，而其他节点只有交易权而无记账权。各个节点通常由对应的实体机构组织，通过授权加入或退出区块链系统，因此联盟链节点之间的数字身份互相知晓，提前达成共识。由于不需要所有节点验证，因此联盟链的效率高于公有链。联盟链也因由某些节点共同参与验证、记账，保存了一定的去中心化特性，从而保证了相对的公平。

区块链通常由不同层级组成，其中数据层是区块链的物理表现，主要包括区块数据、链式结构、哈希算法、Merkle 树、时间戳、非对称加密等技术要素。该层次采用的是“区块+链”的数据结构，由区块头和区块体组成。区块头中包括了当前区块链的版本号、前一区块的哈希、时间戳和随机数等；而区块体中包含了各种数据。区块链利用了非对称加密技术，对这些数据进行密码学算法处理。网络层是区块链的工作机制。网络层包括 P2P 组网机制、数据传播机制、验证机制等，确保通信过程中各节点同步更新，保证区块链的一致性，实现信息的协同。共识层包含了共识算法和共识机制，能让高度分散的节点在去中心化的区块链网络中高效地针对区块数据的有效性达成共识。共识机制主要有工作量证明机制(Proof-of-Work，POW)、权益证明机制(Proof of Stake，POS)、授权股份证明机制(Delegated Proof of Stake，DPOS)等。激励层主要包括经济激励的发行制度和分配制度。通过激励机制，使各节点共同验证，完成记账过程。激励措施包括荣誉激励、信用激励、物质奖励等手段。合约层包含各种脚本、代码、算法和智能合约，是区块链可编程的基础。应用层是区块链应用于各个领域的接口，其封装了各种应用场景和案例。区块链技术通过接口可以应用于金融服务、供应链管理、电子政务等方面的决策支持。

7.3.3.2 智能合约

“智能合约”一词最早是由 20 世纪计算机科学家、90 年代中期密码学家尼克·萨博(Nick Szabo)提出的理念，他将智能合约定义为“一套以数字形式指定的承诺，包括双方履行这些承诺的协议”。Szabo 将智能合同类比为自动售货机：机器接受硬币，并通过一个简单的机制(如有限自动机)，根据显示的价格分配零钱和产品。通过清晰的逻辑、验证和执行加密协议时，智能合约可能比纸质合约功能更强。然而，智能合约的理念直到区块链技术的出现才显现出来。

智能合约并不是区块链独有的概念，它是一种用计算机语言取代法律语言去记录条款的数字合约，可由一个计算系统自动执行。这些数字合约可以转换为代码并在区块链网络上运行，一旦满足协议集的触发条件，智能合约将自动执行。智能合约作为一种计算机技术，不仅能够有效地对信息进行处理，而且能够保证合约双方在不引入第三方权威机构的条件下，强制履行合约，避免违约行为的出现。以太坊的智能合约是以太坊特定的字节码，称为 EVM 字节码。不同区块链项目使用不同的编程语言构建智能合约。例如，HyperLedger Fabric 使用 Java，Go 开发 ChainCode（链码，一种智能合约），R3 的 Corda 使用 Java，以太坊使用 Solidity。

（1）智能合约特点

①速度、效率和准确性。一旦满足合约条款，程序应立即执行。由于智能合约是数字化和自动化的，因此无需处理任何文书工作，避免了因手动填写文档而效率低、容易出错误的问题。

②信任和透明度。由于不涉及第三方，并且交易的加密记录在参与者之间共享，因此无需质疑信息是否因为个人利益而更改。

③安全。区块链交易记录是通过非对称加密保护的，安全性更高。此外，由于每条记录都与分布式账本上的先前和后续记录相关联，因此黑客必须更改整个链才能更改单个记录。

④成本低。通过智能合约实现去中心化的交易流程，避免第三方参与处理交易的需要，进而提高效率减少额外费用。

（2）智能合约原理

区块链智能合约工作原理包括：

①通过多方参与主体共同协商制定智能合约，参与主体注册信息产生合约所对应的公钥和私钥。公钥对外公开，而只有参与方才能获得对应的私钥，私钥不对外公开，且用私钥进行电子合约签名。

②不需要第三方平台的担保，程序中投入的成本降低，合约验证和程序执行的效率更高；通过达成一种全网共识，无需建立节点间的信任，实现了可信任、透明化的交易。共识机制一经触发即将进行一系列的有效验证。

③在区块链部署的智能合约是一种将会在分布式环境下根据程序代码自动执行的加

密合约。每个区块都具有根据时间戳的顺序，依次前后相连存储区块的 Hash 值及其所包含的信息。

(3)智能合约运行机制

智能合约负责将区块链系统的业务逻辑以代码的形式实现、编译并部署，完成既定规则的条件触发和自动执行，最大限度地减少人工干预。智能合约一般具有值和状态两个属性，代码中用 If-Then 和 What-If 语句预置了合约条款的相应触发场景和响应规则，智能合约经多方共同协定、各自签署后随用户发起的交易(Transaction，Txn)提交，经 P2P 网络传播、矿工验证后存储在区块链特定区块中，用户得到返回的合约地址及合约接口等信息后即可通过发起交易来调用合约。

矿工受系统预设的激励机制激励，将贡献自身算力来验证交易，矿工收到合约创建或调用交易后在本地执行环境(如以太坊虚拟机)中创建合约或执行合约代码，合约代码根据可信外部数据源(也称为预言机，Oracles)和状态信息自动判断当前所处场景是否满足合约触发条件以严格执行响应规则。交易验证有效后被打包进新的数据区块，新区块经共识算法认证后链接到区块链主链，所有更新生效。智能合约运行机制，如图 7-12 所示。

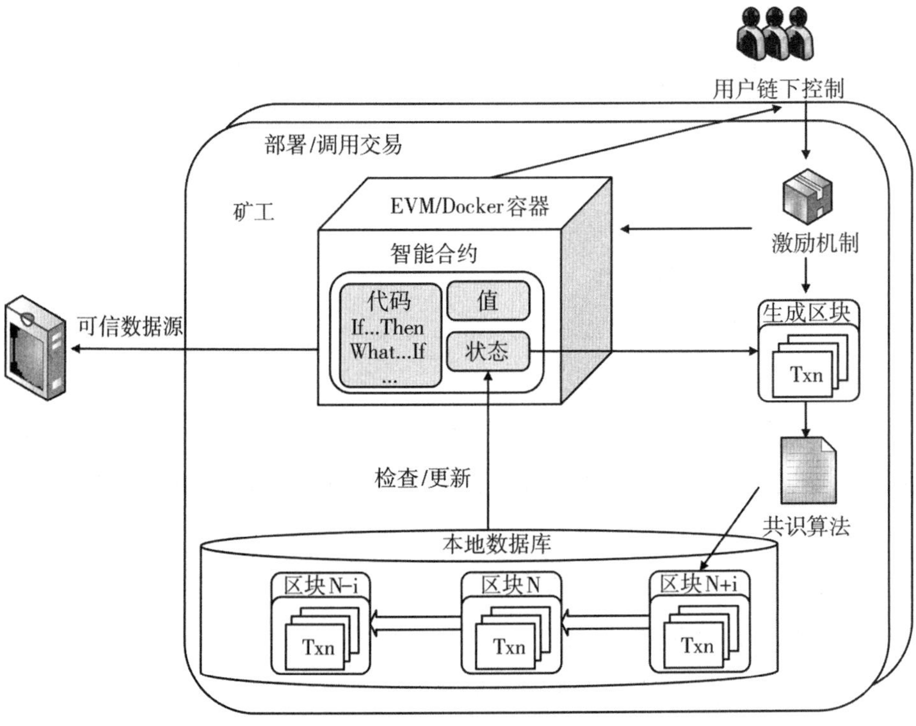

图 7-12　智能合约运行机制

在区块链中使用智能合约，需要提前规定好合约的内容，即进行代码的写入，当满足触发条件时，系统可自动执行智能合约，这样就可以大幅度减少手动过程，加上区块链中共识机制的保障，使得智能合约运行效率有了很大提高。智能合约运行流程，如图 7-13 所示。

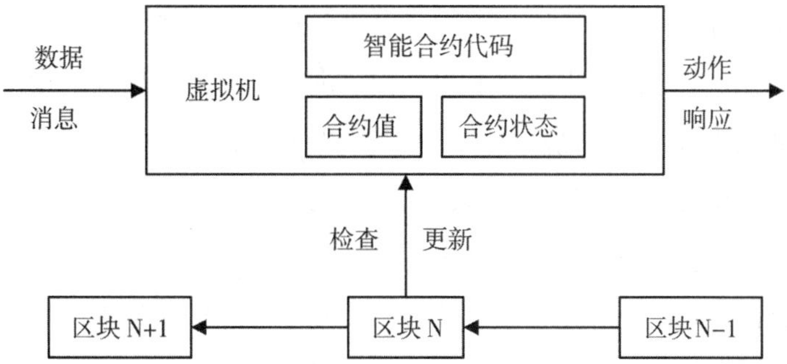

图 7-13　智能合约运行流程

利用 Solidity 语言编写制定好的规则，然后封装在智能合约当中，可运行于以太坊虚拟机 EVM 上，进而使二者交互得以实现。在编写智能合约时需要遵守一些规则，这些规则均具有透明性和公开性，无论是数据还是规则均为透明状态，在交易的时候也可以看到合约的内容和数据，最大限度避免虚假交易出现的可能。

(4)智能合约与传统合约的区别

智能合约与传统合约有共同之处，比如合约中参与者具有的权利与义务、合约约束的条件和违约的处罚。但是，两者又存在一些区别，如表 7-3 所示。

表 7-3　智能合约与传统合约的区别

维　　度	智 能 合 约	传 统 合 约
自动化维度	自动判断触发条件	人工判断触发条件
主客观维度	客观性的请求	主观请求
成本维度	低成本	高成本
执行时间维度	事前预防	事后执行
违约惩罚维度	依赖于抵押资产(虚拟货币等)	依赖于法律惩罚
适用范围维度	全球性	受限于具体辖区

7.3.3.3 基于区块链的智能决策支持系统架构

在大数据环境下，数据的安全和隐私保护是一个重要的问题。区块链技术通过去中心化、加密和不可篡改的特性，可以确保数据的安全性和完整性，防止数据被篡改或泄露，从而保护用户的隐私。区块链技术可以提供一个共享和协作的平台，将数据所有者连接起来，促进数据的共享和协作。智能决策支持系统可以基于区块链技术实现实时的数据共享和协作功能，帮助决策者获取更全面、准确的数据，提高决策的质量。大数据环境下，数据的质量和可信度是一个关键问题。区块链技术可以确保数据的来源和历史记录可追溯，提高数据的可信度。同时，区块链的透明性可以让所有参与方都能够查看和验证数据的相关信息，增加数据的透明度，减少信息不对称的问题。此外，数据量庞大且复杂，传统的决策方法可能无法有效处理。基于区块链的智能决策支持系统可以利用智能合约和智能算法，自动化和智能化地分析大数据，提供实时的决策支持。这样，决策者可以更快速、准确地做出决策，提高决策效率。区块链技术可以确保所有参与方都能够查看和验证决策的相关信息，从而增强决策的透明度和可信度。同时，区块链的不可篡改性确保了决策过程的可追溯性，可以追溯到每个决策的来源和执行情况。

区块链技术通过去中心化的特性，消除了中介机构的需求，并通过密码学和共识算法确保了数据的安全性和完整性。这样，智能决策支持系统可以提供更加可信的决策环境，减少潜在的欺诈和风险。智能决策支持系统可以基于区块链技术提供实时的数据共享和协作功能，使决策者能够更快速地获取和分析决策所需的信息，从而提高决策效率。此外，智能合约和智能算法可以帮助自动化一部分决策流程，减少人为错误和主观因素的影响，提高决策准确性。区块链技术可以为不同组织和个体之间提供一个共享和协作的平台，促进合作和共享经济的发展。智能决策支持系统可以在这个平台上提供智能合约和智能算法的支持，帮助各方更好地协同工作，共同制定和执行决策。

基于区块链的智能决策支持系统架构，如图 7-14 所示。该系统架构包括数据层、网络层、共识层、合约层和决策层。同时，需要激励机制促进区块链的节点记账和备份，以及保障措施维护整个系统的稳定高效运行，支持智能决策。

(1)数据层

该层包含链上数据和链外数据，其中链外数据包括状态数据、历史数据、合同代码和其他数据。链外数据能够为决策提供辅助数据支撑。在区块链上，需要哈希算法进行数据处理，并通过非对称加密进行数据安全保障；通过长时间进行记录，方便核对数据

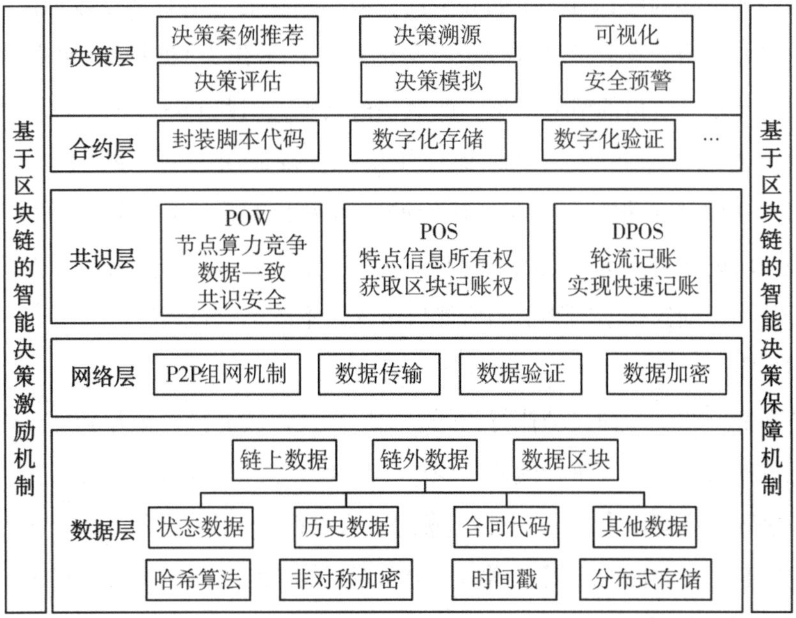

图 7-14　基于区块链的智能决策支持系统

真实性和完整性。利用区块链进行智能决策时，其数据采用分布式存储，提高数据存储安全性。

(2)网络层

基于区块链的智能决策系统中，采用 P2P 端到端的网络通信。区块链 P2P 网络是指基于区块链技术的点对点网络。在传统的中心化网络中，数据和权力集中在中心服务器上，而在区块链 P2P 网络中，数据和权力分散在网络的各个节点上。区块链 P2P 网络没有中心服务器，所有节点都是平等的，每个节点都可以参与到网络中，共同维护和管理区块链的数据和交易。区块链 P2P 网络中的每个节点都保存着完整的区块链数据，这样即使有节点离线或者被攻击，网络依然可以正常运行，数据不会丢失。由于区块链 P2P 网络中的数据是分布式存储的，并且使用密码学技术进行加密和验证，因此具有很高的安全性，难以被篡改或攻击。

(3)共识层

区块链共识层是指在区块链网络中，用于达成共识并验证交易和区块的一组协议或算法。在智能决策支持系统中，共识层的设计是为了解决决策顺序的问题。在 PoW 中，节点通过解决一道复杂的数学难题来竞争出一个区块的权利。解题的过程需要消耗大量的计算资源和能源，因此具有一定的安全性，但也存在能源浪费和低效的问题。PoS 记账权的共识机制，指节点通过锁定一定数量的加密货币作为“抵押”，来获得生成新区块的权益。持有更多货币的节点有更高的概率被选中，因此 PoS 机制更加节能高效，但也可能导致富者越富的问题。DPoS 是一种基于权益证明的共识机制，与 PoS 不同，DPoS 中的记账权不是根据持币数量来决定的，而是由持币者投票选举产生的一组代表来共同管理区块链网络。这些代表负责验证交易和生成新区块，具有高度的效率和可扩展性。通过共识层确保基于区块链的智能决策支持系统的有序运行。

(4)合约层

区块链智能合约是一种自动执行代码，它们在区块链上被打包并验证。这些合约包含了可以在分布式网络上被执行的业务逻辑，这使得它们非常适合用于实现各种复杂的交易和业务过程。将智能合约和智能决策支持系统结合使用，可以发挥它们各自的优势，实现更复杂、更智能的应用。例如，可以将智能合约与智能决策支持系统的数据分析和预测功能相结合，以实现更准确、更自动化的决策过程。区块链是一个分布式数据库，所有的交易都被永久地记录在区块链上，且无法被修改或删除。这使得区块链成为一个高度安全且透明的决策记录系统。数字化验证指的是区块链上交易的验证过程。在区块链网络中，每个决策都需要经过多个节点的验证才能被添加到区块链上。这个过程确保了所有记录在区块链上的决策都是真实和有效的。通过结合智能合约，数字化存储和数字化验证的能力使得区块链成为一个强大的工具，可以用于实现各种复杂的业务逻辑和决策过程。

(5)决策层

在决策层，主要为决策者提供决策案例推荐、决策评估、决策模拟、决策溯源、可视化和安全预警等服务。基于区块链的决策案例推荐，利用区块链的分布式存储特性，可以将各种决策案例进行分布式存储和管理。通过智能合约，可以根据需求自动推荐相关案例，为决策者提供更好的参考和支持。基于区块链的决策溯源，利用区块链的不可篡改特性，可以实现对决策过程的完整记录和追溯。通过智能合约，可以自动化地记录和验证决策的全过程，确保决策的合法性和公正性。利用区块链的智能合约和分布式存储特性，可以将决策过程和结果进行可视化展示。这可以帮助决策者更好地理解决策的过程和结果，提高决策的质量和效率。

通过智能合约，可以自动化地进行模拟和仿真，为决策者提供更准确、更可靠的决策支持。这需要先在一个最逼真还原的决策生态中进行模拟推演，通过决策推演产生数据，决策模型学习完后再放到真实场景中进行试点实验和收集反馈的信息。然后，将收集的反馈数据再作为模型输入数据进行学习，从而使得决策大模型能够快速将决策能力应用到现实场景中。这种半自动化构建的决策生态，能够有效提高决策的精度和效率，同时也减少了在真实场景中的试错成本。利用区块链的不可篡改特性和智能合约的自动化执行能力，可以对决策的结果和效果进行评估和记录。这可以帮助决策者更好地评估决策的效果和影响，提高决策的质量和效率。

7.4　群体决策支持系统

群体决策学是集数学、政治学、经济学、社会心理学、行为科学、管理学和决策科学等多门学科研究于一体的交叉学科。不同学科对群体决策的定义术语也有所不同。从领导科学的角度看它是指由领导群体按照一定的原则、机制和工作过程，共同讨论决定涉及全局性的重大问题，群体决策是信息、智囊、执行、监督、反馈等环节各群体成员都参与的，并发挥相互联系和制约作用的行为。

从系统工程的角度看方案、状态和损益值是群体决策的基本因素，决策分析是研究这三者的数量关系和性质，根据某种准则进行综合分析，从而在重重矛盾中确定以最佳选择的意志为转移，因此，决策过程中必须给予充分考虑。若用 Q 表示自然状态的集合，q_j 表示第 $j=(1,\ 2,\ \cdots,\ m)$ 个可能的环境因素，则 $Q=(q_1,\ q_2,\ \cdots,\ q_m)$ 本定义的含义是，群体决策是由一定组织形式的群体决策成员，面对共同的环境，为解决存在的问题并要达到预定的目标，依赖一定的决策方法和方案集，按照预先制定的协同模式进行的决策活动。

群体决策理论建立在个体决策理论的基础上，因此，个体决策理论的假设也是群体决策假设的前提，如决策者理性假设，偏好的传递性要求等；由于需要多个决策者共同作出，群体决策也需要自己的研究假设。一般而言，存在以下假设：

①决策群体中决策者们需要协调进行决策，并影响整个决策过程、决策机理，以及决策的质量和复杂性；

②对象是复杂的非结构化问题，往往是单个决策者知识和经验难以解决的；

③决策准则往往是影响决策结果的重要因素，多种决策准则及多种目标的权衡取舍使群体决策需要综合多学科的知识；

④群中的个体独立地作出选择和判断，但同时不排除决策者之间沟通交流，改进偏

好和选择，以最终达成具有群体一致性的最终结果；

⑤群体决策的结果是具有某种一致性的群体意见和判断，其达成是基于个体意见的集结，关键是通过信息的互补、意见的折中和妥协，减少决策的风险和不确定性。

因此，群体决策过程是指决策者针对共同的决策问题给出自己的判断和偏好，然后按照某种商定的预设规则进行群体意见的集结和方案的选择，根据群体的偏好进行排序选择，以给出方案的排序，或在不满足一致性的情况下调整决策者偏好，直到达成群体一致的决策为止。

7.4.1 群体决策支持系统概述

由于群体决策的机理与个体决策的机理之间存在着本质的区别，因此，对群体决策支持系统(Group Decision Supporting System，GDSS)的功能需求也较 DSS 具有相当的复杂性。对 GDSS 来说，不仅要求其对群体内个体的决策行为给予支持，而且要求对群体内任务的分解、合作、综合等行为给予支持，并形成一个面向群体决策行为的人机环境。自从 1970 年群体决策支持系统的概念提出以来，人们不断地开发拓展 GDSS 的支持范围。近年来，GDSS 已进入了实用化阶段，并积累了开发过程中的丰富的经验。所谓群体决策是相对个人而言的，两人或多人被召集在一起，讨论实质性问题，提出解决某一问题的若干方案(或称设计解决问题的策略)，评价这些策略各自的优劣，最后作出决策，这样的决策过程可称为群体决策。

群体决策过程是根据已有的材料，以及群体成员各自的经验和智慧，通过一定的议程(如会议等)，集中多数人的正确意见，然后作出决策。但是，如何设计开发 GDSS 来支持群体决策是一个复杂的任务，因为它是一个涉及不同的个人、时间、地点、通信网络及个人偏好和其他技术的复杂的组合，它的运行方式与制度及文化有着十分密切的关系。群体决策的多数问题是非结构问题，因此很难直接用结构化方法提供支持。群体决策支持系统的目的就在于克服上述这些障碍，力图提供一种系统方法，有组织地指导信息交流方式、议事日程、讨论形式，决议内容。当今社会已出现了以知识繁多、内部和外部情况复杂、形势变化急剧为特征的决策环境，这种环境使群体决策变得更复杂、更重要了。因此，GDSS 技术是管理人员和组织人员一个时期以来所期望的，有很强的实际背景，因而引起人们的极大兴趣。

GDSS 将通信、计算机和决策技术结合起来，使问题的求解条理化、系统化。而各种技术的进步，如电子会议、局域网、远距离电话会议以及决策支持软件的研究成果，推动了这一领域的发展。GDSS 中用到通信技术(包括电子信息、局域网或广域网、电话会议、储存和交换设备)，用到计算机技术(包括多用户系统、第四代语言、数据库、数据分析、数据存储和修改能力等)。其决策支持技术包括议程设置、人工智能和自动推理技术、决策模型方法(决策树、风险分析、预测方法)、结构化的群体决策方法(如德尔菲法)等。

(1)GDSS 可提供三个级别的决策支持

第一层级的 GDSS 旨在减少群体决策中决策者之间的通信，沟通信息，消除交流的障碍，如及时显示各种意见的大屏幕，投票表决和汇总设备，无记名的意见和偏好的输入，成员间的电子信息交流。第一层次系统通过改进成员间的信息交流来改进决策进程，通常所说的“计算机支持的会议室”(或称为“电子会议室”)就属于这一类。

第二层级的 GDSS 提供善于认识过程和系统的动态结构的技术，决策分析建模和分析判断方法的选择技术。这类系统常常使用便携式单用户计算机来支持一群决策者。决策者面对面地工作，在 GDSS 的支持下(有时还包括必要的工作人员)共享面临问题的知识和信息资源，制定出行动计划。

第三层级的 GDSS 主要特征是将上述第一和第二层级的技术结合起来，用计算机来启发、指导群体的通信方式，包括专家咨询和会议规则的智能安排，这样高水平的系统目前还处在预研制阶段。

GDSS 应能发现并向决策群体提供新的方法，使决策群体通过有规则的信息交流逐步达到决策目标。首先，要克服信息交流的障碍，加速其进程，如第一层级的 GDSS；其次，可用一些较成熟的系统技术使决策过程结构化或准结构化，如第二层级的 GDSS；最后，应对群体决策的信息交流的内容和方式、议事的时间进程提供智能型指导，从根本上解决非结构化决策的支持问题，这是第三层级的 GDSS 的发展方向，也是 GDSS 的发展方向。

(2)群体决策的行为机理

有关行为科学的研究以及决策支持系统的开发研究提出了很多有关群体决策的行为模型。可以将一般决策机构的行为机理描述成一单元集功能(set of roles)的网络结构。这些单元功能可以是信息的采集，管理、分析及决策的相应功能。在实际的组织机构中，每个功能可以对应一个或多个人的职责，通过信息和控制流将它们联系在一起。

在单元功能之间，除存在信息流动外，还存在相互协作和依存的关系。这种关系分为两类：①限定关系，表示功能之间的层次关系；②联合关系，表示功能之间的联合协作关系。可以进一步将这类关系划分为联合依赖、顺序依赖，以及相互依赖关系。

DSS都是以决策者为主体的人机系统，深入了解决策过程的行为机理，进而划清GDSS的支持范围和功能结构，是DSS乃至GDSS成功开发和推广应用的关键。

7.4.2 群体决策支持系统的功能结构

GDSS是面向多人合作的决策过程，而早期的GDSS只简单地在一个或多个个体级的DSS之上增加了一个群体综合层次模块。其中，个体级部分支持群体内个体的功能需求和有关操作，而群体级的综合管理模块为这些个体提供了一个信息的交流、讨论、综合、表决并最终取得一致决策的机制环境。

显然，这种GDSS的功能结构不能对群体内个体之间的协作过程予以支持。在群体单元之间存在着相互依赖关系时，GDSS应在即时通信数据流方面提供对协作关系的支持，具体表现为以下三种情况：

①保证群体能共享组织的规则和程序。包括：各单元对信息语义理解的正确性，如变量含义理解的正确性；各单元所应用信息逻辑上的正确性，即信息是否有助于决策的制订；所引出的关系对应现实世界事物之间的联系，并与群体的业务保持一致；信息的处理和应用与组织已作出的决策或政策保持一致。

②根据群体内个体之间的相互依赖性，动态地计划、监测和控制各单元之间的信息流动。包括：在各组织单元之间是否存在着顺序的依赖性，如有，系统应具有适当的计划以协调信息在各单元之间一致地流动；当各单元之间存在着非直接的依赖性时，系统应能调整有关计划，动态地监控相关信息的流动。

③动态地计划和调整具有相互依赖关系的各单元的有关操作和行为。当单元之间存在相互依赖的关系时，系统应利用相应的机制动态地调整各单元的输入和输出的流动与共享。因此系统应提供相应的控制机制按一定的时序控制各单元的操作。

根据GDSS各单元之间在相互依赖关系的特点及其协作的要求，对整个GDSS的模型库管理系统提出较一般DSS更高的要求。首先，有关模型的运行环境和功能在组织机构内各单元之间理解应具有一致性；其次，各单元的决策支持模型库与公共决策支持模型库之间理应具有一致性与连贯性，并保障群体决策过程中的数据安全；最后，在GDSS通信支持的条件下，检测并保证各单元之间运行模型序列在逻辑关系上的正确性和决策信息的一致性，同时确保各单元接收信息的及时性、安全性和通信效率。

考虑到区块链具有去中心化、去信任、不可篡改、高安全性等特点，可满足群体决策支持系统构建要求，因此，采用基于区块链的 GDSS 架构，确保了各节点子系统在去中心化的网络中安全通信和决策信息的一致性。大数据环境下，基于区块链的 GDSS 系统结构，满足群体决策支持需求，如图 7-15 所示。

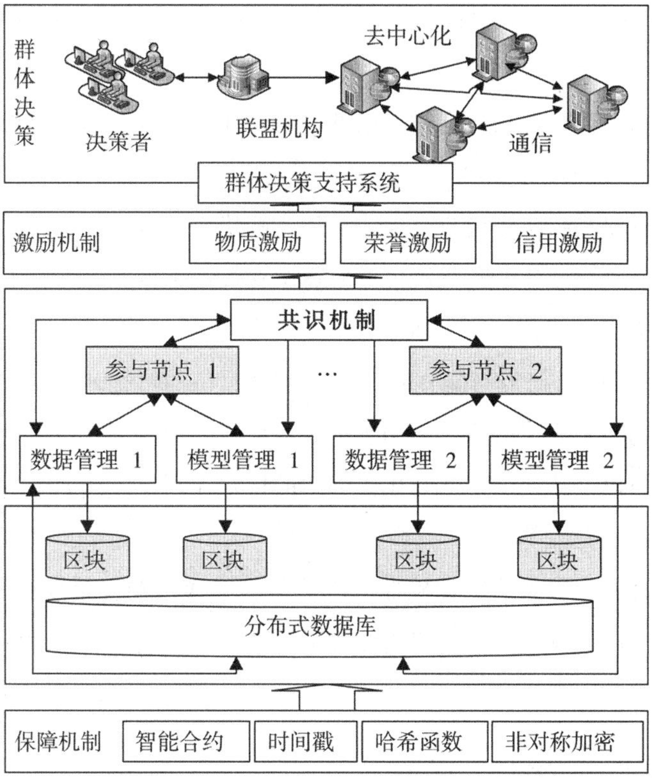

图 7-15　基于区块链的群体决策支持系统结构

基于区块链的群体决策支持系统是一种利用区块链技术来促进群体参与和协作，以达成共识并支持集体决策的系统。其中，决策者通过机构群体决策支持系统进行决策信息传递和共享，实现去中心化的区块链网络。为保障决策信息的记录备份和验证，其通过制定物质激励、荣誉激励和信用激励等方式促进区块链网络的安全可信运行。各机构或部门决策者以节点方式参与群体决策网络，节点的数据和决策支持模型存储在区块链中，并通过分布式数据库进行大数据存储和安全管理。最后，为保障基于区块链的 GDSS 系统的安全、可信和可溯源，可利用智能合约、时间戳、哈希函数和非对称加密技术保障决策信息的一致性、不可篡改和安全性。基于区块链的去中心化群体决策支持系统具有较高的可拓展性，能够满足机构内部决策和机构之间的群体决策需求，安全性和适用性高。

为了确保 GDSS 的有序开展，建立 GDSS 运行环境的要求如下：

①建立决策室是决策者们进行集体合作的最直接的场所。这个工作室装备了支撑基于区块链的 GDSS 系统的计算机设备，决策人员通过计算机终端参与群体决策，并确保计算机的稳定性和良好的人机交互体验。群体的意见和个体的结果可被显示或投影到大屏幕上，以便进行讨论，还可以通过自己的终端与他人进行通信，也可以通过大屏幕提供或获取有关信息。

②局部决策网络支持决策者进行独立而深入的研究。每个决策者都通过设在自己办公室的微机或终端进行工作。局域网可以使每个决策者获得主要设在中央处理器上的群体决策支持系统软件功能，并可以通过区块链网络进行相互安全通信。

③参与者可以通过基于区块链的投票机制表达自己的意见和偏好，无需依赖中心化的机构，所有参与者都可以查看投票结果和参与情况。

④智能合约可以在区块链上执行预先编码的规则和条件，例如确定投票结果、自动执行决策、决策信息分发等。

⑤区块链的加密和分布式特性确保了决策信息和数据的安全性和防篡改性。同时，为了鼓励参与和贡献，系统通过与机构绩效考核结合，实施奖励和激励机制，提升群体决策的参与度和响应效率。

7.4.3 群体决策支持系统的应用

在数字经济背景下，群体决策支持系统可以成为企业数字化转型的有力工具，特别是在企业治理、供应链管理和投资决策等方面。

①在企业治理方面，通过群体决策支持系统，企业让员工参与重要决策的过程，例如制定公司政策、预算分配、业务战略等。这不仅提高了员工的参与度和归属感，还能够充分利用员工的智慧和经验，促进决策的科学性和合理性。另外，群体决策支持系统可以提高决策过程的透明度和公正性，所有参与者都可以查看决策的制定过程和结果，避免了信息不对称和不公平的情况发生，从而增强了企业治理的透明度和公正性。

数字经济时代变化迅速，企业需要快速响应市场变化来保持竞争优势。通过群体决策支持系统，企业可以更快速地制定和执行决策，迅速适应市场需求的变化，提高企业的灵活性和敏捷性。此外，群体决策支持系统帮助企业更好地管理风险，通过集思广益的方式识别和评估潜在风险，并制定相应的风险管理策略，降低企业面临的风险和不确定性。

②在企业供应链管理方面，利用群体决策支持系统支持去中心化的供应链管理。区块链技术确保了供应链数据的透明度和可追溯性，各参与方可以通过群体决策支持系统实时查看供应链的状态和数据，从而更好地了解供应链的运作情况。供应链涉及多个参与方，包括供应商、制造商、物流公司等，传统的中心化决策往往效率低下且容易产生矛盾。通过群体决策支持系统，各参与方可以共同参与制定供应链策略、选择供应商、管理物流等决策过程，从而提高决策的民主性和效率。

此外，利用智能合约技术，可以在区块链上编写和执行与供应链相关的自动化规则和条件，例如自动执行订单、支付款项、监控物流等，从而提高供应链的自动化程度和效率。通过群体决策支持系统，各参与方可以共同评估和管理供应链中的风险，例如物流延迟、供应商风险、市场波动等，从而更好地应对潜在的风险并采取相应的措施。同时，区块链的加密和分布式特性确保了供应链数据的安全性和隐私保护，各参与方可以放心共享和处理敏感数据，而无需担心数据泄露或篡改的风险。

③在投资决策方面，通过建立群体决策支持系统提高投资决策的合理性。在数字经济环境下构建和利用群体决策支持系统，首先确定投资决策支持系统的具体目标和应用范围，包括确定投资策略、资产类别、风险偏好等方面的目标，以及确定系统将覆盖的投资范围。然后，设计投资决策的流程，包括投资机会的提交、评估和投票等环节，确保决策流程合理、透明，并符合投资者的需求和利益。接着，确定参与投资决策的各方，涉及个人投资者、机构投资者、专业投资顾问等，并明确各方的权益和责任。这可能包括，每个参与者的角色和权益都需要明确定义。面向投资决策的群体决策支持系统是一个持续改进和优化的过程。根据实际运行情况，不断地收集反馈和数据，优化系统设计和决策流程，提高投资决策的效率和质量。

群体决策支持系统可以使投资决策更加民主化，让更多的投资者参与投资决策过程，而不是由少数人或机构独自决定。这种民主化的决策过程有助于减少信息不对称和权力集中带来的风险。不同背景和专业领域的投资者可以共同参与投资决策，从而带来更多样化的投资视角和分析角度。这有助于避免群体思维和盲目从众，提高投资决策的质量和准确性。通过群体决策支持系统，投资者可以共同承担投资决策的风险和责任。这种共享风险和责任的模式有助于减轻个别投资者可能面临的压力，促进投资者之间的合作和共赢。企业构建群体决策支持系统，投资决策过程中的所有信息都是公开的，每个投资者都可以查看和审查投资决策的相关数据与信息。这种透明度确保了决策的公开和公平，减少了信息不对称可能带来的风险。

数字经济环境下，企业需要部署和利用群体决策支持系统来协助决策。该系统可以结合各种市场研究和统计数据，以及来自企业所有部门的反馈，融合群体的智慧，提高决策的质量。同时，该系统还可以为企业提供多次的讨论和信息共享的环节，从而帮助团队成员更好地了解彼此的想法，并加快制定决策的过程。群体决策支持系统可以在组织决策、人力资源管理、业务流程再造、战略规划等方面提供有效的支持和决策辅助，有利于新产品开发过程中搜集、整合、分析和吸收来自不同部门、不同团队的意见和建议，以支持最终方案的制定和实施。

本章小结

本章对决策支持系统的产生和发展作了全面的梳理和介绍，并详细阐述了决策支持系统的功能和定义，在此基础上界定决策支持系统与管理信息系统的关系。决策支持系统的组成是理解和构建该系统的基础，故本章剖析了决策支持系统的系统结构，并介绍决策支持系统的三个技术层次及使用人员。相比于传统决策支持系统，构建智能决策支持系统是适应数字经济和人工智能技术发展的需要，同时提高决策的科学水平。为此，本章重点对智能决策支持系统和群体决策支持系统进行详细的阐述。特别是对智能决策支持系统的基本概念、结构和最新技术进行介绍，比如基于深度学习的智能决策支持系统和基于区块链的智能决策支持系统。最后，围绕群体决策支持系统，描述其概念和发展状况，并介绍其系统功能结构和应用。

本章习题

1. 决策支持系统的功能有哪些？
2. 决策支持系统的系统结构有哪些？
3. 决策支持系统的三个技术层次是哪些？
4. 智能决策支持系统的概念是什么？
5. 智能决策支持系统的结构有哪几种？
6. 基于深度学习的智能决策支持系统的特点是什么？
7. 群体决策支持系统的功能结构是什么？
8. 群体决策支持系统的应用有哪些？

第 8 章　大数据环境下的信息决策

当前，大数据和新一代人工智能技术的迅速发展极大地推动了社会经济的发展，深刻地改变了人们的生产和生活方式。在大数据环境下，以模型驱动为主的传统决策范式正在向数据驱动、数智驱动的信息决策模式转变，通过融合数字化与智能化的"数智化"重新定义社会管理与国家战略决策、企业业务流程与管理决策、个人行为与决策的过程和方式，辅助相关行业和领域的决策用户更加快速和精准地做出决策。基于此，本章首先对大数据的概念和特点进行阐述，介绍面向信息决策的大数据智能管理，构建大数据驱动的决策支持体系架构。在此基础上，围绕新一代人工智能发展的前沿，本章介绍大模型与信息决策的关系，以及基于大模型的信息决策。最后，本章面向公共安全、电子政务、智慧交通、互联网金融、市政工程、智慧农业等不同领域，探索大数据驱动的信息决策模型和方法，以实现决策模型与方法在特定领域的推进和应用，从而为相关领域和行业用户提供决策支持和服务保障。

8.1　概述

在全球信息化快速发展的背景下，大数据已逐渐成为世界各国的基础性战略资源，运用大数据推动社会经济发展正成为趋势。目前我国处于工业化和信息化的深度融合时期，我国制造业正处于从价值链的低端向中高端、从中国制造向中国创造转变的关键历史时期，发展大数据和人工智能等新技术是实现从制造大国向制造强国迈进的战略举措。在此背景之下，国家相继出台了《“互联网+”行动计划》和《中国制造 2025》战略规划，特别是国务院颁布的《促进大数据发展行动纲要》和《新一代人工智能发展规划》都将大数据智能作为重点发展方向，大数据的战略资源地位进一步凸显。

近年来，以大数据与人工智能技术为基础的“智能制造”成为推动大数据从概念到落地的重要模式和手段。从大数据的供给需求来看，智能制造的核心要义便是构建智能分析优化系统“工业大脑”，对大数据进行智能化分析进而实现智能决策。传统的基于人工经验、直觉及少量数据分析的决策方式已经远不能满足日益个性化、多样化、复杂化的决策需求。在当前信息开放与交互的环境下，机遇与挑战并存。如何把握机遇，这就需要企业或组织具备出色的大数据信息决策能力。在这个过程中大数据正扮演着越来越重要的角色。

大数据作为一种重要的信息资产，可为人们提供全面的、精准的、实时的商业洞察和决策指导。美国应用信息经济学创始人 Douglas W. Hubbard 认为“一切皆可量化”并积极倡导数据化决策。纽约大学 Provost 教授认为数据科学的终极目标就是改善决策。从数据到知识，再从知识到决策，是当前大数据智能的计算范式，研究大数据的意义就是不断提高“从数据到决策的能力”。随着大数据技术的发展，人们传统的决策模式与思维方式正在发生着变革，基于大数据的决策方式正逐渐成为决策应用与研究领域的主旋律。大数据能够突破事物之间隐性因素无法量化的瓶颈，充分阐述生产的主客体和生产全过程、全时段的客观状态，通过智能化分析和预测判断来提高企业的决策能力。

在电子商务领域，利用大数据相关分析可以更加精准地了解客户的消费行为，帮助决策者挖掘营销方案和制定商品价格，实现与供应商协同工作，缓和供需之间的矛盾，控制预算开支。例如，全球零售巨头沃尔玛，通过对销售交易大数据的获取和分析，制定了更高效的价格策略和营销活动，提高了经济收入。在工业领域，为实现智能制造，每个影响生产决策的因素都可以经过工业大数据的预测，以直观明了的量化信息形式加以呈现，方便决策者对制造能力进行整体评估，进而快速有效地制定各项生产决策，优化劳动力投入，避免产能过剩。目前，百度的工业大数据监测平台已经应用到汽车、日化等制造行业。三一重工则利用大数据分析技术为智能工程机械物联网提供决策支持，推进了制造服务化的步伐。此外，Google 公司旗下的 AlphaGo 以 4∶1 的总比分战胜世界围棋冠军李世石同样是大数据决策颇具代表性的案例。

基于大数据的科学决策已经成为公共管理、工业制造、医疗健康、金融服务等众多行业领域未来发展的方向和目标。大数据的大体量、高通量、多源异构性和不确定性等特点，对传统的数据处理硬件设备和软件处理方法均构成前所未有的挑战。目前，机器学习、深度学习、大模型等新的理论方法已经广泛应用于大数据分析，并指导信息决策。此外，大数据信息决策在公共安全、电子政务、智慧交通、互联网金融等诸多领域持续发挥积极作用。

8.2　大数据与信息决策

大数据时代，数据能够为企业、组织和个人的决策提供有益支撑，推动决策更加科学、全面、准确。传统基于专家系统的决策无法适用于大数据环境下复杂多变的现实情景，且对大数据的加工处理能力捉襟见肘。因此，基于大数据的信息决策成为各领域开展决策支持的主要方式。通过数据的组织、挖掘、推理等方式，为决策者提供有效的决策参考。本节重点介绍大数据的特征及相关技术、面向信息决策的大数据智能化管理和大数据驱动的决策支持三个方面。

8.2.1　大数据的特征及相关技术

我国的《工业大数据白皮书(2017 版)》对工业大数据进行了定义。简言之，大数据就是无法在合理时间内利用现有的数据处理手段进行诸如存储、管理、抓取等分析和处理的数据集合。有关大数据的特性，业界普遍将其归纳为 4V：一是数据体量大(volume)，如一些电商企业日常处理 PB 级别的数据已经常态化；二是数据类型多样(variety)，如在工业大数据中数据类型包含了数值、文本、图片、音频、视频以及传感器信号等；三是大数据的价值大(value)，但价值密度稀疏，需要通过分析和挖掘来获取数据当中有价值的信息；四是大数据的处理必须高速(velocity)。具体来说，大数据的特征表现为：

①数据量大(Volume)。传感器、物联网、工业互联网、车联网、手机、平板电脑等，无一不是数据来源或者承载的方式。当今的数字时代，人们日常生活(微信、QQ、上网搜索与购物等)都在产生着数量庞大的数据。大数据不再以 GB 或 TB 为单位来衡量，而是以 PB(1000 个 T)、EB(100 万个 T)或 ZB(10 亿个 T)为计量单位，从 TB 跃升到 PB、EB 乃至 ZB 级别。顾名思义，这是大数据的首要特征。

②数据种类多(Variety)。大数据不仅体现在量的急剧增长，数据类型亦是多样，可分为结构化、半结构化和非结构化数据。结构化数据存储在多年来一直主导着IT应用的关系型数据库中；半结构化数据包括电子邮件、文字处理文件以及大量的网络新闻等，以内容为基础，这也是谷歌和百度存在的理由；而非结构化数据随着社交网络、移动计算和传感器等新技术应用不断产生，广泛存在于社交网络、物联网、电子商务之中。有报告表明，全世界结构化数据和非结构化数据的增长率分别是32%、63%，网络日志、音视频、图片、地理位置信息等非结构化数据量占比达到80%左右，并在逐步提升。然而，用于产生智能乃至智慧的大数据往往就是这些非结构化数据。

③数据价值密度低(Value)。大数据的重点不在于其数据量的增长，而是在信息爆炸时代对数据价值的再挖掘，如何挖掘出大数据的有效信息，显得至关重要。价值密度的高低与数据总量的大小成反比。虽然价值密度低是日益凸显的一个大数据特性，但是对大数据进行研究、分析挖掘仍然是具有深刻意义的，大数据的价值依然是不可估量的。毕竟，价值是推动一切技术(包括大数据技术)研究和发展的内生决定性动力。

④数据产生和处理速度快(Velocity)。美国互联网数据中心指出，企业数据正在以55%的速度逐年增长，互联网数据每年将增长50%，每两年便将翻一番。IBM研究表明，整个人类文明所获得的全部数据中，90%是过去两年内产生的。要求数据处理速度快也是大数据区别于传统数据挖掘技术的本质特征。有学者提出了与之相关的"一秒定律"，意思就是在这一秒有用的数据，下一秒可能就失效。数据价值除了与数据规模相关，还与数据处理速度成正比关系，也就是，数据处理速度越快、越及时，其发挥的效能就越大，价值越大。

此外，大数据本质上也是数据，其关键技术依然不外乎涉及四个方面，即大数据采集和预处理、大数据存储与管理、大数据分析和挖掘以及大数据展现和应用(大数据检索、大数据可视化、大数据安全等)。

(1)大数据采集和预处理技术

大数据技术的意义确实不在于掌握规模庞大的数据信息，而在于对这些数据进行智能处理，从中分析和挖掘出有价值的信息，但前提是得拥有大量的数据。数据采集是大数据价值挖掘最重要的一环，一般通过传感器、通信网络、智能识别系统及软硬件资源接入系统，实现对各种类型海量数据的智能化识别、定位、跟踪、接入、传输、信号转换等。为了快速分析处理，大数据预处理技术要对多种类型的数据进行抽取、清洗、转换等操作，将这些复杂的数据转化为有效的、单一的或者便于处理的数据类型。目前，数据采集技术包括传感器技术、网络爬虫技术、监控技术等，可以实现对大规模数据的自动化采集。数据清洗技术包括数据去重、数据过滤、数据标准化等，可以对采集到的数据进行清洗和处理，确保数据的准确性和可靠性。

数据预处理的主要步骤包括：数据清理、数据集成、数据规约和数据变换。

①数据清理过程通过填写缺失值或者删除离群点并且解决不一致性来“清理数据”。

②数据集成过程将实现来自多个数据源的数据集成。

③数据规约的目的是得到数据集的简化表示。数据规约包括维规约和数值规约。

④数据变换使用规范化、数据离散化和概念分层等方法使得数据的挖掘可以在多个抽象层上进行。数据变换操作是引导数据挖掘过程的附加预处理过程。

(2)大数据存储与管理技术

数据有多种分类方法，有结构化、半结构化、非结构化；也有元数据、主数据、业务数据；还可以分为 GIS、视频、文本、语音、业务交易类等各种数据。传统的关系型数据库已经无法满足数据多样性的存储要求。除了关系型数据库外，还有两种存储类型，一种是以 HDFS 为代表的可以直接应用于非结构化文件存储的分布式存储系统，另一种是 NoSQL 数据库，可以存储半结构化和非结构化数据。大数据存储与管理就是要用这些存储技术把采集到的数据存储起来，并进行管理和调用。

在一般的大数据存储层，关系型数据库、NoSQL 数据库和分布式存储系统三种存储方式都可能存在，业务应用根据实际的情况选择不同的存储模式。为了提高业务的存储和读取便捷性，存储层可能被封装成为一套统一访问的数据服务(DaaS)。DaaS 可以实现业务应用和存储基础设施的彻底解耦，用户并不需要关心底层存储细节，只关心数据的存取。

(3)大数据分析和挖掘技术

大数据分析和挖掘就是从大量的、不完全的、有噪声的、模糊的、随机的实际应用数据中提取隐含在其中的、有用的信息和知识的过程。大数据分析和挖掘涉及的技术方法很多，根据挖掘任务可分为分类或预测模型发现、关联规则发现、依赖关系或依赖模型发现、异常和趋势发现等。数据挖掘技术包括机器学习、深度学习等，可以实现从大数据中挖掘出有价值的信息和规律。大数据分析技术包括数据可视化、数据挖掘分析等，可以对大规模数据进行深入分析和探索。

大数据环境下的智能决策，针对不同的决策任务，所需要的分析挖掘算法和模型是不同的。针对具体应用场景，则按需求调整这些算法和模型，以提供科学的决策支持。

(4)大数据展现和应用技术

大数据的使用对象不局限于程序员和专业工程师，如何将大数据技术的分析成果展现给普通用户或者公司决策者，取决于数据可视化技术和决策者偏好。数据可视化是目前解释大数据最有效的手段之一，能够将数据结果以简单形象的可视化、图形化、智能化的形式呈现给用户供其分析使用。常见的大数据可视化技术有标签云、数据仪表盘、图表等，帮助用户更好地理解和分析数据。大数据应用技术包括智能推荐系统、大数据营销等，可以将大数据应用于各个领域，实现业务的增长和效益的提升。

数字经济时代，企业运营过程中往往需要面对海量数据，虽然数据的总量越多，但由于冗余和脏数据比较多，导致信息决策中真正有用的部分是有限的；同时，一些具有相关应用价值的数据信息不一定能够从表层进行了解，还需要对海量数据进行数据挖掘。

在进行数据挖掘过程中，会应用各种相关数据来对同一个问题进行分析解答，所以各有用数据之间必然存在一个相应的关联。聚类是将数据整体进行高相似度分类后在各自的数据集合中寻找数据的关联性，这种分析方法常常用来寻找价值信息，以及在大数据中进行客户需求分析，在行业中应用得比较广泛。

从统计学角度看，变量之间的关系大体可以分为两种类型：函数关系和相关关系。在面向大数据智能化分析的决策应用中，相关性分析技术可为正确数据的选择提供必要的判定依据，同时将其与其他智能分析方法相结合，可有效避免对数据独立同分布假设的依赖，提高数据分析的合理性和认可度。所以不论数据范围有多大，数据总量有多少，还是能够找到数据与数据之间的关联性，这种分析方法一般应用于不同产品之间的相关性分析，寻找不同产品数据之间的因果关系、比例关系等，为决策提供支持。

此外，前面章节中对数据挖掘技术在信息决策中的应用进行了全面的介绍，深度学习、预训练模型、知识蒸馏等新兴技术成为解决大数据环境下信息决策的重要方法，能够从多源异构的数据中挖掘知识、规律和模式，为决策提供有力支持。深度学习技术通过多层次的神经网络结构可以对数据进行高效的表示和学习，从而实现对复杂数据的建模和预测。预训练模型则通过在大规模数据上进行预训练，然后在特定任务上进行微调，能够快速适应各种应用场景，并取得良好的效果。而知识蒸馏则是一种将大型模型的知识转移到小型模型中的技术，可以在保持模型性能的同时减少计算资源的消耗，适合在资源受限的环境下进行部署。这些技术的发展为信息决策提供了新的思路和工具，有助于更好地理解和利用海量数据，从而提升决策的准确性和效率。

8.2.2　面向信息决策的大数据智能化管理

面向信息决策的大数据智能化管理是指利用人工智能和大数据技术，对海量的数据进行采集、处理和分析，从而为决策者提供精准、及时、全面的信息支持，帮助决策者做出更加科学、明智的决策。其通过对不同来源、不同结构、不同格式的数据进行采集和整合，形成完整、准确的数据基础，满足决策者对信息的需求；采用分布式存储技术，对海量数据进行高效、安全、可靠的存储和管理，确保数据的质量和完整性；利用大数据处理技术，如 Hadoop、Spark 等，对海量数据进行清洗、转换、分析和挖掘，提取出有价值的信息和知识，为决策提供数据支持；利用人工智能技术，如机器学习、深度学习、大语言模型等，对数据进行分析和预测，发现数据背后的规律和趋势，为决策者提供更加精准、智能的决策建议；通过可视化技术，将处理和分析后的数据以直观、清晰的方式呈现给决策者，同时提供人机交互界面，方便决策者进行信息的查询、筛选和决策。

面向信息决策的大数据智能化管理可以为决策者提供全面、精准、及时的信息支持，帮助决策者做出更加科学、合理的决策，对于企业的决策和管理具有重要意义。为应对大数据环境下信息决策和资源协同调配，需要多个政府及企业信息服务系统的资源和服务的协同，构建支持资源跨系统协同调配的技术架构，实现应用系统之间的数据流动、分布式资源集成、多部门应急联动及资源调配。信息决策中各部门信息系统采用的体系结构、实现语言、交互协同及对外部数据的获取能力不同，相应的资源建设情况也存在差异，导致数据格式不统一，数据重用较差，这不利于跨系统数据分析和信息决策。为实现面向信息决策的大数据智能化管理，通常将各部门信息服务系统间的协同划分为多个层次进行，每个层次采用不同的技术协调，形成整体的技术协同构架。

(1)大数据资源跨系统协同技术架构

根据信息决策服务系统的层次结构，可以将大数据资源跨系统协同技术架构分为四个层次，从下到上依次是网络层、数据层、功能服务层和应用层，如图 8-1 所示。

①网络层，处于系统的底层，提供基本的网络传输功能，能够为跨系统资源调配平台和各部门信息系统之间的通信解决资源和服务调配问题。跨部门资源协同调配需要克服各政府部门专网、外网、相关企业网络、互联网、物联网等系统的基础软硬件、操作系统、通信模块异构等方面的障碍。网络层的目标为实现异构系统间的高效互联和即时通信，同时由于不同机构间信息资源建设过程中，可能存在涉及国家秘密、工作机密和

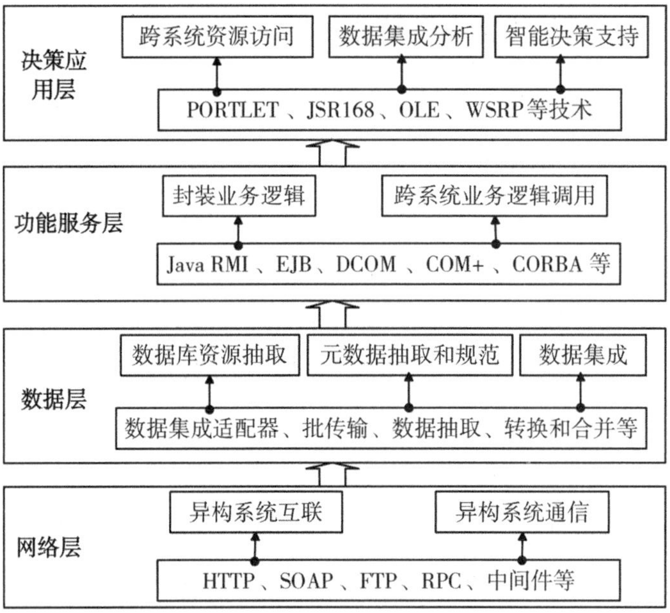

图 8-1　大数据资源跨系统协同技术架构

内部敏感的权益分配等问题，因此在进行网络层通信互联时，需要根据不同密级的信息资源交互需求，构建部门信息资源交互及调配的内网和外网。在技术实现中，采用网络通信协议或者直接调用相关协议的 API 实现网络中的通信互联。网络层为不同系统间的连接提供了传输通道，其实现方式分为同步和异步两种。同步传输要求在通信之前建立和维护通信通道，因此传输模式通常为请求/应答模式，典型的技术包括 HTTP、SOAP、FTP、RPC、中间件等。异步传输体现了信息发送者与接受者间的松耦合特征，发送者可以不间断地发送消息，接收者可在另一端间断接受消息。异步传输依靠消息中间件和消息队列作为系统之间的中介，消息队列能够管理会话、路由、审核数据流等，更适合多对多的集成。而同步管理则是进行点对点的信息集成。

②数据层，处于网络层之上，主要实现不同信息系统间数据的传输、转化、交换和整合等功能。此外，还需要解决应用系统访问、语法、语义等方面的问题，最后形成一个异构的资源联合体，以便实现跨系统数据集成分析和资源调配服务。数据层需要的协同技术包括数据集成适配器、批传输、数据抽取、转换和合并等。数据集成适配器通过采用直接访问各类数据库、调用各数据库 API 等方式实现数据访问。批传输技术能够实现不同系统间的数据快速传输，是进行大数据跨系统调配的基础。通过数据抽取、转

换和合并技术将源数据进行集成并转化为新的集合，实现异构资源的整合和重组。通常包括各系统内数据库资源抽取、元数据抽取和规范、数据集成三个方面。具体来讲，首先通过数据集成适配器收集来自不同系统数据库中的数据，其次应用元数据收割协议(OAI-PMH)实现不同系统元数据的采集和整合，并提供统一的格式进行数据间的交换，最后形成统一的数据集合。

③功能服务层，主要是对系统的业务逻辑进行规划，从而保障各信息系统间业务逻辑的共享。其关键在于使用分布式组件封装服务系统的业务逻辑，可以支持跨系统间业务逻辑调用。常用的协同技术包括 SUN 公司的 Java RMI、EJB，微软公司的 DCOM、COM+和 OMG 组织的 CORBA 等。这些技术一定程度上缓解了跨系统间业务逻辑协同技术问题，但面对异构系统间的应用仍然存在不足，如 DCOM、COM+技术在微软平台中得到广泛应用，但在非微软平台中的作用非常有限。Web Service 技术的发展使得异构系统间的互操作成为可能，它是一种基于标准的 Web 协议的可编程组件，通过开放一系列 API，开发人员在进行异构系统间服务调用时，可通过 Web 调用这些 API 集成服务。这些调用是在消息机制和标准的 Web 协议之上的，因此具有跨平台、跨语言、松散耦合、方便进行数据共享、可扩展性强、没有网络基础设施的限制等特点，能够支持跨平台信息决策的调用。

④应用层，主要为用户提供统一的界面，通过将相对分散的各部门信息系统组成一个统一的整体，保障用户可以通过统一的平台界面获得跨系统资源访问、数据集成分析、智能决策支持等服务。应用层支持跨系统的登录方式，并采用统一授权的方式进行访问控制。只有通过授权的用户才可以利用统一交互界面获取相关服务。在实现过程中，平台根据用户的要求，可以自动调用来自不同子系统中的应用程序，从而避免不同应用程序之间的切换。主要技术包括 PORTLET、JSR168、OLE(Object Linking and Embedding，对象连接与嵌入技术)、WSRP(Web Service for Remote Portlets，远程门户网站 Web 服务)等。

由于缺乏面向行业的基础平台建设的技术标准体系，在一定程度上制约了信息决策的开展。特别是在元数据方面，由于各系统的元数据规范、资源分类、资源标识等存在技术差别，元数据描述规则、核心元数据与资源分类标识规则的不统一，导致了实现跨平台元数据整合的困难，不利于面向信息决策的大数据资源智能化管理。因此，协调现有的各种元数据标准和资源分类标识标准，建立科学、完善的标准体系是推进大数据信息决策实现的基本保障。具体而言，标准体系的建立应根据大数据的特征及跨部门信息决策，体现一体化的建设思路，从元数据、资源分类、资源标识、数据查询检索、资源评估监测、资源访问控制与安全管理等方面出发，形成面向行业的跨部门大数据资源协同调配体系的标准规范。

面向信息决策的大数据资源的协同调配需要在技术层面实现跨系统信息交互及资源协同管理，以确保数据的流畅共享和利用。为促进信息决策的及时性和有效性，需要设计有效的跨部门信息资源协同组织方案，以实现最大程度上的信息互换和重用，促进决策方案的实时和落地。同时，在信息决策过程中，大数据环境下的资源协同调配需要整合政府机构、行业自治组织、公众与媒体等多方面的力量，以形成合力，增强大数据资源智能化管理效率和质量。

(2)基于 PaaS 的大数据系统调配云服务架构

面向信息决策的大数据智能化管理，在构建大数据协同调配平台时采用 PaaS 服务构建协同调配模型。因为采用 PaaS 服务时，云服务商需要提供支持大数据分析和资源协同调配的算法工具，各级应用中心可以根据实际需求开发软件和应用，更具多样化和灵活性。因此，面向信息决策的大数据智能化管理，采用基于 PaaS 的大数据协同调配模型架构较为合理。面向信息决策的基于 PaaS 的大数据系统调配云服务架构如图 8-2 所示，可分为基础环境层、协同调配支持层、云平台管理模块、统一接口层、云服务层和终端应用层。

①基础环境层。面向信息决策的大数据资源管理中，基础环境层承担着提供基于 PaaS 的大数据协同调配云服务所需的软硬件环境的任务。这一层的建设既可由 PaaS 云服务提供商直接实施，也可以基于 IaaS 云服务进行构建。在由 PaaS 云服务提供商直接构建的情况下，需要完成一系列任务，包括硬件设备的采购、资源虚拟化、网络配置，以及安装操作系统、数据库、编程语言、系统部署工具等基础开发环境的配置。而在基于 IaaS 云服务构建模式下，PaaS 云服务提供商则无需关注硬件的采购和虚拟化，以及基础网络的配置工作，而是通过采购 IaaS 服务来确保这些资源的可用性和质量，为信息决策提供大数据保障。

②协同调配支持层。面向信息决策的大数据智能化管理中，协同调配支持层不仅提供基础的系统开发环境，还可以提供支持工具或算法，为大数据智能化管理提供支持。这些工具或算法支持集中于协同调配支持层之中，包括基本的特征数据、数据处理工具、关联挖掘工具、深度学习算法、大数据决策支持工具等。在模块化基础上，方便不同平台对其进行调用，此外，也可以在其基础上进行二次开发，结合大数据信息决策需

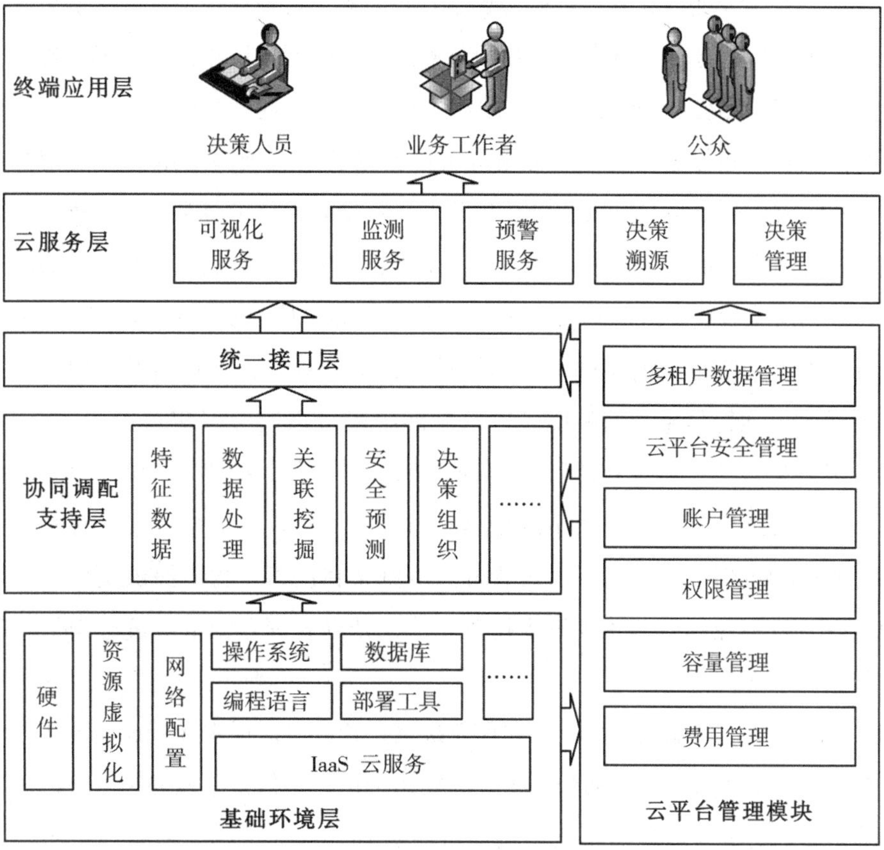

图 8-2　基于 PaaS 的大数据系统调配云服务架构

求进行功能的筛选和个性化服务的定制。

③云平台管理模块和统一接口层。云平台管理模块的作用是为保障云平台的正常运行，包括各种支撑云平台运行的基础功能，如多租户数据管理、云平台安全管理、用户账户管理、权限管理、容量管理、费用管理等，提升大数据资源管理水平。统一接口层则是通过各种类型的接口连接基于 PaaS 的公共安全大数据协同调配云平台与云服务层。云服务层通过调用各类接口，获取云平台的工具支持，从而提供各种类型的面向信息决策的大数据资源管理服务，包括但不限于数据存储、数据清洗、数据分析、数据可视化、数据挖掘、机器学习和预测分析等。通过这些服务，管理者和决策者可以方便地管理和利用大数据资源，实现对数据的高效管理、深度分析和智能应用，为信息决策提供强有力的支持。

④云服务层。云服务层通过在云平台中设置一系列的接口，提供大数据环境下面向

特定领域管理的决策支持服务，包括大数据监测服务、可视化服务、预警服务、决策溯源服务和决策管理服务等。首先，大数据监测服务是云服务层提供的重要功能之一。通过监测大数据流动和变化趋势，识别关键数据源、热点问题和趋势变化，为决策者提供了全面的信息背景和数据支持。这种服务可以帮助管理者及时了解管理决策中各种情况，做出及时有效的决策。其次，可视化服务为决策者提供了直观、易于理解的数据展示方式。通过图表、地图、仪表盘等可视化工具，将庞大复杂的数据转化为直观的图形化展示，帮助决策者更好地理解数据间的关联和趋势，从而更加准确地做出决策。预警服务则是在大数据分析的基础上，利用预测模型和算法，识别出潜在的风险，并及时向决策者发出预警信息。这种服务可以帮助决策者提前做好应对措施，降低风险。决策溯源服务是指通过记录和追踪数据处理和决策过程，提供决策的全程可追溯性。这种服务可以帮助管理者了解决策的依据和过程，评估决策的合理性和有效性，提高决策的透明度和可信度。最后，决策管理服务则是在决策过程中提供支持和管理，包括流程管理、权限控制、群体决策支持等功能，帮助管理者规范决策流程，提高决策效率和质量。

⑤终端应用层。终端应用层是面向信息决策用户的最后层次，其面向的用户主要为决策人员、业务工作人员、普通公众等不同类型的用户。值得注意的是，不同用户拥有不同权限，获取的最终信息决策支持的服务也会存在差异，因此需要注重用户权限的管理。

8.2.3 大数据驱动的决策支持

决策存在于人类一切实践活动当中。比如，在工业领域如何进行操作优化与资源分配，在商业领域如何进行个性化推荐与供应商选择，在交通领域如何进行车流控制与路径导航，以及在医疗领域如何进行疾病诊断与治疗策略等都属于决策范畴。随着社会节奏的持续加快，来自各领域行业的决策活动在频度、广度及复杂性上较以往都有着本质的提高。传统的基于人工经验、直觉及少量数据分析的个性化、多样化、复杂化的决策方式已经远不能满足当前信息开放与交互的经营环境下的决策需求，机遇与挑战并存。如何把握机遇，需要企业或组织具备出色的决策能力。在这个过程中大数据正扮演着越来越重要的角色。

决策是人们为实现某特定的目标，在具有一定的信息和经验(知识)的基础上，根据主客观条件的可能性，提出各种可行方案，之后采用一定的科学方法和手段，对解决问题的方案进行比较、分析和评价，并最终进行方案选择的全过程。从本质上来讲，决策通常是目标驱动的行为，是目标导向下的问题求解过程。大数据决策便是以大数据为主要驱动的决策方式。随着大数据技术的发展，大数据逐渐成为人们获取对事物和问题更深层次认知的决策资源，特别是人工智能技术与大数据的深度融合，为复杂决策的建模和分析提供了强有力的工具。随着大数据应用越来越多地服务于人们的日常生活，大数据驱动的决策方式将形成其固有的特性和潜在的趋势。

在固有特性方面，大数据的实时产生及动态变化决定了大数据决策的动态性；大数据的方位感知意味着通过多源数据的整合可以实现更加全面的决策；大数据潜在的不确定性也使得决策问题的求解过程呈现不确定性特征。在潜在趋势方面，相关分析或将代替因果分析，成为获取大数据隐含知识更有效的手段；用户的兴趣偏好在大数据时代将更受关注，更多的一般性决策向个性化、定制化转变。

(1)大数据决策的动态性

大数据是对事物客观表象和演化规律的抽象表达，其动态性和增量性是对事物状态的持续反映。不可否认的是，人们在决策过程中的每一步行动都将影响事物的发展进程，并全程由大数据所反映。此时决策问题的描述以及决策求解的策略都需要跟随动态数据给予及时调整，通过面向大数据的增量式学习方法实现知识的动态演化与有效积累，进而反馈到决策执行当中。大数据决策的动态特性决定了问题求解过程应该是一个集描述、预测、引导为一体的迭代过程，该过程必须形成一个完整的、闭环的、动态的体系结构。简要来说，大数据环境下的决策模型将是一种具备实时反馈的闭环模型，决策模型将更多地由相对静态的模式或多步骤模式转变为对决策问题动态描述的渐进式求解模式。

(2) 大数据决策的全局性

目前，人们已经开发出多种多样的决策支持系统，但多数是面向具体领域中的单一生产环节或特定目标下的局部决策问题，往往无法较好地实现全局决策优化与多目标任务协同。在信息开放与交互的大数据时代，大数据的跨视角、跨媒介、跨行业等多源特性创造了信息的交叉、互补与综合运用的条件，这促使人们进一步提升问题求解的关联意识和全局意识。在大数据环境下决策分析会更加注重数据的全方位性、生产流程的系统性、业务各环节的交互性和多目标问题的协同性。通过多源异构信息的融合分析，可以实现不同信源信息对全局决策问题求解的有效协同。基于大数据的决策系统，对每个单问题的决策，都将以优先考虑整体决策的优化作为前提，进而为决策者提供全局性的决策支持。

(3) 大数据决策的不确定性

一般而言，决策的不确定性来源三个方面：一是决策信息不完整、不确定而导致的决策不确定性；二是决策信息分析能力不足而导致的决策不确定性；三是决策问题过于复杂而难以建模导致的决策不确定性。大数据决策的不确定性不外乎以上三个方面。在信息不完整和不确定方面，首先，对于多数企业而言，即便借助各种先进的数据收集手段尽可能地将各种信源数据进行整合，仍难以保证信息的全面性和完整性；其次，大数据固有的动态特性决定了大数据的分布存在随时间变化的不确定性；最后，大数据中普遍存在的噪声与数据缺失现象决定了大数据的不完备、不精确性。在大数据分析能力方面，显然现有的大数据分析处理技术还存在着不足，诸如多源异构数据融合分析、不确定性知识发现及大数据关联分析等方面仍是当前颇具挑战的研究方向。在决策问题建模方面，受到非稳态、强耦合的系统环境影响，建立精确的动态决策模型往往异常困难，比如工业流程中的操作优化决策。对于现阶段面向大数据的决策问题求解，人们通常使用满意近似解代替精确解，以保证问题求解的经济性和高效性。这种近似求解方式实际上也反映了大数据决策的不确定性。

(4) 从因果分析向相关分析转变

在以往的数据分析中，人们往往假设数据的精确性，并通过反复试验的手段探索事物之间的因果关系。但在大数据环境下，数据的精确性难以保证，数据总体对价值获取的完备性异常重要，此时用于发现因果关系的反复尝试方法变得异常困难。从统计学角度看，变量之间的关系大体可以分为两种类型，包括函数关系和相关关系。通常而言，数据很难严格地满足函数关系，而相关关系的要求较为宽松，在大数据环境下更加容易被接受，并能满足人们的众多决策需求。

(5) 决策向满足个性化需求转变

在商业和制造业领域，对用户进行精准营销，满足用户的个性化需求是提升客户价值和实现企业竞争力的经营准则。在大数据背景下，产品和服务的提供以及价值的创造有望更加贴近社会大众的个性化需求。以互联网大数据为基础，企业通过舆情分析、情感挖掘等以用户为中心的数据驱动方法，可以精准挖掘消费者的兴趣与偏好，做出有针对性的个性化需求预测，进而为消费者提供专属的个性化产品与服务。从宏观上讲，大数据可以打通企业和消费者之间的信息主动反馈机制。社会大众意见的表达，可以迅速转化为商业经营的决策依据，反向指导产品的设计和制造环节，实现生产与市场需求的有效对接。随着社会化媒体应用的深入，多元主体参与决策有了更多的便捷性和可能性，决策过程中多元价值的作用更加明显，传统自上而下的精英决策模型将会改变，并逐渐形成面向公众与满足用户个性化需求的大数据智能决策模式。

大数据驱动的决策支持具有丰富的应用场景。大数据决策与分析可以帮助企业更好地了解市场和客户需求，制定更好的战略和业务决策，提高效率和生产力，降低成本。大数据分析可以对客户的消费习惯、偏好和行为进行分析，以推断他们可能的购买行为，从而进行个性化推荐和营销。在金融行业中，大数据分析可以帮助银行、保险和证券公司以及其他金融机构更好地监测风险、预测市场趋势和防止欺诈，进而指导和优化投资决策。在医疗保健领域中，大数据分析可以帮助医院和保健机构更好地管理医疗记录、病人数据和医疗设备，以提高健康护理和服务的质量。在零售行业中，大数据分析可以帮助零售商更好地了解客户需求和行为，进行产品设计、定价和促销的决策。在互联网行业中，大数据分析可以帮助互联网公司更好地了解用户的行为和需求，提高产品与服务的质量和竞争力。

8.3　数智赋能的信息决策新模式

数智赋能是指利用大数据、人工智能、云计算等技术手段，将海量数据转化为有价值的信息和知识，为企业决策提供支持和指导。信息决策是指在企业管理过程中，通过收集、分析和利用信息，进行决策的过程。数智赋能信息决策可以帮助决策者更加准确、快速地做出决策，提高竞争力和管理效率。

具体来说，通过大数据采集技术，收集企业或个体的各种数据，如销售数据、客户数据、供应链数据等，然后利用数据挖掘技术，将这些数据转化为有价值的信息和知识，再结合智能决策支持模型，从而指导决策。通过人工智能技术，对企业的各种业务进行预测和优化，如销售预测、库存优化、供应链优化等，以便企业管理者能够做出更加准确的决策。通过人工智能技术，为决策者提供智能决策支持，如智能推荐、智能分析、智能决策等，以帮助决策者更加快速和准确地做出决策。通过数据可视化技术，将数据转化为可视化的报告和图表，以便决策者更加直观地了解企业的业务情况和趋势，从而更加准确地做出决策。

本节围绕数据智能如何让信息决策有据可循展开，探讨数据赋能信息决策的新模式，并依托大模型开展大数据处理和智能决策；同时，介绍基于大模型的信息决策，推动决策的智能化和数字化发展，为行业领域的大数据信息决策提供基础支撑。

8.3.1 数据智能让信息决策有据可循

数据智能是指通过计算机技术和机器学习算法，对数据进行分析和理解，从而获得有价值的信息和知识，为信息决策提供有力支撑。当今社会，数据已经成为企业和组织决策的重要依据。数据智能技术通过在企业与组织内部和外部进行数据收集、清洗、存储、分析和挖掘，对信息进行加工，提取有用的数据，进一步分析和推断出有价值的知识，为企业或组织提供支持决策的数据支持和智慧化软件工具等功能，从而使得信息决策更加有据可循。在信息决策过程中，如果只依靠一定的直觉和经验进行决策，往往难以做出最优的决策，甚至会出现决策错误的情况。而数据智能技术能够对大量的数据进行分析，能够挖掘出潜藏于数据中的问题、瓶颈以及机会，使得信息决策有依据，能够提高决策的准确性和精准性。

数据智能的关键技术包括数据挖掘、数据分析、机器学习、人工智能等，可以帮助企业制定可靠的决策，优化业务模式和营销策略，提高生产效率和质量，提升客户体验和忠诚度，降低运营成本和风险等。通过大数据分析，可以深入了解消费者的购买习惯、喜好趋势、社交网络关系等，为企业或组织制定更加精准的营销战略和产品设计提供支持。

数据智能是指利用数据分析、人工智能等技术，将海量、多源数据转化为有用的信息，从而为决策提供更加准确、可靠的数据支持。基于数据的决策有据可循，通过挖掘数据中的规律和趋势，为决策提供可靠的数据支持和“背书”，避免了主观臆断的风险。依托数据智能的决策优势包括逻辑性、实时性、高效性、成本低等特点。第一，数据智能使决策具有逻辑性。数据智能可以让决策者掌握关键指标、分析细节和拥有全局视角，从而制定具有逻辑性和相互关联性的决策。第二，数据智能使决策具有实时性。数据智能可以以极短的时间周期获取、分析和处理数据，从而让决策者能够实时获取数据信息，并做出及时的决策。第三，数据智能使决策拥有高效性。数据智能可以让决策者快速地获取、分析和处理数据信息，从而让决策者在最短的时间内制定最优化的决策。第四，基于数据智能的决策可以提高成本效益。数据智能可以减少决策中的不确定性和风险，避免了过度投入和无效决策所带来的直接和间接成本支出，进而提高企业的效益和竞争力。

此外，数据智能还可以提高数据的可信度和准确性。数据智能通过对数据进行清洗、整合、挖掘和分析等处理，祛除数据中的噪声和错误，从而提高数据的可信度和准确性。数据智能可以揭示数据的规律和趋势。利用机器学习和数据挖掘等技术，从海量数据中挖掘出关键特征和模式，识别出数据的规律和趋势，为决策提供有据可循的依据。数据智能可以提供数据的全局视角和深度分析。将数据以可视化的形式呈现，以图表、报告等方式展示数据的全貌和细节，让决策者从多个角度和维度深入分析数据，制定出更加明智的决策。

数据智能可以增强决策的预测性和实时性。通过对历史数据、趋势和事件进行预测，为决策提供更加可靠的预测和预警，同时也可以实时地监控和分析数据，让决策者更加及时地做出决策。数据智能可以降低决策的风险和不确定性。通过对数据进行量化和分析，让决策者更加清楚地了解决策的影响和风险，从而做出更加科学和冷静的决策，降低不确定性和风险。因此，数据智能通过提高数据的可信度和准确性，揭示数据的规律和趋势，提供数据的全局视角和深度分析，增强决策的预测性和实时性，降低决策的风险和不确定性等，让信息决策变得更加有据可循。

比如运用数据智能辅助金融信息决策，开展银行业客户信用风险评估。银行通过数据智能技术对客户的历史交易记录、贷款历史、信用报告和社交媒体等信息进行分析，预测客户的信用风险情况。通过数据智能技术，银行可以更准确地判断客户信用风险，优化风险控制和信贷决策。金融业中的风控是一种极其重要的业务，它的正常运行至关重要。而在这个过程中，大量的数据需要被收集、分析和处理，只有当这些数据被有效地转换为洞见时，才能使风险管理和风控决策变得更有成功的可能性。当大数据与人工智能结合起来时，银行可以分析客户历史交易、行为表现、社交数据等各种数据，进而准确地预测客户行为，最终提升风控效率和准确性。

制造企业将生产过程中的产品数据、传感器信息、供应链信息等数据进行整合和分析，结合大数据和人工智能技术实现生产的自动化控制、优化供应链管理和预测维护。通过数据智能技术，制造企业可以提高生产效率和质量，降低成本和风险，提升客户满意度。物流企业可以利用数据智能技术，对货物的种类、数量、重量、目的地、运输方式和路线等进行分析，优化配送方案和车辆调度。通过数据智能技术，物流企业可以提高运输效率，降低成本和风险，增强客户满意度。

医疗机构利用数据智能技术，对患者的病历数据、化验报告、影像资料等进行分析，预测疾病的发展趋势和治疗效果，为医生制定临床决策提供依据。通过数据智能技术，医疗机构可以提高医疗服务质量，降低误诊和漏诊率，增加患者生存率和治愈率。

使用人工智能和大模型技术来处理大量的药物效果、基因组、生理参数等数据，医疗机构可以更好地了解患者的病情，预测患者的健康风险，并且选择最适合患者治疗的方案，而这些决策依据正是数据支撑的。

零售业是一个重要的商业领域，竞争异常激烈。利用人工智能和大模型技术来研究顾客喜好，分析他们的购买历史、搜索历史以及社交数据，有效提高客户体验，提高客户留存率。同时，根据购买历史和客户信息，人工智能可以准确预测用户购买的商品和时间，并且通过自动化推荐系统为顾客推荐更合适的商品，最终提升营销效果。

正是因为数据智能可以让信息决策有据可循，所以需要利用人工智能和大模型的技术支持。通过收集与整合各种数据，然后利用人工智能和大模型技术进行分析和处理，最终生成有用的信息和洞见，这些信息和洞见可以为企业和组织的决策提供有据可循的依据。而人工智能和大模型技术的优越性使得它们可以更快、更准确地分析大量的数据，找到数据背后的规律和规则，进而提供高质量的信息和建议。由此可见，通过数据赋能大数据信息决策，在提高决策效率、质量和降低决策成本方面，具有突出作用。同时，大数据决策对算法模型和算力提出更高要求。

8.3.2 大模型与信息决策

在大数据环境下，决策制定与分析面临着复杂多变的情境，且与以往大不相同，呈现出多维交互和全要素参与的特点。目前，决策情境上构成了一个复杂的社会物理信息系统。在这个系统中，决策环境、决策主体和受众的认知行为等要素错综复杂、高度关联，这导致此类系统往往不具有可分离性（Separability），即它们不能被充分描述为独立成分的总和，因此无法通过传统的还原论(Reductionism)进行合理分解、独立分析和智能重组。由此，依赖可分离性作为关键先决条件的传统决策方法（如分步决策和序贯决策)在这类系统中将不可避免地失效。

然而，以 ChatGPT 为代表的大模型技术的发展，有望颠覆既有决策范式，推动学术界和产业界进一步探索 AIGC（AI Generated Content，人工智能内容生成)到 AIGD（AI Generated Decisions，人工智能决策生成)的可能性。AIGD 技术将使模型的思考能力和决策能力应用到具体场景中，将人类从烦琐的决策工作中解放出来，让人们更加专注于创造性的活动。

(1)大模型的概念

大模型是指使用大规模数据进行建模和分析，以产生更准确的预测和决策。大模型涉及各种数据分析技术，如机器学习、深度学习、强化学习等。通过大模型分析，可以发现数据之间的关联和规律，为决策提供更准确的依据。

大模型是一种大型的机器学习模型，通常由深度学习算法构建而成，使用了大量的训练数据和计算资源进行训练。大模型的应用非常广泛，包括但不限于自然语言处理、计算机视觉、语音识别、推荐系统、自动驾驶等领域。在自然语言处理领域，大模型可以用于语言模型、机器翻译、文本分类、情感分析等任务。例如，GPT系列模型可以生成高质量的文章、答案和对话，被广泛应用于问答系统、自动回复、聊天机器人等领域。在计算机视觉领域，大模型可以用于图像分类、目标检测、图像分割、人脸识别等任务。例如，ResNet系列模型在图像分类任务中取得了非常好的效果。在语音识别领域，大模型可以用于语音识别、语音合成等任务。例如，DeepSpeech2模型可以更准确地判断音频的发音、语速、节奏和音调，提高了语音识别与合成系统的精度和流畅度。

推荐系统也是大模型应用的重要领域之一。大模型可以将用户的历史行为和兴趣转化为表达式，更准确地为用户推荐适合他们的内容和产品。如大模型能够学习用户决策动机和行为习惯，并进行知识推理，降低推荐过程中的冷启动问题，因此协同过滤算法和大模型结合的推荐系统可以为用户提供更加个性化、精准的推荐服务。此外，大模型在自动驾驶领域也有广泛的应用。例如，多模态感知模型和决策模型可以用于自动驾驶中的车辆控制、路径规划、障碍物识别等任务。在金融领域，大模型也被广泛应用于投资顾问、量化交易、风险管理、金融情绪分析等领域，帮助投资者做出更加明智的投资决策。

信息决策是指在决策过程中，利用各种信息和数据进行分析和评估，并进行决策的过程。信息决策需要依靠数据分析和挖掘技术，以获取各种信息和数据，进行决策分析和决策制定。大模型可以为信息决策提供更准确的数据和分析结果，从而帮助决策者更好地理解和评估决策的风险和影响。

(2)大模型的特点

①高效性。

大模型可以处理更加复杂、庞大的数据集，从而获得更好的性能。这是因为大模型可以使用更多的计算资源和硬件资源，以提高模型的准确性和鲁棒性。例如，在自然语言处理领域，大模型可以处理海量的文本语料，从而获得更好的文本挖掘和知识推理能力。

②泛化能力强。

大模型具有更好的泛化能力，可以处理不同类型的数据。这是因为大模型可以学习更多的特征和规律，以更好地预测未来数据。例如，在图像分类任务中，大模型可以处理更加复杂、庞大的图像数据集，从而获得更好的性能。

③部署效率高。

大模型可以快速地部署到生产环境中，以支持实时应用。这是因为大模型可以快速地训练和部署，以提高模型的效率和实时性能。例如，在推荐系统中，大模型可以快速地生成推荐结果，以支持实时应用，交互性更强。

④更小的数据集。

由于大模型已经在大规模数据上进行了训练，因而通过微调大模型可以处理更小、更复杂的数据集，同时保留在大规模数据上学习的知识，从而减少了数据预处理和特征提取的时间与成本。例如，在生成对抗网络中，大模型可以生成更加准确、鲁棒的生成器，从而提高了生成器的性能。

⑤计算资源需求高。

大模型需要大量的计算资源和硬件资源，包括高性能计算机、大规模分布式集群等。这使得大模型的部署和训练成本较高，难以在普通的企业和研究机构中推广和应用。由于大模型需要处理大量的数据和参数，因此会占用大量的内存空间。这使得传统的机器学习算法无法直接处理大模型，需要使用特殊的技术和工具进行处理。

⑥计算复杂度高。

大模型需要进行更加复杂和细致的计算，这会导致计算时间和计算成本较高。这对于某些特定问题和场景而言，大模型的训练时间会变得非常长，甚至无法解决问题。例如，在生成对抗网络中，由于需要进行复杂的计算，使得生成器的训练时间变得非常长，甚至无法解决问题。

⑦可解释性差。

由于大模型参数数量庞大，难以解释其内部工作原理和决策过程。因此，模型的可解释性降低，难以进行理论分析和实验验证。但是大模型的推理能力比较强。

(3)大模型技术设计与建设

在过去的几年里，大规模的预训练模型发展迅速。大规模预训练模型通过学习大量的公开数据，将学习到的知识存储在大规模参数之中，不断刷新多个领域中多数任务的最高性能纪录，是通向通用人工智能的可行路径。大模型架构的设计需要综合考虑模型深度和宽度、分布式训练、硬件平台的选择、模型压缩和优化以及自动化设计等因素。随着大规模数据和计算资源的不断增长，设计高效的大模型架构已经成为实现人工智能的关键因素之一。此外，基于大模型架构的信息决策将在诸多领域发挥重要作用。

①超大规模模型的设计。

目前，一些大规模模型的设计已经达到了亿级别的参数数量，比如广受关注的 GPT 具有 1750 亿的参数。随着数据集和计算资源的不断增加，超大规模模型的设计将成为一个新的研究方向。这些模型可以在语音识别、自然语言处理、图像和视频处理等领域中得到应用。

②自适应模型设计。

自适应模型设计可以根据不同的任务和数据集自动调整模型的结构和参数，以获得更好的性能和效率。这种方法可以大大减少人工设计模型的工作量，同时可以在不同的应用场景中快速应用和部署。

③多模态模型设计。

从人类接收信息的角度看，我们所接收到真实世界的信息来自多模态的数据源，如语音、文本、图像等，而单模态预训练模型只涵盖了单一模态的信息，无法对人类的信息获取、环境感知、知识学习与表达的主动学习过程进行有效表达，不同模态之间的隐式交互信息并未被充分利用与学习。因此，为实现更加通用的人工智能模型，预训练模型必然由单模态往多模态方向发展，需将文本、语音、图像、视频等多模态内容联合起来进行学习，并专注于多模态内容之间的关联特性与跨模态转换问题。这样一方面可以引入多维度的信息，另一方面可以利用互联网上大量的多模态数据，使得模型能够学习更通用化的特征表示，以此增强模型的通用性和泛化能力。

多模态模型设计可以将不同类型的数据集(如文本、图像、语音等)结合起来，以获得更全面和准确的信息。多模态模型设计将成为人工智能领域的一个热门话题，可以在自然语言理解、视觉推理、语音识别等领域中得到广泛应用。

④模型具有可解释性和可视化。

模型可解释性和可视化是大模型设计重要关注点。随着模型的规模和复杂度的不断增加，了解和解释模型的内部工作机制变得越来越重要。模型可解释性和可视化将成为设计大模型的一个重要因素。

⑤大模型的建设。

大模型的建设通常由多个组件和模块组成，这些组件和模块协同工作以实现大模型的功能和应用。以下是大模型技术的主要组件和模块：

第一，数据预处理：大模型需要大量的数据进行训练和测试，但这些数据通常需要进行预处理，例如数据清洗、标准化、归一化等，以确保模型的准确性和稳定性。

第二，模型架构：大模型的架构通常基于深度学习算法，例如 CNN、RNN、Transformer 等，这些算法通过多层神经网络构建模型，实现从输入数据到输出结果的映射。

第三，训练过程：大模型的训练通常需要大量的计算资源和时间，主要使用 GPU、TPU 等加速器进行计算，以及使用分布式计算等技术进行训练加速。此外，大模型的训练还需要使用优化算法，包括梯度下降、Adam 等，以最小化损失函数并提高模型的泛化能力。

第四，调优和评估：在大模型的训练过程中，需要进行调优和评估，例如使用交叉验证、早停等技巧防止过拟合，以及使用各种指标评估模型的性能和效果。

第五，应用和部署：大模型的应用和部署通常需要针对具体的应用场景进行定制和优化，例如进行模型剪枝、量化等压缩和优化操作，以及将模型部署到各种平台和设备上，以支持实际应用的需求。

(4)大模型与信息决策的结合

大模型已经切实改变了许多行业从业人员的工作流程，有效赋能了大量工作场景。通过生成式模型生成文本、图像、音频和视频可以有效地节省许多工作任务的时间。通过上下文学习，ChatGPT 等大型语言模型可以很好地完成一些判别模型的任务。最新测试显示，GPT4 已经在许多考试任务中超越了人类考生的平均水平。而且，在一些需要逻辑推理的任务中，这些大模型依然可以表现出一定的准确率并输出符合逻辑的推理过程。目前，微软已经将 GPT 接入其旗下的 BING 搜索引擎，正式向谷歌发起挑战。中国公司百度、阿里巴巴等机构也陆续发布各自旗下的大模型，并且逐步形成不同场景中的应用。大模型为部分工作岗位管理决策提供支持。例如在 ChatGPT 出现之后，越来越多的企业开始招聘和大语言模型对话的专职员工，通过编写合适的 prompt 引导大语言模型辅助管理决策。

大模型在信息决策中的影响主要表现在，可以向决策者提供更全面、准确的信息背景和决策建议；可以帮助决策者更全面地了解与决策相关的多方面、多变量的影响因素；为决策者提供较多的选择方案和决策路线。

决策生态是由决策内部要素和外部环境共同构成的复杂动态系统。在大数据时代，基于大模型的计算决策对于构建决策生态至关重要。然而，现有的决策生态构建过程存在明显的主观性、片面性和静态性，因为它们依赖大量人工先验知识。由于生态构建者的背景知识和对决策场景的理解有限，这种方法构建的人工决策生态通常包含与真实情况相悖的理论假设，难以确保决策要素的完备性和主体交互过程的持续更新，以及生态的持续进化。

相比之下，基于大模型的智能决策框架可以更有效地提取跨域、跨场景数据中的决策知识，并总结决策要素对决策效果的复杂关联。在大模型的帮助下，智能决策框架可以自动从数据中学习决策规则和模式，并通过与人工先验知识的结合，实现开放人工决策场景的半自动构建。这可以确保生态场景构建的客观性和合理性，保证生态要素的完备性和细致性、交互机制的非线性和时变性及决策推演的动态性和开放性。因此，基于大模型的智能决策框架是一种更加客观、合理、细致的决策支持方法，可以弥补传统人工构建决策生态的不足，并显著提升决策效率和准确性。

大模型时代决策范式的转变主要体现在四个方面：数据来源、决策生态、决策模型及决策主体(如表 8-1 所示)。

表 8-1　决策范式的转变

	经典决策	计算决策	智能决策
数据来源	内部数据	大数据领域	开放域大数据
决策生态	物理生态	封闭静态人工生态	开放动态人工生态
决策模型	经验+规则	数据+学习	知识+推理
决策主体	人工决策	机器辅助决策	人机协同决策

大模型赋能的信息决策过程发挥着关键作用。通过综合跨域、跨场景的决策案例和知识，这种信息决策方式能够形成目标场景的最优决策方案，从而最大限度地减少了对人工先验知识的依赖，降低了决策偏差的可能性。如结合生成式人工智能和智能问答技术进行信息决策呈现出了显著的潜力。生成式人工智能可以深入分析历史股票数据和市场动态，识别出潜在的投资机会和风险因素。同时，智能问答技术可以使投资者直接与系统进行对话，询问关于市场趋势、特定股票的情况以及投资建议等问题，并且从系统中获取及时、准确的回答和建议。这种融合生成式人工智能和智能问答技术的信息决策过程能够帮助投资者更好地理解市场动态，优化投资组合，降低投资风险，从而实现更

加稳健的投资收益。在医疗领域，利用大模型分析疾病数据是一项具有前景的应用。通过对大规模的医疗数据进行挖掘和分析，大模型可以发现疾病的潜在模式和规律，提供更准确的疾病预测和诊断方案。这种信息决策过程有助于医疗机构提高诊断精度、优化治疗方案，提升医疗服务的质量和效率，实现个性化医疗的目标。

8.3.3 基于大模型的信息决策

大模型通常指的是参数数量巨大、层级结构复杂的深度学习模型。这些模型通常具有数十亿到数千亿个参数，比如最近几年备受关注的 GPT（Generative Pre-trained Transformer）系列模型，以及 BERT（Bidirectional Encoder Representations from Transformers）等。这些模型通过在大规模语料库上进行预训练，能够学习到丰富的语义和知识表示，然后可在各种自然语言处理任务中进行微调或者直接使用。这是由于互联网的发展和数字化技术的普及，海量的数据不断产生，为训练大规模模型提供了充足的数据资源。

Transformer 架构的提出和各种改进，以及相关的自监督学习和预训练技术的发展，为构建大规模深度学习模型提供了理论基础和方法支持。大模型在各种自然语言处理、计算机视觉、语音识别等领域取得了显著的成果，并逐渐成为人工智能研究和应用的前沿。它们在机器翻译、文本生成、问答系统、语言理解、图像识别等任务中取得了令人瞩目的效果，推动了人工智能技术的发展和应用。

大模型在海量数据上进行预训练，学习到了丰富的语义信息和特征表示。这些特征表示可以作为决策过程中的输入，帮助系统更好地理解和表征数据，从而支持更准确的决策。大模型具有强大的数据挖掘和模式识别能力，能够从海量数据中发现隐藏的规律和模式。通过对数据的深层次分析，大模型可以帮助发现数据之间的关联性和潜在的信息，为决策者提供更深入的洞察。基于大模型的信息决策系统可以根据用户的需求和偏好，提供个性化和定制化的决策支持服务。

虽然大模型通常需要大量的计算资源进行训练，但一旦训练完成，它们可以在实时或近实时的情况下进行推断和决策。这意味着基于大模型的信息决策系统可以及时响应数据的变化和更新，为决策者提供及时的决策支持。此外，大模型通常具有处理多模态数据的能力，包括文本、图像、音频等不同形式的数据。这使得基于大模型的信息决策系统能够更全面地分析和理解复杂的决策环境，为决策者提供更全面的决策支持。

大模型具有强大的数据挖掘和模式识别能力，能够从海量数据中发现隐藏的规律和模式。在信息决策中，大模型可以帮助发现数据之间的关联性和潜在的信息，为决策者提供更深入的洞察和分析。基于学习到的知识和经验，大模型可以进行预测和推断，帮助决策者预测未来趋势、评估风险和制定决策策略。在信息决策中，大模型可以利用历史数据和当前情况进行推断，为决策者提供决策建议和预测结果。大模型通常具有处理多模态数据的能力，包括文本、图像、音频等不同形式的数据。在信息决策中，大模型可以综合分析不同形式的数据，为决策者提供更全面的信息支持和决策建议。

利用大规模数据进行训练，使得大模型具备了强大的数据学习和分析能力，从而能够提供更为准确和可靠的决策指导。基于数据的驱动，决策者可以通过大模型对现有数据进行深入分析，从中发现潜在的规律和趋势，为决策提供科学依据。大模型具有处理多模态数据和知识推理的能力，可以综合考虑来自不同来源和不同形式的信息，为决策者提供更全面的信息支持。基于大模型的信息决策体系如图 8-3 所示。

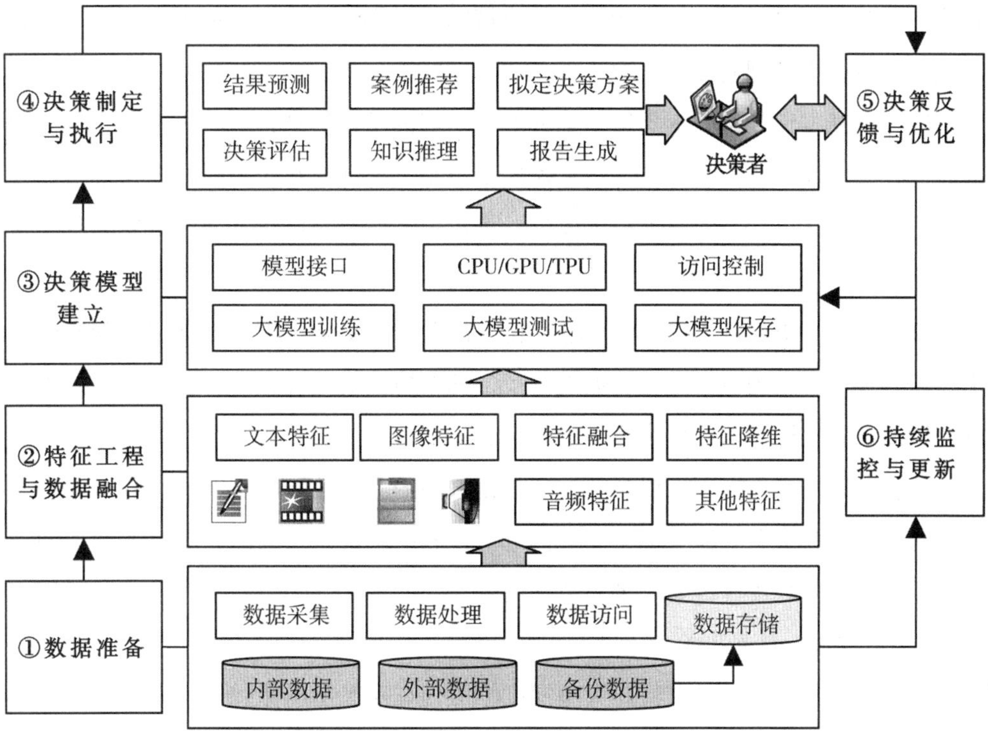

图 8-3　基于大模型的信息决策体系

①数据准备：首先需要收集和准备决策所需的数据。这些数据可以包括结构化数据、半结构化数据和非结构化数据，如文本、图像、视频等。数据的质量和完整性对决策的准确性至关重要，因此需要进行数据清洗、处理和标注。

②特征工程与数据融合：利用大模型进行特征工程和数据表示学习，将原始数据转换为模型可理解的特征表示。这可以通过预训练模型的特征提取功能或者自定义特征工程方法来实现，以最大程度地提取数据中的信息并减少决策过程中的信息损失。此外，为了学习不同模态数据的潜在价值，融合文本、图像、音视频等多模态数据，提高大模型决策能力。

③决策模型建立：选择合适的大模型，并基于特征表示构建决策模型。这涉及模型的选择、模型的参数调优和模型的训练等步骤，主要采用 CPU/GPU/TPU 等算力资源。在此阶段，需要根据具体的决策任务和目标来确定模型的结构和参数，并将测试完成的模型进行保存，为决策制定提供模型基础。

④决策制定与执行：利用建立好的决策模型对新的数据进行预测和知识推理，从而进行决策的制定和执行。根据模型输出的决策结果，决策者可以根据决策报告做出相应的决策，并将其实施到实际情境中。

⑤决策反馈与优化：收集决策结果和实际情境的反馈信息，包括决策的结果、效果和潜在的改进空间。利用这些反馈信息对决策模型进行优化和改进，以提高模型的性能和决策的效果。这可能包括重新训练模型、调整模型参数、更新特征表示等步骤，从而不断优化决策过程。

⑥持续监控与更新：对决策模型进行持续的监控和更新，以确保其在不断变化的环境中保持有效性和准确性。随着新数据的产生和新情境的出现，及时更新模型并进行持续的性能评估和改进，以保持决策的适应性和灵活性。

在信息决策中，大模型可以帮助发现数据之间的关联性和内在价值，可以综合分析多源异构数据，为决策者提供更全面的信息支持和决策建议。因此，基于大模型的信息决策在不同行业领域发挥重要决策支持作用。

(1)医疗领域的信息决策

医学影像诊断方面，目前使用大型深度学习模型对医学影像(如 X 射线、MRI 和 CT 扫描)进行分析，辅助医生诊断疾病。基于患者的医疗记录和基因组数据，利用大模型预测特定治疗方案的有效性，从而实现个性化治疗。此外，使用大模型分析患者的健康数据，预测疾病的发展趋势和患病风险，以便采取预防措施。

(2) 金融领域的信息决策

大模型已经被用于分析客户的信用历史和其他相关信息，为借贷决策提供信用评分。在投资组合管理方面，使用大模型分析市场数据和趋势，辅助投资者做出投资决策。此外，基于大模型分析交易数据，可以识别和预测可能的欺诈行为。同时，金融机构利用大模型可以分析金融数据，评估借款人的信用风险，帮助金融机构做出贷款决策，并且在分析市场数据和公司财务信息基础上，预测股票价格走势，为投资者提供交易策略和建议。

(3) 智慧城市领域的信息决策

相比于传统的基于单一模态和机器学习模式的交通决策，大模型可以分析交通流量和城市数据，优化交通信号控制和城市规划，大大提高城市运行效率和居民生活质量。在智能安防和环境监测方面，大模型可以分析视频监控和环境传感器数据，识别异常事件和污染源，保障城市安全和环境保护。通过大模型分析海量多模态的交通数据，实时预测可能发生交通事故的地点和时间，以改善交通安全。

(4) 社交媒体网络舆情管控

基于大模型提取图像、文本、音视频等数据特征，提高情感识别和主题挖掘的精准度，从而检测用户评论、观点、情绪等信息，为网络舆情管控提供决策支持。此外，利用基于大模型如 BERT/GPT 提取文本数据特征，构建舆情监测预警模型，能够精准捕捉数据内在规律，提高舆情态势感知能力和预警及时性。通过预警系统提供警报，使决策者能够及时了解和应对突发的负面舆情或危机事件。大模型可以融合并学习各种数据源，包括疫情数据、人口流动数据、医疗资源数据等，进行综合分析和预测，帮助决策者了解疫情的传播趋势和风险。

(5) 安全生产领域的信息决策

在安全生产管理方面，需要进行风险识别与安全隐患预防。通过大模型分析历史事故数据和生产过程参数，能够识别潜在的安全隐患和风险因素，提出预防措施和改进建议，帮助企业实现事故预防和安全生产。此外，基于大模型的监测系统可以实时监测生产过程中的异常情况和安全隐患，并发出预警，帮助企业及时发现并解决安全问题，防止事故发生。

在以上领域中，大模型的应用不仅可以帮助决策者更好地理解和应对复杂的信息和场景，还可以提供更准确、更及时的决策支持，从而更有效地管理和应对各种挑战和风险。

8.4 面向行业领域的大数据信息决策

由于数字经济和互联网技术的飞速发展，各行各业的生产、经营和管理方式正在发生着深刻变化，“互联网+”成为各行业迎接数字经济挑战的重要手段和工具，互联网海量数据和复杂多变的信息技术也给决策带来更多困难。通过大数据信息决策，企业可以更好地了解市场需求和客户需求，更好地进行产品开发和服务创新，更加高效和科学地进行生产和管理，提高企业的竞争力和运营效率。

如在制造业领域，通过大数据信息决策，企业可以更好地进行生产和质量管理，实现安全生产和智能制造，提高产品质量和生产效率。在金融领域，通过金融大数据分析和挖掘，金融机构可以更好地进行风险管理和融资决策，降低风险和成本，提高融资效率。在医疗领域，基于大数据的医疗信息决策，可以更加科学和准确地进行疾病诊断和治疗，提高医疗服务水平和效率。“互联网+”和大数据信息决策是数字经济发展的重要驱动力，它不仅能够提高企业的竞争力和运营效率，还可以为消费者提供更加智能化、个性化和便捷的服务。未来，随着数字经济的不断发展，大数据信息决策将在各行各业中发挥越来越重要的作用。

8.4.1 面向公共安全的大数据信息决策

公共安全关乎个人、机构和社会的安全与稳定，保障公共安全离不开大数据信息决策。在大数据环境下，面向公共安全的大数据信息决策对实现公共安全管理、推动社会稳定发展起到重要作用。公共安全涉及安全生产、灾害应急管理和突发公共卫生事件网络舆情管控等。为此，本节将从这三个方面介绍面向公共安全的大数据信息决策的应用。

(1)安全生产

在安全生产中，大数据信息决策对安全发挥着越来越重要的作用。通过收集、整合和分析海量的数据，大数据信息决策可以帮助企业和管理部门更好地了解安全生产的现状、识别潜在的风险和问题，并采取相应的措施来预防和应对安全事故。面向安全生产的大数据信息决策，主要从数据采集与监测、安全预警、优化安全管理、持续改进和优化、数据驱动的决策以及实时监控与应急响应等方面开展，如图 8-4 所示。

①数据采集和监测。

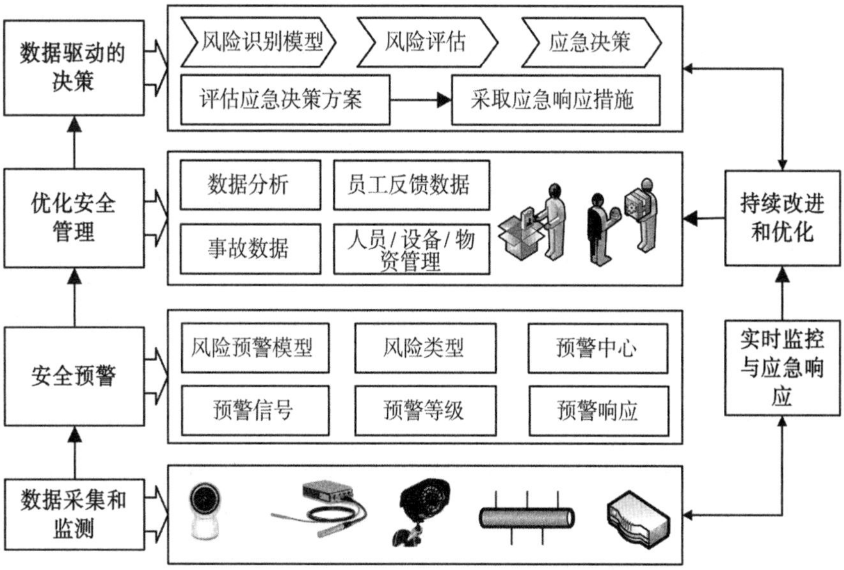

图 8-4　面向安全生产的大数据信息决策

大数据信息决策首先需要建立起完善的数据采集和监测系统。这包括利用传感器、监控摄像头等设备采集安全生产过程中产生的各类数据，如生产设备状态、工人行为、环境参数等。这些数据可以帮助实时监测生产过程中的安全状况，及时发现异常情况。在生产区域采取人脸识别、车牌识别、危险区域闯入识别、操作安全距离识别、离岗识别、睡岗识别、吸烟识别、打电话识别、安全帽工服手套识别、起吊作业下停留识别、高处作业识别等，识别不安全行为和状态。

②安全预警。

通过对历史数据和实时数据的分析，大数据信息决策可以帮助预测潜在的安全风险和事故发生可能性。例如，分析设备故障数据、工人操作数据等，可以预测设备故障的可能时间和位置，以便提前进行维护和修复。为了确定风险预警等级，构建风险预警模型；并根据安全生产需要，设计风险预警阈值，划分风险等级。然后，针对不同等级的风险类型，设计预警信号，预警中心根据预警信号采取预警响应措施，防止安全风险的恶化造成重大损失。

③优化安全管理。

大数据信息决策可以帮助优化安全管理策略和流程。通过对大数据的深度分析，可以识别出生产过程中存在的安全隐患和瓶颈，并提出相应的改进方案。例如，通过分析事故数据和员工反馈数据，可以找出造成事故的常见原因，并制定相应的培训计划和操作规程，提升员工的安全意识和操作技能。同时，对人员、设备和物资进行资源调度管理，为安全生产提供保障。

④实时监控和应急响应。

大数据信息决策可以实现对安全生产过程的实时监控和快速响应。通过实时分析生产过程中的数据，可以及时发现异常情况，并自动触发预设的应急响应机制。例如，当监测到设备温度异常升高时，系统可以自动停机并发送警报，以防止设备损坏和安全生产事故发生。

⑤数据驱动的决策。

大数据信息决策将推动安全生产管理从主观决策向数据驱动的决策转变。通过对大数据的深度挖掘和分析，建立风险识别和评估模型，进行风险识别、风险评估和应急决策。管理者可以基于客观的数据和事实做出决策，避免了主观臆断和盲目决策可能带来的风险和损失。同时，也可以通过数据的可视化呈现，使决策者更直观地了解安全生产的现状和趋势，从而更加有效地制定决策和措施。

⑥持续改进和优化。

大数据信息决策可以实现对安全生产管理的持续改进和优化。通过对历史数据和实时数据的不断分析和比较，可以发现安全管理过程中存在的问题和改进空间，并及时调整和优化管理策略和措施。这种持续改进的过程可以帮助企业不断提升安全生产管理水平，降低事故发生的风险和频率。

(2)灾害应急管理

随着科技的不断发展和数据的快速增长，大数据技术已经成为灾害应急管理中的一项重要工具。大数据信息决策在灾害应急管理中发挥着关键作用，它能够帮助决策者更及时、精准地了解灾情、预测灾害、指导应急响应和恢复重建，从而提高应对灾害的效率和效果。面向灾害应急管理的信息决策体系，如图 8-5 所示。接下来，从大数据在灾害监测、预测、应急响应和恢复重建等方面展开，详细论述大数据信息决策在灾害应急管理中的重要性和作用。

①灾害监测。

在灾害应急管理中，灾害监测是第一步，也是至关重要的一环。大数据技术能够帮助监测系统更加及时、全面地获取各类灾害数据，包括地质灾害、气象灾害、水文灾害等。例如，利用遥感技术和传感器网络采集大量的地表变化数据，通过数据分析和挖掘

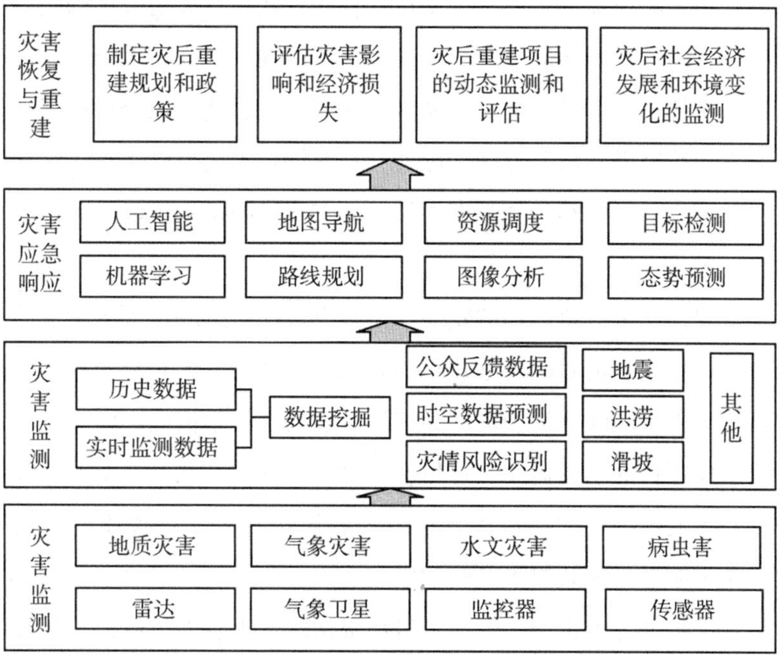

图 8-5　灾害应急管理信息决策体系

可以发现地质灾害隐患；利用气象雷达、卫星数据和气象站数据可以实现对天气变化的实时监测，及时预警暴雨、台风等气象灾害。大数据信息决策可以通过对这些监测数据的实时分析，帮助决策者快速准确地了解灾情，为灾害应急响应提供数据支持。2022 年 9 月 5 日，四川泸定发生地震，人口热力分布、房屋受损的遥感影像、铁塔大数据标注的通信中断，“翼龙”无人机的灾情侦察和中继通信等不同渠道的信息在应急管理部应急指挥“一张图”上集中呈现，发挥了重要的决策辅助作用。

②灾害预测。

基于历史数据和实时监测数据，大数据技术可以应用于灾害的预测和预警。通过对历史灾害数据的分析和建模，结合气象、地质、水文等多种数据源，可以建立灾害预测模型，对未来可能发生的灾害进行预测和评估。例如，利用大数据技术可以对地震、洪涝、滑坡等灾害进行空间和时间上的预测，提前采取防范措施，减少灾害损失。同时，大数据技术还可以结合社交媒体数据和公众反馈信息，实现对灾害风险和民众情绪的实时监测和预警，更好地指导灾害应急响应。

③灾害应急响应。

在灾害发生后，及时有效的应急响应是保障人民生命财产安全的关键。大数据信息决策可以为灾害应急响应提供全方位的支持。首先，通过对灾情数据的实时分析，可以为救援行动提供实时的地图导航、路线规划和资源调度，提高救援效率。其次，结合人工智能和机器学习技术，可以对受灾区域进行智能化的遥感图像分析和目标检测，帮助救援人员及时发现被困者和重要设施。此外，大数据技术还可以实现对灾民需求的动态监测和预测，指导物资分配和社会救助，保障受灾群众的基本生活。

④灾后恢复重建。

灾后恢复重建是灾害应急管理的重要环节。大数据信息决策可以帮助政府和相关部门更科学、更有效地制定灾后恢复重建规划和政策。通过对灾后损失和受灾区域的数据分析，可以评估灾害影响和经济损失，为灾后重建提供科学依据。同时，大数据技术可以实现对灾后重建项目的动态监测和评估，及时发现问题和调整方案，提高重建效率和质量。此外，利用大数据技术还可以实现对灾后社会经济发展和环境变化的监测与预测，为未来的灾害应对与预防提供经验和借鉴。

大数据信息决策助力灾害应急管理，对物资调配管理、人员救助、受灾区重建规划等提供决策支持。通过对灾害监测、预测、应急响应和恢复重建等方面的数据分析和决策，可以提高灾害应急管理的效率和效果，保障人民生命财产安全。比如，广州市白云区应急管理中心，结合了当地特色建设业务专题图、突发事件管理系统、应急指挥调度系统、资源管理系统、知识图谱系统、融合通信平台等，集成无人机、集群对讲、自组网等设备，通过大数据技术全面分析应急业务数据，高效协同多终端多用户，打造“指挥调度一张图”，以大数据和物联网技术支撑白云区的应急管理。

(3)突发公共卫生事件网络舆情管控

突发公共卫生事件对社会和个人健康都可能造成严重威胁。随着互联网的普及和社交媒体的兴起，网络舆情已成为影响社会稳定和政府治理的重要因素之一。大数据信息决策在网络舆情管控中发挥着关键作用，可以帮助政府和组织更好地了解网络舆情动态、识别舆情风险、采取应对措施。大数据信息决策支持网络舆情管控过程如图 8-6 所示，包括舆情监测、情感分析、危机预警和舆情应对等方面。

①舆情监测。

大数据信息决策可以通过对网络舆情的实时监测和分析，帮助政府和组织更全面、及时地了解舆情动态。利用网络爬虫技术和数据挖掘算法，可以收集和整合各类网络舆情数据，包括新闻报道、社交媒体评论、论坛帖子等。通过对这些网络舆情数据的分析和挖掘，可以了解舆情的热点话题、情感、关键事件和舆情演化趋势，为政府和组织制

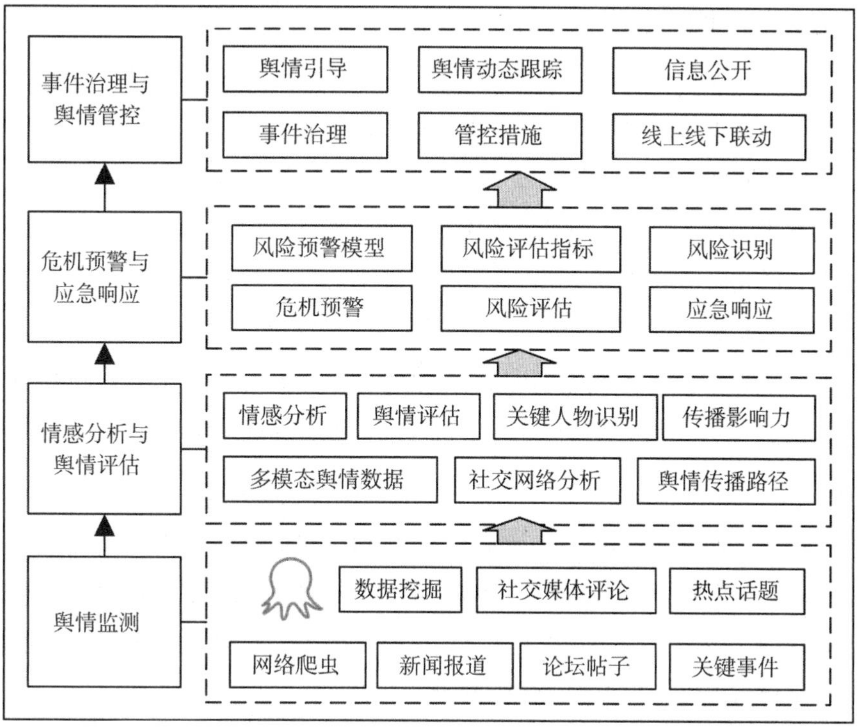

图 8-6　突发公共卫生事件网络舆情管控

定应对策略提供数据支持。充分发挥大数据的分析研判和预警功能，把握舆情的走向和发展，精准选择信息发布时间、发布渠道，及时准确做出舆情应对，以大数据辅助决策，保障舆情管理科学有效。

②情感分析与舆情评估。

大数据信息决策可以利用自然语言处理技术和机器学习算法，对网络舆情中的情感倾向和态度进行分析和评估。通过文本、图像、音视频等多模态情感分析，可以识别舆情中的正面、负面和中性情绪，了解舆情事件的社会影响和舆情风险。同时，还可以对舆情事件的关键人物、组织和信息进行网络关系分析，识别舆情的影响力和传播路径，为舆情管控提供参考依据。

③危机预警与应急响应。

基于对突发公共卫生事件舆情的分析和评估，大数据信息决策可以实现对网络舆情的危机预警和应急响应。通过建立舆情预警模型和风险评估指标，识别潜在的舆情危机和社会矛盾，评估风险等级，并给出预警提示，以及时发现并采取应对措施。通过突发公共卫生事件网络舆情研判体系对众多网络参与主体的信息捕捉，使得过去单一的、静态的、以手工和定性为主的监测分析方法发展为多因素、多时相、时空联合、定量定性相结合的综合监测分析方法，能够更好地对影响舆情传播关键要素的层次结构进行建模，制定科学、完善的舆情预测指标体系。根据指标体系计算出舆情危机的走向，甚至确定舆情发生的时间与空间，及时通知相关部门，将舆情预警与应急响应无缝对接，将舆情危机化解于无形。同时，还可以利用智能算法和自动化系统，实现对突发公共卫生事件网络舆情的实时监测和自动化应急响应，提高舆情应对的效率和效果。

④事件治理与舆情管控。

在应对突发公共卫生事件网络舆情挑战的过程中，大数据信息决策可以发挥引导舆情和舆论的作用，实现对线上舆情和线下事件的管控与联动治理。通过对舆情事件的深入分析和舆情动态的跟踪，可以识别舆情事件的核心问题和社会矛盾，积极引导舆论方向，提高公众舆论的理性和积极性。同时，还可通过舆情数据的可视化呈现和信息传播渠道的优化，加强舆情事件的信息公开和宣传解释，增强舆情管控的有效性和公信力。基于大数据的网络舆情分析，公共卫生部门能够了解事件态势，采取因时因地制宜的突发公共卫生事件治理措施，提高决策的针对性和全面性。

8.4.2　面向电子政务的大数据信息决策

近年来，我国电子政务建设飞速发展，在云计算、大数据等新技术的支撑下，电子政务应用逐渐向云上迁移。大数据环境下，云计算在为电子政务信息服务提供先进的计算模式和基础架构的同时，也带来新的云环境下信息安全风险的问题。政务信息资源除了面临传统数据管理带来的安全风险，由于不同政府部门之间的信息共享和交互，还面临包括共享交互安全、数据安全、用户与管理终端安全这些新型的安全风险。提前预测不同环节潜在的风险因素，对于政务云服务安全体系的全生命周期风险管控有着深远的意义。

在大数据环境下，面向电子政务的大数据信息决策，需要识别政务云服务安全体系的风险，并进行科学应急决策。风险管控对于政务云信息服务中安全体系的建构十分重要，能有效避免或降低难以预测的突发安全风险对云服务安全体系的影响。结合数据生命周期和风险管理理论，识别数据安全体系中的风险因素。在识别风险因素的基础上，采用层次分析法和模糊综合评价法构建风险管理评估指标体系，进行安全风险的评估方法研究；然后运用层次分析法和机器学习算法，确定风险的权重，构建风险预警预测模型；最后根据风险类型和等级制定科学风险控制对策，实现全生命周期风险管控。风险管理流程如图 8-7 所示。

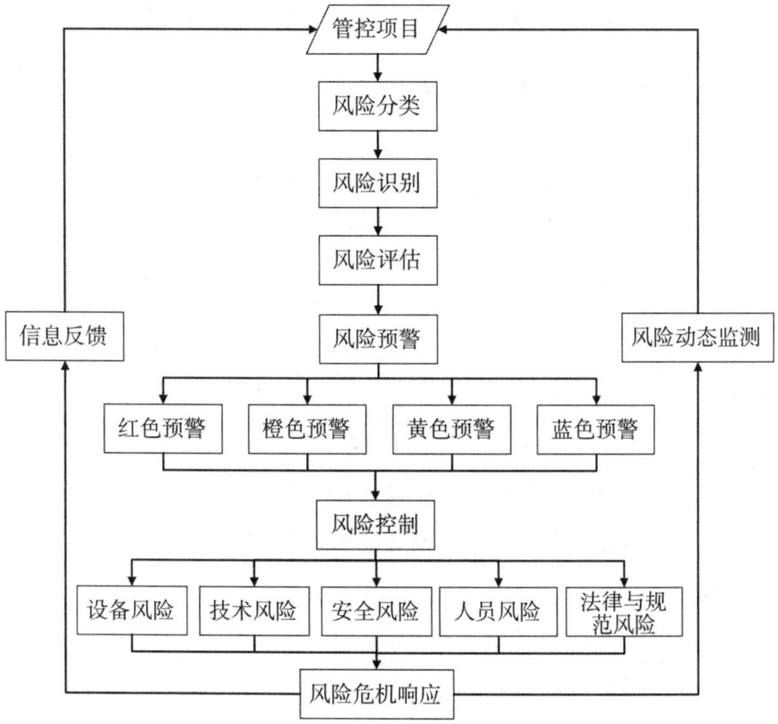

图 8-7　风险管理流程图

8.4.2.1　政务云服务安全体系风险识别

风险识别是指在潜在的风险发生前，通过各种信息技术、设备检测或者理论模型等系统性的方法来预测各种可造成经济损失的潜在威胁。风险识别是政务云服务安全体系全生命周期风险管控的基础，只有在政务云服务和信息资源管理过程中，精准全面地发现每一个可能的潜在危险，才能够选择有效便捷合适的方法进行处理。风险识别需明确政务云服务所面临的客观风险，并结合数据生命周期和风险管理理论，归纳分析风险因素。在此基础上，结合德尔菲法、故障树分析法和危险因素识别法构建大数据风险识别模型，通过挖掘异常数据，识别风险源、风险因素与风险事项，结果可视化与知识管理来识别政务云服务和信息资源管理过程中隐含风险。针对政务云信息组织、存储、处理与服务中的安全风险，进行全方位、全程化信息安全风险管控。

(1)风险类型

政务云服务面临的风险是指政务云服务安全体系中对政务信息资源安全造成威胁和影响的各种潜在事件。从政务云服务安全体系的框架构建和政务云服务各环节的信息资源管理情况出发，结合风险管控理论，将风险分为设备风险、技术风险、安全风险、人员风险以及法律与规范风险。具体风险内容，如表 8-2 所示。

表 8-2　政务云服务安全体系风险类型

风险类型	风险对象	风险内容
设备风险	机房	电子政务网络基础设施和机房遍布于各地，常会面临地震、台风等恶劣自然环境和人为破坏，从而造成整个电子政务云平台瘫痪。
	移动终端	移动终端丢失导致的信息泄露与信息窃取风险。
技术风险	基础设施	基础支撑和自主创新能力受限，缺少独立研发交付的云基础设施，采用国外采购的软硬件和协议易被黑客利用技术后门与漏洞进行攻击。
	云计算技术	云计算技术具有虚拟化等技术特征，传统安全策略和检测模型效果有限，增加了安全认证机制的技术难度，导致恶意代码以及病毒的传播速度提升，增加了政务云安全风险。
安全风险	数据	数据风险指政务信息资源在采集、存储、处理与传输等全生命周期中存在被泄露、被篡改、被删除等安全风险。造成数据风险的主要原因有设备安全防护能力不足、外部攻击或窃取、云迁移与信息资源共享时防护措施不足。敏感信息的泄露不仅会降低民众对政府机关的信任度，甚至可能影响社会安定与国家安全。
	网络	网络虚拟化技术使得防火墙、入侵检测系统等传统的安全防护措施失效，难以抵御外部黑客、恶意程序、攻击者等入侵。
人员风险	人员与组织	人员风险与组织风险即电子政务云服务中工作人员的安全防范意识不足、业务技能水平低下，缺少从事云服务架构设计、电子政务战略规划、信息安全技术等复合型人才。
	供应商	供应商风险指云服务供应商不具备安全资质和职业操守。例如云服务供应商不能够提供持续、稳定的服务，不能抵御黑客攻击的风险，不能提供安全的 API 接口；供应商的内部开发人员没有经过专业的安全培训，有滥用、窃取甚至篡改政务信息数据的行为，在开发和部署系统过程中未能严格遵守相关法律法规等。

续表

风险类型	风险对象	风 险 内 容
法律与规范风险	政策法规	《信息安全技术　信息系统安全等级保护基本要求》等标准落实难，网络安全等级保护制度对政务云服务安全体系的实效性低。
	安全标准规范	电子政务云服务涉及多部门、多业务、多系统，缺乏健全统一的安全标准规范使之面临数据泄露篡改、对接流程不清晰等风险。

(2)风险识别模型

面向政务云服务安全体系提出大数据风险识别并与传统风险识别(德尔菲法、故障树分析法和危险因素识别法等)相结合的风险识别方法，构建政务云服务安全体系的大数据风险识别模型，对政务云服务和信息资源管理进行实时、智能的风险识别。大数据风险识别模型能够从多个维度预测某一类风险问题，从相关数据中挖掘异类信息，实时发现风险。大数据风险识别模型，如图 8-8 所示。

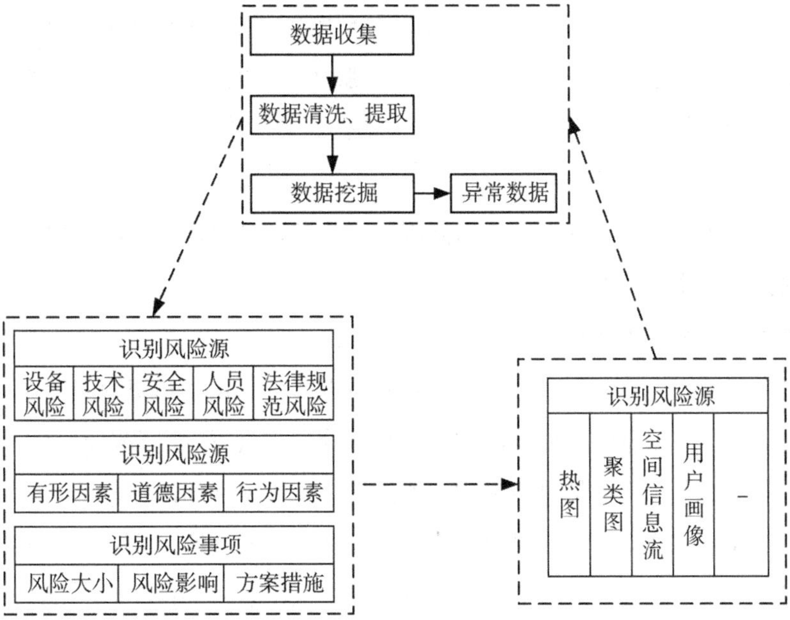

图 8-8　政务云服务安全体系大数据风险识别模型

①挖掘异常数据。

政务云服务安全体系中的异常数据挖掘识别风险目的是通过大数据降低项目开发过程中的信息不对称，方法是通过收集数据、数据清洗与提取、数据挖掘等步骤得到异常数据，并结合决策者自身的经验识别风险。

②识别风险源、风险因素与风险事项。

在政务云服务安全体系的大数据环境下：

第一，根据大数据挖掘得到的客观异常数据与主观直觉判断分析，结合德尔菲法、故障树分析法和危险因素识别法等传统风险识别方法，识别当前是否存在设备、技术、安全(数据+网络)、人员、法律与规范等风险源。

首先采用德尔菲法通过匿名调查电子政务云相关领域专家的专业意见，利用专家全面的理论知识体系识别项目中潜在的风险；之后利用故障树分析法将政务云服务安全体系中的大风险层分解为小风险，并对其进行逐层分析。

第二，识别有形、道德、行为等风险因素。有形风险因素包括机房周围环境、云基础设施研发水平、云计算技术水平、人员培训、人才培养等；道德风险因素是指在政务云服务安全体系中相关工作人员或云服务供应商以不良企图故意促使风险发生，或扩大已发生风险造成损失的因素；行为风险因素是指因人员粗心大意而引发风险或扩大风险损失的因素。可采用危险因素辨识法对政务云服务安全体系中存在的危险因素进行归纳，建立危险因素与风险之间的关联关系，通过识别危险因素推断风险类型和发生概率，为风险控制提供决策依据。

第三，识别风险事件。通过分析风险因素，当其达到设定阈值时，根据预测出风险事件造成损失的概率，采取对应的风险控制措施。

③结果可视化和知识管理。

对政务云服务安全体系的整个风险识别阶段进行可视化与知识管理操作，具体包括热图、聚类图、空间信息流、用户画像等。知识管理方法可以提高知识的共享度与决策制定者的信息掌握度，降低信息不对称，解决传统风险识别的认知偏见问题，帮助决策制定者提高风险管理能力。由于风险识别是一个动态、连续性过程，需对风险识别结果进行可视化与知识管理，将风险识别结果重新录入数据库，作为下一次风险识别的数据源。

政务云服务安全体系全生命周期风险管理的第一步为风险识别。在此阶段首先将风险源类型分为设备风险、技术风险、安全风险、人员风险以及法律与规范风险；然后，结合传统风险识别方法构建大数据环境下的风险识别模型，并在风险识别阶段进行可视化与知识管理，形成风险识别闭环，为后续的风险评估、风险控制、风险预警与风险响应奠定基础。

8.4.2.2　政务云服务安全体系的风险评估

风险评估是计算政务云服务和信息资源管理过程中存在的设备风险、技术风险、安全风险以及法律与规范风险的危害等级。通过层次分析法和模糊综合评价法来构建安全风险管理评估指标体系，建立安全风险管理的系统评估模型。

在风险管理评估时首先根据系统性、层次性、全面性的原则建立项目风险指标评价体系，其次结合熵权法与层次分析法建立风险评价的模型，最后根据模型计算出项目风险得分，并对项目风险进行重要性排序，从而决定项目决策中的风险防范与控制的优先次序。

(1)风险评价指标体系

根据风险管理生命周期理论，结合项目具体实施过程，识别出政务云服务安全体系中存在的风险。其中，主要风险包括设备风险、技术风险、安全风险、人员风险、法律与规范风险等。针对以上风险，构建项目风险指标体系，如表 8-3 所示。

表 8-3　风 险 指 标

一级指标	二 级 指 标
设备风险 D1	周围环境 D11
	运行情况 D12
	维修与保养 D13
	终端保存情况 D14
技术风险 D2	技术能力 D21
	技术方案 D22
	新技术应用 D23
安全风险 D3	政务云信息数据安全 D31
	政务云信息系统安全 D32
	政务云信息服务网络安全 D33

续表

一级指标	二 级 指 标
人员风险 D4	安全意识 D41
	业务技能水平 D42
	安全培训 D43
	工作经验 D44
	供应商安全资质 D45
	供应商职业操守 D46
法律与规范风险 D5	政策导向 D51
	法律法规 D52
	安全标准规范 D53
	落实情况 D54

(2)风险评估模型

为了降低政务云服务安全体系的安全风险，采用层次分析法和熵权法相结合，建立风险评价指标体系和模型，通过主、客观方法结合来降低人为干扰。接着，使用层次分析法与熵权法，对风险相关因素进行分层，并确定同一层次不同因素的权重，再通过模糊综合评价法进行安全评判，计算安全等级，如图 8-9 所示。

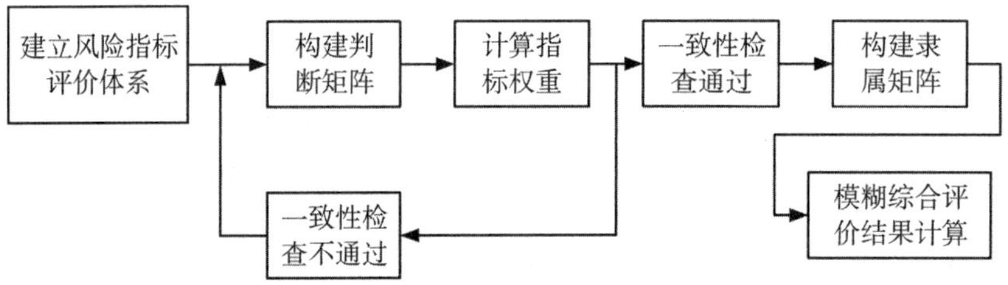

图 8-9　风险评估流程

①用层次分析法与熵权法确定指标权重。

层次分析法是一种主观评价方法，依靠专家经验知识的判断给定并计算得到指标权重，虽然具有所需数据信息量少、计算简单等优点，但是专家主观选择、偏好等对评价结果的影响很大，极易造成决策失误，且不同专家的评价结果差异性也很大，难以对评价系统形成共识。而熵权法是一种根据所给定的原始数据信息综合判断的客观评价方法，其权重评价结果与被评价指标有直接的关系，但是易受原始数据影响，若原始数据存在较大偏差，将严重影响其评价效果，所得结果与人们对该评价指标的认识不一致。

针对单一评价方法的不足，可将层次分析法和熵权法组合集成，运用层次分析法确定主观权重，运用熵权法确定客观权重，主客观结合，并采用最小二乘法来优化权重模型，综合各自的优点，提高权重评价结果的准确性。

②用模糊层次分析法评价风险。

模糊综合评价法是一种基于模糊数学理论将定性转为定量的综合评价方法，具有结果清晰、系统性强的特点，能较好地解决难以量化的问题。对于风险管理的评价，不能单从某一方面或某一个重要因素考虑，而是要涉及多方面多个因素，并考虑它们之间的内在联系，综合得出评价结果。把它们看作一个模糊的整体，形成评价指标体系并建立符合实际的评语集，由此将各因素进行评价，建立评判矩阵，进而通过模糊矩阵合成得到评价目标的定量解。

8.4.2.3　政务云服务安全体系的风险控制

风险控制建立在前期对政务云服务安全体系的风险识别和分析的基础之上，对所识别出的重要风险采取对应的风险控制措施。针对政务云服务和信息资源管理过程中的设备风险、技术风险、安全风险、人员风险，以及法律与规范风险，提出以下风险控制策略。

(1)设备风险

①确保网络基础设施与机房的结构设计合理、建设材料合格，以避免或减轻因恶劣自然环境与人为破坏而遭到的损害；②定期对机房设备进行维修检查，进行必要升级与维护，以避免其因过时和出现漏洞而带来不必要的损失，并确保云端数据存储、传输、应用等基础服务正常开展；③加强移动终端的安全认证机制，避免或减轻因设备丢失引起的数据泄露风险。

(2)技术风险

①使用自主研发的云平台，加快核心技术攻坚，推进自主可控建设，打造整网的安全监管核心，最大限度地避免数据窃取；②针对云平台与终端的不同特点，加强风险管理，定期查杀木马病毒，定期开展等级测评与应急响应演练工作；③引入新技术，不断升级密码技术、防火墙技术和入侵检测技术，善于使用先进技术为政务云安全提供可靠保障。

(3)安全风险

①对数据做好分级分类工作，根据数据的涉密程度、类别以及重要性等数据安全特征进行分级分类处理，以此构成数据信息的安全标识；②对数据安全的全生命周期进行监控，运用数据脱敏、数据隐私保护、密文检索、同态加密等技术手段，协调政务云平台和大数据平台安全性与可用性之间的平衡；③依据不同安全等级的政务云平台或区块链网络架构特点进行安全区域划分，为不同安全区域设置单独的虚拟局域网；④部署如防火墙、入侵检测系统(IDS)、入侵防御系统(IPS)、安全网关等边界防护网络安全产品，抵御外部黑客、恶意程序、攻击者等入侵，为电子政务云系统提供良好的云环境；⑤部署虚拟专用网(VPN)、安全接入网关、接入认证设备等接入管理设备，避免未知不受控终端的接入；⑥采取数据安全备份、数据加密、控制访问、入侵检查和内容安全检查等措施，提高政务云数据安全保障，避免人员泄露、外部攻击窃取、数据缺少等威胁；⑦部署单向导入、隔离交换等安全交换和防护设备，利用云安全、安全监测、防火墙设置等技术手段，监测异常事件，自动抵御网络恶意攻击，实现数据的动态防护，保障数据交换的安全可控；⑧完善政务云平台的容灾备份机制。

(4)人员风险

①加强管理人员的道德素质和职业操守的培训，设立用户培训标准，进一步强化政务云服务中相关人员的安全意识，增强对政府涉密信息泄露危害性的认识，严格规范相关工作人员的业务流程和行为，提高工作人员的防护能力，防止政务资源被泄露或篡改；②加强政务云安全防护人才队伍建设，制订专业培训计划，定期组织开展业务培训，着力培养信息安全相关技术、审核、监控和法律人才；③完善政务安全绩效评估体系，及时发现问题，并提出对策或改进意见；④建立定期交流机制，加强机关单位与供应商之间在信息安全管理方面的沟通和合作；⑤在已有的安全标准基础上，建立和完善供应商身份认证、准入和退出机制，明确云服务供应商和政府单位部门的安全责任划分。

(5)法律与规范风险

①健全云计算法律政策，出台电子政务云的专项法律法规，明晰云计算的付费标准、数据存储标准、数据使用权、技术标准来保证政务云信息和数据的安全，明确事故责任双方细则、赔偿事项，保证事故及时解决；②制定行业标准、“政务云服务”合同规范来保证合同有法可依；③建立清晰的系统迁云部署标准规范，确保系统迁云的合规及安全性；④对全国政务云平台布局进行统筹规划，并制定政务云平台软硬件行业标

准，从源头上提升政务云系统集成性，降低调用复杂度。

8.4.2.4　政务云服务安全体系的风险预警

风险预警是对可能发生的风险进行预测和防范的战略性管理手段，在政务云服务信息资源管理过程中，亟须对项目全生命周期进行风险预警管理。通过健全项目的风险预警体系，可以有效减少甚至避免在项目开展过程中存在的不确定性因素给中央和各级政府机关及企事业单位带来的信息资源、公信力等损失；推动数字政府建设，提高政务服务数字化、网络化管理水平，提升政府治理能力和公共服务水平。

政务云服务安全体系风险预警是一个复杂的应急响应体系，在风险识别、风险控制、风险评估过程中不断提高预警能力和响应效率。其依据国家相关部门颁布的《中华人民共和国网络安全法》《信息安全技术 信息系统安全等级保护基本要求》等相关法律法规与标准规范，结合政府部门组织结构和政务云部署实际情况，立足于政务云信息安全全流程工作需要，建立风险预警体系，并分析其关键技术与方法。同时，风险预警体系的建立应遵循以下原则：

①预防为主。风险的产生存在一定的潜伏期，风险预警即在风险发生前检测预警目标对象的演化状态，根据事先设定的分析指标，及时向相关人员或系统发送风险预警信号。通过分析预警信息，根据潜在风险类型制定防范措施，最大程度防范风险的发生。

②系统性原则。安全态势感知和风险预警是政务云服务安全体系的风险管理的环节之一，其不能脱离风险识别、风险评估、应急响应等环节而独立存在。因此，建立风险预警机制，需要从管理视角力求发挥各环节、部门、人员的整体效能，以有效解决政务云服务和信息资源管理过程中面临的诸多问题。

③智能化原则。目前政务云服务安全体系的弊病在于严重依赖人工管理，而云计算系统非常庞大，靠人工管理不仅效率低，而且具有相对较高的安全风险。伴随大数据、区块链、云计算的发展为解决相关问题提供契机，使风险预警能够通过智能化的人机交互实现对风险源的精准判断与预测，解放人力劳动，提高工作效率。

政务云服务安全体系的风险预警流程，如图 8-10 所示。风险预警是对识别的风险项及其指标进行检测，以提供风险预警。通过风险识别以及风险评估构建政务云服务安全体系的风险评价指标体系，利用定性与定量相结合的方法确定指标的权重和风险的预警等级，构建并优化风险预警模型。在实际运行过程中自动监测风险指标，根据模型输出风险预警结果，并向关联组织及人员发出预警信号。

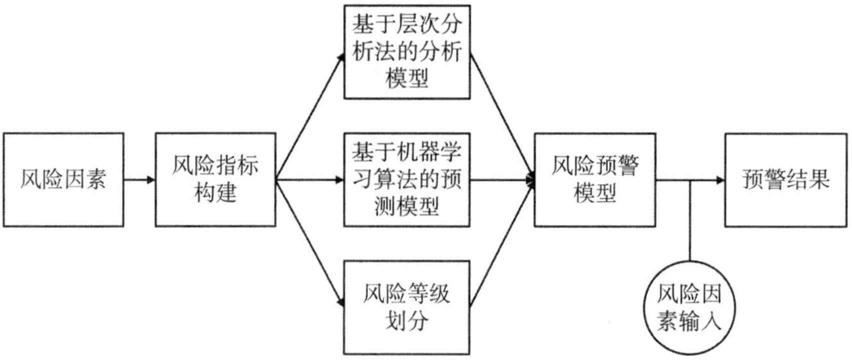

图 8-10　风险预警构建流程体系框架

(1)风险等级划分

根据我国《中华人民共和国网络安全法》《信息安全技术 信息系统安全等级保护基本要求》等相关法律法规与标准规范，以及政府部门组织结构和政务云部署实际情况，对政务云服务安全体系的风险预警指标阈值，设置红、橙、黄、蓝 4 种不同的预警信号，代表不同紧急程度的预警级别，如表 8-4 所示。

表 8-4　风险预警级别

预警级别	解　　释
红色预警	特别紧急预警，适用于政务云服务平台设备故障、系统瘫痪、发生严重数据泄露、遭受大规模入侵等重大突发情况，为最大限度降低损失而立即采取应急性数据抢救、恢复与备份等措施。
橙色预警	紧急预警，适用于政务云平台遭受恶意攻击、病毒感染、云服务商失格等突发情况而难以正常运行时，需要及时依靠专业技术人员，运用技术手段来降低或避免损失。
黄色预警	比较紧急预警，适用于因行业标准规范缺失、工作人员安全意识与专业技能缺失、政务云平台身份认证与访问机制不完善等原因引起的一般安全风险，可以通过对系统定期进行检修升级、开展工作培训、进行问责等举措维持政务云平台正常运行。
蓝色预警	一般紧急预警，适用于政务云服务平台运行良好但偶有因为人员操作失误引起的数据安全问题，为减少或避免此类情况发生而建立政务安全绩效评估体系并定期进行考核评估。

(2)预测模型构建

针对多层次、多目标的政务云服务安全体系的风险预警，采用层次分析法进行风险指标权重的确定，对指标重要程度进行排序，为构建风险预测模型和管理体系奠定基础。

层次分析法(简称 AHP)是将与决策有关的元素分解成目标、准则、方案等层次，在此基础之上进行定性和定量分析的决策方法。面向政务云服务安全体系，构建风险预警层次模型。将决策目标、影响因素(决策准则)和决策对象按关联关系分为目标层、准则层和方案层，如图 8-11 所示。

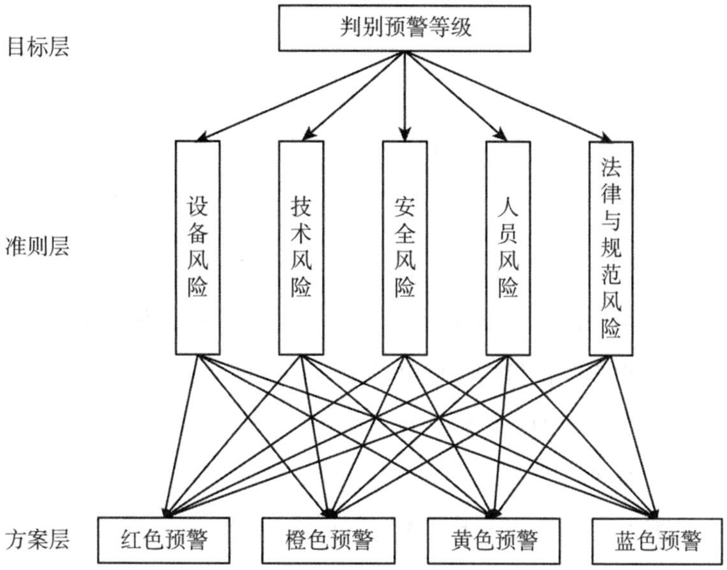

图 8-11　风险预警层次模型

(3)风险等级判别

风险等级的判别是指针对已经发生或者即将发生的项目案例进行一定的数据转换，带入训练好的模型获得预警等级结果的过程，其核心就是根据现有的数据，运用有监督学习方法构建政务云服务安全体系的风险预警模型。其主要过程见图 8-12。

①获取数据。

针对政务云服务安全体系的风险预警，根据已经构建的风险预警指标，主要获取两种数据：一是图像数据，包括热图、聚类图、空间信息流、用户画像等，目的是根据图

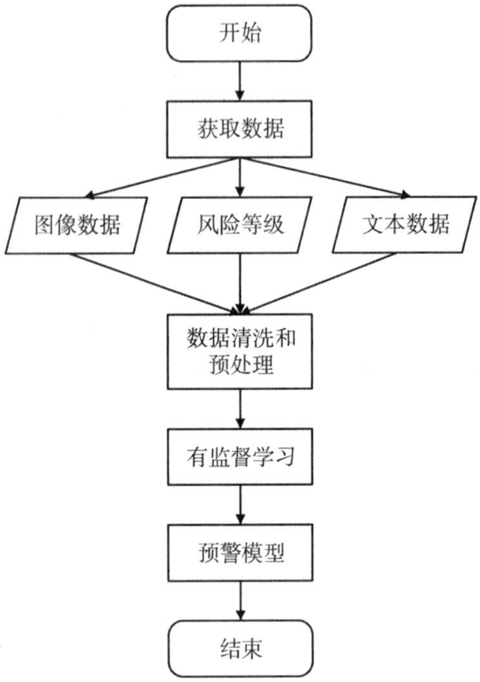

图 8-12　风险预警过程

像数据，利用图像识别的方法采集数据流量与访问情况；二是文本数据，包括日志记录、业务报告、统计报表等，目的是依靠自然语言处理和文本分析的方法提取待预测项目的关键信息，为预测模型的构建做好数据准备。

②数据清洗和预处理。

采集安全风险数据，前期用专家人工打分的方法，对每一个风险因素进行评价，根据专家的评分为风险因素打上预警结果标签。当具有标签的样本形成一定规模后，使用深度神经网络的方法模拟专家打分，实现全自动输出，项目风险评分表见表 8-5。

将每一个案例打上风险等级标签后，进行数据的清洗和预处理，该过程主要运用了自然语言处理(NLP)技术中的中文分词、词法相似度分析计算以及图像识别方法，将案例数据转化为指标数据，构建基于指标的向量模型，获得高质量数据。

③风险预警预测。

获得指标的向量模型后，将向量模型划分为测试集和训练集，采用朴素贝叶斯或者人工神经网络的方法，依据政务云服务安全风险数据构建预警模型，根据测试集数据的反馈结果对模型进行一定的调整，最终获得满足政务云服务安全体系的风险预警模型。

表 8-5　项目风险评分

风险评分	评 分 描 述	评价等级
15−20	风险等级低：设备日常维修养护，系统日常维护升级，可以不采取风险控制措施。	红色预警
10−15	风险等级中等：进行网络巡查，加强日常系统维护升级。	橙色预警
5−10	风险等级高：重点巡查，实时监测，需要提出必要的安全治理计划与治理方案，实施风险防控措施。	黄色预警
0−5	风险等级极高：立即施行风险控制措施，突发时立刻定位来源，限制访问权限，启动追责，应急处理。	蓝色预警

对于待预测的安全风险数据，进行在线数据转化后，输入训练好的机器学习模型，即可得到该事件的风险预警等级，如图 8-13 所示。

安全管理重在预防，即在风险发生之前及时预警风险发生的可能并分析风险造成的危害，为政府机关提供决策依据。及时有效控制风险不仅能保障政务云安全稳定运行，而且可以保障经济、社会安全。加强电子政务云安全管理、营造安全的网络环境，是推动电子政务健康发展的重要基础。为提供智能高效的政务云服务安全体系风险预警，采用层次分析方法分析风险指标，计算指标权重，并根据风险预警结果设置风险预警信号，为下一步风险危机响应提供信号指引，实现全生命周期风险管控。

8.4.2.5　政务云服务安全体系风险危机响应

风险危机响应是建立在政务云服务安全体系全生命周期风险预警的信号指引之上，对发出的风险预警信号采取对应的风险响应措施。政务云服务安全体系的风险危机响应按照“预警—响应—实施—结束”的常态进程运作，当政务云安全中心接到预警信号后，会快速定位问题位置，进行预警分级，选择配套应急方案并实施，危机响应结束后，做好事后处置工作并对此次应急响应进行总结评估，为后续应急方案提供改进反馈。政务云服务安全体系的风险危机响应模式体系如图 8-14 所示。

根据应急响应思维流程，可以从“事前—事中—事后”的角度出发，确定一套政务云服务安全体系的风险危机响应模式。在事前准备、事中应对、事后处置流程中每一步合理的响应，可以使政务云信息安全风险造成的损失得到有效控制。具体风险危机响应流程如图 8-15 所示。

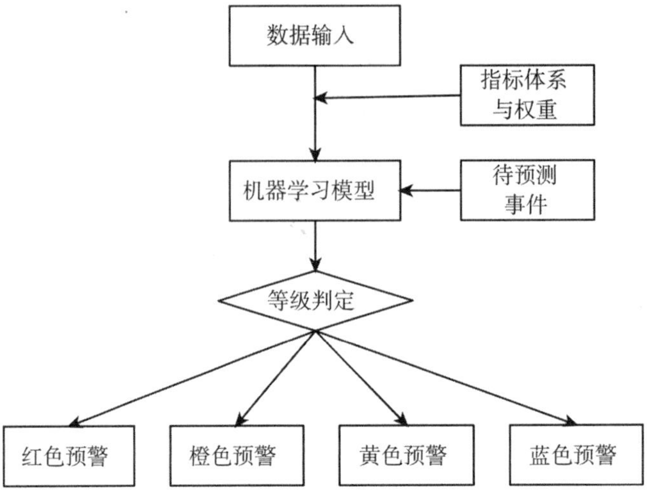

图 8-13 风险预警等级判别流程

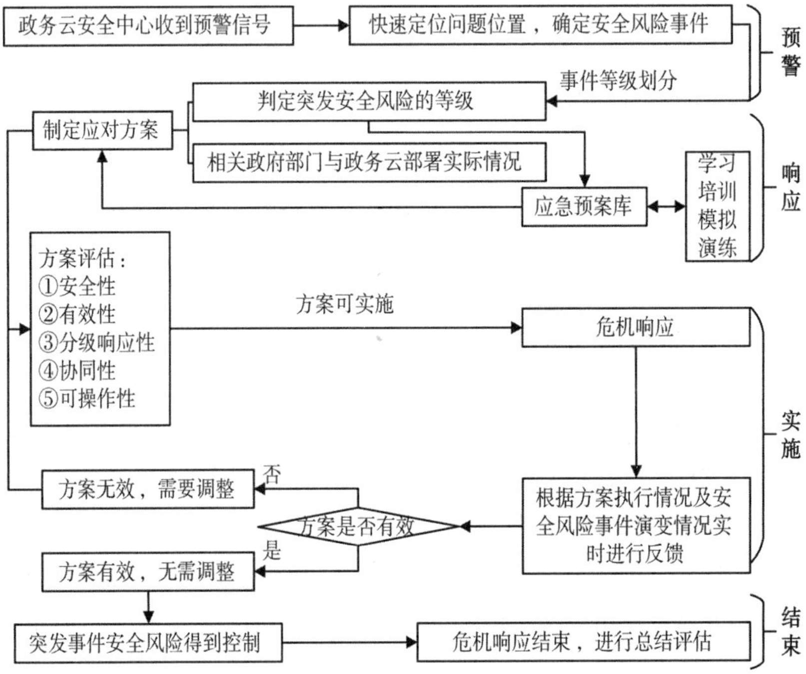

图 8-14 风险危机响应模式体系图

根据前期风险因素识别归纳出可能发生的安全风险情况，可以预先设计危机响应方案并开展应急演练，预先进行应急安排，为突发安全风险时的危机响应做准备。当收到

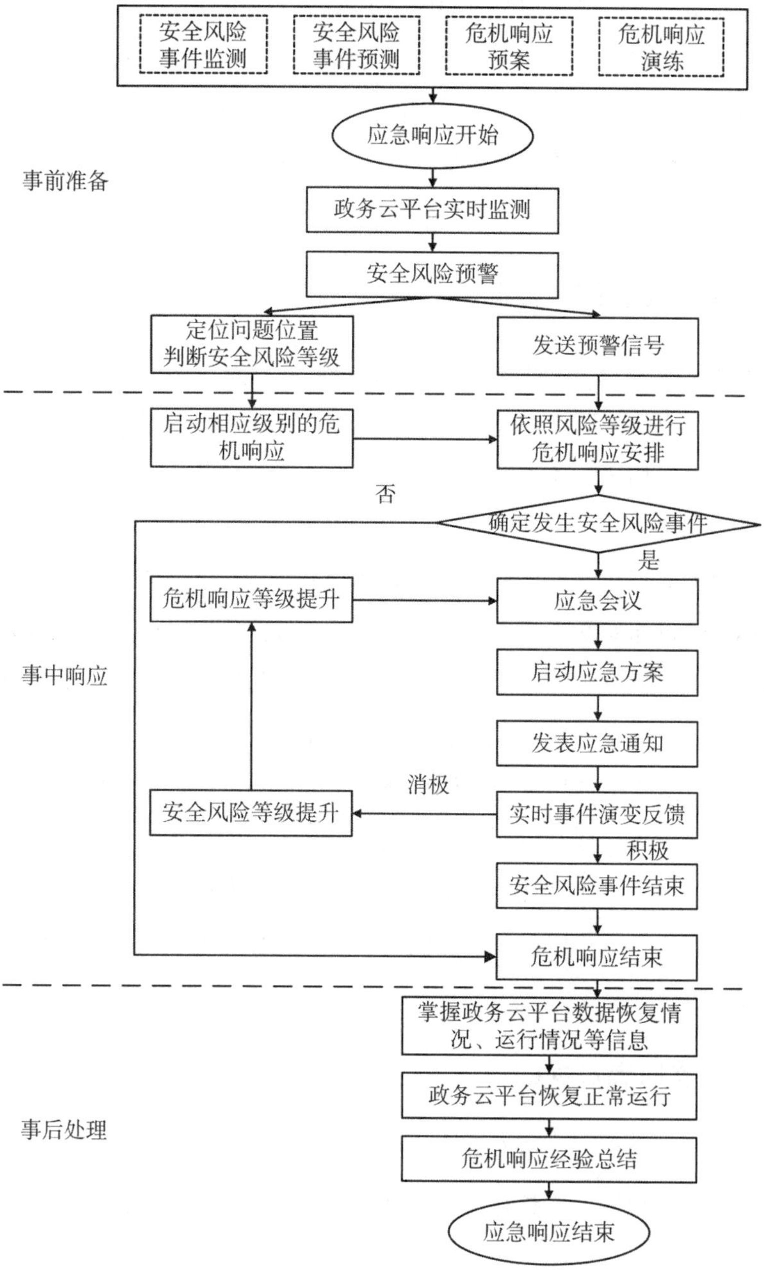

图 8-15　风险危机响应流程图

风险预警信号时，立即定位问题位置，判定安全风险等级，启动预警，实施相应级别的危机响应与部署。

当确定安全风险事件发生时，政务云安全中心应结合相关政府部门与政务云部署实际情况，召开应急会议，启动相对应的应急方案进行应急处置，并实时地获取突发安全事件演变的反馈，过程中根据事件态势变更风险等级，重新部署相对应的危机应对方案。当危机响应结束后，做好后续的工作部署，及时掌握政务云平台数据恢复情况、运行情况等信息，尽快恢复政务云服务平台的安全正常运行。最后对本次的应急响应进行总结、反思和评价，从而提高应急处置能力。

8.4.3 面向智慧交通的大数据信息决策

随着城市的迅速发展，交通拥堵、交通污染日益严重，交通事故频繁发生，这些都是各大城市亟待解决的问题。智慧交通已成为改善城市交通的关键所在。为此，及时、准确获取交通数据并构建交通数据处理模型是建设智慧交通的前提，而这一难题可以通过大数据分析得到解决。

智慧交通将大数据技术、传感技术、信号技术等与城市交通系统相结合，建立智能化网络交通体系，进而对交通系统覆盖区域实现全过程、实时性监督，确保城市交通系统的正确运行。大数据分析平台依托云存储和分布式数据处理技术，实现信息资源的存储与分配，通过各个路口安装的监控设备，对交通资源进行整合，在大数据技术的分析处理工作模式下，对交通环境进行立体化分析，以此提供更加全面的数据服务和交通体系网络。交通行业的大数据分析平台以人机交互系统、监控系统、信号传输系统、警报系统、信息传输系统、导航系统等为主，结合智能城市发展的需要，将大数据的数据采集、智能服务、安全指令等应用于智能城市建设，充分实现大数据时代智能城市交通系统的完善建设。

8.4.3.1 智慧交通大数据的特点

智慧交通大数据的特点体现在以下几个方面：

①时空移动性：交通事件具有地域和时域特征。交通大数据在时间和空间维度具有动态演化特征。

②多维结构特征：交通大数据的多维结构特征明显，如时间信息、空间信息、天气信息、驾驶员信息等。

③社会关联性：交通大数据存在于信息空间和物理世界，二者与人类社会有机连接和互动。

④时效性明显：交通管理和规划决策更注重分析近期甚至实时数据，数据挖掘和分

析的实时性高。

8.4.3.2　面向智慧交通的大数据信息决策应用

面向智慧交通的大数据信息决策主要用于交通规划、交通预测、交通监督和交通指引，连接车辆、交通信号灯、收费站和其他基础设施，缓解交通拥堵，预防事故，提高智慧交通管理能力。例如，车队管理、智慧交通管理、车联网通信、电子收费系统以及各种其他解决方案。对交通路况、警力分布、警情事件、接处警情况等要素进行综合监测，帮助管理者实时掌握交通整体运行态势。具体来说，面向智慧交通的大数据信息决策体系包括：

①交通规划：通过监测交通规律和车辆位置，为城市规划提供数据支持，并支持管理部门进行车辆管控决策；同时，通过监测资源部署情况，提升重大活动的应急管理能力。另外，智慧公交调度系统集成了多种技术，实现了公交调度、电子收费和信息服务等功能，从而提升了城市交通管理的效率和便捷性。智慧公交调度系统集成了交通流诱导、车辆定位、GPS、通信、智能卡等技术，实现智能化调度、公交电子收费、信息服务、网络通信综合一体的公共交通管理系统。

②交通预测：使用数据挖掘和机器学习算法，对可能的交通事件做出预测，帮助交通规避和事故预测。交通信号控制系统是智慧城市交通管理系统的一个重要子系统，能够根据交通预测自动调整控制区域内的配时方案，确保交通流运行稳定，使停车次数、延误时间及环境污染等减至最小，充分发挥道路系统的交通效益。

③交通监督：实时自适应交通监控系统、车牌车辆识别、检测交通事故、分析道路危险状况。监测交通指数、拥堵路段、交通事故、监控视频等信息结合大数据挖掘算法，对辖区路况态势进行科学评估，为交通管理指挥提供科学的决策支持。对 122 报警事件进行态势显示、快速定位，并标示报警内容，同时可以智能化调取周边监控视频和警力资源，方便指挥人员对周边情况进行判定和分析，为警情处置提供决策支持。实时监测车辆的位置、速度等信息，对车辆超速、偏航等异常状态进行可视化告警，并实现车辆的全方位运行监控。

④交通指引：通过对历史轨迹数据集中挖掘有规律的线路，进而为车辆驾驶提供路径推荐和导航系统。智慧交通综合管控平台将应急报警、卡口系统、电子警察、大数据分析系统、专家智能决策系统以及信息发布系统集成组成为应急指挥系统；通过多部门有序协作和智能联动，快速、高效地处理应急事件，从而降低工作人员的工作强度，并

且提高对于突发交通事件的处理。

8.4.3.3 大数据信息决策在智慧交通的关键技术

交通大数据体量大、种类繁多，包括卡口、道路视频监控、交通信号控制、交通诱导信息、交通事故、停车场、运营车辆、车载视频、场站视频、公交线网、车辆定位等数据。面对大量复杂的交通数据，传统的人工计算方式已无法胜任，需要大数据技术提供智能辅助决策。大数据信息决策在智慧交通中的关键技术包括计算机视觉技术、交通信号控制技术、自然语言处理技术和汽车电子标识技术等。

(1)计算机视觉技术

①基于计算机视觉的目标检测是为了提取出运动目标，并获取其相关属性和特征信息。目前常用的方法包括图像差分法、光流场法和目标特征模型检测法。然而，传统的图像差分法和光流场法受到多光源、噪声等因素的影响，导致精准性、实时性和实用性较差。与之相比，目标特征模型检测法是最新的研究方法，它通过建立被检测目标的特征模型，并利用分类器对图像中的目标进行分类。该方法的主要步骤包括目标特征提取和目标分类识别。首先，采用某种算法，如CNN，提取目标特征，并人工选择适当的特征组合；然后，使用神经网络、支持向量机等机器学习算法训练分类器；最后，利用分类器对目标进行类别检测。

②基于计算机视觉的目标跟踪，是指根据采集的视频图像对车辆异常行为进行检测及对行人行为进行判定，具有重要意义。基于计算机视觉的目标跟踪是一种技术，旨在实现对视频序列中运动目标的连续追踪。这项技术的主要目标是在视频中找到并跟踪感兴趣的目标，即使在目标移动、遮挡或者场景发生变化的情况下也能够持续跟踪。通常，目标跟踪的过程包括初始化、目标检测、目标匹配和轨迹预测等步骤。基于计算机视觉的目标跟踪技术已经在视频监控、自动驾驶、人机交互等领域得到了广泛应用。常用的目标跟踪算法主要有基于图像特征的跟踪、基于模板匹配的跟踪及基于运动预测的跟踪。

③基于计算机视觉的目标识别是在目标检测、跟踪的基础上进行。首先根据实际需求确定要划分的类别，从检测到的目标中提取合适的特征；然后根据选取的特征，运用分类器将目标进行分类，进而获取视频图像中动态目标的类型和数量。因此，影响目标识别的关键是选取准确、高效、鲁棒性好的特征量和构建快速、有效的分类器。目前普遍采用的目标特征提取方法有形状特征、颜色特征、运动特征及多特征等。现有分类器

算法有神经网络、支持向量机、Adaboost、贝叶斯决策等。

同时，深度学习与计算机视觉技术在智慧交通领域的应用方向主要有：第一，基于车辆轮廓和形态的检测技术，解决车辆检测问题，排除天气、光线等带来的干扰；第二，通过深度学习实现更多维度的识别，精确识别车牌、车辆的颜色、类型、品牌、车内人物、车辆挡风玻璃上的特殊标志以及车辆尾部的特征标志等；第三，以图搜图，基于视图大数据的以图搜图功能，可以在海量图片里找到一辆特定的车，该技术应用场景包括套牌识别、收费结算、移动支付等；第四，交通事件检测，由于传统检测方法存在较多的误报，实际效果离真正的需求还有一定的差距，而借助深度学习技术，能实现真正准确的交通事件检测。

(2)交通信号控制

传统的交通信号控制主要是根据交叉口交通流参数确定信号控制方案。然而，信号控制技术取得重要突破：一是交通信息采集手段的突破，从单点数据采集的方式，发展到基于全域的多源数据采集方式，包括汽车电子标志、互联网车辆定位数据、视频、地磁、雷达等各种交通数据的融合和互补融合；二是智能载体的突破，由在路口安装智能信号控制器，发展到现在在中心端实现智能管理，不仅可以对单个路口进行信号控制，还可以实现对整个区域甚至整个城市的交通控制。

目前，如滴滴和阿里等企业正在积极探索智慧交通信号控制，利用人工智能技术整合传统采集设备和互联网数据，实现信号优化、精确控制和综合评估。传统信号系统与互联网信号系统的主要区别在于数据来源，后者通过手机定位等方式实时获取交通流数据。互联网信号控制系统不仅优化信号控制方案，还评估运行效果，提升交通管理灵活性和效率。人工智能技术、网络流算法等被用于优化信号控制方案，评价路口信号对周边区域交通的影响。

(3)自然语言处理技术

一方面，工业界和学术界利用深度学习算法已成功实现对少数民族语言、方言、口音以及轻度噪声环境下的语音进行识别和分析，其准确率可达95%。此外，通过对语音的分析，还能够推断出讲话者的性格和情绪。另一方面，自然语言处理(NLP)技术通过分析交通报告和社交媒体上的文本信息，获取路况信息，从而预测交通拥堵情况，为交通管理部门提供决策支持，包括路线调整和运输安排的优化。NLP技术还可以应用于语音导航系统，解析语音指令，为用户提供方便的导航服务。在自动化客服方面，NLP技术可以帮助用户解答问题、查询信息，甚至进行服务预订。而在跨国交通管理领域，

NLP 的机器翻译技术可以用于翻译交通标志、道路规则等信息，帮助驾驶员更好地理解并遵守交通规则。

(4)汽车电子标识技术

汽车电子标识技术是指利用电子设备和标识技术对车辆进行身份识别和跟踪的技术。这项技术通过在车辆上安装电子标签或芯片，并配备相应的读写设备，实现对车辆信息的采集和传输。汽车电子标识作为智慧交通管理系统的关键数据采集源，具备高精度、高准确性和海量动态数据的特点。汽车电子标识技术包括：一方面是汽车电子标识标签技术，其中涵盖超高效率整流电路设计、超低功耗技术、全频段宽带和高增益技术，以及存储数据的高可靠性技术；另一方面是读写设备技术，包括基于分离元器件和芯片的读写设备设计、空口效率优化技术、安全技术和通信协议技术等。

通过将汽车电子标识技术与交通物联网视频监控技术结合使用，可以在高速公路、公路收费站以及城市主干道、出入口和交叉路口等现有的交通监控设备上安装电子标识识读设备，并在汽车站、大型停车场、居民小区和单位门禁等位置(区域)安装识读设备。这些设备能够采集车辆的精确行驶轨迹数据，并将其上传至部、省两级车辆轨迹数据中心，从而实现对全国车辆行驶轨迹的精确管控。

8.4.3.4　城市智能交通大数据体系架构

城市智能交通大数据体系架构旨在结合交通大数据的研究应用现状及现代化交通发展需求，基于数据采集、数据处理、业务应用及服务创新等方面，分析城市智慧交通大数据体系发展目标，构建城市智慧交通大数据体系。

(1)城市交通大数据发展需求

大数据关键技术研究主要从基于 Hadoop 框架的 MapReduce 模式、数据仓库、大数据处理/挖掘、中央数据登记簿、平台交通地理信息系统应用、基于非序列性数据操作、大数据融合处理、实时数据分发订阅等方面展开。

以数据驱动的方式，分析交通状况、出行规律，建立智慧交通系统的分析、评价、预测模型，用于交通规划、管理、决策、控制、服务。交通领域大数据应用主要集中在：城市交通数据与跨行业数据关联分析挖掘、城市交通流预测、城市旅游线路推荐及交通诱导、车辆识别系统、交通事故预警及安全监控、城市交通布局与规划、基于大数据的交通信息服务生态体系。

依托交通大数据资源，亟须构建交通大数据体系来满足现代化交通管理服务需求。

第一，完善网络化、标准化的交通状态感知体系，进一步整合数据资源；第二，创新交通大数据分析应用，支撑城市交通高效运营管理、智能化服务；第三，强化顶层设计、融合发展，构建城市智慧交通大数据基础理论研究主要涉及时效约束的大数据多尺度汇聚计算和动态图谱、高维空间的隐性知识序贯挖掘与演化模型、交通态势的预测机理与调控策略等领域。

(2) 城市智慧交通大数据体系框架

以城市交通大数据中心为核心，结合人工智能、云计算、移动互联网、物联网等技术手段，通过数据采集平台、共享交换平台，全面采集、有机整合各种交通数据；以应用为导向，利用云平台对数据加以分析挖掘，从而支撑综合业务平台和创新服务平台的有关应用；完善标准规范、保障体系、数据共享开放机制、应用创新机制，构建适用于大中型城市的智慧交通大数据体系（见图 8-16），支撑新时代的智慧交通运营管理服务。

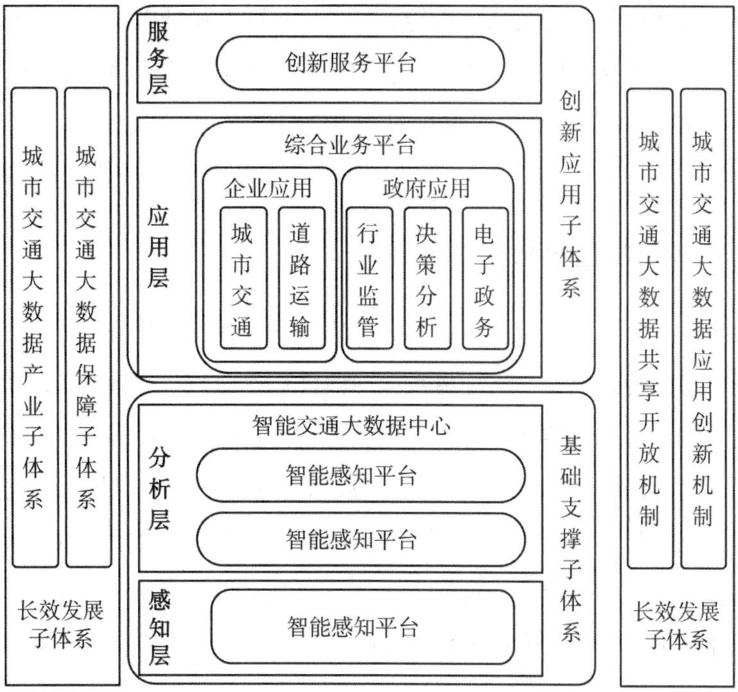

图 8-16　城市智慧交通大数据体系总体框架

城市智慧交通大数据体系涵盖 3 个子体系、4 个层级。其中，3 个子体系包括基础支撑子体系、创新应用子体系和长效发展子体系。

①基础支撑子体系：智能感知平台和智慧交通大数据中心。

②创新应用子体系：综合业务平台和创新服务平台。

③长效发展子体系：产业子体系、保障子体系、共享开放和应用创新机制。

另外，4 个层级包括感知层、分析层、应用层和服务层。

①感知层：以感知网络为基础，借助各类检测手段和检测设备，感知采集人、车、路、环境等交通要素数据，形成立体化、全领域的感知能力。

②分析层：通过高速通信网络实现对“感知层”数据的传输，实现交通数据共享交换平台对数据的整合，实现对综合交通数据的深度分析，为应用层和服务层提供技术支撑。

③应用层：应用的主体包括企业和政府。前者主要是应用数据提升企业经营管理效能，从而更好地提供交通运输服务；后者是以数据提升交通治理能力，增强模糊征兆预判能力，辅助精细化管理决策。

④服务层：基于分析层的数据分析能力、应用层的基础业务能力，借助移动互联网等手段，创新实时互联交通服务模式和业态，面向公众提供出行诱导、查询、预约、支付、评价等综合性、一体化服务，也可进一步为分析层提供更加丰富、全面的交通数据。

8.4.3.5 广州智能交通大数据决策系统

广州以大数据创新驱动行业治理和服务品质提升，基于数据分析构建了政府决策规划、企业经营管理的现代化交通治理体系，面向公众普通化、个性化需求打造了智慧出行服务环境，总体上呈现出体系完备、有机融合、覆盖面广、门类齐全的良好局面。按照“一个中心、三大平台”的框架，广州市从数据感知、分析、应用层面建成了广州智慧交通大数据体系。目前，广州市交通运输局“十三五”信息化发展规划基本完成，交通大数据应用覆盖政府、企业、公众三大主体，促进了广州交通现代化体系建设。在智慧交通大数据体系框架下，广州市强化数据融合分析与关联挖掘，构建跨维度数据分析能力，提升交通大数据决策水平。

(1)广州市交通行业数据共享与分析服务平台

作为交通大数据中心的核心组成部分，广州市交通行业数据共享和分析服务平台整合了广州交通行业的数据资源。数据资源涵盖 17 个行业，共 800 多类数据，接入 90 余个交通行业信息系统，每天新增数据量超过 250 GB。同时平台实现了跨部门、跨行业、跨领域的信息共享，接入广州市公安局、地铁集团、气象局、环保局等数据资源，支撑重点区域的客流监测分析、疏运保障、交通治理、高速路与快速路交通保障等应用。此外，该平台建立了广州市交通行业数据标准规范、数据资源目录、数据资源共享和基础应用服务等核心体系，按照交通运输部相关数据标准及本地数据应用需要，梳理完成5000 多项数据标准，进一步加强和规范了交通信息数据的共享管理工作，统筹管理全市交通行业数据资源，为各类业务系统提供数据综合集成分析能力。

(2)交通运行综合监测与融合管理平台

该平台采用多维度集成化数据融合管理方式，对机场、港口、铁路、公交、出租、地铁、水上巴士、客货运输、交通路网和站场、实时路况及人群客流等各领域情况进行集成管理，实现综合信息监测、多维专题分析、预警提醒等功能。平台通过业务融合分析，针对性地开展综合交通、公共交通、道路运输、城市交通治理等多个业务数据的决策研究，建立分层分级交通情形一站式管控机制，为全面掌控交通态势、科学指挥调度提供支持。

(3)交通要素多源采集模式

城市交通大数据体系通过采集更多细粒度的数据，特别是客流、车流时空状态量化感知，强化交通需求、交通供给、交通环境的立体化感知能力。目前广州市交通行业已经形成了多源数据采集模式，通过视频、移动信令、机器视觉、卫星定位、一卡通、传感器、微波、新一代蓝牙等采集渠道，感知车流、客流、物流、道路、交通事件等要素的状态信息。通过卫星定位技术，实现了车辆的实时定位、运营安全监管、出行信息服务等功能。

(4)智慧春运 3.0 系统

为了疏解节假日客流激增高压，广州市交通运输局组织公交集团下属交投公司，集成公交、出租、客运、地铁、航空、铁路、视频、气象等与交通相关的 230 余类数据，利用大数据、人工智能等技术升级建成智慧春运 3.0 系统。该系统全面实时掌握当前情况，精准高效预测未来趋势，定量定向定方式调度运力，预先评估措施影响及复盘评价总结，形成了科技春运交通保障新模式。

(5)广州市公共交通智能管理服务平台

结合“公交都市”创建工作，广州市推进公交智能化应用示范工程建设，在智能公交管理系统基础上，建成广州市公共交通智能管理服务平台。平台从公交线网、运力、客流、服务监督、运营监测五大板块进行宏观管理，并对广州市的快速公交、定制公交、水上巴士、观光环线四大类特色公交进行综合性实时监测，满足人们对公交行业100余项信息进行综合查询、趋势分析的需求，以移动互联网、全国一卡通互联互通等技术为市民提供便捷出行服务，集成人脸识别、智能调度技术提供一键叫车及时响应服务。

(6)城市综合交通运行态势监测分析系统

运用移动互联网、大数据、云计算、卫星定位等信息技术，基于交通行业数据共享和分析服务平台，广州市构建了集公交、出租、客运、道路运输、站场枢纽、公路等行业监管服务于一体的城市综合交通运行态势监测分析系统，为实时掌握各行业运行情况、快速开展交通指挥决策提供了有力的技术支持。

(7)公众出行信息服务

为了使公众出行可预期，通过整合多个部门数据，广州市打造了全方位、多模式、全覆盖的交通服务体系，推出了“行讯通”等综合交通信息服务平台，满足了公众实时了解在途位置、途经道路路况、出行所需时间、预估何时到达终点等预期需求。

通过深度融合大数据、人工智能等新一代信息技术，建立健全可持续的城市智慧交通大数据体系化发展模式。大数据信息决策在智慧交通领域将持续发力，为建设安全高效的城市交通智能决策系统提供基础支撑。

8.4.4 面向互联网金融的大数据信息决策

互联网金融与大数据之间具有密切的联系。近年来，互联网金融快速发展、资本不断涌入市场，为互联网金融的发展提供了源源不断的支持。大数据时代，传统的互联网金融发展模式已经无法满足互联网金融的实际发展需求，互联网金融在新时代背景下的创新发展已经成为大势所趋。互联网金融创新进程中必然会面临很多风险和挑战，如何对这些潜在的风险进行鉴别和防范成为值得思考的现实问题。

我国互联网覆盖率显著提高，智能手机等移动终端的普及直接促进了互联网金融行业的崛起。早期，手机银行代表了国内互联网金融的开端。随着互联网金融的持续发展，国内涌现出了众多优秀的互联网金融服务提供商和平台，它们的推出极大地推动了互联网金融的蓬勃发展。目前，随着互联网金融与各行业的融合，其用户群体不断扩大，并逐步改变了人们的日常生活方式。就发展速度而言，互联网金融正处于快速增长阶段，展望前景广阔。然而，国内互联网金融面临着日益激烈的内外部竞争压力，一些体系不完善、设施不完备的互联网金融平台对整个行业造成了不利影响。在大数据时代，社会发展需要互联网金融不断创新发展模式，以推动传统金融的进步。大数据作为分析和加工信息的重要工具，在经济、政治、社会等领域得到广泛应用，成为推动社会进步的有效决策工具。

8.4.4.1　大数据时代互联网金融的风险及决策困境

随着大数据技术的发展，金融领域对大数据应用的重视不断提升。从交易欺诈识别到智能投顾，大数据在银行、证券、保险、支付清算以及互联网金融等多个领域展现了广泛的应用前景。尽管大数据技术为金融行业带来了创新和发展的新机遇，但也伴随着一系列挑战与风险。互联网金融机构可能拥有各种先进的大数据分析工具和技术，但创新理念是否能够被用户广泛接受并实现商业化仍然是一个重要的考虑因素。用户对于新型金融产品和服务的接受程度可能受到多种因素的影响，包括个人隐私保护、数据安全、服务质量以及传统金融服务的替代性等。尽管监管机构不断努力跟进监管政策和法规，但大数据技术的快速发展可能会超出监管的范围和能力。监管的不到位或滞后可能导致金融市场出现各种风险，例如信息泄露、数据滥用、欺诈等问题。“借贷宝”平台爆发的“裸贷”丑闻就是一个鲜明的案例，暴露了监管缺位给互联网金融公司带来的严重负面影响，凸显了监管在保障行业健康发展方面的紧迫性和重要性。

因此，在大数据时代，金融机构在追求创新发展的同时，也必须高度重视风险管理和监管合规。这包括加强数据安全保护、建立健全的风险控制机制、加强与监管机构的沟通和合作，以确保金融行业持续稳健地发展，并为用户提供安全、可靠的金融服务。在大数据时代的推动下，互联网金融得到了前所未有的发展，但也面临着诸多风险和决策困境。这些挑战主要表现在数据安全风险、信用风险、操作风险、法律合规风险以及竞争压力和盈利困境等方面。

首先，随着互联网金融业务的广泛开展，涉及的用户信息和交易数据越来越敏感和重要。黑客攻击、内部人员泄露和数据泄露等安全事件频发，给用户和整个行业带来了巨大的损失。

其次，互联网金融行业涉及的领域广泛，包括 P2P 网贷、网络借贷、网络金融超市等。这些领域的信用风险较大，存在借款人违约、欺诈等风险，因此建立有效的风险评估和监控机制至关重要。

此外，由于互联网金融行业的技术性和复杂性，操作风险也是一个不可忽视的问题。例如，系统故障、网络中断等原因可能导致业务中断或出现错误操作，从而给用户和行业带来损失。

在法律合规方面，由于互联网金融行业的监管政策尚不完善，一些平台可能存在违法违规行为，如虚假宣传、不当诱导、侵犯用户隐私等，这需要加强监管和规范行业行为。

最后，随着互联网金融行业的竞争加剧，一些平台可能面临较大的竞争压力和盈利困境。如何在保证用户体验和服务质量的前提下实现盈利，成为当前互联网金融行业面临的一个重要问题。

为了应对风险和挑战，应当依托大数据进行大数据决策，提高决策的科学性和准确性。互联网金融企业在进行创新发展时也需要对大数据的价值进行充分利用和挖掘。互联网金融产品开发可以通过对海量用户数据进行分析，从而明确金融产品开发的创新方向，依据用户互联网金融使用行为和消费偏好等特点进行金融产品的研发，能够使其推出的金融产品更有针对性。

在数据安全方面，互联网金融企业需要采取一系列措施来应对潜在的风险和威胁。具体来讲，首先，采用先进的数据加密技术对数据进行加密处理，确保数据在传输和存储过程中不被未经授权的人员访问和窃取。其次，建立严格的访问控制机制，只有经过授权的人员才能访问特定的数据，从而防止内部或外部的恶意访问。另外，企业需要明确用户数据的使用范围，并严格遵守相关的隐私保护法律法规，确保用户的个人信息不被滥用或泄露。此外，建立完善的数据备份和恢复机制也是必要的。通过定期备份数据，并将备份数据存储在安全可靠的地方，可以在发生突发事件或灾害时，及时恢复数据，最大限度地减少损失。

建立全面的风险评估和监控机制是确保互联网金融企业稳健运营的关键一步。通过对不同类型的风险进行识别和评估，企业可以更好地了解并应对潜在的威胁。在此基础上，采用风险分散、转移和规避等策略，可以有效地降低信用风险、市场风险和操作风险等方面的影响。利用大数据技术和人工智能算法，建立智能化的风控系统，对借款人进行全面的信用评估和风险预测是非常重要的。通过分析海量的用户数据和交易行为，系统可以更准确地评估借款人的信用状况和偿债能力，从而提高信贷审批的准确性和效率，降低信用风险。

提高信息披露和透明度，向用户公开借款人的信用评级、借款用途和风险评估等信息，保障用户权益。大数据环境下，引进先进的大数据技术、云计算技术和人工智能算法，能够提高互联网金融行业的技术水平和风险防范能力。同时，互联网金融企业通过开展信息决策与市场变化及需求相结合，不断优化产品和服务，推动互联网金融行业的可持续发展。互联网金融要紧跟时代发展潮流，其开展的大数据信息决策发展创新，也要与时代的发展趋势保持一致。

大数据信息决策在互联网金融领域的应用也将不断深化。例如，根据用户的消费行为、还款记录等信息，金融机构可以为用户提供更加精准的信贷产品智能推荐和金融服务。通过大数据分析，金融机构将能够更加准确地评估风险，提高风险管理的效率和精度。通过分析用户的消费行为和信用记录，金融机构可以预测用户的信用风险，提前采取风险控制措施。因此，金融机构应该加强对大数据技术的研发和应用，提高数据管理和分析能力，以应对日益激烈的市场竞争和不断变化的市场环境。

8.4.4.2　大数据在互联网金融中的信息决策应用

大数据技术的应用提升了金融行业的资源配置效率，强化了风险管控能力，有效促进了金融业务的创新发展。金融大数据在银行业、证券行业、保险行业、支付清算行业和互联网金融行业都得到广泛的应用。

(1)大数据在银行业中的应用

在传统的信贷风险评估方法中，银行主要基于历史信贷数据和交易数据等静态数据进行企业客户违约风险的评估，但这种方法往往存在误差。因为影响企业违约的重要因素还包括行业的整体发展和实时的经营情况，所以大数据分析技术的引入使信贷风险评估更接近于实际情况。

首先，大数据信贷风险评估的前提是内外部数据资源的整合。商业银行在识别客户需求、估算客户价值、判断客户优劣、预测客户违约可能的过程中，需要利用银行内部已掌握的客户相关信息和外部机构掌握的人行征信信息、客户公共评价信息、商务经营信息、收支消费信息、社会关联信息等。这种策略的主要目标是提供更广阔的数据维度和更高的数据鲜活度，从而共同形成商业银行贷款风险评估资源。

其次，与信息决策的结合也是大数据风险评估的重要方面。银行可以利用大数据技术，根据企业之间的投资、控股、借贷、担保以及股东和法人之间的关系，形成企业之间的知识图谱，进而可以进行关联企业分析及风险控制。通过知识图谱建立数据之间的关联链接，让碎片化的数据更容易被人和机器理解和处理，并为搜索、挖掘、分析等提供便利。通过与基线数据的对比，可以洞察异常的交往动态，为贷后风控提供参考依据。

(2)大数据在证券行业中的应用

在股市预测领域，大数据的整合扩大了证券企业量化投资数据的范围，使其能够更准确地了解市场动态。通过对投资者个人交易行为、投资信心水平和风险偏好等指标的细致监测，证券公司可以预测市场状况，为投资决策提供重要见解。

在股价预测方面，大数据技术促进了对市场情绪的辨别。通过分析来自社交网络和其他渠道的数据，可以判断市场对特定公司及其投资活动的情绪，从而预测股票价格的波动。这种以大数据分析为基础的股价预测模型有助于证券公司更准确地评估投资机会和风险，从而提高投资决策的准确性和盈利能力。

智能投资是证券公司利用大数据技术满足客户多样化需求的最新举措之一。智能投资顾问运用客户的风险偏好和交易行为等个性化数据，借助量化模型，为客户提供量身定制的精明财富管理解决方案，引导客户做出投资决策。随着在线投资咨询服务的成熟，以及更多以大数据技术为依托的智能投资策略的整合，证券行业将迈入一个全新的财富管理阶段，提升投资决策水平和管理能力。

(3)大数据在保险行业中的应用

通过大数据技术，保险企业得以识别欺诈规律，显著提升骗保识别的准确性和及时性。在风险定价方面，大数据的应用使得保险企业能够更准确地评估风险，实施灵活的定价策略，以满足不同客户的需求，从而提高客户满意度和忠诚度。这些信息驱动的决策综合起来，有助于保险企业做出更为明智的决策，提高运营效率和客户满意度，为企业创造更多商业机会和发展空间。利用大数据，保险企业可以结合账户基本信息、交易历史、位置历史、历史行为模式以及当前行为模式等数据，通过智能规则引擎进行实时的交易反欺诈分析。整个技术实现流程包括实时采集行为日志、实时计算行为特征、实时评估欺诈等级、实时触发风控决策以及案件归并形成闭环。

8.4.4.3 互联网金融大数据分类

在互联网金融行业中，大数据贯穿了互联网金融。以第三方支付、P2P 平台为代表的互联网金融模式借助于多渠道获取的上千条甚至上万条原始信息数据。目前，可被用于互联网金融风险控制的数据来源，包括电商大数据、信用卡大数据、社交大数据、小贷网站大数据、第三方支付大数据和生活服务大数据。如表 8-6 所示。

表 8-6 互联网金融大数据类型

数据类型	数 据 来 源
电商大数据	淘宝、腾讯、京东等电商拥有稳定、丰富的数据源。通过分析自身积累的大量网络交易及行为数据，对用户进行信用评估。
信用卡大数据	信用卡类网站的大数据同样对互联网金融的风险控制非常有价值。信用卡申请年份、是否通过、授信额度、卡片种类、还款金额、逾期还款次数、对优惠信息的关注等都能作为个人信用评级的参考数据。
社交网站大数据	社交网站类的大数据是利用社交网络关系数据和朋友之间的相互信任来确定个人信用等级。
小贷网站大数据	小贷网站类的大数据是各网站平台长期积累的信贷数据，包括借贷人基本信息、信贷额度、违约记录等。
第三方支付大数据	第三方支付类数据是基于用户的消费数据做信用分析，每月支付的额度、支付的方向、购买产品品牌等都可作为个人信用评级的参考依据。
生活服务类大数据	生活服务类大数据包括水、电、煤气、有线电视、电话、网络费、物业费缴纳等。这些数据真实反映了个人以及家庭基本信息，是信用评级中重要的数据。

8.4.4.4 互联网金融风险预警系统

互联网金融风险预警系统对有效的金融监管至关重要。它是一种积极主动的工具，帮助监管机构及时识别、评估和通知潜在的金融风险。通过建立各种监测指标和相关的“阈值”，该系统持续监测金融机构的运营状态。当达到这些预定义的“阈值”时，系统会及时发出警报，使监管机构能够采取必要行动，防止潜在风险发展为重大金融威胁。利用人工智能、大数据和区块链等现代技术，预警系统增强了金融监管的主动性和前瞻性，确保了精确高效的监管。此外，它鼓励监管框架的创新，从传统的线下监管和现场采样转向更具适应性和变革性的监管方法，以适应互联网金融的发展趋势。预警系统定位于事前监管领域，可以在风险发生之前对其进行预测和预防，从而解决中国金融监管框架内的主要缺陷。

(1)以数据为中心的体系设计原则

在互联网金融风险预警系统设计的过程中须遵循以下三点原则：

①系统性原则。互联网金融风险预警系统是一个针对互联网金融风险进行检测、预

测以及预警的系统，是一个复杂的体系，这个体系涵盖了互联网金融行业的全部，所以在建立这个系统的时候应考虑每个参与者的利益。

②时效性原则。由于互联网金融行业的数据实时产生，且不断变动，对建立预警系统的时效性要求较高，以确保能够及时地发现风险及不足，从而及时预防风险，避免错误的投资决策，防止造成更大的损失。

③准确性原则。在建立该预警系统的过程中要保证数据的准确性才能准确地判断出互联网金融风险，避免对金融风险作出错误的估计，造成不必要的损失。

(2)以大数据为中心的系统层级

结合以数据为中心的体系设计原则，预警体系涵盖了数据的收集、数据提取、数据分析和数据结果四个环节。在互联网金融预警系统中分为四个层级。

①数据管理。

互联网金融预警系统是以数据为基础的，数据作为系统中的核心部分，是整个体系中的关键环节。企业在建立以数据为中心的互联网金融预警系统过程中，必须健全为企业服务的数据管理机制，建立与企业规模相匹配的数据中心，进而收集、整理、加工、存储数据，以便其他层级用户的使用。

②数据整合。

从互联网金融的大数据中实现金融风险的预警，必须对金融风险有透彻的定义和认识。从金融风险的定义出发，确定分析需求，对数据进行重新整合，提取与之对应的分析数据。数据整合是保证分析结果可靠性、准确性必不可少的环节。

③数据分析。

数据分析是互联网金融风险管理控制的实施手段。全面的数据分析系统，应包括现行的指标体系、统计模型，及人工智能方法等功能。

④ 数据结果。

由数据分析层中得到的每一次预警，都须结合企业的经营管理状况、企业外部经济运行环境以及行业背景等进行综合分析，为企业决策管理者提供更完整的决策依据和决策方案，从而减少企业为规避风险所产生的经济损失。

大数据技术的应用提升了金融机构的智能化运营和管理水平，从而提高运营效率和客户满意度。通过分析大量的历史交易数据和市场信息，建立风险模型，互联网金融机构可以更有效地预测和控制风险，降低不良资产的比例，保护资金安全。基于大数据技术进行智能决策，能够实时监控交易数据和用户行为，识别异常操作和欺诈行为。通过建立实时监控系统和风险预警机制，金融机构可以及时发现并应对各种安全风险，保护客户资金安全。金融机构通过分析大量的市场数据和交易信息，建立智能化的决策模型，可以更快速、更准确地做出各种业务决策，提高管理水平和决策效率。

8.4.5　面向市政工程的大数据信息决策

目前，城市交通问题已经成为我国社会的难点和热点问题。一方面，城市道路桥梁建设速度突飞猛进，大量道路桥梁设施进入运维阶段；另一方面，城市居民对出行安全的关注度不断提高，对道路桥梁设施的安全运行要求也在不断提高。因此，针对城市道路路面维修养护业务，利用 5G、无人机、传感器、摄像头、遥感等设备，提供全方位立体路面病害监测，实现数据智能化采集；结合大数据处理技术对道路数据进行处理分析和存储管理，开展“一路一档”建设；在此基础上，构建基于深度学习的路面病害智能识别模型，精准识别病害，并且通过 GIS/ BIM 等技术进行可视化展示；根据道路状况等数据进行决策分析模型构建，辅助决策制定，通过模拟决策方案评估决策效果，为路面维修养护提供支持；在维修养护过程中，根据决策方案实施不同类型维修养护措施，通过机器人、AR/VR、模拟仿真，辅助路面病害的科学高效维修养护，维修进程和业务开展可以在移动端、Web 端动态展示和管理，提高业务管理效率。

8.4.5.1　智慧化数据采集

随着社会的快速发展，交通的需求量越来越大，对城市道路造成了一定的压力和负担。一旦道路出现裂缝或者损坏的情况，不仅会影响交通的正常运输，甚至会影响相关行业的正常运行，因而城市道路的维修养护工作十分重要。传统道路维修工作中，需要人为判断道路病害情况，工作复杂度高，效率低下，难以适应社会发展需要。因此为提升城市道路维修工作效率与质量，需要进行信息化建设，尤其是数据采集和整理环节。

比如，数据采集对象为武汉市的二环线、三环线及其中的 13 条射线，采集内容为管理路线中的道路信息，包括路线编号、路线名称、维修里程(公里)、起点桩号、终点桩号、起点名称、终点名称、所属行政区域、管理单位(维修单位)。在管理路线上进行病害以及维修数据采集，对采集数据来源进行精准定位，结合相关采集手段进行数据采集。根据数据采集原因进行分类，如表 8-7 所示。

表 8-7 数据来源

数据来源	数据用途
预防维修数据	道路整体性能良好但有轻微病害，为延缓性能过快衰减、延长使用寿命而预先采取的主动防护工程所涉及的数据。
修复维修数据	道路出现明显病害或部分丧失服务功能，为恢复技术状况而进行的功能性、结构性修复或定期更换，包括大修、中修、小修等数据。
专项维修数据	为恢复、保持或提升道路服务功能而集中实施的完善增设、加固改造、拆除重建、灾后恢复等工程数据。
应急维修数据	在突发情况下造成道路损毁、中断、产生重大安全隐患等，为较快恢复道路安全通行能力而实施的应急性抢通、保通、抢修所产生的数据。
维修资源数据	对道路及其沿线设施进行维修时所需要的设备、物资、材料以及方法措施所涉及的数据。
巡查运维数据	维修科工作人员对道路及其沿线设施进行上路巡查，通过智能终端系统及时发现、记录、上报并处理道路及其沿线设施损坏情况所包含的数据。
维修工程数据	保证道路的正常使用而进行的经常性保养、维修、预防和修复灾害性损坏，以及为提高道路使用质量和服务水平而进行的加固、改善和增建所涉及的数据。
维修方案数据	为保持道路经常处于完好状态，防止其使用质量下降，并向道路使用者提供良好的服务所制定的详细可操作的计划数据。

其中，采集到的道路病害图片数据，由道路巡查人员辅助标注道路病害和桥面病害类型。路面病害分为路面沉陷、坑槽、痈包、松散、搓板、错台、水毁积水、翻浆、路基坍塌、水穿洞、边沟淤塞等，桥面病害为桥梁伸缩缝破损等。

根据道路维修管理数据基本规定，道路维修管理数据以道路路况数据为基础，结合日常维修业务数据建立整套完整的道路维修业务数据库，以确定数据格式、共享机制、维护机制，形成整套规范的数据标准。维修业务标准流程化管理应包括维修评定、维修计划、维修实施、维修验收、维修评价等整套维修流程，数据管理应遵循 JT/T 697.10 所规定的数据分类方法、数据元编制规则、数据元值域引用代码规则。以此为基础，制定公路维修数据的数据编号、名称、格式、计量单位以及值域等。数据格式文件规定、数据的文件和记录格式、统计方式以及数据共享机制应严格按照指南执行。数据交换以计算机文件作为媒介，分为定义格式文件和数据文件。在一次数据交换中文件数可能有多个，但一个文件格式，可以对应多个数据文件。

(1)基于 GIS/GPS/PDA 的城市道路维修巡检数据采集

该技术采集手段可以同时架构在移动端和服务器端。移动端包含手持、车载硬件和软件系统。服务器端包括后台监控管理系统、软件与硬件。系统巡检维修部门为了确保所辖区域交通线路的正常运作，派出巡检维修人员定期到每条交通线路对城市道路及所附属的构造物(路线、路基、路面，沿线设施，桥涵及交叉工程，绿化，交通量观测，路况质量的检查、测量、评定)进行检查，对城市道路的维修管理资料(病害资料、修复信息、日常维修信息等)进行更新、存储、分析，并且为维修管理人员提供数据分析以提高管理质量。通过巡视检查和评测工作为所辖区域的交通畅通及安全运行提供保障。但是，传统的人工采集城市道路维修巡检数据不仅效率低、及时性差、数据易出错且不能获得 GPS(全球定位系统)、路况图像等信息。基于 GPS/GIS/PDA 的城市道路维修巡检数据采集系统设计方案，可解决人工采集巡检数据所存在的问题。

通过 GPS 定位技术，帮助巡检人员及时掌握目前所在的路线桩号、附近的路况设施设备特征以及所需要检查的项目，不仅提高了巡检速度，而且避免了漏查。使用 GPRS/CDMA/GSM 网络的特别通道，可以安全地与后台管理系统相连，将巡检结果以及现场拍摄的照片传输到维修巡检系统中，还可以将任务安排的提醒通知直接发送给每个人。

此外，该系统作为多要素、多层次、多功能的空间型地理信息系统，能及时便捷地反映道路路况、管养机构等信息，极大简化维修巡检工作流程，提升工作效率，在帮助道路管理和维修部门野外实地作业的同时有助于公司进行宏观管理，对深化道路维修运行机制改革，促进决策的科学化和管理现代化都具有重要意义。具体功能主要包括 GPS 和 GPRS 实时通信和数据获取功能、基本的电子地图功能、模板化数据采集功能、多媒体 GIS 信息采集与管理功能、后台系统监控反馈功能等。

(2)智能道路检测车采集

智能检测车以机动车为平台，搭载计算机系统，综合应用光、机、电、算等技术以实现智能检测。具体地，通过装备高分辨率线阵图像采集系统以采集公路路面图像，用以识别路面裂缝、坑槽等路面危害；利用激光结构光三维测量系统可以连续测量路面车辙数据；多目 CCD 立体测量系统可以有效捕捉公路沿线立体景观图像；惯性补偿激光测距系统能精确地对路面平整度指数进行连续式测量。

道路检测车主要面对的是路面平整度、道路裂缝度、道路承载能力、路面抗滑能力、路面车辙等路面资产的状况，因此在机动车的选型和视频摄像头的选择上，采取与传统的道路综合检测车完全不同的定位。

在视频摄像头选择上，选择具有 120 帧/秒的工业摄像机，即使车速在 100 km/h 的情况下，也能实现 1 秒保存 120 帧图像，为后续通过视频抽帧方式进行图像处理创造条件。为了将不同摄像头和 GNSS 定位设备的信息实现互通，可研发影像采集控制单元软件，实现视频流和位置信息的同步。根据最新技术可以搭载 5G 技术形成新型 5G 智能检测车。

(3)无人机道路数据采集

随着技术的不断革新，挂载多种负载的无人机技术已趋于成熟，无人机可以挂载照相机、摄像机、雷达等多种负载，可单独挂载也可以综合挂载，辅以高精度导航系统和控制系统，即可成为精度高、成本低的利器。在交通运输领域，无人机已经得到一定程度的应用，例如在勘察设计阶段使用无人机获取影像资料和地形图，在应急救灾方面使用无人机快速获取受灾状况，协助相关部门快速制定准确的应急和处治方案等。无人机技术的高速发展为道路维修检测提供了一种全新的解决方案，无人机技术同计算机技术、传感器技术等联系紧密，将是未来公路维修检测的重要手段，所以目前国内外的研究人员都在进行着不断的研究和摸索。

无人机数据采集系统除无人机本身外，一般需在飞控系统上集成全球卫星导航定位系统(GNSS)、气压高度计、风速管和惯性测量单元等导航设备以帮助其实现程控飞行。此外还需要地面控制站系统来控制无人机的起飞、降落，监控无人机的程控飞行和数据采集过程。数码相机也是无人机数据采集系统的重要组成部分，对于小型无人机和超轻型无人机，目前一般采用单反相机或者价格更为便宜的微型单反相机甚至是卡片机。对于较高的数据采集要求还可以挂载小型激光雷达设备和可量测航摄像机，在地面 GNSS 基站的支持下，可获取具有高精度地理位置的数据。

与传统道路维修数据采集手段相比较，无人机数据采集系统具有如下优缺点。

优点：①成本低廉，影像获取快捷方便。小型无人机和超轻型无人机价格便宜，大多价值几十万元，单反相机加上光学镜头 3 万元左右。②携带方便，机动性强，工作连续性好，可随时随地部署到各种环境中，迅速进行数据采集作业，并可根据实际需要挂载多种负载，例如还可以挂载高清摄像头，对重要部位进行连续的观测，甚至可以通过数据链将实时的影像数据传送回总部或在现场实时监测，同时根据需求调度飞机进行数据采集部位的调整。③飞行要求低，多旋翼的飞机只要有相对空旷的场地就可以起飞，固定翼飞机无需专门跑道，只要有合适规格的平地均可起飞，还可以弹射起飞。④时效性强，数据采集完毕后现场就可以对数据进行粗略检视，对重点部位可以进行重复观测，可快速有效监测道路状态实际情况。

缺点：①小型和超轻型无人机质量小，受气流的影响较大，所以姿态稳定性差，所获取的相片旋偏角和航偏角均不容易控制。②当采用一般的单反相机和镜头的时候，与可量测相机获取的影像比较，影像的畸变较为严重，特别是距离成像主点远的像幅边缘处。③由于无人机的航高和相机限制，所获取的像幅小，为了防止出现测区漏拍的情况，需要提高航向重叠和旁向重叠，导致影像数量很大。④高程精度较差，立体模型数目很多，制作正射影像时模型切换频繁，影响作业效率。

根据上述无人机的优缺点，可以针对不同的检测作业采用相应的无人机机型和机载设备，比如检测一般的路面裂缝，只需要挂载单反相机即可；对于检测平整度或车辙，可挂载微型激光设备，结合地面差分基站的支持来获取高精度的平面和高程信息；针对精确的平面和高程以及高分辨率的正射影像，可挂载高精度的甚至是可量测相机并辅以微型激光测量设备完成。

(4)5G+AI 数据采集

5G 时代随着数据体量、种类和形式的爆发增长，物联网、人工智能等领域的创新应用井喷式涌现。从应用角度讲，AR、VR、图像与视频识别、智慧交通群等都是 5G 时代的物联网应用，都需要通过人工智能等手段，从大数据中提取价值信息，控制边缘设备完成闭环。5G+AI 加持下，以智能摄像机等智能采集设备为代表借助 5G 的高传输率、高宽带、高可靠的特性，降低网络传输速度延迟，能够加快监控信息超高清显示；同时依托大数据技术针对海量的视频图像资源，依靠不同的处理算法、挖掘工具，借助多种数据融合手段，可以挖掘出具有价值的信息数据，有助于城市道路巡查养护。

(5)卫星定位数据采集系统

卫星定位信息采集系统是从运管局统一抓取标准格式数据，对源数据进行校验、过滤和坐标转换，去除干扰数据和无用数据，处理生成每辆车的车辆轨迹数据，以此获得行程速度、行程时间和里程等。该采集系统得到的路况信息将会转换成数据中心所需的统一编码格式，并进行数据的存储和应用。系统包括前端数据获取端、数据处理端及数据发布端。前端数据获取并按所需接口格式提供使用。数据处理端及数据发布端由专业技术厂商提供，将卫星定位数据处理成为基于路段实时路况信息，并转发成为统一 GIS 编码格式，发布至相应位置。

基于卫星定位数据的信息采集系统的卫星定位道路数据服务器，接收卫星定位原始数据。卫星定位数据预处理服务器对卫星定位道路数据服务器接收的数据进行统一的预处理，为后续卫星定位数据处理提供数据接口。信息采集计算服务器从卫星定位数据预处理服务器的统一数据接口获取数据，并根据信息采集处理模型进行计算。卫星定位信息采集的交通数据计算结果保存到数据库服务器。

卫星定位采集系统管理界面从为具体操作人员提供友好、简洁的操作界面角度出发，为技术支持人员提供一个具有可持续开发的系统环境，适用于相关人员进行运营维护。卫星定位信息采集系统应用展示是从数据源及处理结果数据两个层次进行应用展示。数据源的应用展示可通过对此应用展示的图形及图表界面快速便捷地判断数据源特征、稳定性及可能出现的问题进行判断，其结果数据展示可通过曲线、柱状图、路网状态图等手段进行展示。

(6)“一路一档”建设

“一路一档”是落实国家《城市道路管理条例》中规定的各项制度的一项举措，此项工作的开展将为道路建立制度化、规范化、精细化的档案库。其要求做到构建规范化的“一路一档”信息表，做到逐条巡查、信息收集、整理归档，建立道路“一路一档”信息数据库，并选择最优的方式进行数据存储。

完成“一路一档”举措要充分发挥大数据的特点，收集和管理道路行业信息。从海量数据中寻找规律，建立道路性能下降模型、维修施工效率预测模型、维修决策分析模型等，科学地应用到公路维修管理工作中，使整个公路维修管理制度更加科学。结合整个过程建立城市道路资产信息的三维模型。

对管理道路生命周期内的各项指标进行检测，在项目建设规划初期，勘探数据可不作为信息化管理模型数据，但是其他指标的检测结果应纳入模型数据中，严格按照城镇道路信息模型影响标准来满足道路维修管理需求。在道路工程建设阶段，对于使用的材料、产生的半成品、成品等进行质量检测，并将质量检测数据纳入信息化管理模型构建范围中，以此直观地体现出道路建设工程项目验收要求以及项目运行前的技术状况，同时为后续维修管理工作提供科学的决策依据。数据库存储数据结构如图 8-17 所示，以道路病害数据库为中心，进行各个数据库之间的连接，以确保规范的存储数据。

传统的数据存储是以服务器为中心，结合网络系统形成以数据为中心的网络存储系统。采用能够提供数据访问服务的云存储技术，该技术有高扩展性、大容量、高通用性、低成本等优点，不需要具体的存储设备，就能解决海量数据的存储问题。

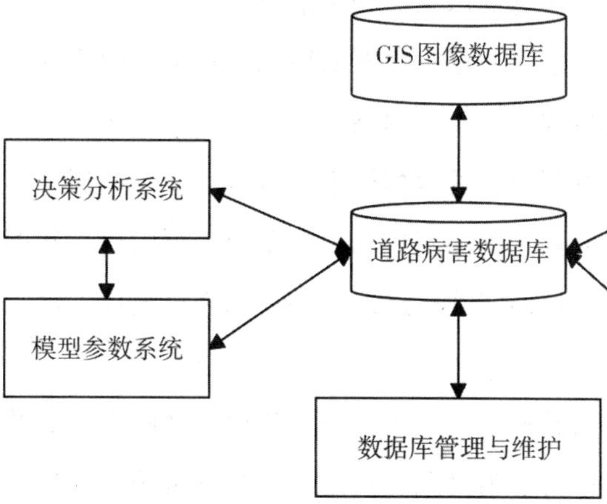

图 8-17　数据库存储

建立公路路网维修数据标准化存储系统，需要研究维修信息化管理的相关政策，结合维修信息资源规划和维修管理数据中心设计开发工作，系统、全面地进行城市道路路网维修数据标准化体系框架设计，全面优化和深入分析维修信息资源规划成果。

具体地，在维修信息资源管理基础标准的规范指引下，结合维修管理数据中心建设工程部署(总体设计、平台建设和系统开发)；进一步优化和完善维修信息资源规划成果(主要包括维修核心业务分析、数据流分析、统一数据标准、统一信息模型等)，遵循“国际国家标准交通部标准行业标准-集团/企业标准”的贯/采标序列，重点研究并优化各专业维修数据元素标准、信息分类编码标准、用户视图标准、概念和逻辑数据库标准等；明确维修数据共享与交换要求，完成维修数据标准化，形成一整套维修数据标准化核心体系。

8.4.5.2　大数据处理技术

(1)数据交换技术

“互联网+道路维修平台”建设采用成熟的 ETL 系统作为 ETL 工具，实现数据抽取、转换、装载的过程。数据处理分为抽取、转换、清洗、加载、容错处理几个环节。

通过数据采集与交换技术，建立维修数据库，设立了维修数据统一标准，实现了数据的整合与管理，也极大地便利了数据的传输与共享，提高了维修数据的使用和利用效率，也为维修决策提供了强大的数据支撑。通过 ETL 技术进行数据抽取、清洗转换，将标准统一的高品质数据存储于数据库中，实现维修数据的整理收集，有效解决了维修数据交换共享困难、共享率较低的问题。以统一的标准维修数据为支撑，以大数据为辅助进行维修决策分析和维修方案制定，并根据更新的数据进行决策模型的动态校正，做到维修决策科学化、自动化，实现维修质量的提高。

建设统一的维修数据库，并按照统一的数据标准，设置相应的数据交换接口，确保数据的有效流通运转。道路维修数据管理部门作为上级单位，可以通过数据共享，对道路维修数据进行综合管理统计，为具体实施道路维修的部门提供决策支持。

(2)云计算处理技术

云计算技术属于计算机科学领域的先进技术之一，代表互联网第三次革命。云计算即网络共享服务模式，以用户具体需求为基础，动态配置物理资源与虚拟资源，对公司所需资源进行灵活性分配。应用云计算技术后，公司内部员工不需要直接沟通就能获得相应资源，直接利用云计算自行提供给用户，如目录和服务说明等，用户以信息为依据合理选择具体服务。通过云计算，公司可以为信息处理与大数据计算提供分布式算力。分布式存储通过若干节点进行资源存储，单一节点数据的丢失、篡改不会对其他节点产生影响，保证公司信息资源的安全和稳定。同时，配合数据容错等先进技术的使用，云计算技术的可靠性进一步加强。

基于云计算模型的道路维修数据处理：①模型构建，计算机数据处理通过云计算技术完成时，需要建立云计算模型，在建立过程中，通过虚拟化技术的应用将个性化服务提供给用户；②数据处理，建立模型完成后，通过本体语义技术获取计算机网络内部所有传输节点数据样本，然后利用云计算技术完成数据处理，获取数据输出向量特征。③数据传输，计算机数据处理过程中为了提升云计算虚拟模型稳定性，需在设计框架过程中掌握客户端组件设备特点，通过关键路径索引判断数据处理是否有效。

8.4.5.3 城市道路智能检测管理

其结合智能巡检车安装的摄像机采集城市道路视频图像，通过 5G 网络，把数据、图片实时传输到监控中心；监控中心的服务器对图片进行实时识别，并把结果保存到数据库中。通过信息化平台调取巡检检测数据，实现市级城市道路路面病害巡查 GIS 可视化、上报、派单、审核、验收、考核全流程闭合管理。

(1)道路维修养护管理系统

市级城市道路路面病害维修养护管理系统，具有路面病害 GIS 可视化，病害上报、审核、派单、接受、维修、验收等维修考核功能。实现道路病害识别的全流程闭环管理，为业务人员便捷、高效、有针对性地开展日常维修管理工作提供了技术支持。

城市道路路面病害维修养护是日常管理行为，具有长期性和重复性的特点。为了将发现的市级城市道路路面病害处治与相关部门的考核结合起来，使业绩考核管理工作有据可依，路面病害维修全过程可追溯，设计移动 APP，与城市道路路面病害维修养护管理系统的多种功能对接。移动 APP 与城市道路路面病害维修养护管理系统主要包括一张图、人工巡查、智能巡查、质量检测、维修管理、巡查报告、考核管理等功能。采用云服务的方式架构整个网络的上传和浏览需求，云端部署支撑应用服务器，包括数据仓库服务器、智能图像分析服务器、FTP 文件服务器、软件应用服务器，各个服务器之间采取 VPC 专有网络，二层隔离更安全，同时具备更为强大的网络管理能力。PC 端的 Web 和移动端 APP 均可访问软件系统功能和视频直播功能。

将城市道路病害数据以一张图的形式直观地显示在管理者的面前，开发路面病害智能识别和维修管理信息平台系统，同时具有电脑 PC 端和手机 APP 登录功能。在电脑端，可将行业管理所需要的智能巡查、巡查报告、质量检测、维修管理、考核排名等所需要的内容进行集中显示与管理。

在地图上定点显示各路段的病害总体状况，以不同的颜色显示各路段病害程度和分布。可精准查询某段巡查路段的详细信息，如路段的基本信息，最近巡查日期，道路病害统计(含各类病害的占比，全部病害对应照片，近一年历史病害对比，报告查询)，维修公司的维修记录，智能巡查的视频查看等(见图 8-18)。

城市道路路面病害维修养护实行一体化管理。其主要功能包括：对上报的各病害工单进行审核和派单；维修人员进行接单或退单处理；维修人员修复完成后在线提交结案申请或在过程中提出延期申请；第三方对结案申请进行复核、结案，或对延期申请提出同意或不同意决定，并反馈至接单维修人员；对不同病害的修复周期进行预警处理，在截至日前一天进行预警提醒；系统可以对各城市道路路面病害数、已完成和未完成的病害、完成率、及时率等情况进行月度汇总。根据当前用户权限，能够显示不同范围内的统计数据，并可以逐层展开查询下面层级的统计数据；默认显示列表根据用户权限，显示不同范围的记录清单。如市级城市道路路面病害维修养护人员按照可接单、已接单和已维修进行分类显示清单。

城市道路路面病害巡查工作流程主要涉及 6 个处理节点：上报、派单、接单、退单、结案、延期。其病害工单全过程处理流程，通过将发现病害时的照片和维修修复好之后的照片进行前后对比，并在照片下方附以时间轴，使得整个病害处置全流程有一个

图 8-18　病害图像识别示例

清晰的可视化过程，在信息化平台上实现病害工单的可视化管理。在审核流程时间轴上，不仅可以显示每一个关键节点的具体时间，还可以根据需要显示每一个关键节点的操作者。

质量检测是由第三方，利用智能检测车进行自动化检测后得到道路质量结果数据，列表信息内容包括道路名称、检测日期、检测里程、路面状况指数、路面行驶质量指数、路面综合评价指数、构造深度评分，并按照道路走向以不同的颜色标出品质等级。

根据行业管理要求，进行信息化平台功能设计，成功开发路面病害智能识别和维修养护管理信息平台系统；将软硬件功能相互结合，实现市级城市道路路面病害智能识别和维修养护管理等多种信息可视化展示；同时，将道路病害智能巡查设备与现有多功能道路综合检测车进行集成，实现道路路面质量的定性和定量评定，在人力资源日益紧缺的当下，更具推广意义。利用信息化的城市道路路面病害维修养护管理平台，将传统的人工巡查书面记录和传统的书面检测报告所承载的信息变成动态的数据，对于分析城市道路路面病害的成因和制定维修养护策略具有积极的数据价值。

(2)领导驾驶舱

随着信息化时代的来临，时间成本对于企业的重要性也越来越高。领导驾驶舱技术，能够帮助管理层在重要时刻及时反应，使公司运营与项目进展情况一览无余，节省管理层人员的时间。

如图 8-19 所示，领导驾驶舱是通过中枢数据协同后形成的智能化、精细化、可视化的数字界面，是一款为企业内部领导及相关高管提供的指标分析型系统。通过详尽的指标体系，实时反映企业的运行状态，将采集的数据形象化、直观化、具体化。作为重要的“人机接口”和面向企业管理者打造的数据化、在线化、智能化的展示平台，领导驾驶舱对收集、挖掘和传播的数据进行呈现。

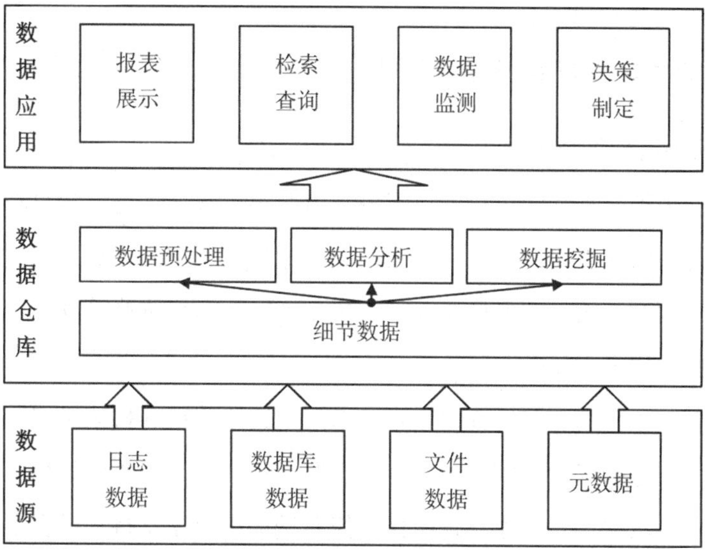

图 8-19　领导仓库数据架构

面向用户的前端展示平台，领导驾驶舱需依托基础层的算力平台、数据中台、智能中台即数据、算力和算法支撑，归集实时的企业运行数据，打破各部门各层级数据相互隔离、无法融通的烟囱模式，并通过海量的智能算法，激活数据价值，共同支撑起领导驾驶舱的功能实现。

驾驶舱根据不同层级大致分为：战略型驾驶舱、分析型驾驶舱、操作型驾驶舱。战略型驾驶舱的作用主要是快速掌握公司的运营情况，监控企业经营情况，并以此制定经营策略，从宏观上满足日常管理、经营分析、专项业务分析的需要，针对高管对所负责的整体业务、KPI 和数字结果进行查看。分析型驾驶舱重点在于分析，除去表层的核心指标数据，深入探究表层现象发生的原因；技术上通过钻取、联动、过滤等操作，从现象出发，沿着数据的脉络去寻找原因；分析型驾驶舱更多的是落实战略到战术执行层面的中层管理人员服务，这部分需要更多体现的是问题直接显性化，优先级排序，关联直接采取行动的方式推进。操作型驾驶舱强调持续、实时的信息汇报，对数据的时效性要求比较高。

建立领导驾驶舱首先注重后端数据架构，主要是基于数据仓库来建立部门的分析模型。将数据统一采集，其间涉及数据采集、数据口径的统一、数据清洗等环节；归整到数据仓库，按照分析模型储存和传输；前端报表展示应用，以及大屏展示环节，抽取数据仓库或者数据集里的数据，固定展示或实时展示，以保证数据的时效性。

8.4.5.4 智能大数据决策分析与管理

(1)大数据决策分析与可视化

智能大数据决策是指利用已有的市级城市道路历史数据进行科学分析，综合考虑路面维修养护过程对路面性能的改善、路面预期寿命延长、维修养护费用、维修养护施工对交通的影响等因素，设计智能维修养护的优化方案，为市维修管理站和上级行政部门提供道路路面维修决策支持。

数据来源与气象部门、交通部门、水务部门、道路建设和桥梁维修养护部门等相关单位的合作提供，包括气象数据、交通流量、路面材料、道路基础数据、桥面结构数据以及历史维修养护数据等，为道路预防性维修养护提供数据支持。融合多种深度学习模型，对时序数据采用双向长短期记忆神经网络以数据源层的各类维修养护数据为基础建立路面健康状况预测模型，实现“大数据驱动”的路面长期使用性能预测。

路面健康状况智能预测，是利用表 8-8 中 8 种指标进行预测，将输出结果依据现有道路基础设施性能评价规范、标准设定的性能参数区间范围或用户自定义的参数区间范围对综合预测性能 R 进行等级分类，得到维修养护等级，协助道路维修养护机构全面掌握道路路面健康状况。指标如表 8-8 所示，路面健康状况预测模型如图 8-20 所示。

表 8-8　决策指标含义

指标名称	指标含义
PCI	路面破损指数
MQI	路面技术状况
PQI	路面使用性能指数
RQI	路面行驶质量指数
TVI	路面交通量
PSSI	路面结构强度
SCI	路基数据
TCI	沿线设施情况

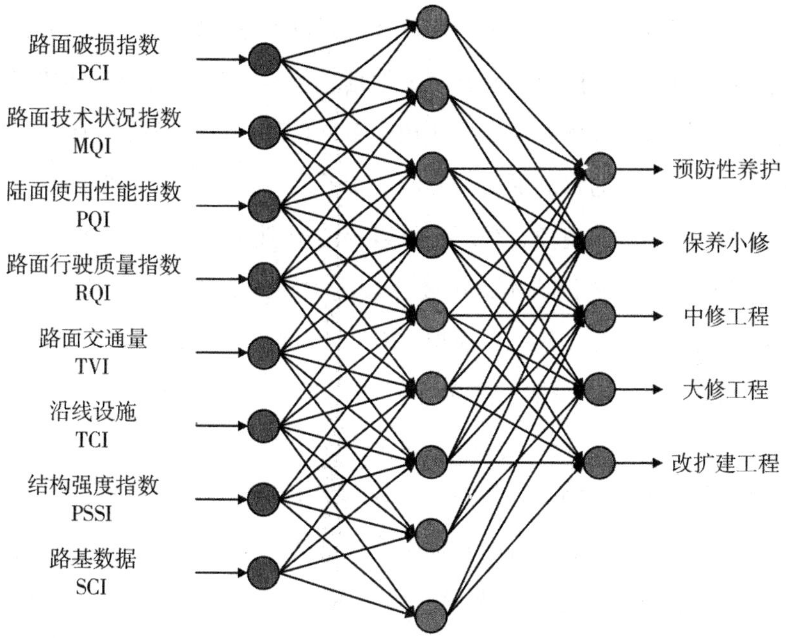

图 8-20　基于 BiLSTM 的路面健康预测模型

道路技术状况评定的数据来源包括几部分：病害数据的采集，采集后实时计算、人工录入、模板导入、检测车数据导入，以及电子报告自动生成。

道路技术状况评定为一季度评定一次，评定方式可以通过智能终端上传的病害数据进行实时评定，季度末可以自行展示、打印，还可以在季度末用人工录入的方式进行人为评定。

根据具体场景制定合理的维修养护措施，对未来的路面维修养护做好规划，可以有效减少道路部门因已发生的道路危害所遭受投诉的次数。同时，针对不同决策开展模拟仿真实验，预先研判可能发生的不确定性事件，并根据模拟仿真判断施工、材料、人力和资金的投入。结合历史路面维修养护经验，进行可行性分析，提高决策的质量。

时空数据挖掘的路面健康状况预测及维修养护的可视化展示采用多视图、多维度展现方式，在基于 GIS 和 BIM 的知识地图中融合柱状图、饼状图、散点图、气泡图、热力图等各类统计图表，具有较好的直观性和可读性。路面健康状况预测及维修养护可视化提供桌面端、Web 端、移动端、大屏端等多种展示载体，满足不同场合的应用需求。

(2) BIM 道路维修养护决策支持

BIM 本质上是一个项目全生命周期物理和特征功能共享数据库，每个资产参与者规划资产虚拟模型，同时允许相关权限者修改及检索资产的详细信息，实现资产的协同管理。BIM 数据来自单一的数据源，能够完美处理软硬件间异构及用户间协同问题。BIM 具有完备性、关联性和一致性，能够构建包含多种信息的设施模型；能够在模型对象被更改时，实现相关联对象的自动更新；并能够保持模型与各阶段设施的状态相同。BIM 提供了一个以资产为中心的视角，管理者可以提前识别资产建设的设备、材料及资金需求，能够有效地控制资产建设成本，提高建设进度，预防风险。此外 BIM 在资产可持续发展的各种功能分析、恶劣环境下模拟都有一定应用。在项目的不同阶段，不同利益相关方通过在 BIM 中插入、提取、更新和修改信息，可以支持和反映其各自职责的协同作业。

道路养护日常管理工作中，经常需要对现场情况进行直观的了解，如需要查看标志牌所处位置，以及周边的情况。目前管理工作中，通常采用相对测量的方式对道路及附属设施进行查看和量测，通过图片进行现场情况展示，手段上存在一定的局限性。例如，如果要对一座跨线桥进行查看和量测，传统像对测量的方式则需要进行正反双方向的数据采集、需拍摄正反双方向的全景照片和部分细节照片。

为了获得道路现状，确保道路通畅，我们希望能够在获得现状地形图的同时，也能够获得三维全景影像资料，做到及时、准确地掌握道路目前状况，快速查询道路且制定维护养护计划。如此，可以采用高清数字摄影摄像+陀螺仪+GPS 三种技术组合的移动式道路实景信息采集技术。而 GIS+BIM 可以整合路面病害的地理位置及属性信息，车载移动激光扫描技术代表着移动测量系统的最新发展趋势，该技术可以快速获取高密集、高精度的激光点云数据，并同步获取与点云高精度匹配的数码相片，能够有效地获取道路养护专题信息并重建道路三维场景。利用 LRS 技术将道路属性信息及模型信息整合在三维地图中，以提供路面巡检路线可视化信息查询，并利用 GIS 和 BIM 输出相应的报告。

平台可以提供两种智能巡检方式，包括巡检机器人、巡检跟随小车。其中，巡检机器人搭载红外线热像仪、气体检测仪等传感器，对沿线路面进行逐项连续巡查，实现区域全覆盖、主动监测，对路面信息进行实时检查、反馈；巡检跟随小车搭载可见高清摄像机，对道路进行全线动态监测。

在确定路面养护维修方案时，可利用 GIS+BIM 建立三维模型，实现施工进度，顺序的模拟。首先利用物联网技术将具体的施工组织方案通过网络传递到现场工程师的手机端，用以指导施工团队的现场维修养护。通过现场视频及手机上传视频、图片等资料，专家可以远程指导养护工作。现场工程师也可将每日进度完成情况、材料及费用消耗情况，通过手机或电脑从现场上传至系统中，从而能让管理决策者对项目进展有清晰的认识。

(3)智能化道路维修养护管理

BIM 技术创建的市级城市道路场地三维布置模型，能够对施工平面组织、材料堆场、现场临时建筑及运输通道进行模拟，调整施工机械的安排，使现场布置更加合理。

通过对平台的构建，可以对路面维修养护进度进行实时的监测，减少了人工去现场勘察及检测的时间、费用成本，同时通过屏幕上的进度可以实时观察以调整方案，方便我们对维修和养护所需的时间及成本等具体情况做一个详细的方案部署。

维修养护流程依据方案实施分为三个层次，分别为承包单位、项目指挥部、集团监管单位。承包单位主要负责对路面进行具体的维修实施，也是整个流程的最底层，会及时上传路面维修进度，方便上层管理进行查看。项目指挥部主要是与承包单位进行合作商谈，制定维修计划与计算维修成本，同时对下层上传的数据进行处理，作进一步的编制计划。最上面一层即为集团的监管层，主要是对下方上传的数据进行统计监管，对路面维修状况及进展进行打分评估，整理汇总资料，为下一次维修养护提供参考指南。

为对城市道路路面设施维护进行标准化、精细化水平管理，需对道路及附属设施进行巡查摸底，建立道路“一路一档”信息档案。利用专业的数字化测量工具对巡查道路的长度、车行道及人行道宽度进行精确测量，并对道路的起止点、道路平面形式、车行道和人行道材质等具体信息进行记录和拍照留底，而后形成统一格式的综合报表，整理归档，建立完善的道路信息数据库。

通过巡查，将发现的道路坑洼、网裂、沟槽等现象及时反馈给我们，迅速处置，保障车辆和行人的通行安全，并根据日常巡查结果和实际情况，提出科学的养护计划和标准，延长路面使用寿命。除此之外，也要积极落实日常养护人员的具体工作，负责实施各辖区路面的日常养护和小修，实现路面养护常态化管理。

移动端的城市道路维修养护管理平台，主要是指借助移动设备对道路维修的一些智能信息处理，可以在移动端对路面上发现的病害及时进行上报，包括记录路面隐患信息、隐患部位、发现时间、检查类别、管理人员等基础信息；针对上报隐患，可通过移动端及时查看维修进展，实现路面隐患早发现、早反馈、早解决，为公司减少潜在的未知风险。

8.4.5.5 基于大数据的智慧化决策管理平台

针对市政工程的大数据信息决策，建立一个基于大数据的智慧化平台可以实现数据的便捷管理和科学决策。这样的平台可以整合和分析各种数据源，为决策者提供全面的信息支持和智能化的决策建议。该平台收集各种与市政工程相关的数据，包括地理信息、人口统计数据、环境数据、工程施工数据等。确保数据的来源多样化和全面性，同时建立数据整合的机制，确保数据的一致性和可靠性。利用数据挖掘和机器学习技术对数据进行分析和挖掘，发现数据之间的关联性和规律性。例如，可以通过数据分析来预测交通拥堵情况、优化城市规划、提高环境监测效率等。最后，将分析结果以可视化的方式展示给决策者，帮助他们直观地理解数据和分析结果。同时，建立智能化的决策支持系统，利用人工智能和专家系统技术为决策者提供个性化的决策建议。这些建议可以基于数据分析的结果，同时考虑到实际情况和政策限制。通过内部的城市道路实时监测系统，及时监测市政工程的进展和效果，并根据监测结果进行调整和优化。同时建立反馈机制，让市民和相关利益方能够参与决策过程中，提供反馈和建议。

通过智慧信息化管理平台，办公人员可实现移动办公，能够在任何时间、任何地点处理与业务相关的任何事情，摆脱时间和空间的束缚，从而有效提高管理效率，提升企业的工作效益。智慧信息化管理框架如图 8-21 所示，主要包括信息录入与导出模块、大数据表格管理模块、项目管理模块、财务管理模块。

信息录入与导出模块对数据信息进行上传录入，数据信息录入后，针对每个需要重复出现的对象出具一个基本固定格式的文书报告。

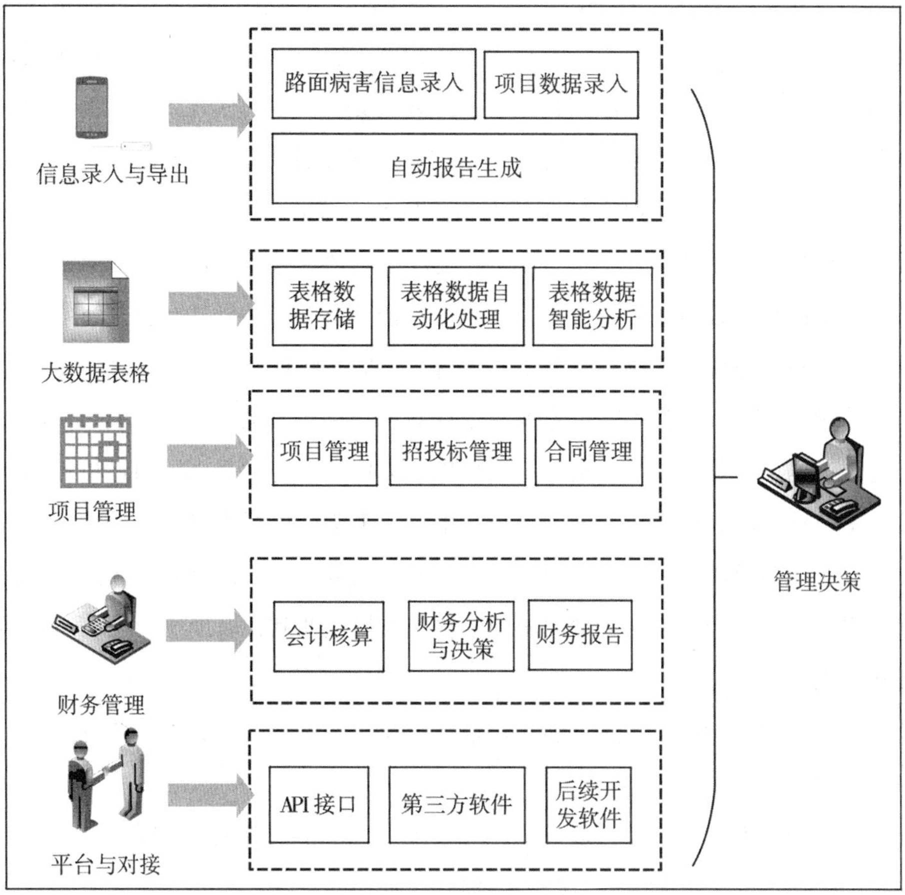

图 8-21　智慧信息化管理模块框架

在大数据表格管理模块中，利用大数据、人工智能、云计算等技术实现业务表格的协同化处理，减少表格数据的冗余，同时通过关键指标的动态展示和实时预警，向各部门提供可视化分析与智能研判，直观展示组织和业务运营状况。

项目管理模块涵盖了项目开展的整个流程，具体包括项目的启动、计划、执行以及最终交付。其从项目成员的内部沟通到跨部门协作，确保团队目标一致和业务高效协同，促进资源的合理分配，提升项目进度的把控质量，有效控制管理风险，最终保障产品的交付质量。

财务管理模块中，用户通过身份验证登录系统，快捷地查询所需的财务信息。同时系统通过生成财务数据分析为管理层决策提供依据，从而提高企业管理水平，控制生产成本，规范管理流程，增强公司对市场变化的应变能力。

智慧信息化管理平台利用5G、大数据、云计算、云存储、物联网等技术，通过云平台架设，实现信息录入与导出、大数据表格管理、项目管理、财务管理四个模块的应用集成与数据互通，形成企业应用软件统一部署与交付的办公模式。此外通过提供通用的API接口，实现该平台内部应用可以与第三方软件和后续开发软件的连通。

在信息录入模块中包括业务数据录入和项目数据录入。信息录入过程中一人负责，多人参与，出现问题责任到人防止推诿。以道路维修数据录入为例，作业人员利用具有人脸识别技术的核查设备按照要求每天在施工现场开展工作前后进行核查，核查后获取的图像信息通过一体化物联网主机与信息库进行比对，将比对结果上传至人员信息化管理平台；通过5G网络对道路路面巡查及维修数据、交通与环境数据、道路基本资料、路面性能数据、项目数据、员工信息等资料进行上传。上传过程中可通过机器学习与深度学习技术自动匹配路段信息及病害类别，也可人工辅助进行路段信息及病害类别匹配调整。此外，在项目数据录入过程中采用云技术实现数据共享，所有生成的文档都采用云技术实现数据实时同步，为各部门协同编辑数据提供便利，有助于各部门工作人员全面了解相关数据信息。

针对道路维修信息录入，可以分为路段信息录入、路面病害信息录入和基本信息录入。

(1)路段信息录入

路段信息的录入主要包括路段信息的增、删、改、查等功能。路段信息主要包括：路线编号、路线名称、路段编号、路段名称、路基宽度、路面宽度、起点桩号、终点桩号、路段起点名称、路段终点名称、路线状况等。

(2)路面病害信息录入

根据所采集到的道路病害图片数据，由道路巡查人员辅助标注道路病害和桥面病害类型。道路病害类型及病害信息可通过巡查人员手动输入并进行录入。路面病害分为路面沉陷、坑槽、痈包、松散、搓板、错台、水毁积水、翻浆、路基坍塌、水穿洞、边沟淤塞等，桥面病害为桥梁伸缩缝破损等。

(3) 基本信息录入

道路信息及病害信息录入后，道路巡查人员需选择相应的辅助项进行基本信息录入，如巡检人员、巡检日期、隐患等级，检查说明等。此外，巡检人员还需填写检查结果，并拍照上传影像资料。巡检人员身份信息也可通过指纹和人脸识别进行自动录入，信息录入后可直接生成现场检查电子表单，并抄送相关人员(部门、公司领导、业主单位领导)。基本信息录入后系统根据相应路段的路面使用性能的历史数据自动制定合理的维修养护方案，并自动生成维修养护报告。

针对项目数据的录入，采用云技术实现各部门协同编辑。在同一张项目数据表格中，合同部负责填写项目名称、项目编号、合同额、签订时间等信息，业务部门负责填写项目负责人、回款金额、到账时间、项目进展(与在建项目地图链接)、重要时间节点记录等信息。综合各部门所有的信息，完成一个项目数据的记录工作，并自动生成记录信息报告。

另外，智慧信息化管理平台根据输入的市政道路维修数据以及项目业务数据，并结合历史数据、不同部门业务数据等可以自动生成辅助科学决策的报告。通过自动生成报告一方面能够提高办公人员工作效率，另一方面可以将决策结果融入报告，为决策者提供智能决策支持，促进跨部门协同。在自动报告生成过程中，根据录入的病害信息自动匹配已有的市级城市道路历史数据，通过科学分析得出科学合理的治理方案。历史数据分析过程中，协同气象部门、交通部门、水务部门、道路部门、维修养护部门等单位获取天气数据、交通流量、路面材料、道路基础数据、桥梁结构数据以及道路历史数据等信息，采用机器学习和深度学习相结合的方法进行分析挖掘。根据分析结果自动确定需要进行维修养护的道路路段长度、维修养护路段范围、费用以及工程量等。

在维修养护历史数据分析的基础上，综合考虑路面维修养护过程中路面性能的改善、路面预期寿命延长、维修养护费用、维修养护施工对交通的影响等因素，设计智能维修养护的优化方案。针对每个需要重复出现的对象出具一个基本固定格式的 Word 报告，同时报告模板也可自拟。

此外，为减少业务数据分布零散、不统一、不一致等情况的出现，需整合各部门现有的数据体系，实现数据共享与协同化处理。同时借助可视化技术和智能预警技术实现业务数据关键指标的动态展示和实时风险预警，向各部门提供可视化分析与智能研判，直观展示组织与业务运营状况；建立一个面向市政工程的大数据智慧化平台，综合运用数据采集、存储、分析、可视化、智能决策支持等技术和方法，为决策者提供全面的信息支持和智能化的决策建议，从而优化城市管理和提升市民生活质量。

8.4.6　面向智慧农业的大数据信息决策

国务院正式发布《“十四五”推进农业农村现代化规划》(以下简称《规划》)。《规划》提出，到2025年，农业基础更加稳固，乡村振兴战略全面推进，农业农村现代化取得重要进展。梯次推进有条件的地区率先基本实现农业农村现代化，脱贫地区实现巩固拓展脱贫攻坚成果同乡村振兴有效衔接。展望 2035 年，乡村全面振兴取得决定性进展，农业农村现代化基本实现。中国智慧农业的发展具有重要的意义，智慧农业通过应用先进的信息和通信技术，可以提高农业生产效率，降低生产成本，提高农产品的品质和产量，促进农业经济的发展；可以实现精准种植和养殖，减少化肥和农药的使用，避免农产品受到污染，保障食品安全，提高消费者的满意度；可以实现农业的数字化、智能化和联网化，推动农业现代化进程，提高农业的竞争力和可持续发展能力。

中医药为人类健康作出了重要贡献。党的十八大以来，以习近平同志为核心的党中央始终重视中医药事业发展。习近平总书记指出，“中医药学是中华文明的瑰宝。要深入发掘中医药宝库中的精华，推进产学研一体化，推进中医药产业化、现代化，让中医药走向世界。”强调要“坚持中西医并重，传承发展中医药事业”。

云南省高度重视中药材产业发展，把中药材产业作为打造世界一流“绿色食品牌”的重点产业来推动。当前，云南的农业农村领域依然面临着数字化基础设施薄弱、研究应用明显滞后、核心关键技术研发力量不足等待解难题。整合科技、人才、信息资源，聚焦区域规划、品种培育与技术研发、质量安全、人才培养、品牌构建、成果转化等方面，开展涵盖科研、生产、经营等种业全链条的智能数据挖掘和分析。与此同时，其建立数字农业农村科技创新团队，以开展农作物种植类型、土壤墒情、作物长势、灾情虫情等数字农情动态监测预警研究。

中药材是指中医指导应用的原生药材，用于治疗疾病。根据不同的标准，中药材有多种分类方式，目前主要是根据采收原则分为植物类、动物类和矿物类。植物类又可以细分为根茎类、果实籽仁类、全草类、树皮类等。我国中药材种植分布呈现不均衡性，从东北至西南由少增多。近些年，中药材种植面积不断扩张，2014 年，我国中药材种植面积超过 4000 万亩；2017 年达到 5045 万亩，商务部预计到 2020 年我国中药材种植面积接近 6620 万亩(含林地种植面积)。云南省作为中草药种植大省，种植面积连续两年稳居全国第一。

为科学、规范发展中草药产业，依据《中共中央 国务院关于促进中医药传承创新发展的意见》(2019 年 10 月 20 日)、《国务院关于印发中医药发展战略规划纲要(2016—2030 年)的通知》(国发〔2016〕15 号)、《国务院办公厅印发关于加快中医药特色发展若干政策措施的通知》(国办发〔2021〕3 号)、国家发展改革委等十部门《关于科学利用林地资源促进木本粮油和林下经济高质量发展的意见》(发改农经〔2020〕1753 号)和《中共云南省委 云南省人民政府关于促进中医药传承创新发展的实施意见》(2020 年 10 月 19

日）等文件精神，云南省林业和草原局组织编制了《云南省"十四五"林下中药材产业规划》，提出"十四五"期间林下中药材产业发展的总体思路、发展品种与总体布局、重点任务、林地监管与生态监测评估、实施保障等。

云南在全国乃至全世界，是名副其实的"药材之乡"。云南所拥有的中草药资源已经达到了 6559 种，居全国首位，在国际上占有重要地位。珍稀中草药的病虫害种类较多、危害较大，所造成的损失也相当严重，大多数是由于病菌、真菌、细菌、线虫等引起的侵害性病虫害，有少部分是以真菌性病害为主的非侵染性病虫害。很多中草药是叶部、根、根茎和鳞茎等地下部分发生病虫害现象，多表现为各种叶斑病，如斑枯病、褐斑病、黑斑病、炭疽病、疮痂病、灰斑病等，还有锈病、白粉病、灰霉病、疫病、病毒病等。许多珍稀中草药的地下部分很容易受到土传病原菌或线虫的危害，出现巴戟天枯萎病、青蒿茎基腐病等多种根茎部病害，不仅病害严重，还不易根除。

随着目前中草药生长环境的破坏及珍稀中草药栽培面积的逐渐增多，许多珍稀中草药病虫害的现象扩散、蔓延，一些很少出现甚至是没有出现过的病虫害迅速蔓延、扩散。大量的病虫害出现严重地阻碍了珍稀中草药的生长，最突出的如新疆的雪莲、青藏高原的冬虫夏草等。珍稀中草药的病虫害会严重危害到中医学的应用，影响现代医学的发展进步。随着云南中草药种植时间的延长，病虫害越来越重，病虫害防控将成为田间管理的重中之重。通常在中草药育种和种植过程中采取清除杂草、摘除病叶、用药防治、降低湿度等技术措施。数字化种植迫切需要采取有针对性的中草药病虫害监测，识别出病虫害的类型并根据云南中草药生长阶段进行防治。

中草药是中医药事业传承和发展的物质基础，云南中草药有"药材宝库"的美誉。虽然云南中草药产业发展取得了一定成效，但中药材高产低质、农残及重金属超标、产量失衡、连作障碍严重和土地资源短缺等问题突出，制约了中草药产业的持续健康发展。推行中药材数字化种植，能有效提高中药材品质、保护耕地、促进林木生长，拓展绿水青山向金山银山转化路径，对推动中医药高质量发展、保障人民健康、巩固拓展脱贫攻坚成果、助推乡村振兴等，均具有十分重要的意义。

8.4.6.1　农作物病虫害遥感监测研究与应用

（1）遥感技术用于农作物病虫害监测

遥感技术是集光学、红外、微波、雷达、激光、计算机等学科为一体的综合性空间信息学科。遥感技术能够根据不同物体对电磁波的吸收和反射的不同特性探测地表物体的信息。由于绿色植物叶片的叶绿素对可见光尤其是红光波段有较强的吸收，同时红光波段包括了植物叶片的丰富信息，而植被对近红外波段有较高的反射率、高的透射率和极低的吸收率，因此可将遥感技术用于植物生长监测。遥感技术在农作物种类的高精确识别、高精度成像、作物形态及化学组分测定等方面具有强大的信息获取能力，是获取农情信息的有力工具。作物病虫害遥感监测的基础和前提，是病虫害对作物引发的不同症状、光学特性。病虫害对作物造成的影响包括作物外部形态的变化、作物内部生理变化，这些都会导致作物光谱反射和辐射特性的变化，从而导致遥感图像光谱产生变化。在作物病虫害光谱响应下，与病虫害引起的色素现象、形态现象、结构变化等比较接近。因而，遥感技术应用于农作物病虫害监测识别具有明显优势。

在对作物病虫害进行监测时，传统的监测预报手段以人工区域取样和调查为主，并综合多种信息，实现对作物病虫害的预测。此种方式对于范围较大的病虫害监测作用微弱，浪费时间、人力等，且预报的滞后性比较明显，影响预报的精确度，从而增加作物的损失程度。与传统的病情测报方法进行比较，遥感技术的探测周期用时较短，探测的覆盖面积相对较大，成本偏低，且获取的资料相对丰富。因而，能够从相对全面和准确的角度上，为作物病虫害的监测提供指导。无人机遥感是现阶段监测作物病虫害的一项重要技术，具有实时、快速、高效、客观、大面积、无损监测等优点，将推动农业生产向优质、高效、安全、信息化以及智慧化方向发展。

(2)基于深度学习的作物病害识别研究

利用遥感数据进行作物病虫害监测，主要针对不同的遥感数据源的特点，对不同病虫害胁迫下的光谱响应特征进行分析，从而实现病虫害的监测和分类。作物病虫害遥感监测预测是基于上述庞大的光谱特征、图像特征、生境特征进行的。高光谱的原始光谱就有数十甚至数百个波段，高维度信息冗余，计算时间复杂度高。随着深度学习技术的发展，在图像特征提取、识别、分割、检测等方面具有突出表现。目前作物病虫害领域大多数研究是通过典型相关性分析、方差分析、因子分析、主成分分析等多元统计分析方法进行特征选择。在检测柑橘黄龙病方面，支持向量机优于许多其他的方法，包括LDA、QDA、决策树、k-最近邻、逻辑回归和神经网络。支持向量机在白粉病对害虫落叶和小麦损害的测绘方面也表现出优于随机森林和SAM的性能。即机器学习在农作物病虫害识别方面已经发挥重要作用，深度学习因其强大的学习能力在农作物病虫害图像识别上得以探索，如利用迁移学习进行棉花叶部病虫害图像识别，将MobileNet算法嵌入农业病虫害识别系统。

因此，在一些复杂的情况下，人工神经网络(ANN)及其继任者通过深度学习方法在监测植物病虫害方面表现出很强的能力。通过优化的光谱和几何参数，基于前馈传播(BP)神经网络实现了鳄梨月桂枯萎病的早期检测。除了传统的神经网络模型外，先进的深度学习模型应用于农业领域，将在诊断植物病虫害方面具有巨大的潜力。

(3)中草药病虫害防治研究

中草药是为获得药用成分而种植的特殊经济作物，但由于我国传统的生产方式比较落后，致使中药材农药残留、重金属、亚硝酸盐等对人体有害的物质含量较高，严重阻碍了中草药现代化基地的建设，因此需要干净、清洁的栽培环境，对病虫害的防治要合乎无公害要求，实行“预防为主、综合防治”的植保方针。针对长白山野外实习中草药分类识别精度较低问题，对基于深度学习的中草药图像分类识别方法进行研究。中草药植物的病虫害产生的原因，包括生物因素和非生物因素。由生物因素如真菌、细菌、病毒等侵入植物所引起的病害，有传染性，称为侵染性病害或寄生性病害；由非生物因素如干旱、水涝、严寒、养分失调等影响或生理机能变化而引起的病害，没有传染性，称为非侵染性病害或生理性病害。

中草药病虫害防治是目前中草药生产中最薄弱的环节，制约着中草药的产业化、现代化与国际化，是实施 GAP 的重点与难点。中草药病虫害防治的研究工作已明显滞后于中草药产业发展的需要，因此，应在病虫害种类、发生和防治研究的基础上，尽快制定出各中草药无公害栽培标准，研究无公害控害技术，建立完善的无公害中草药病虫害综合防治技术体系，推动绿色中草药产业的可持续健康发展。中草药的病虫害防治应遵循“预防为主、综合防治”的原则，以创造适宜作物的生长而不利于病虫害发生发展的环境为首选措施。幼苗期病害主要有立枯病、猝倒病等，造成幼苗成片倒伏或枯死，被害药植有人参、三七、白术、芍药、北沙参、西洋参、荆芥、防风、黄芪、菊花、杜仲等。苗床低温、高湿是猝倒病发生蔓延的主要条件。霜霉病植株发病时，叶片背面有一层霜状霉层为主要特征；霉层初为白色，后变为灰黑色，致使叶片枯黄而死。白粉病被害药植有三七、川芎、牛蒡、黄连、黄芪、菊花、红花、栝楼、枸杞等。叶斑病发病时，叶片上产生枯死斑点。

中草药病虫害化学防治方法虽然快速有效，但会导致药材农药残留超标，从而严重降低了药材的品质，最终影响到药材的药用价值。中草药病虫害防治主要是从生物与环境的整体观点出发，依据中草药病虫害预测技术对其进行合理预测，同时根据其生长环境及自身特征采取有效的防治方法，从而起到改善中草药生长环境的作用，达到控制病虫害发生的目的，把病虫害出现概率及损坏范围尽量控制到最小。

在农作物病虫害图像识别、检测和与预警方面，机器学习得到广泛应用，尤其是深度学习在图像分类方面的优势使其成为植物病虫害检测的重要方法。中草药作为重要的经济作物，占有巨大的市场，因为受到病虫害的侵害，导致严重经济损失，而已有的研究主要从农业种植的角度总结病虫害特点、种类、防治办法，缺失数字化技术的支持，辅助中草药病虫害的监测、预警和综合防治。因此，利用搭载传感器的无人机实现遥感技术在中草药病虫害监测的应用，构建中草药遥感图像知识库，设计基于深度学习的中草药病虫害识别模型，并从管理角度设计中草药病虫害防治风险防控体系，这对加强中草药病虫害防治，提高中草药产量和品质及农户经济收入具有重要意义。

8.4.6.2 基于深度学习的云南中草药病虫害智能监测预警系统

我国中医药文化深厚，云南中草药种植历史悠久，各族人民群众通过不断探索和实践中药材种植，积累了丰富的医疗知识和经验，形成了傣医药、彝医药、佤药、苗药等形式多样、具有鲜明地方性和民族性的云南传统医药，为中药材产业发展奠定了深厚的人文基础。云南省作为中草药种植大省，种植面积连续两年稳居全国第一。中草药产业为云南省发展提供经济动力，在满足消费市场需求的同时，创造巨量劳动力市场。目前，云南中草药种植中存在数据收集效率低、信息误差大、时空覆盖范围小、病虫害知识库缺失、病虫害预警不及时等关键问题，导致病虫害快速传播且难以有效治理。近年来中草药病虫害问题日趋严重，病虫害对云南中草药产业造成严重威胁。

为此，开展基于深度学习的云南中草药病虫害智能监测预警系统构建，利用无人机等设备对云南中草药作物进行监测和图像采集，建立相对全面翔实的中草药病虫害知识库，构建基于深度学习的云南中草药病虫害智能识别模型，设计开发中草药病虫害监测预警系统，实现云南中草药数字种植中病虫害的智慧化治理，能够减少中草药病虫害的发生，提高中草药产量和经济效益，为我国中草药产业可持续发展提供科学技术支撑和管理保障。建立基于深度学习的病虫害预警系统，解决了中草药生长数据收集效率低、人力成本高、病虫害预警不及时、病虫害综合防治效率低等问题，提高云南中草药种植的智慧化水平，实现病虫害的及时预警防治，提高中草药整体产量，减少产业经济损失。

通过“数据采集—数据存储—数据处理—数据应用”的实施路线，设计开发中草药病虫害识别和预警防控的大数据信息决策系统。其中，数据采集，即利用无人机等设备结合传感器、高清摄像机对云南中草药种植区域进行图像采集；数据存储是依托目前先进的云存储平台(阿里云/百度云等)实现中草药数字种植大数据的存储、访问和其他数据操作，支持在线与离线数据存取和大数据并行计算等功能；数据处理实现对中草药病虫害图像的清洗、标准化、标注、语义描述、知识关联等，构建大规模且相对完整的云南中草药病虫害知识库，为中草药病虫害识别预警提供数据参考；数据应用包括病虫害识别和预警防控，即训练基于深度学习的中草药病虫害识别模型、动态监测云南各地区中草药生长状况、预警中草药病虫害问题，为病虫害综合防治提供决策支持，如图 8-22 所示。

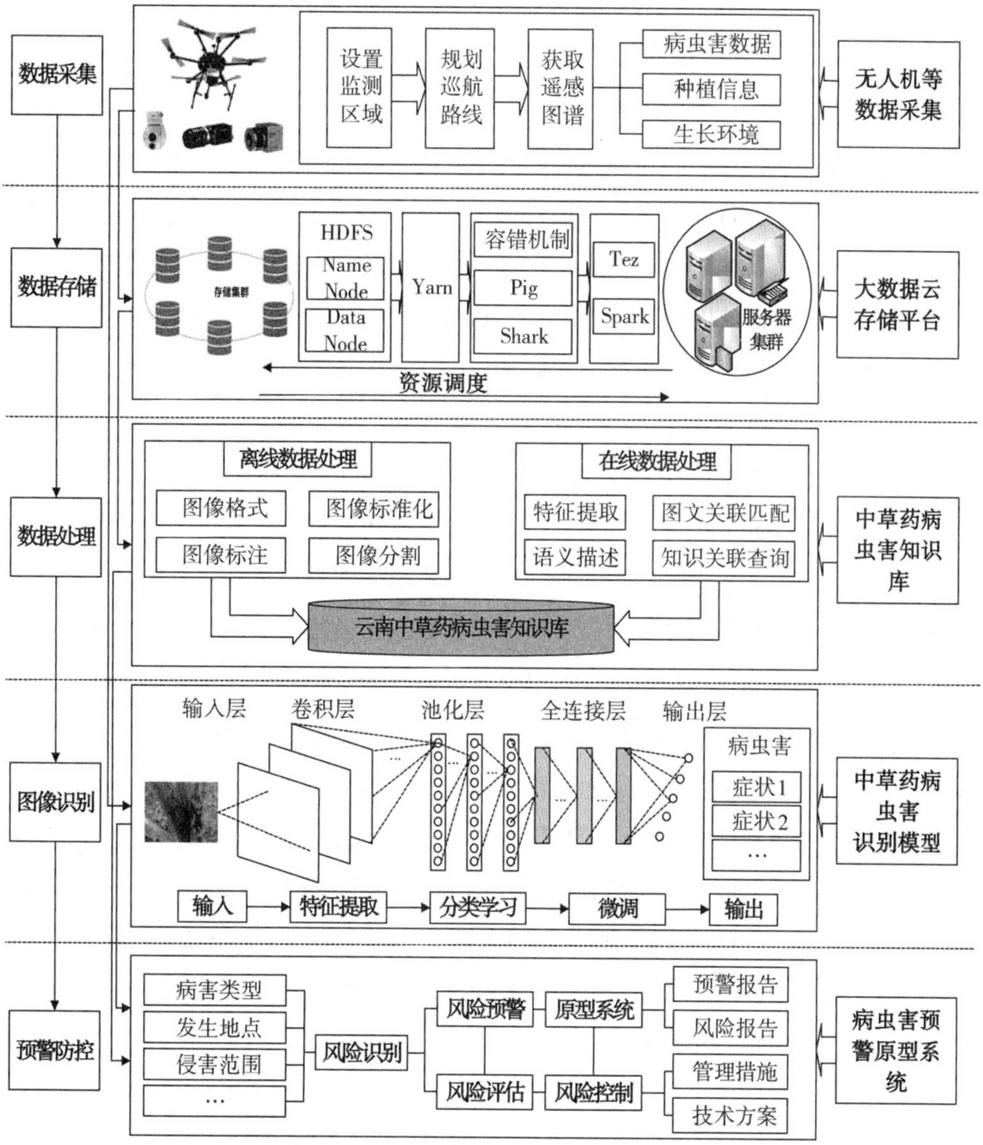

图 8-22　中草药病虫害识别和预警防控的大数据信息决策

为解决云南中草药病虫害数据采集困难，即数据收集效率低、信息误差大、时空覆盖范围小等问题，利用无人机等设备对中草药种植区域进行图像采集。通过对云南中草药生长环境、生长周期、枝叶结构、叶面积等长期观察，对中草药种植区域进行病虫害图像采集；对正常中草药生长的叶部图像和病虫害侵害后的叶部图像进行整理，研究病虫害侵害后各阶段叶部图像特征和变化规律。通过无人机、高清摄像机等设备，实现中草药种植区域的实时、高效、低成本、精准监测，并将数据传入后台监测系统，动态更新中草药病虫害知识库。利用多个无人机等设备动态采集中草药病虫害遥感图像数据，在后台系统进行集成处理，为远程监测提供便利，实现中草药种植、病虫害监测的智能化。

针对云南中草药病虫害知识库缺少的问题，建立精准、全面、翔实的中草药病虫害知识库。中草药病虫害知识库能够提高匹配和识别病虫害侵害中草药植株精准度，构建中草药病虫害知识库即将病虫害导致的叶部光谱图像的差异记录下来，并进行标准化、格式化的存储，为中草药病虫害监测识别提供数据参考。同时，依托云存储平台，为大规模的中草药病虫害遥感图像和正常图像存取提供便利。该知识库能够进行远程访问，实现数据的共享；通过接口进行数据存储和利用，既拓展不同症状中草药病虫害图像类型，又能最大程度发挥专业知识库的价值。

在采集一定规模中草药病虫害遥感图像并构建知识库的基础上，搭建深度学习模型。通过训练卷积层和池化层学习中草药病虫害图像和正常图像光谱特征，并利用全连接层进行识别。经过深度神经网络处理和计算，智能识别中草药树是否感染病虫害。同时，为进一步训练模型迁移到中草药病虫害图像数据，学习特定领域数据特征，通过微调机制，提高模型性能和分类准确率。最终生成面向中草药病虫害图像识别的深度学习模型，并将模型嵌入中草药病虫害预警系统中，对无人机等采集的中草药叶部图像数据进行检测识别。识别结果在系统界面上可视化展示，为决策者提供决策依据，极大提高中草药病虫害监测效率和精准度，实现中草药种植和病虫害监测的智能化。

设计并开发具有图像采集、图像存储、图像识别等功能的中草药病虫害预警系统，构建可复制、可借鉴、可拓展的中草药病虫害智能预警系统。该系统能够将无人机等数据采集设备、深度学习模型、中草药病虫害图像知识库集成起来，通过可视化界面进行远程监测云南地区中草药生长状况，及时精准反馈中草药是否感染病虫害、发生位置、侵害面积及科学应对措施。与云南省农业管理部门合作，联合进行原型系统的测试与调优，检验技术模型的优越性；同时，在最小成本投入测试系统效果的基础上，检验模型的适用性，设计改进优化方案，最终提供稳定的中草药病虫害防治系统，推动我国中草药产业健康可持续发展。建设原型系统的目的在于实现中草药种植过程中信息获取、处理、利用和控制等整个流程的数字化，有效提升我国中草药病虫害监测和预警的信息化水平，减少种植区中草药病虫害监测工作量和劳动成本，提升中草药生产与植保管理效率，为实现我国中草药产业的科学可持续发展和产业升级提供技术与管理支撑。

针对云南中草药数字种植中数据收集效率低、信息误差大、时空覆盖范围小、中草药病虫害知识库缺失、病虫害预警不及时等关键问题，利用无人机等设备开展中草药农作物监测、病虫害智能诊断与监控、遥感图像识别等关键技术集成研究，建立中草药病虫害知识库，构建基于深度学习的中草药病虫害识别模型，依托云服务平台进行中草药病虫害数据存储管理，设计开发云南中草药病虫害预警系统，实现中草药种植过程中信息采集、存储、处理、病虫害预警和防控等整个流程的智慧化。构建云南中草药病虫害的知识库，涵盖中草药生长的各个阶段的病虫害侵染症状；利用深度卷积神经网络提取中草药病虫害视觉特征，引入微调机制，使模型识别准确率进一步提升。通过项目实施，减少云南中草药病虫害的发生，提高中草药品质和产量，降低传统人工防治成本，并提升经济效益，为我国中草药产业可持续发展提供科学技术支撑和管理保障。

8.4.6.3　基于深度学习的云南中草药病虫害智能监测

为解决云南中草药中数据收集效率低、信息误差大、时空覆盖范围小、病虫害知识库缺失、病虫害预警不及时等关键问题，采用“数据采集—数据存储—数据处理—数据应用”的研究路线开展中草药病虫害预警系统构建研究。基于无人机、传感器、高清摄像机等设备的中草药病虫害数据采集方式，结合计算机视觉技术和自然语言处理技术，通过机器和人工的手段构建中草药病虫害知识库。基于中草药病虫害知识库，提出改进的深度学习模型，提取图像特征以进行中草药病虫害识别。利用 Java/Python 设计开发中草药病虫害预警原型系统，集成数据采集装置、深度学习模型、知识库于一体，实现对中草药病虫害的科学监测预警与综合防治。

(1)基于无人机等设备的中草药病虫害数据采集

无人机是现阶段监测中草药病虫害的一项重要技术，具有实时、快速、高效、客观、大面积、无损监测等优点。通过无人机结合传感器、摄影机、多光谱扫描仪等实现对高大中草药病虫害的低空监测，利用光波反射生成中草药病虫害的高光图谱，再对获取图像的特征进行自动提取，将编码数据传输到后台系统。同时，收集中草药种植区域的土壤、天气、水分、植被覆盖面积等翔实数据，为中草药病虫害定点预警和影响因素分析提供数据依据。掌握部署无人机、传感器、数据库等操作，提取中草药病虫害图像特征，对中草药种植、生长环境、周期、病虫害因素、人工管理等进行全面分析，为实现中草药病虫害预警和综合防治提供科学基础。基于无人机等设备的中草药病虫害数据采集流程，如图 8-23 所示。

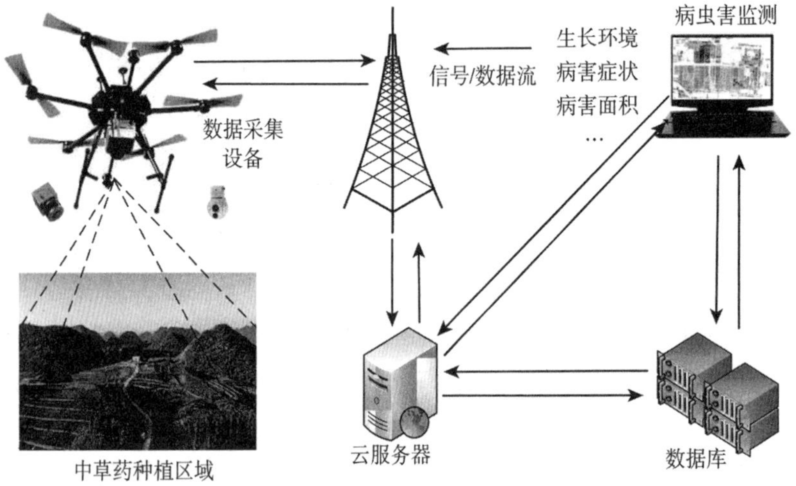

图 8-23　中草药病虫害数据采集流程

(2)中草药病虫害知识库构建

云南中草药病虫害知识库(见图 8-24)，对中草药各生长阶段、不同病虫害症状和感染程度进行图像采集、图像标准化、图像特征提取、图像分类，对分类后的图像进行文本标注。通过特征匹配和语义关联获取同类型图像、关联文本(病虫害症状、环境数据、病虫害感染程度、中草药种植数据及防治措施)。中草药病虫害知识库的建立是静态和动态相结合的过程，即通过静态的离线数据处理，由人工完成图像的标准化(size/shape/type)、关联文本的收集和归纳；通过动态的实时数据处理将采集的中草药图像数据通过中草药病虫害预警系统接口、数据库管理系统和服务器设备进行图像存取调度、存储管理、图像特征提取、图像分类、语义关联等任务。凭借中草药病虫害知识库的建立，系统能够提供中草药病虫害预警报告/风险报告生成、可视化展示和客户端实时/离线检索访问与管理，为中草药病虫害预警和综合防治提供决策支持。

(3)基于深度学习的中草药病虫害图像识别

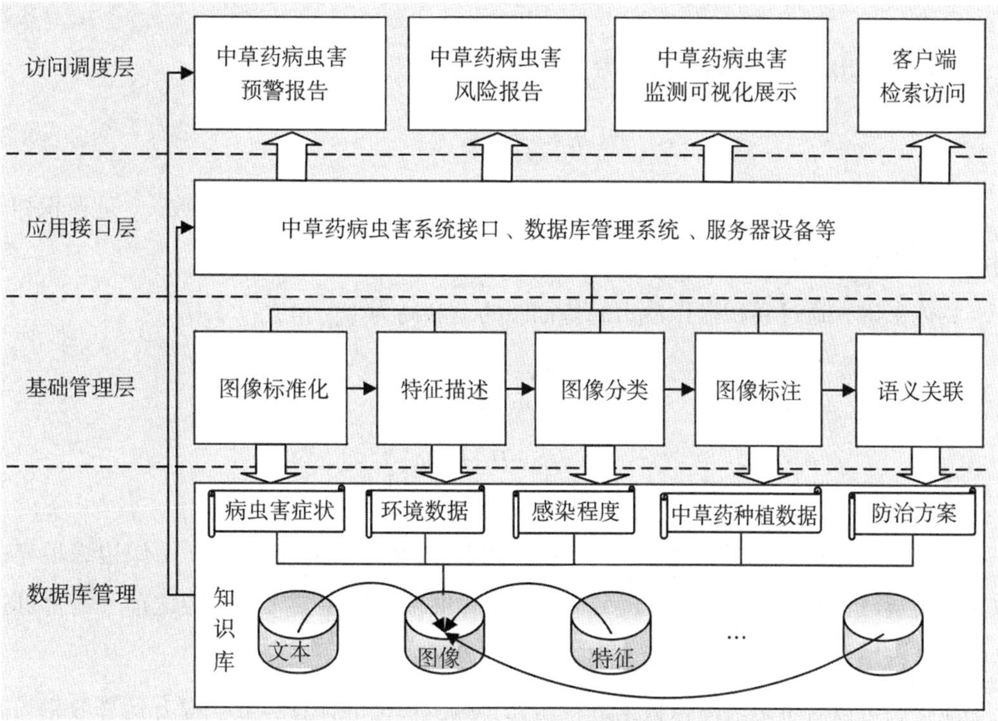

图 8-24　云南中草药病虫害知识库

建立基于云存储的中草药病虫害遥感图像知识库能够为深度学习模型训练、学习和分类识别提供数据基础，并为在线和离线中草药病虫害监测提供便利。在深度学习模型构建中，输入层将图像归一化为一致大小的图像，通过多层卷积层的卷积核函数提取图像特征，经池化层进行紧凑压缩处理，最后在全连接层进行中草药病虫害症状以及患病程度的识别。中草药图像在输入卷积层之前，有两种边界像素填充方式。

Same：在输入的图像最外层加上指定层数的像素值全为 0 的边界，这是为了让图像的全部像素都能被卷积核捕捉到。

Valid：不对输入的图像进行填充，直接对其进行卷积，这种方式的缺点就是可能导致一些像素不能被卷积核捕捉。

利用深度卷积神经网络提取中草药图像 a 的视觉特征 V_a，如公式(8-1) 所示。每一个卷积层都有一个不同的权重矩阵 W，X 为输入的图像像素矩阵。Conv2( ) 是卷积运算的卷积函数，valid 指明卷积运算的类型。

$$V_a = \text{Conv2}(W, X', \text{valid}') + b \tag{8-1}$$

$$Y = \varphi(V) \tag{8-2}$$

当期望输出是 d，则有总误差为 E，

$$E = \frac{1}{2} \| d - y^L \|^2 \tag{8-3}$$

W 表示卷积核矩阵，b 是偏置，$\varphi(\,)$是激活函数，L 为神经网络层数，y 是卷积神经网络最后输出的向量。

具体来讲，通过卷积操作输出的特征图的宽和高为 W_{out} 和 H_{out}。

$$W_{\text{out}} = \frac{W_{\text{in}} - W_{\text{filter}} + 2p}{S} + 1 \tag{8-4}$$

$$H_{\text{out}} = \frac{H_{\text{in}} - H_{\text{filter}} + 2p}{S} + 1 \tag{8-5}$$

其中，W_{filter} 和 H_{filter} 分别表示卷积核的宽和高。P(即 padding)为在图像边缘填充的边界像素层数，而 S 为步长(Stride)。中草药病虫害图像在输入卷积层之前，需对其边界像素进行填充，以确保全部像素都能被卷积核捕捉到。

池化层可以对中草药图像数据进行压缩，减少模型的计算参数，提升运算效率。其中，常用的池化层为平均池化层和最大池化层，可以根据不同池化条件下中草药病虫害检测效果进行筛选。池化层处理的是经过卷积层处理后生成的特征图。比如，经过池化层处理的图像，输出的图像的尺寸为 W_{out} 和 H_{out}。

$$W_{\text{out}} = \frac{W_{\text{in}} - W_{\text{filter}} + 1}{S} + 1 \tag{8-6}$$

$$H_{\text{out}} = \frac{H_{\text{in}} - H_{\text{filter}} + 1}{S} + 1 \tag{8-7}$$

通过收集海量云南中草药病虫害遥感图像进行多种深度学习模型的训练、学习、调优和筛选，实现中草药病虫害图像的精准识别和模型的集成应用。构建基于深度学习的中草药病虫害图像识别模型克服传统人工诊断的弊病，如图 8-25 所示。

在设计深度神经网络模型时，先选择多种预训练模型，改进全连接层输出结构，分析模型在中草药病虫害图像特征提取和病虫害症状识别上的表现。基于模型效果对比，引入 Fine-tune 微调机制，使用较低的学习率 Learning-rate，进一步提高模型在中草药病虫害检测识别上的性能。即通过冻结部分或全部卷积/池化层，训练全连接层 Softmax( )激活函数实现特征提取和分类识别；接着解冻卷积/池化层，进而微调和优化模型参数，

使得模型在中草药病虫害图像数据集上获得最佳表现。其中，Softmax( )激活函数为

$$S(x_j)=\frac{e^{x_j}}{\sum_{k=1}^{k}e^{x_k}},\quad j=1,\ 2,\ \cdots,\ K \tag{8-8}$$

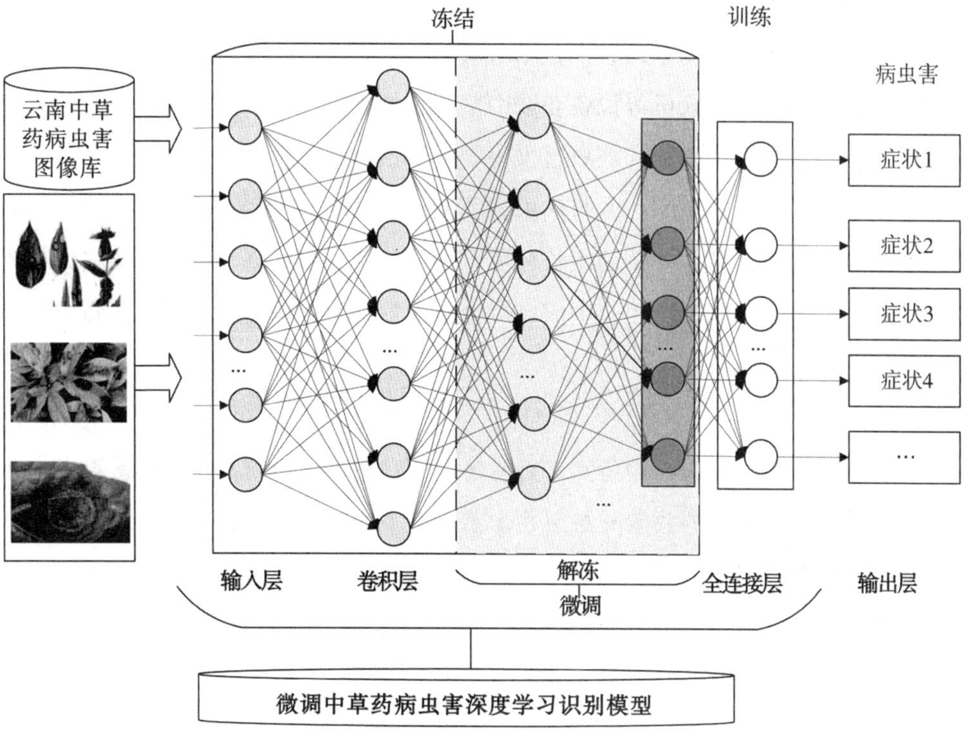

图 8-25　基于深度学习的中草药病虫害识别模型

对于一个长度为 K 的任意实数矢量，Softmax 可以把它压缩为一个长度为 K 且取值在(0，1)区间的实数矢量，且矢量中各元素之和为 1。在卷积神经网络中，Softmax 激活函数用于中草药病虫害多类别分类任务的输出层。通过 Softmax 函数将原始的网络输出转化为一个概率分布，使得每个类别的输出都是在 0~1 范围内，并且所有类别的输出之和为 1。这样做的好处是可以将网络的输出解释为每个类别的置信度或概率，使得模型的输出更加直观和易于理解。另外，对于中草药病虫害的多类别分类任务，Softmax 函数可以帮助模型将卷积神经网络提取的特征输入映射到多个类别上，并且保证了输出的概率分布性质，从而可以更好地进行类别预测。在训练过程中，Softmax 激活函数结合了交叉熵损失函数，用于衡量模型输出和实际标签之间的差异，通过最小化损失函数

来训练模型。

最后，通过构建面向中草药病虫害图像识别的深度学习模型，可以精准识别出无人机等采集设备获取的病虫害叶部图像，并划分不同阶段中草药病虫害症状类型，为病虫害预警和综合防治提供决策支持。

(4)中草药病虫害预警系统部署

开发中草药病虫害预警系统，利用 Java/Python 开发语言建立原型系统，通过无线接口连接搭载传感器的无人机等设备获取中草药图像数据，嵌入识别中草药病虫害的深度学习模型，完成图像的识别和病虫害预警。根据预警信息生成病虫害预警报告，报告数据来自中草药病虫害知识库，并与病虫害图像进行关联，为相关人员提供翔实的中草药病虫害信息。同时，结合中草药生长环境、人员管理、市场环境、技术设备等进行风险识别、评估、预警和应急防控，生成风险分析报告，为风险管控提供决策依据。

本章小结

本章首先对大数据的概念和特点进行阐述，然后明确面向信息决策的大数据智能管理，最后构建大数据驱动的决策支持架构。鉴于数据的特殊地位，由大数据训练出来的大模型对信息决策都起到前所未有的作用，极大地提高信息决策的智能化水平。在人工智能发展的前沿，介绍了大模型与信息决策的关系，以及基于大模型的信息决策。最后，通过案例阐述面向行业领域的大数据信息决策发挥的作用，赋能行业发展并提高社会经济效益。

之后介绍了面向行业领域的大数据信息决策在公共安全、电子政务、智慧交通、互联网金融、市政工程、智慧农业等方面的应用。大数据信息决策可以帮助公共安全部门更好地预测和应对各种安全风险，推动安全生产、灾害应急管理和突发公共卫生事件网络舆情管控等。在电子政务方面，大数据信息决策可以挖掘异常数据，识别风险源、风险因素与风险事项，进而对政务云信息组织、存储、处理与服务中的安全风险，进行全方位、全程化信息安全风险管控。在智慧交通领域，大数据信息决策可以建立城市智慧交通大数据体系，建立智能化交通网络，并对交通系统覆盖区域实现全过程、实时性监督，确保城市交通系统的稳定运行。针对互联网金融，大数据信息决策可以帮助金融机构更好地评估用户的信用风险和金融需求，建立互联网金融风险预警系统，推动互联网金融健康稳定发展。在市政工程方面，大数据信息决策可以帮助市政部门更好地管理城市道路病害维修养护，如数据智能采集、路面病害智能识别、项目风险管控和智能大数据决策分析与管理等。最后，大数据信息决策可以帮助农民更好地管理农业生产和农产品质量，通过开展基于深度学习的云南中草药病虫害智能监测预警系统，利用无人机等设备对云南中草药作物进行监测，实现云南中草药数字种植中病虫害的智慧化治理，减少中草药病虫害的发生，提高农产品质量和产量。

本章习题

1. 大数据特征有哪些？
2. 大数据技术主要有哪些？
3. 论述面向信息决策的大数据智能化管理如何开展？
4. 数据智能如何让信息决策有据可循？
5. 大模型是什么？有什么特点？
6. 基于大模型的信息决策如何开展？
7. 请选取一个行业领域，论述大数据信息决策的作用和意义。

参考文献

[1]Jiawei Han, Micheline Kamber. 数据挖掘概念与技术[M]. 范明, 孟小峰, 译. 北京: 机械工业出版社, 2007.

[2]岳超源. 决策理论与方法[M]. 北京: 科学出版社, 2011.

[3]郭文强. 决策理论与方法(第三版) [M]. 北京: 高等教育出版社, 2020.

[4]王国华, 等. 决策理论与方法(第二版)[M]. 合肥: 中国科学技术大学出版社.

[5]郭立夫, 郭文强, 李北伟. 决策理论与方法(第二版)[M]. 北京: 高等教育出版社, 2015.

[6]罗党, 王淑英. 决策理论与方法[M]. 北京: 机械工业出版社, 2011.

[7]简祯富. 决策分析与管理[M]. 北京: 清华大学出版社, 2019.

[8]芮廷先. 管理决策分析[M]. 北京: 清华大学出版社, 2021.

[9]杨善林. 智能决策方法与智能决策支持系统[M]. 北京: 科学出版社, 2005.

[10]陶长琪, 盛积良. 决策理论与方法[M]. 北京: 高等教育出版社, 2016.

[11]杨莉. 决策与博弈[M]. 北京: 经济科学出版社, 2011.

[12]王宪磊. 科学决策和信息管理[M]. 北京: 社会科学文献出版社, 2008.

[13]王国华，梁樑. 决策理论与方法(第二版)[M]. 合肥：中国科学技术大学，2006.
[14]武小悦. 决策分析理论[M]. 北京：科学出版社，2010.
[15]金玉兰，沈元蕊. 管理决策模型与方法[M]. 北京：清华大学出版社，2019.
[16]李帮义，王玉燕. 博弈论与信息经济学[M]. 北京：科学出版社，2016.
[17]王文举. 经济博弈论基础[M]. 北京：高等教育出版社，2010.